中国法学会世界贸易组织法研究会　组织编写

(2018)

WTO法与中国论坛 年刊

The Yearbook of Forum on WTO Laws and China

林中梁　余敏友　主编

知识产权出版社
全国百佳图书出版单位

图书在版编目（CIP）数据

WTO法与中国论坛年刊.2018／林中梁，余敏友主编. --北京：知识产权出版社，2018.10

ISBN 978-7-5130-5932-9

Ⅰ.①W… Ⅱ.①林… ②余… Ⅲ.①世界贸易组织—规则—影响—法律—中国—2018—年刊 Ⅳ.①F743-54 ②D920.4-54

中国版本图书馆CIP数据核字（2018）第234839号

责任编辑：齐梓伊

封面设计：SUN工作室 韩建文　　**责任印制：**孙婷婷

WTO法与中国论坛年刊（2018）

林中梁 余敏友 主编

出版发行：	知识产权出版社有限责任公司	**网　　址：**	http://www.ipph.cn
社　　址：	北京市海淀区气象路50号院	**邮　　编：**	100081
责编电话：	010-82000860转8176	**责编邮箱：**	qiziyi2004@qq.com
发行电话：	010-82000860转8101/8102	**发行传真：**	010-82000893/82005070/82000270
印　　刷：	北京九州迅驰传媒文化有限公司	**经　　销：**	各大网上书店、新华书店及相关专业书店
开　　本：	720mm×1000mm　1/16	**印　　张：**	34.75
版　　次：	2018年10月第1版	**印　　次：**	2018年10月第1次印刷
字　　数：	475千字	**定　　价：**	128.00元

ISBN 978-7-5130-5932-9

第十届“WTO法与中国”论坛暨中国法学会世界贸易组织法研究会2017年学术年会综述

2017年9月16日，第十届“WTO法与中国”论坛暨中国法学会世界贸易组织法研究会2017年年会在武汉大学人文馆隆重开幕。本届论坛由武汉大学中国边界与海洋研究院、国家领土主权与海洋权益协同创新中心联合中国法学会世界贸易组织法研究会共同承办。来自亚非法律协商组织、中国法学会、商务部、外交部、工业和信息化部、国务院法制办公室、国家发展和改革委员会、最高人民法院、云南省高级人民法院、上海市人民政府研究发展中心、清华大学、中国人民大学、中国政法大学、对外经贸大学、武汉大学、复旦大学、上海对外经贸大学、厦门大学、吉林大学、南开大学、华东政法大学、西南政法大学、湖北大学、金诚同达律师事务所、金杜律师事务所、高文律师事务所、华为技术有限公司等政府部门、法学院校、科研机构、实务机构的政府官员、专家学者、律师及学生等150余人参加了本次会议。会议共收到论文65篇。

围绕“一带一路与WTO法”的年会主题，为期一天半的年会分为以下五个板块：论坛开幕式、主旨报告会、平行论坛与分组讨论、“曾令良教授WTO法学术成果与影响述评”研讨会、闭幕式。本会议综述根据会务组整理的速记稿修改而成。

一、开幕式

开幕式由对外经贸大学法学院院长、中国法学会世界贸易组织法研究会副会长兼秘书长石静霞教授主持，武汉大学人文社科资深教授、武汉大学原副校长、“国家 2011 计划”——“国家领土主权与海洋权益协同创新中心”主任、中国边界与海洋研究院名誉院长胡德坤教授，中国法学会世界贸易组织法研究会会长林中梁先生先后在开幕式上致辞。中国法学会世界贸易组织法研究会常务副秘书长吕勇先生，受中央政法委员会副秘书长、中国法学会副会长王其江先生委托，宣读《坚持和维护多边贸易体制，推动“一带一路”新发展》的书面讲话。

胡德坤教授感谢中国法学会世界贸易组织法研究会和武汉大学中国边界与海洋研究院举办这次年会，指出了世界贸易组织研究对推进“一带一路”倡议建设的重要意义并表达对本届年会的良好祝愿。林中梁会长从思想政治建设、组织与制度建设、作风建设、重大学术活动、专题研讨会、涉外交流、课题研究与优秀成果的评选与出版等方面对世界贸易组织法研究会过去一年的工作进行了总结，并对未来一年的工作进行了部署，还表达了对本届年会的期望。王其江先生在书面致辞中指出，习近平主席关于单边、双边、区域、多边贸易规则的看法已经初步形成了富有中国特色的国际贸易规则的理论体系，世界贸易组织法研究会今后的工作应主要集中以下三个方面：（1）支持和维护多边贸易体制，积极参与全球经济治理实践；（2）消解和遏制贸易保护主义，深入开展“一带一路”倡议建设国际合作研究，服务党和国家大局；（3）注重实效研究和成果转化，推动全球经济治理体系变革。

最后，中国法学会世界贸易组织法研究会学术委员会副主任王传丽教授宣读了《关于表彰第十届“WTO 法与中国论坛”优秀论文获奖作者的决定》，各位获奖者上主席台领奖。

二、主旨报告

主旨报告环节由中国法学会世界贸易组织法研究会常务副会长杨国华教授主持，外交部条法司参赞孙劲博士、商务部条法司处长于方女士、中国法学会世界贸易组织法研究会学术委员会主任（WTO 上诉机构前法官）张月姣教授、亚非法协秘书长肯尼迪·加斯顿（Kennedy Gastorn）教授、第八届全国杰出青年法学家（吉林大学法学院副院长）何志鹏教授分别发言。世界贸易组织法研究会副会长、华东政法大学朱榄叶教授，世界贸易组织法研究会副会长、哈尔滨工业大学人文与法学院院长赵宏瑞教授先后做了点评。

孙劲参赞在简单介绍了“一带一路”倡议后，从为什么“一带一路”倡议建设需要加强法制建设、国际争端解决的现状、“一带一路”争端解决机制构建的思路三个方面发表了主旨演讲。孙劲参赞认为在构建“一带一路”倡议建设中国际争端解决的问题上，要考虑三个因素：注重经验积累，强化 WTO 专业人才的培养；提升我国司法和仲裁机制的吸引力和影响力；在当下投资争端机制的基础上明确我国的利益取向。最后孙劲参赞同与会代表分享了外交部条法司的近期工作和与研究机构进一步交流合作的意愿。

于方处长首先表达了对 WTO 年会的期待，这次年会议题丰富且前沿，并就“WTO 争端解决的挑战与展望”进行了主旨报告。于方处长指出，WTO 争端解决是 WTO 皇冠上的明珠，是 WTO 的创举，也是 WTO 对国际治理的重要贡献。当下中国作为 WTO 的一个深度参与方，在 WTO 争端解决活动中取得了不俗的成绩，如 2016 年中国诉欧盟紧固件案的全面胜利，为中国相关企业赢得了更加良好、更加公平的环境。面对质疑 WTO 案件耗时长的声音，于处长强调 WTO 是着眼于整个产业的保护，而不是具体企业的利益。另一方面，于方处长着重谈到了 WTO 争端解决机制的挑战：案件的地缘政治性、非市场经济地位问题、条约有效解释原则的适用和理解等。于方处长最后指出，当下 WTO 争端解决面临的最深刻的挑战是多边贸易体制的逆转、单边主义的盛行，既要看到多边主义存在的问题，也应看到单边主义实际上处处碰壁。

张月姣教授的演讲从以下四个方面展开：（1）为什么要坚决支持 WTO 以规则为基础的贸易体制？原因有三：利用稳定的最惠国待遇规则，维护自身贸易权益；参与 WTO 规则的制定，掌握话语权；拥有解决贸易争端的平台和机制；此外也可利用多边机制，促进国内的经济改革和法制建设。（2）对上诉机构的看法和建议：对上诉机构的政治干预，如对上诉机构大法官的选任；上诉机构的审理期限长，如严重的文牍主义、有效解释问题等，使得整个案件的时间跨度过长。（3）从实体、程序和执行机制上对 WTO 上诉机构和投资争端解决中心进行了比较。（4）在人才培养方面，希望新一代的 WTO 法研究者结合国际、国家的需要，跟踪这些最新的动态，做出中国的解释，同时在争议解决分析中抓住问题的要害，注重培养语言、逻辑思维等综合素质。

亚非法协秘书长肯尼迪·加斯顿以“The Legal Aspects of the Belt & Road Initiative（BRI）and WTO Law”为题从 WTO 与国际贸易投资法的角度，提出了“一带一路”倡议相关的法律问题。他认为 WTO 与“一带一路”倡议的目的都在于促进贸易的自由化，“一带一路”倡议填补了全球贸易规则的真空，阻却了区域贸易的分离和破碎化趋势，重塑了区域市场和生产网络。同时，加斯顿秘书长认为有关“一带一路”倡议与 WTO 有关法律方面的问题主要涉及多边和双边条约的重叠、覆盖范围和 WTO 投资便利化文件、争端解决机制三个方面。加斯顿秘书长认为“一带一路”倡议包含 WTO 成员和非成员，通过向非 WTO 成员提供参与贸易和国际合作的机会，促进贸易自由化和投资体系。加斯顿秘书长最后对“一带一路”倡议以非洲谚语“独行快，同行远”来结束演讲。

何志鹏教授以《国际经济法治的中国贡献——从韩立余之问到杨国华猜

想》为题做了报告。首先何志鹏教授解释了韩立余之问：“在研究这些国际法问题的时候中国能够做些什么?”以及杨国华猜想：“建立 WITO（国际投资与贸易组织)”。接着，何志鹏教授与参会代表分享了他的下述观点：（1）在解决国际经济贸易问题的时候，是企业、产业还是国家？他认为在对国际经济各种制度构建、适用和理解过程中要坚持人本主义，即主权为民权，法治为人本。(2）在建设相关制度时，是注重市场导向还是政府导向？即机制的构建是自生的，还是外力主导的问题。(3）要注重宏观的体系建构，还是渐进摸索。最后，何志鹏教授认为在机制构建过程中应当“成熟一部分做一部分”，以此避免人类走向纯理性的误区，并且从 GATT 到 WTO 就体现了一种渐进摸索的趋势。针对这些问题，何志鹏教授表示我们应当有明确的利益取向的概念，并以朝核问题为例表明站对利益立场很重要，只有实事求是才能解决问题。

朱榄叶教授在点评环节中指出，面对国际条约的重叠，我们要明确各协定所承担的义务，防止存在义务冲突；面对新的倡议，要清楚对比现有的贸易体制而言，义务以及规则的严谨程度。赵宏瑞教授提出了以下几点思考：在“一带一路”倡议建设中，要考虑非沿线国家的权益问题；条约或协定的遵守、倡议的提出到法律的生效，其间会面临很多问题。

三、平行论坛与分组讨论

2017 年9 月 16 日下午和 17 日上午，在武汉大学中国边界与海洋研究院，与会代表分为以下 6 个小组进行了平行论坛的专题研讨。

（一）贸易与投资

本组讨论有 7 位学者发言，由对外经济贸易大学法学院院长石静霞教授主持并进行了点评，吉林大学法学院副院长何志鹏教授做了总结点评。

清华大学杨国华教授首先做了题为《论世界贸易与投资组织的构建》的报告。杨教授提出了一个概念——WITO。该概念是基于对世界贸易组织发展状况的理解而提出的。第一，贸易规则该升级了；第二，贸易和投资的关系十分密切。正是基于这两点，杨教授认为，可以成立一个新的国际组织——WITO（World Investment Trade Organization），将投资规则统一到 WTO 这个平台上。杨教授首先解释了成立 WITO 的必要性。除了贸易规则该升级和投资规则要统一之外，贸易和投资也是可以融合的，二者是互补的，而非竞争的。然后是成立 WITO 的可能性，WITO 的构建目前面临着一些困难：第一，WTO 自身的谈判都举步维艰；第二，投资规则谈了这么多年仍是无果而终。从历史经验来看，任何一个组织的成立，必要条件就是需要很多人的努力。最后是具体的实现路径，杨教授提出，可以以 TPP 文本为实体规则，加上 WTO 的管理经验，TPP 的文本具有先进性和代表性。中国应在此时提出和推动 WITO 的构想。中国政府在 WTO 中推动投资便利化协定的达成。美国现在往后退，也许正是中国牵头的好机会。

广东外语外贸大学王燕老师做了《The Central and Peripheral Reforms of Global Trade Governance》的发言，首先她简要介绍了贸易多边化和区域化改革的具体情况，指出了 WTO 目前面临的困境，分析了困境出现的原因，即 WTO 的“协商一致”原则不能适应当前国际贸易的新变化，这些变化包括：第一，新兴经济体的崛起和新成员的加入导致了 WTO 内部权力的变化；第二，国际贸易模式的改变：现在的国际贸易主要是价值链贸易而不是成品贸易，价值链贸易使贸易模式复杂化，在一定程度上导致了立法困境；第三，技术的发展：技术和信息已经成为第五大生产要素，技术的发展也成为困境出现的重要原因。接下来，王燕老师就 WTO 的中心改革应如何开展的问题表达了自己的看法，主要包括三个方面：小多边谈判、软法合作以及扩充 WTO 争端解决机制。关于高标准区域贸易协定的多边改革问题，王燕老师探讨了改革取得的阶段性成果及美国退出 TPP 的原因。最后，她指出，为了推进区域贸易多边化，应该从以下三个方面入手：一是广泛制定第三方最惠国待遇条款；二是简化原产地规则；三是通过“积木效应”实现多边化。

上海对外经贸大学副院长陶立峰教授就《印度投资条约之投资者与国家争端解决机制的最新发展与中国的应对》做了发言。中印之间存在着比较复杂的关系，所以中印之间的投资，尤其是中国企业往印度投资，在推动“一带一路”倡议建设合作过程中有很多需要考虑的因素。一是中国企业赴印度投资的国际国内背景——印度是一个潜在的新兴投资目的国，特别是在2016年，投资的增长比较大。主要原因在于，一方面，印度本国正在积极改革；另一方面，从国际上看，无论是推动“一带一路”倡议建设还是金砖国家建设，印度都是中国很想“拉拢”的邻国。二是近年来涉印度投资者与国家仲裁评析——整体上看，第一，案件起诉方往往是发达国家或经济较发达的国家；第二，案件主要是条约之诉，也有一些是合同之诉；第三，被诉措施以征税措施为主，这与印度近年来的税制改革有关；第四，大多数是临时仲裁，这与印度不是外国投资者——东道国家争端解决华盛顿中心成员国有关，体现出印度对全身心投入多边化还是有所顾虑。三是印度对投资条约之投资者与国家争端解决机制的重大变革，这个主要体现在两个方面：限制受案范围和强制用尽当地救济。四是中国在印度的投资者面临的政治风险与中印双边投资保护条约（BIT）中的外国投资者——东道国家争端解决（ISDS）机制——实际上中印之间已经有2006年的BIT，由于印度已经修改了其BIT范本，我国需要考虑我国的ISDS是要全部接受其范本，还是发展我国自己的范本。另外，企业可能采取人员本地化、保险组合优化、国际筹划来选择更优的BIT。

浙江工商大学法学院副院长宋杰教授做了题为《中老投资协定在澳门的适用问题》的发言。宋杰教授在介绍了基本案情之后，谈及仲裁庭在裁决过程中存在的三个瑕疵，第一个问题是关于条约第31条的解释，原本是general rules of interpretation，却被解读成了rules of interpretation。第二个问题是技术上的问题，关于条约第 29 条的规定，当事国是否另有意图来认定管辖权的适用问题，仲裁庭认为国家适用条约规则是一项习惯国际法规则，但是要认定一项规则是否是习惯国际法规则仍是需要证明的，而非仅通过几个专家的意见即可认定。第三个问题涉及条约第 29 条证据的证明标准问题，在适用标准的问题上，中国驻老挝使馆曾经强调过，这个标准（仲裁庭适用的标准）不适用中国澳门特别行政区。另一方面，澳门特别行政区在实践中有单独和外国签订的协定，表明澳门特别行政区是有自主性的，而这一点被仲裁庭所忽略。

武汉大学国际法研究所张庆麟教授做了题为《东道国的规制权在国际投资协定中的新发展》的发言。首先，他对规制权进行了界定，并提到规制权的内容和范围由各国国内法规定，国际条约没有权力来规制这样的内容。然而这样的条约可能会被投资者滥用，如公平公正待遇、间接征收问题。起草者认识到了这个问题，于是对东道国的规制权进行认可，这可以限制和防止私人投资者滥用投资协定，保护东道国正常行使权力。目前的规定方式有两种：（1）从正面确认东道国的规制权（如要求投资者尊重东道国的法律法规）；（2）从反面确认（要求东道国在行使规制权时，不得为了吸引外资而损害自己的规制权，如不得为了吸引外资降低劳工和环境的标准）。

云南大学法学院党委书记陈云东教授发言的题目是《论“一带一路”与国际经济法律发展与创新》，核心内容是发展和创新。“一带一路”元素的介入带来国际经济法的发展与创新。另外，政策沟通不能把政策简单理解为“政策”这个词，还应包括法律；不仅包括国际条约，也包括国内法律。如果说没有国内规则的创新，那么也就谈不上国际规则的创新。因此，政策沟通既包括中国，也包括沿线国家，还包括国际法层面。另外，“一带一路”的倡议从性质上来说更多的是在国际政治的范畴，而不是在国际经济法领域，但应该将国际政治性质的东西转化为法律性的东西，并对国际规则中出现的问题进行规定。因此这个话题讲的应该是国际政治的中国观，或者说是在国际关系中的习近平理念，其带来的制度改良必然反映在国际经济法体系的变化之中。

西南政法大学国际法学院齐静副教授讲述了其论文《国际投资法视野下的农民土地权益保护》的写作思路。她最开始关注的是原住民问题，因为加拿大的原住民土地问题比较突出。在查阅资料时，她发现，许多地方的原住民的土地权益受到严重的侵犯。从跨国投资尤其是从跨国农业投资的角度切入，跨国农业投资带来了许多土地问题。土地投资可能需要征地，农民、特别是世代以土地为生的原住民，在这种情况下，就没有办法与政府和外来投资者相抗衡。其土地为国家所有，而国家与投资者签订投资协定。本文主要分析这三者之间的矛盾和冲突。从宏观角度来说，这是一个人权的问题。联合国粮农组织就提到，对农民土地权益从人权角度来考虑，包括原住民的人权问题，其中最重要的就是土地问题。文章当中提出了一些想法，由于跨国农业投资更多地保护了投资者的权益，那么实际上，现有的国际投资保护条约对农民的土地权益造成了直接的侵犯，而ISDS的机制下，国家即使想保护农民的土地权，由于起诉权不平衡的问题，国家也受到了很多压力。很多情况下，政府迫于此种压力，即使进行了土地改革，也无法更多地帮助原住民和农民保护土地权益。设想一下如何在跨国农业投资中更多地保护投资者的利益，其中一方面便是在之后的投资协定中补充一些人权条款，尤其是在跨国农业投资保护方面，建立负责任的机制，要求投资者承担一部分责任，首先应尊重当地的人权，这是国际人权法的要求。

在点评环节，何志鹏教授提出了“特别法优于一般法”的观念，讨论了杨国华老师提出的WITO概念的必要性问题，并提到无论是原住民的土地问题、印度问题，还是“一带一路”倡议建设，都要求我们有自己的观点来具体看问题，要从具体的角度出发。同时我们在这种观念下来推进“一带一路”倡议建设，我们必须知道客观上的需求，不能主观臆想，同时还要考虑输出的方式和内容。

（二）风险防范与法律合作

本组讨论由苏州大学法学院陈立虎教授主持，由中国政法大学张丽英教授、华东政法大学贺小勇教授点评。武汉大学法学院教授崔晓静、中国世界贸易组织研究会常务副会长王成安、华中师范大学法学院教授陈业宏、武汉大学边海院博士生薛志华、董哲、西南政法大学博士生张姣以及南京师范大学法学院副教授郑玲丽分别做了发言。

武汉大学法学院崔晓静教授在题为《“一带一路”背景下跨境贷款利息税收问题研究》的发言中提出，在“一带一路”发展的背景下，税收是绕不开也是非常重要的问题。她以 2015 年的“湖北华兴水泥案”以及 2017 年的“福建旗滨集团案”为切入点，提出我国的双边税收协定中的免税条款存在诸多不清晰和不完善的地方。崔晓静教授首先把中国签订不同的税收协定分为概括模式与正面清单模式两种类型，然后详尽地对我国与“一带一路”倡议沿线国家签署的 54 个双边税收协定进行了梳理，发现有与 15 个国家签订的协议中的免税条款属于正面清单模式，36 个协议中的免税条款属于概括模式，还有 3 个没有相关规定。其次崔晓静教授基于其系统的整理与研究，提出了免税条款中的存在的两大问题：一是协定规定的可以免除利息税的借款主体的列举范围仍然过于狭窄，无法满足“一带一路”倡议的要求；二是可以享受待遇的借款主体的范围并不清晰明确，会在宏观上破坏国际税收中性原则，微观上干扰企业的商业决策。最后崔晓静教授又介绍了中国签订的税收协定的一些最新发展，并且针对她所提出的免税条款所存在的问题提出了相应的建议。崔教授认为我国应当谨慎考虑对税收协定中的免税条款的修改，并且建议我国建立多边税收协调机制。崔晓静教授特别指出，欧盟能够创设其多边法律机制是基于其法律基础的保障，而 G20 的成功则来自于其强大的政治影响力，因此我国的“一带一路”倡议如果想要建设一个理想的多边税收协调机制只能脚踏实地、面对现实，一个一个地重新签订双边协定，或是联合其他双向投资都持平的"一带一路"沿线国家就税收相关的核心问题进行磋商。

中国世界贸易组织研究会常务副会长王成安先生在题为《"一带一路"项目建设与WTO"政府采购协议"》的发言中，讨论了"一带一路"项目建设与WTO"政府采购协议"的关系。2007年12月28日中国政府申请加入《政府采购协议》（GPA）谈判，至今已快十年。十年磨一剑，但这一剑仍未磨成。王成安会长以匈塞铁路被欧盟叫停这一事件谈起，这个项目从匈牙利至塞尔维亚长达350公里，通过中国的银行、商业贷款和优惠贷款、融资将近24亿至25亿美元，整个项目投资29亿美元。这个项目若是三国签署了多边协议即可实施，但是欧盟在2015年5月提出要对这个项目进行审核，其中一个法律依据，同时也是法律障碍就是GPA。匈牙利作为欧盟成员国违反了GPA，未通过透明的、公开的招标程序，就把工程的实施授予了中方和匈牙利的合资方。欧盟对此审查仍未结束，塞尔维亚段的工程明年可以动工，但是匈牙利部分工程暂被搁置。该问题说明，在中国未加入GPA的前提下，会出现一个法律障碍，即欧盟国家在工程的采购方面要是没有协议就很难进入其市场。该问题出在，从2007年起，我国共有6次出价单。中央级政府与次中央级政府采购主体都开放，但是国有企业还有差距。若国内采购主体不进一步开放的话，欧盟、美国、日本、韩国不会再进行谈判。王成安会长建议中国加入GPA的谈判应积极稳妥推进，不能搁置。从修缮铁路被叫停这件事说明我国需要占领国外市场份额。政府采购金额占GDP的份额达到上千亿美元，但是因采购协议的问题而难以获得这些份额。我国企业具有竞争力，应争取这些份额。在"一带一路"倡议的框架下可以通过双边协议解决。王会长最后强调，要积极稳妥地促进GPA的谈判，促进我国"一带一路"倡议的实施，深化国内改革，调整《政府采购法》《合同法》《招投标法》，来适应GPA谈判的规则。

华中师范大学陈业宏教授在题为《"一带一路"倡议下人民币兑换风险

的法律防范》的发言中指出，法律风险防范主要包括两个方面：风险有哪些和如何防范的问题。针对美元，如果蓄意推动美元贬值会推动人民币增值。实施外汇管制措施的大部分是发展中国家，“一带一路”倡议中很多中亚国家实施外汇管制，会影响企业的生产投资。利润转移的风险，企业对外投资之后，利润回国会受到影响。关于信用风险，我们可以看到金融危机时的刺激计划的后遗症仍然存在，社会负债率高昂，总债务规模占 GDP 非常高。2016 年标普全球评级对信用评级降低了标准，我国自身的信用体系还没有建立，人民币的国际化发展还不够。西方国家诋毁和“唱衰”人民币，影响很大。资本大规模流动风险，这里主要是指炒汇风险，以及国家金融法规的漏洞，产生了很多炒汇和投机行为。尤其是发展中国家中的新兴市场经济体，很容易受到炒汇投机者的攻击。操作风险和市场风险，主要是《巴塞尔协议（三）》的内容，主要针对不完善的内部金融操作的问题，市场风险和汇率使得银行应对不足。此外，还存在国家风险，如国家不履行义务，立法司法执法不严，法律风险意识的欠缺导致合法权益得不到保障等。如何防范这些问题？发言人指出，在国内法方面的应对，应确保人民币的国际信用，要不断地完善相关的内容和体系建设，保护对人民币对外的监管权益和域外争端等权益；还要深化金融体制的改革，宏观审慎的监管制度的建立，为实体经济服务；还要进行信息制度建设。在国际法的应对方面，应推动签订条约，如货币合作协议，还有建立双边的服务机构等，最后是建立和完善全球货币金融体系。

武汉大学边海院博士生薛志华发言的题目为《WTO 金融服务自由化视野下的中国－南非金融合作》。首先是关于 WTO 体系下金融服务自由化的法律意涵与边界。《〈服务贸易总协定〉第五议定书》（以下简称《第五议定书》）以及《关于金融服务的附件》这两个基础性法律文件对金融服务具有重大意义。关于金融服务自由化的法律边界，GATS 第 19 条界定了自由化进程应循序推进，应适当尊重各成员的国家政策目标及其总体和各部门的发展水平，并通过后续的协商谈判，实现更高水平的自由化。所以，金融服务自由化的法律边界主要体现在GATS、WTO的相关协议以及尊重经济主权等国际经济法基本原则之中。其次是中国法律立场用一句话概括就是“开放与监管并行”，即在监管中提升开放水平，主要包括银行和保险业务；而南非对于外汇进行管制，在涉及外汇交易时由南非政府授权的交易商来完成。金融服务自由化对于中国－南非金融合作的意义，其中包括承诺效应，即通过扩大市场准入、增强政策透明度、创造公平竞争环境等方式为外国金融服务创造便利，由此来推进自由化的过程。竞争效应，即通过引入外来金融服务企业，可以增加本国金融企业的压力，促使本国金融企业创新工作能力和方式，提升效率，推进金融创新。最后是制度效应，随着金融服务自由化的深入，与自由化相伴相生的金融产品、服务创新也将增多，从而促进金融创新监管制度的日趋完善，同时也助于促进社会信用体系的建立。中国－南非金融合作中制约金融服务自由化的因素包括三个层面，分别是国际经济形势与金融服务贸易发展水平的制约，金融服务自由化与国家管制之间的协调问题以及金融监管合作尚处于起步阶段。中国－南非金融合作中推进金融服务自由化的路径包括以下三个方面。一是加强国际协作，防范国际金融风险。二是依据必要性标准，平衡自由化与国内管制之间的关系。必要性标准是判断国内规制措施对金融服务贸易是否具有限制的基本依据，包含两方面的内容：（1）确定有关规制措施是否符合合法性目标；在确立了合法性目标后，实施有关措施是否必要便成为第二个判断依据。（2）在采取措施的缔约国可以合理地获得满意而有效的其他方法的条件下，一项措施不能被认为是必要。三是深化金融监管合作，维护金融稳定，包括迅速透明的识别不良贷款，加强破产框架和破产企业法律制度的完善；改革宏观审慎和监督框架，提高监督和应对能力；加强有助于降低风险感知的监管制度，确保经济能够长期获得国际融资服务。

武汉大学中国边海院博士生董哲发言的题目为《“一带一路”海上合作背景下中国出口信用保险的WTO规制研究》。他从“一带一路”的海上合作背景和与中国出口信用保险的 WTO 规制的关系出发，提出未来中国出口信用保险在支持“一带一路”倡议建设海上合作的过程中，将遇到哪些 WTO 法方面的风险以及应当以何种策略进行应对等问题。接着，董哲博士对中国出口信用保险相关 WTO 规则进行了分析，他既从禁止性补贴与可诉补贴规则规制论证了所存在的法律约束，又介绍了与反补贴相关的中国超 WTO 义务规则。他从其分析的三个规则中指出中国出口信用保险支持海上合作面临的 WTO 法风险，包括因符合《SCM 协定》附件一（j）条件而构成禁止性补贴风险、被诉可诉补贴的风险、与补贴相关的超 WTO 义务产生的风险。综上所述，董哲博士提出了中国出口信用保险风险中的应对策略：一是要积极贯彻中信保经营策略，通过规范政府支持机制、完善中信保治理机构、创新中信保经营模式来实现；二是要完善中国出口信用保险立法，降低出口信用保险违反《SCIM 协定》义务的可能性；三是积极利用 WTO 机制反击恶意措施和滥用 WTO 义务，向外界展示中国坚决反对的态度和决心。

西南政法大学博士张姣发在题为《国际监管合作规则新发展评析》的发言中指出，当今热点问题主要是边境后的监管措施和国际监管的合作。解决国内监管政策的分化问题，国际监管的合作是一个重要的途径。首先发展方向由 WTO 转向到了 PTA。WTO 有成熟的争端解决制度可以支持，它的主要成就是 TBT 和 SPS 的签订；而最新的主要的方式主要是通过 PTA，在先提出善治的监管是 TPP 以及 TTIP。WTO 更倾向于负面清单，注重措施的结果而非制定过程，其对于非歧视的监管分化问题的作用较少。PTA 注重正面一体化的模式，更注重一国内部监管政策的制定流程和事实的协调性，更注重过程而非最终产生的效果，解决了贸易保护。善治的监管实践是目前国际监管合作新规则的核心条款。善治的间断实践在 CETA 中有体现，它提出了透明度要求，对私人机构的咨询和联络点的设立有所要求；TPP 中对监管影响评估有更细化的要求。但是，国际监管仍然面临困难，如国内的自治权，有很多条款有模糊性和非强制性。结论是，善治的监管实践，以及“一带一路”

倡议下的政策互通和贸易互通，都有赖于国内和国际的监管，发展中国家监管水平较低有利于企业规避监管风险，因此应提升国内的监管水平。

南京师范大学法学院副教授郑玲丽发言的题目为《FTA的猫与数字技术的老鼠——“一带一路”中“3D打印”的规制》。她认为，科技日新月异，而法律不可避免地具有滞后性，难以跟上科技的步伐，恰似老鼠和猫的游戏。郑玲丽教授首先提出“3D打印”在WTO协定项下究竟是“货物”还是“服务”的问题她将数字产品分为四类：通过互联网订购的有形商品，电子送货服务，电子产品和远程增材制造。而“3D打印”属于第四类。其次，郑玲丽教授介绍了数字产品的“货物”与“服务”二分法，主要包括形式主义、功能主义和理论研究法。WTO理论研究方法关于“电力”和“软件”的历史性辩论有助于阐明CAD文件到底是“货物”还是“服务”。WTO的主要目标是促进自由贸易，发展中国家在数字产品国际市场上处于劣势，并且GATS允许对发展中国家经济特殊的保护，因此处于“货物”与“服务”的灰色地带的数字产品由GATS管辖更为公平合理。再次，郑玲丽教授援引了一个美国的案例，并说明美国的国内立法及司法都否定了数字产品交易受货物买卖法规制，在WTO关于数字化信息产品的国际贸易谈判中，美国却坚持对其适用调整货物贸易的GATT。针对如何有效规制“3D打印”的问题，在“3D打印”这只“老鼠”面前，ACTA协定这只“猫”面临的一个关键挑战在于跨境数字贸易环境下CAD文件是否应视为类似于其打印出来的货物。数字专利侵权行为在“3D打印”中尤其值得关注，因为它打开了专利消费者侵权的“潘多拉盒子”，而不仅是公司的侵权行为。而ITA的双重标准对于当今日益增长的计算机、电信和电子技术等信息基础设施是一个解决方案，但是对于“3D打印”似乎“黔驴技穷”。如何正确处理数据自由流动与保护网络隐私之间的关系？如何在服务贸易进一步开放的前提下维护国家安全？TISA又似乎难以维系。此外，TPP电子商务章节还涉及网络隐私、消费者保护的法律以及“无纸化贸易”等。而“3D打印”触及的网络隐私保护问题，TPP 仅对隐私保护施加最有限的积极要求，而对 TPP 缔约方可以合法提供的隐私保护的程度施加更强有力和更明确的限制。数字贸易的规制将成为 NAFTA 条约修订的主要内容之一，因为原始版本完全未涉及这个日益重要的领域。最后，郑玲丽教授提出在“一带一路”倡议下建构面向未来的诸边数字贸易协定。迄今为止，“3D 打印”提出的最为复杂、最具有挑战性的问题是打印武器、毒品、食品及食品加工品、身体部位和药品等危及人类、动植物生命健康的领域内的货物。因此，理应基于审慎原则和习惯国际法制定数字贸易例外规则。借力“一带一路”合作框架搭建一个“全球价值链伙伴关系”，来促使更多的“一带一路”沿线国家融入全球价值链网络体系之中。特别是随着新一代信息技术、互联网模块的发展，“一带一路”合作框架将加快推动诸边数字贸易协定的实施。

中国政法大学国际教育学院院长张丽英教授在点评环节中指出，第一篇论文接地气、聚焦点（聚焦贷款利益的税收，是否能免、怎么免）、重比较（条文的分条缕析，逐个对比）、慎建议（建议核心国家重点突破）；而王成安会长从匈牙利铁路说起，涉及中央主体、次主体以国有企业，针对国有企业，有一系列很好的建设性意见；陈业宏教授的论文涉及四种风险样态并进行了地缘政治的分析，以及国内法和国际法预警的问题。

华东政法大学图书馆馆长贺小勇教授在对薛志华的论文点评中认为，此选题有价值，但建议应当明确中国和南非合作的特殊性，此外还应当分析 WTO 金融服务自由化几个议定书之间的关联性；董哲的论文逻辑关系很清楚，建议援引案例进行说明；建议张姣可以再完善论文题目的英文翻译；郑玲丽教授的研究成果对互联网的管理也有一定的启示作用。

在最后的提问交流环节中，主持人陈立虎教授向郑玲丽教授提问，在“一带一路”倡议之外，“3D 打印”规则的现状，以及“一带一路”倡议的“3D 打印”规则的特殊性。郑教授指出目前如 WTO、NAFTA 暂时没有关于“3D 打印”的规定，但出台相应的规定是一个趋势。最后，主持人强调，法律的目的要和我们追求的目标相结合。在场与会代表与主旨发言人在交流互动中结束了此次会议。

（三）“一带一路”倡议与 WTO 争端解决机制

本专题由中国社会科学院刘敬东教授担任主持人，南开大学左海聪教授和东南大学肖冰教授担任评论人，共有 6 位学者发言。

复旦大学龚柏华教授在题为《涉“一带一路”经贸制裁与 WTO 争端解决》的发言中，从联合国与制裁、美国与制裁等背景出发，延伸到对“一带一路”经贸活动中国际制裁风险的讨论，并就已有的国际制裁案例，以及可能为国际经济制裁提供抗辩法律依据的 GATT 第 21 条等，进行了简要分析。

武汉大学廖丽副教授从国际法与比较法的视角讨论《“一带一路”争端解决机制的构建》。她在程序方面对比了 WTO、ICSID、NAFTA 和 CAFTA 的争端解决机制后指出，“一带一路”争端解决机制应当适用公平公正、诉讼经济和透明的原则，并提出了“一带一路”争端解决机制的两种选择模式——适用已有的争端解决机制和构建新的区域多元纠纷解决中心。

上海对外经贸大学高田甜老师以《论 WTO 争端解决机制作为“一带一路”贸易争端解决机制的可行性》为题进行了发言。高老师首先对“一带一路”沿线国利用 WTO 争端解决机制解决贸易争端的可行性进行了理论分析，然后从实证研究角度考察了“一带一路”沿线国家参与和利用 WTO 争端解决机制的情况，并在此基础上得出结论，就“一带一路”沿线国家间的贸易争端而言，WTO 争端解决机制目前仍是解决沿线国家间贸易争端的最佳选择。

武汉大学漆彤教授根据其组织撰写的《构建“一带一路”争议解决中心专题研究报告》进行发言。漆彤教授认为，“一带一路”争端解决机制的构建应依据争端主体的不同分别处理，体现不同考虑。对于国家间争端，WTO 仍然可以发挥作用；对于民商事争端，争端解决机构应依靠公信力吸引案源，不完全是由政府层面推动；政府发挥作用最大的应是投资争端领域，并且国际投资争端解决机制正面临深刻的改革，也为之提供了契机。此外，漆彤教授还就争端预防机制提出了一些看法。

中国政法大学余丽副教授先是对“一带一路”投资争端解决提出自己的见解，指出中国目前与沿线国签订的 BITs 还处于初级阶段，BITs 对投资、投资者的定义无法涵盖“一带一路”海外投资。接着，余丽副教授就“一带一路”贸易畅通国际机制提出观点。她注意到，OECD 的调查显示“一带一路”大多数沿线国的贸易畅通指数很低，而与此同时中国与沿线国贸易量巨大。“一带一路”应为这些国家提供人力、技术援助，帮助其建立提升贸易畅通水平所需的基础设施。

中国人民大学韩立余教授以《法律解释实事求是法》为题发言，通过“封闭空间 = 载人汽车?”的具体例子展开，援引上诉机构在美国虾龟案、欧共体鸡块案等裁决中的观点，强调条约用语的通常含义必须根据每一案件的特定事实来确定，要用事实去照亮、聚焦、发现条约用语的具体含义，法律解释是确定某一用语的相对意义，而非绝对意义。

南开大学法学院左海聪教授和东南大学法学院肖冰教授对以上发言逐一做出简短评论，并提出自己的观点和看法。争端解决机制作为 WTO“皇冠上的明珠”，其经验无疑将有助于调和“一带一路”倡议进程中不可避免的摩擦与矛盾，助力各国共同发展。

（四）WTO 国际贸易法律问题（上）

本专题共有 5 位发言人。对外经济贸易大学法学院副院长陈卫东教授、金诚同达律师事务所高级合伙人彭俊律师作为评论人对上述发言进行了精彩的点评。中国人民大学法学院韩立余教授主持了此次会议。

复旦大学何力教授以《美国“301 条款”的复活与 WTO》为题，从“301 条款”与 WTO 合规、“301 条款”复活的法律基础、“301 条款”复活的贸易保护主义背景三个方面做了阐述。何力教授分析了“301条款”的合规性挑战始于GATT时期，合法不一定合规，并指出“301条款”的复活已经成为现实，在中美之间此项争端的解决不仅要有谈判和协商，更重要的是适用WTO的合规性审查。

北京高文律师事务所高级合伙人管健律师以《美国对华301调查的法律问题与应对建设》为题的发言，条理清晰、逻辑严谨。他认为美国对华进行的301调查是“一般调查”，不是“特殊调查”与“超级调查”，并且解释了原因。管健律师将此次301调查与2010年美国对华新能源补贴政策调查做了比较，得出了两者均为一般301调查的结论。301调查的定性不以中国违反WTO协定义务为前提，中国可能采取的措施包括提高关税与限制服务市场准入，DS152和SAA对本次调查没有约束力。他还对301调查程序本身的合规性与单边贸易报复性措施的合规性做了区分，建议中国的应对措施可以包括磋商、和解或者诉诸WTO争端解决机制。

南开大学法学院胡建国副教授演讲的题目是《美国反倾销法中“特殊市场状况”理论与实践的演进及“一带一路”倡议背景下的中国对策》。他的发言包括“特殊市场状况”的研究背景和重要意义、TEPA制定前与制定后的美国“特殊市场状况”的理论与实践、美国“特殊市场方法”的影响及中国的对策，即应当密切关注美国反倾销法律法规和实践发展、反对反倾销应对政府干预、吸收美国“特殊市场方法”的合理因素。

上海市人民政府研究发展中心博士后流动站、高级法律顾问马爱平副教授以《僵尸企业“上市补贴”问题及市场化退出研究——〈反垄断法〉之修改建议》为题，总结了僵尸企业的定义，比较了企业的亏损额与接受补贴额，还通过图表列明了WTO主要成员起诉与被诉的情况，说明其研究意义在于“政府对企业转移支付是政府以‘有形之手’干预市场的手段，是当前供给侧改革的重要课题，市场经济法律体系的关键组成部分，是健全我国市场经济体制的基石”。马爱平副教授还提出了反垄断法的修改方案。

天津财经大学法学院范笑迎讲师的发言题目是《对 WTO“必要性”检验中司法权衡方法的否定之否定》。她首先提出的问题是“WTO 司法领域是否要引出价值权衡?”反对方认为引入司法价值权衡方法会扩大 DSB 权限，影响各成员国家管理自治权，同时威胁成员的权利义务的确定性与可预见性，进而主张以 WTO 协定文本为依据，限制司法权衡。而赞成方认为不应当仅从 WTO 成员角度考虑，因为当前机制会导致大国贸易保护以及单边主义盛行，需要引入司法权衡方法对影响多边贸易自由主义机制予以纠偏。其次，她提出中国不能站在 WTO 成员角度看问题，而应当从法律条文的立场维护 WTO 多边合作体制。最后，在如何引入司法权衡问题上，她认为应当引入并修正“显著性原则”，将该原则纳入 WTO 共同体基本共识的国际法规则，在显著重要性国家之间达成共识。

对外经济贸易大学博士研究生梁意在题为《世贸组织上诉机构对司法节制原则的适用》发言中，介绍了使用司法节制原则而不使用司法经济原则的原因，详细阐释了司法节制原则及其如何适用的问题，认为 WTO 争端解决机制正在实践（包括程序问题与实体问题）中适用这一原则，她还指出司法节制原则有可能成为司法规避的理由。

对外经贸大学法学院副院长陈卫东教授认为何力教授的发言使人受到了启发，如沐春风，具有法理基础和现实基础，并且巧妙地将解决办法融入整个发言之中。管健律师的发言非常深入和专业，并且澄清了人们对 301 调查的误解。胡建国副教授的发言既梳理了美国国内法的做法，又直接提出我国存在的并说明问题。马爱平副教授的发言对补贴的社会功能阐释得非常详细具体，并对如何保持补贴的正能与负面影响的平衡提出了期许。范笑迎讲师的发言对如何引入司法权衡的问题给出了合理的路径。梁意的发言对问题成因与解决方案提出了自己的看法。彭俊律师主要从实务角度对管健律师、胡建国副教授的发言做了非常专业和精深的点评。

（五）WTO 国际贸易法律问题（下）

本专题有 6 位发言人。主持人为泉州师范学院校长、研究会副会长屈广清教授，何力教授和冯洁菡教授为评论人。

石家庄铁道大学文法学院副院长亏道远在题为《高铁走出去的风险性防范》的发言中指出，首先，我国现在高铁总里程占世界高铁总里程的 60%，但是我国高铁在“走出去”过程中遇到的问题，特别是法律问题还不是最大的问题，政治外交方面的问题更大；提出要从三个方面研究高铁“走出去”的问题：一是风险问题，被指责风险是我国面临的最大的风险；二是高铁企业还面临未来被起诉、被指控的问题；三是知识产权被侵犯问题。其次，他分析了引起这些问题的原因在于高铁本来就具有高度的技术集中性，知识产权争议在这一领域内是不可回避的问题，我国高铁从引进、消化到集成、创新，其中从引进到创新之间的界限很难分清，难以自证清白，而且我国发展速度很快，海外维权成本高，又缺乏专业人才。最后，他提出的对策是：第一要进行知识产权海外布局。德国西门子在国外布局比较多而我国布局少，因此企业在外风险大，并且常常要交纳高昂的知识产权专利费；第二知识产权的推动要有专门的机构和人员，此外我国相关专业人员还要敢于应对知识产权所面临的问题；第三要在挑战过程中培养懂高铁、懂外语、懂法律、懂目标国的人才。

武汉大学国际法研究所刘瑛教授在题为《预裁定制度研究——以〈贸易便利化协定〉为基础》的发言中指出，TFA 作为 WTO 的最新已生效成果，TFA 预裁定制度是其中一项。预裁定制度在 TFA 中被定义为成员方在申请所涵盖的货物进口之前向申请人提供的书面决定。该书面协定具有开放性，其适用范围可以根据各成员方的实际情况来决定，但是 TFA 要求至少应当包括货物税则归类与货物原产地确定制度。TFA 继承 WTO 法律文件的部分规则，包括程序规则、透明度原则、预裁定决定，可以申请行政复议与司法救济等。

刘瑛教授还认为 TFA 的适用特征应当具有反复适用性而非普遍适用性。此外，刘瑛教授还介绍了美国、欧盟与日本预裁定制度，并与中国的预裁海关行政裁定作比较，认为中国预裁定制度应从以下三个方面进行完善：一口受理，机构分别裁定、一口公布；效仿欧盟，要求裁定主体进行数据库检索；效仿日本做出裁定一段时间后方才可以公开，且必须在海关网页上对当事人进行匿名。

湖北师范大学政法学院余楠博士发言的题目为《RCEP 知识产权规则述评及中国的参与》。她主要分析了 RCEP 知识产权章节的文本，包括知识产权保护的对象、纳入的国际条约、目的与原则以及其他一般纪律等规则，指出 RECP 中超 TRIPS 知识产权规则中 TPP、ACTA 制度的影子，传统体制的维护与利益平衡的考量等特点。

南京理工大学知识产权学院王鸿副教授发言的题目为《“一带一路”倡议下的知识产权国际规则构建：对 TRIPS 协定的承继与发展》。他解释了自然法理论才能最大限度解决该问题。首先要遵循平等原则，这不仅是对法律基本原则的回应，也是维持现状的需要。其次是利益平衡原则，原因在于知识产权相较于其他自然权利，在权利形成的效能方面有自身的特色，知识产权的效能是复合型的，不仅能激励不同主体进行智力活动，还能保障社会整体的科技水平向前发展。最后是合作共赢原则，之所以确定这个原则，因为从古至今所有的社会经济成就都以消耗自然资源为前提，但因资源有限并且十分破坏环境，因此法律调整的关系从传统人与人之间的关系扩充到人与自然的关系。他还考察了 TRIPS 协定中能否容忍以上三个原则，若能容忍就应予以承继，这一部分主要考察 TRIPS 协定第 7 条、第 8 条，TRIPS 协定第 3 条国民待遇和第 4 条最惠国待遇以及限制知识产权专有性条款等。王教授最后强调，要结合个案进行具体说明，不能空想。

沈阳工程学院文法学院周甲文教授发言题目为《通过 WTO 推动“一带一路”倡议的国际法律外交战略与方案》。他的主要观点是阐述 WTO 与“一带一路"（BRI）之间的关系，双方都是为了促进经济发展、资源高效配置所成立的国际组织与国家倡议。BRI是中国在WTO改革陷入困境之外布局的新的对外开放格局，也是应对新的复杂的经济形势所提出的发展策略，BRI建设能够有利于推动WTO成员加入其中，其所秉持的民主、开放、公平的法治理念，有助于WTO成员脱离被"一群穿着黑色制服的神秘者"所控制的局面。在解决现行国际争端方面，BRI提出协商共建理念，由争端当事方共同构建争端解决机制，这将为WTO打开新的争端解决途径。周甲文教授认为，BRI倡议是对现有国际组织、国际机构及其机制的有效补充与加强，目前国际社会全球化浪潮已经进入第五波。第一波为十字军东征（商业、技术、文明），第二波为哥伦布航海地理大发现（欧罗巴殖民），第三波为英国工业革命（经济贸易与制度），第四波为马歇尔计划（美元霸权、布雷顿森林体系），第五波为中国"一带一路"（标志着中国崛起）。中国在国际投资方面有亚投行、金砖银行的成功案例，同时周教授呼吁将我国东北地区纳入"一带一路"倡议，以促进其振兴。

华东政法大学刘雪红讲师发言题目为《论"一带一路"国有企业投资者的法律保护——以投资协定的革新为视角》。她从时代背景与国企投资保护困境、国企投资者可保护性三大基础问题，以及投资协定构建国企投资保护机制三个层次出发，介绍了我国国有企业海外投资法律保护机制中存在的缺陷。如希腊雷埃夫斯港港口事件、墨西哥坎昆城事件、缅甸密松大坝案、"高铁外交"违约事件，说明我国国有企业投资损失案例颇多，造成了国有资产流失。为此应在"投资者"定义条款中增设"国企投资者"，设立"特殊规则"弥补身份判断标准的不足，并以竞争中立规则强化对国企投资者的保护，纳入国际主流规则促进国企改革。

复旦大学法学院何力教授与武汉大学冯洁菡教授对以上发言逐一进行了评论。本专题6位发言人的论文，"既有自然法中诗与远方的追求，也有实证法中'让子弹飞'的现实。"冯洁菡教授如是评论道。对于具体制度的构建，两位教授高度评论了各位发言人的发言，并表示同意论文中的具体建议，同时，两位评论人也提出了自己的看法：如中国高铁的海外保护问题，冯洁菡教授表示我们不仅要关注 FTA、BIT 中的制度设计，而且国内法中也应要有相应的法律规则；对于“一带一路”中国企业投资者的法律保护，何力教授认为不能排斥西方国家的规则，如“竞争中立”规则能有效地促进我国国有企业改革。

（六）网络与国际贸易法新问题

本专题由武汉大学国际法所副所长聂建强教授主持，西南政法大学国际法学院陈咏梅教授、武汉大学国际法所副所长黄志雄教授点评，共有 6 位发言人。

工信部研究所徐程锦助理研究员发言题目为《国际经贸协定中网络空间治理议题的发展特点与趋势》。此篇报告主要从网络空间国际治理的现状、特点和趋势角度展开。目前国际社会对网络空间的治理主要体现在 TPP 的“数字 24 条”中，美国与欧盟正在制定的 TTIP 以及 WTO 框架下的 TISA 都是以 TPP 的“数字 24 条”为基础或蓝本。国际贸易体制对网络空间治理的特点，主要体现在以下几个方面：一是国际经贸协定谈判由政府主导，谈判过程透明度较低，大型跨国企业以外的其他利益相关方参与规则制定的渠道较少；二是国际经贸规则的形成历史就是从诸边走向多边，从软法走向硬法的过程，网络空间治理相关议题谈判也体现出相似的规律；三是国际经贸规则谈判中，涉及网络空间治理的议题呈现出不同国家分别主张新旧议题并相互对抗的态势；四是对于国际经贸协定中的网络空间治理议题，个人信息保护和维护国家安全与公共利益是对自由开放政策的主要平衡政策；五是就网络空间治理议题做出决定的权力应分配给哪一层级是各国面临的重要挑战。网络空间国际治理未来的发展趋势在于，国际经贸规则只应涵盖由政府起主导作用同时又需要国际规则对政府行为进行约束的网络空间治理议题；国际经贸规则将直接影响和约束国内互联网治理政策，但也有利于引导各国碎片化的互联网政策法规走向统一，降低数字经济发展成本；国际经贸规则的制定过程应借鉴多利益相关方治理模式的优势，增加透明度，使更多利益相关方有机会发声并影响规则制定；国际经贸规则与互联网相关的“新议题”和“旧议题”应并行发展，予以同等重视；与网络空间治理相关的国际经贸规则应实现促进自由开放、保护个人信息、维护国家安全和公共利益三项政策目标之间的平衡。

中国人民大学法学院谭观福博士在题为《WTO国家安全例外视角下的网络安全》发言中首先提出了两个问题：一是网络安全是否构成WTO国家安全例外条款中的“国家安全”；二是在哪些情形下，一国可以援引WTO国家安全例外条款实施贸易限制措施。针对这两个问题，谭观福博士认为，网络安全属于国家安全，网络安全是非传统安全之一，并有可能向传统安全转化。作为非传统安全之一的网络安全，已成为各国国家安全战略中特别关注的一部分。《中华人民共和国国家安全法》第25条、《中华人民共和国外国投资法（草案征求意见稿）》第57条第6项、《中华人民共和国网络安全法》第1条均强调网络安全对维护国家安全的重要性。在信息化时代，网络安全是国家安全的应有之义，一国基于主权有权独立自主地确定网络安全利益的范围。针对第二个问题，谭观福博士认为，在国与国之间网络战中，一国可以援引WTO国家安全例外条款实施贸易限制措施。在和平时期，黑客攻击或网络监控通常不会立即造成国家间某种极端的和现实存在的冲突，但长期如此可能为未来的网络战奠定基础。在WTO国家安全例外条款语境下，当一国在和平时期受到网络攻击的规模和后果尚未达到GATT 1994第21条（b）款（iii）项的“战时或国际关系中的其他紧急情况”时，GATT 1994第21条其余款项的规定也不可能为受攻击国援引国家安全例外提供抗辩依据。

杭州师范大学沈钧儒法学院孙益武讲师发言题目为《论个人数据跨境流动国际协调的秩序与程序》。他强调此处所论及的“数据”并不包括“重要数据”，因为“重要数据”的范围并没有确定。目前OECD对个人数据的跨境流动有规定，但只是软法并没有强制性的约束力。随着现今社会的快速发展，人类已经进入一个数据时代，商业数据具有很大的经济价值，各大企业也在争夺更多的数据支持。同时，数据也是国家安全的一个方面。所以，有些国家禁止个人数据流动，有些国家禁止某些领域的个人数据流动，有些国家数据必须本国备份审查后流动。针对这一问题，我们未来可以通过三种途径加以解决，即软法之治、硬法之治以及软硬兼施。通过软法可以向相关国家宣传数据跨境保护的治理范本和最佳实践，促进相关国家积极开展个人数据保护，并对数据跨境流动给予充分的关注。孙益武老师还认为，数据跨境保护在经贸条约中的深度嵌入必然又会切实地影响相关国家的国内立法，出于对国际市场的需要，相关国家不得不制定促进数据安全自由流动的法律规则。

同济大学法学院师华教授发言题目为《〈环境产品协定〉谈判法律问题探究》。她认为，尽管 WTO 下没有对环境的专门规定，但环境问题对 WTO 并不是新问题，而体现在 GATT 的序言、一般例外等条款之中。师华教授简要概括了 EGA 各轮谈判的内容，指出 EGA 谈判的主要法律问题，包括环境产品的确定、环境产品的关税、环境产品的非关税以及谈判中的关键多数。尤其在环境产品确定问题上，现存在清单法、项目法、清单项目法、出价要价法，目前 EGA 谈判已经确定采用清单法对环境产品进行列举。师华教授还认为，有必要确定一个遴选环境产品的基本标准，建立环境产品清单的更新机制，中国应当在谈判中呼吁建立环境技术的转移机制。在环境产品的关税问题上，中国面临大幅度地削减关税的问题，同时中国应该站在发展中国家立场对此问题进行权衡和深入考虑。

武汉大学中国边海院陈盼盼博士发言题目为《基于可持续发展视角的 IUU 渔业补贴研究》。她首先提出了 IUU 渔业补贴的问题，指出相关法律的漏洞是 IUU 捕捞活动存在的前提，可观的经济效益是 IUU 捕捞的根本动力，而政府层面的补贴则起到了助长作用。接着陈盼盼博士从对 IUU 渔业补贴的说明和对 IUU 渔业补贴的影响两个角度介绍了可持续发展目标 14.6 与渔业补贴，同时从 IUU 捕捞行为的认定、IUU 渔业补贴针对的对象、IUU 渔业补贴规则的实施方式、IUU渔业补贴规则未来走向四个方面对当前IUU渔业补贴规则进行了解析。最后陈盼盼博士认为我国应该以立法、执法、强化与周边海洋国家的合作为方向对这一问题进行深入研究和探索，并探讨我国加入《港口国措施协定》的必要性。

湖南师范大学法学院副院长聂资鲁教授发言题目为《WTO〈政府采购协议〉视域下内国政府采购领域反腐败立法研究》。聂资鲁教授首先提出了GPA反腐败议题，指出GPA从成员贸易利益逐渐关注公共利益、腐败的有效防治，体现在GPA第4条、第7条、第15条等方面，使GPA加入了很多反腐败的元素。根据GPA规定，发现腐败行为可以诉诸WTO争端解决机制，这对促进中国的反腐败立法具有巨大的促进作用，可以倒逼中国政府立法，进一步规制政府采购中的权力腐败。此外，聂资鲁教授简要地介绍了GPA反腐败条款在美国政府采购立法中的契合与适用，并认为美国的经验和教训值得我们借鉴，我国政府应加强采购领域反腐败立法。聂教授强调，“一带一路”涉及大量基础工程建设和政府采购，加强政府采购反腐败立法有利于将“一带一路”建设成廉洁之路。

武汉大学国际法研究所副所长黄志雄教授在点评中指出，网络对国际贸易的挑战发展迅速，对传统的经贸规则产生了巨大挑战。关注互联网问题的都是后起之秀，作者都是在互联网环境下成长的。三个选题各有特点，徐程锦研究员的着眼点更宏观，谭观福博士具体针对国家安全条款，孙益武讲师则介于这两者之间。黄志雄教授认为，徐程锦研究员的选题虽然很大，但梳理得很清晰，结论也有材料支撑，充分体现实证精神。通过分析美国的方案、欧盟的方案都有什么影响来得出自己的结论。谭观福博士的论文探讨了国家安全条款这一WTO协定中很冷门的条款，但网络安全使这个条款越来越热，涉及网络战的背景下如何利用国家安全例外，和平时期能不能适用国家安全例外。网络战理论探讨有价值，但实际发生的概率很小，我们更应该关注和平时期的适用。孙益武讲师的报告针对其所关注主题做了现阶段理论发展的概括和对未来的展望，可能更多地涉及一般规则，并不完全是从经贸角度出发。TPP 第三章涉及数据安全，其生命力是存在的，很有可能在其他组织文件中复活。网络安全这个问题涉及已有规则的解释和适用，也涉及新规则的制定、解释和适用。网络对国际贸易的挑战对中国来讲尤其应该值得注意，在国际领域特别需要中国声音，特别需要中国的理论与实务界做好准备。目前在 WTO 争端解决中还未出现关于这一方面的案例，但在未来很有可能有实例，被告极有可能是中国。

西南政法大学国际法学院陈咏梅教授在点评中指出，环境产品谈判问题的核心主要是四个问题：一是环境产品确定主要是采取清单方式，最近生效的信息技术产品也是清单方式，但目前为止有没有一个具体的清单分类和梳理，环境产品清单有没有附件。二是降税问题，各国目前对于环境产品降税还没有完全达成共识，有没有分阶段的路线图或安排。三是非关税壁垒，这是不是一个专门针对环境产品的问题，环境产品所遭遇的非关税壁垒是不是和其他产品一样，有没有什么特殊之处也需要进一步探讨。四是关键多数的确定问题，即 90% 作为关键多数是不是已经达成共识。对于陈盼盼博士所讲的 IUU 渔业补贴问题，陈咏梅教授认为，其文章题目可以做些更改，如改成“IUU 渔业补贴规则研究”，因为文章主要针对规则解读。如果是研究问题，那应该分析规则背后所存在的问题。对于聂资鲁教授报告的有关 WTO 反腐败的问题，中国加入政府采购协议是迟早的事，而在加入之前研究反腐败的问题非常值得关注。聂资鲁教授的报告对自己在这一领域的研究成果做了保留，应从以下两个方面多跟我们分享，美国关于政府采购的反腐败立法采取了什么模式，涉及了什么内容，中国的学习也可以更直观一些。

四、闭幕式

闭幕式由研究会副会长余敏友主持，林中梁会长、杨国华常务副会长以及各专家学者参加会议。

中国现代国际关系研究院副院长傅梦孜教授就“‘一带一路’倡议的新进展与国内外研究动向”向与会的专家学者做报告。傅院长首先介绍了“一带一路”的基本概况。他把“一带一路”形象地比喻为“在陌生的地方打一场不熟悉的战争”，具体而言，包括了以下四个方面：一是顶层设计完善充实，国家发改委、外交部以及商务部三方共同规划，达成共识，取得一定进展。二是相关的支撑措施已经到位，“一带一路”建设工作领导小组以及“一带一路”安保领导小组均已建立。亚投行、丝路基金、开行、金砖银行等机构能够提供明确的支撑措施。三是共识增加，“一带一路”实际上已经成为全球性倡议。美国等西方国家的态度也发生了转变。四是重大项目获得进展，当年的规划是开工一批、滚动一批、谋划一批，现在各个项目正在逐步推进。他通过地图展示了“一带一路”在全球各区域正在进行或正在筹划的重大项目，让在场的专家学者有了更直观、更全面的认识。谈及国内外关于“一带一路”的研究动向，傅梦孜院长指出：西方国家对“一带一路”的研究，经历了从陌生到熟悉，再到加强研究的过程。中国周边国家，如日本、韩国等，由于自古以来就是丝绸之路的沿线国家，其研究则比较积极。傅梦孜院长强调，中国法学会、世界贸易组织法研究会与“一带一路”有着极高的契合度，呼吁各位专家学者多从事与“一带一路”相关的研究。

报告结束后，杨国华常务副会长代表研究会致辞。杨国华会长用“设计专业、餐宴丰盛、组织有序、报道及时”16 字概括了本次年会的举办情况，认为本次年会具有四大特点：大会报告有宽度、专题报告有深度、附带会议有特色、闭幕会议有创新。对于下一届年会的承办问题，由于各高校报名踊跃，研究会稍晚将会在官方网站上予以公布。

在会议最后，余敏友副会长再次对出席本次会议的领导、专家，筹办方的同事和同学，以及赞助方 Wells 公司表示感谢。

目　　录

contents

WTO 与“一带一路”倡议（BRI）

WTO 与国际贸易法律问题

WTO 与全球贸易治理

WTO与“一带一路”倡议（BRI）

论 WTO 争端解决机制作为“一带一路”贸易争端解决机制的可行性

高田甜*

摘要：“一带一路”倡议甫一提出便受到国内外高度关注，“一带一路”的争端解决机制也成为广受讨论的议题，很多专家学者主张打造全新的“‘一带一路’争端解决机制”，但对于新争端解决机制具体应当如何设计则众说纷纭，莫衷一是。

本文考察了“一带一路”沿线国家参与和利用 WTO 争端解决机制的情况，对比了中国与其中最为活跃的代表性国家印度、韩国等主要 WTO 成员的参与情况。并在此基础上得出结论认为：现阶段，就“一带一路”沿线国家间的贸易争端而言，WTO 争端解决机制仍为第一选择，或者至少在新的“‘一带一路’争端解决机制”建成前，WTO 争端解决机制仍是解决沿线国家间贸易争端的最优选择。

关键词：“一带一路”；贸易争端；争端解决；WTO；争端解决机制

引　言

2013 年 9 月 7 日，国家主席习近平在哈萨克斯坦纳扎尔巴耶夫大学发表

* 高田甜，上海对外经贸大学 WTO 研究教育学院讲师，硕士研究生导师。

演讲，提出了共同建设“丝绸之路经济带”的畅想。同年 10 月，习近平主席出访东盟，提出共同建设“21 世纪海上丝绸之路”。这二者共同构成了“一带一路”重大倡议。三年来，从顶层设计到项目落实，“一带一路”在建设中前进、在发展中完善、在合作中成长。①

“一带一路”倡议甫一提出便引起了国内外的高度关注，“一带一路”倡议下国际经贸规则的落实离不开有效的争端解决机制。因此，“一带一路”的争端解决机制也成为广受讨论的议题，很多专家学者②主张打造全新的“一带一路争端解决机制”，但对于新争端解决机制具体应当如何设计则众说纷纭，莫衷一是。

笔者较赞同武汉大学漆彤教授的观点，“一带一路”倡议下，争端解决机制应当充分考虑、分析国际上现有制度的运作情况，在此基础上融入中国智慧，使之适合中国和沿线国家的国情，更好地服务于“一带一路”建设。同时，争端解决机制的构想还应当高瞻远瞩，本着全球治理的视野和一体化的思路，促进国际经贸规则的协调和统一，而非加剧当前国际经贸规则的碎片化。“一带一路”倡议下，中国除了可以在替代性纠纷解决制度（Alternative Dispute Resolution，本文中简称 ADR）和争端预防机制上作出努力，也必须思考如何利用、改善现有的司法、半司法的国际经贸争端解决机制。这也是提高中国在全球治理中的话语权的重要方面。③

现阶段，似不宜急于将包括 WTO 争端解决机制在内的既有国际争端解决机制统统“打入冷宫”，另起炉灶。一方面，由于目前对“‘一带一路’争

① 中国“一带一路”网：“习近平与‘一带一路’”，https：//www. yidaiyilu. gov. cn/xwzx/gnxw/6339. htm，2017 年 7 月 22 日访问。

② 代表性观点参见漆彤《“一带一路”与国际经贸争端解决机制》、蒋圣力《论“一带一路”战略背景下的国际贸易争端解决机制的建立》、顾敏康《中评专论：如何才能解决“一带一路”的争端》、刘敬东《构建公正合理的“一带一路”争端解决机制》等。

③ 漆彤：“‘一带一路’与国际经贸争端解决机制”，http：//www. wtolaw. org. cn/newsitem/277868625，2017 年 7 月 22 日访问。

端解决机制”的构想尚不够成熟和完善，很多问题都没有得到很好的解决和安排，欠缺可操作性。另一方面，即便制度构想已经非常完善，仍需一个漫长的过程付诸实现，而不可能一蹴而就，那么，在等待新机制落地前的这段“空窗期”发生的争端又该如何解决呢?

WTO争端解决机制是现今多边贸易体制的脊梁，旨在通过一种更强更有约束力的机制来解决争端以帮助确保WTO经过认真谈判所达成的贸易规则得到尊重和执行。它摒弃了政治方面的实力炫耀，成为国际政治和经贸关系中相对平和的争议解决模式。

在国际贸易领域，WTO争端解决机制被认为是国际争端解决机制的典范，其地位不可动摇，应当积极维护。作为国际社会最具代表性的、同时亦是最为重要的国际经济贸易合作组织，WTO享有“经济联合国”的美称，而其争端解决机制更是被高度评价为“WTO皇冠上的明珠”，是当前国际经贸领域最为成功的全球性贸易争端解决机制——自WTO于1995年1月1日正式成立至今，WTO争端解决机构（以下简称DSB）已经成功受理了五百余件国际贸易纠纷①，其公信力和有效性毋庸置疑。②

本文考察了“一带一路”沿线国家参与和利用WTO争端解决机制的情况，对比了中国与其中最为活跃的代表性国家印度、韩国等主要WTO成员的参与情况。并在此基础上得出结论认为，现阶段就“一带一路”沿线国家间的贸易争端而言，WTO争端解决机制仍为第一选择，或者至少在新的“‘一带一路’争端解决机制”建成前，WTO争端解决机制仍将是解决沿线国家间贸易争端的最佳选择。

---

① WTO官网，https：//www. wto. org/english/tratop_e/dispu_e/find_dispu_cases_e. htm，2017年7月22日访问。

② 蒋圣力：“论‘一带一路’战略背景下的国际贸易争端解决机制的建立”，载《云南大学学报（法学版）》，2016年第1期。

一、"一带一路"沿线国用 WTO 争端解决机制解决贸易争端可行性的理论分析

根据"中国'一带一路'网"给出的信息，"一带一路"沿线国共 68 个，其中 54 个已加入 WTO，另有 14 个（巴勒斯坦、东帝汶、埃塞俄比亚、波黑、土库曼斯坦、黎巴嫩、叙利亚、不丹、伊朗、阿塞拜疆、白俄罗斯、伊拉克、塞尔维亚、乌兹别克斯坦）为非 WTO 成员。从数量上来看，WTO 成员占 79.4%，非 WTO 成员为 20.6%，仅占总数的 1/5。而在这 14 个非 WTO 成员中，除巴勒斯坦和土库曼斯坦外，其余 12 国均为 WTO 的观察员，而 WTO 对观察员的基本要求是：除教廷外，观察员必须在成为观察员起 5 年内启动加入谈判，因此，作为 WTO 观察员的这 12 国均已先后启动加入谈判，处在加入 WTO 的进程中。可以预测，这些观察员国家最终成为 WTO 成员只是时间早晚的问题。成为 WTO 成员后，自当适用 WTO 争端解决机制解决中国与这些国家以及这些国家相互间的贸易争端。而就现阶段而言，虽然由于受到非 WTO 成员这一身份障碍的限制，不能直接适用 WTO 争端解决机制来解决贸易争议，但逐一考察这 14 个非 WTO 成员的经贸环境和经济发展水平很容易发现，这些国家都处于较低的经济发展水平，其中东帝汶、埃塞俄比亚等均被列为世界最不发达国家，因此，实践中中国与这些国家间的经贸往来十分有限，并且即便在贸易过程中发生争端，考虑到这些国家的实际情况，秉承中华民族"以和为贵"的传统思想和"一带一路""互利共赢"的精神，应尽可能地采取谈判等友好方式解决纠纷，除了采取法律手段予以应对之外，建立争端当事方国家之间的对话机制、开展国家领导人或者贸易代表会议交流等包含磋商、调停、调解等内容在内的政治外交手段，同样是解决争端的重要举措。①

---

① 刘敬东："'一带一路'战略的法治化构想"，https：//www. chinalaw. org. cn/Column/Column_View. aspx? ColumnID = 956&InfoID = 14619，2017 年 7 月 23 日访问。

二、“一带一路”沿线国利用 WTO 争端解决机制情况实证考

实践中，各国主要以两种基本方式参与 WTO 争端解决案件：一是以当事方的身份涉案，即作为申诉方或被申诉方，以这种方式参与 WTO 争端解决案件的以发达国家的数量居多；二是作为第三方①参与争端案的解决。根据 DSU 第 10 条规定的“第三方”制度，一国对专家组审议的事项有实质利益且已将其利益通知 DSB 成员的情况下，作为第三方参与磋商程序、专家组程序及上诉机构程序。②

表 1　“一带一路”沿线国家参与 WTO 争端解决机制情况

序号	国家	WTO 成员	申诉	被诉	第三方
1	印度	是	23	24	128
2	新西兰	是	9	0	42
3	黑山	是	0	0	0
4	立陶宛	是	0	0	0
5	巴勒斯坦	否	–	–	–
6	阿富汗	是	0	0	0
7	巴基斯坦	是	5	3	10
8	克罗地亚	是	0	1	0
9	阿曼	是	0	0	11

① 在 WTO 争端解决的语境下，“第三方”是指任何对专家组审议的事项有实质利益且已将其利益通知 DSB（争端解决机构）的成员。第三方参与争端解决程序的目的主要在于表达自己的关注，表述自己对相关规则和义务的理解，借此影响专家组或上诉机构的判断。但相对当事方而言，第三方不能从案件的裁决结果中获得实际的贸易利益。参见韩立余：《既往不咎——WTO 争端解决机制研究》，北京大学出版社 2009 年版，第 447 页。

② https：//www. wto. org/english/docs_e/legal_e/28 – dsu_e. htm，2017 年 7 月 23 日访问。

续表

序号	国家	WTO 成员	申诉	被诉	第三方
10	也门	是	0	0	0
11	约旦	是	0	0	0
12	印度尼西亚	是	10	14	21
13	缅甸	是	0	0	0
14	东帝汶	观察员	–	–	–
15	阿联酋	是	0	1	3
16	埃塞俄比亚	观察员	–	–	–
17	波黑	观察员	–	–	–
18	土库曼斯坦	否	–	–	–
19	拉脱维亚	是	0	0	0
20	阿尔巴尼亚	是	0	0	0
21	爱沙尼亚	是	0	0	0
22	斯洛文尼亚	是	0	0	0
23	黎巴嫩	观察员	–	–	–
24	巴林	是	0	1	2
25	埃及	是	0	4	10
26	叙利亚	观察员	–	–	–
27	菲律宾	是	5	6	15
28	文莱	是	0	0	0
29	不丹	观察员	–	–	–
30	泰国	是	13	4	73
31	越南	是	3	0	27
32	以色列	是	0	0	8

续表

序号	国家	WTO 成员	申诉	被诉	第三方
33	亚美尼亚	是	0	1	0
34	孟加拉国	是	1	0	1
35	柬埔寨	是	0	0	0
36	匈牙利	是	5	2	2
37	伊朗	观察员	–	–	–
38	老挝	是	0	0	0
39	卡塔尔	是	3	0	3
40	摩尔多瓦	是	1	1	3
41	马来西亚	是	1	1	9
42	蒙古国	是	0	0	0
43	波兰	是	3	1	1
44	罗马尼亚	是	0	2	0
45	沙特阿拉伯	是	0	1	33
46	新加坡	是	1	0	30
47	阿塞拜疆	观察员	–	–	–
48	捷克	是	1	2	0
49	白俄罗斯	观察员	–	–	–
50	格鲁吉亚	是	0	0	0
51	伊拉克	观察员	–	–	–
52	吉尔吉斯斯坦	是	0	0	0
53	哈萨克斯坦	是	0	0	9
54	科威特	是	0	0	1
55	马尔代夫	是	0	0	0

续表

序号	国家	WTO 成员	申诉	被诉	第三方
56	马其顿	是	0	0	0
57	尼泊尔	是	0	0	0
58	保加利亚	是	0	0	0
59	塞尔维亚	观察员	–	–	–
60	斯洛伐克	是	0	3	0
61	塔吉克斯坦	是	0	0	0
62	南非	是	0	5	7
63	韩国	是	17	16	113
64	乌克兰	是	5	4	16
65	俄罗斯	是	6	7	37
66	斯里兰卡	是	1	0	3
67	土耳其	是	4	9	75
68	乌兹别克斯坦	观察员	–	–	–

可以看出，在 68 个“一带一路”沿线国中，印度和韩国是在 WTO 争端解决中最为活跃的两个国家，紧随其后的是印度尼西亚、泰国、俄罗斯、土耳其、菲律宾、乌克兰和巴基斯坦等。

印度是 WTO 创始成员国，又是 1947 年关贸总协定发起国之一。印度于 1948 年 7 月 8 日成为关税与贸易总协定（以下简称 GATT）成员，于 1994 年 4 月 15 日签署了《关贸总协定乌拉圭回合谈判最后文件》，成为 WTO 的创始成员国。中国在 WTO 的地位和影响力，有一个发展过程。在 WTO，长期以来发展中国家的领袖是印度和巴西，因为他们是创始成员，我们是初来乍到，而俄罗斯则于 2012 年才加入 WTO。[①] 韩国于 1967 年 4 月 14 日加入

① “首任驻世贸组织大使孙振宇：WTO 还管用吗”，http：//www.360doc.com/content/17/0207/18/22953_627321558.shtml，2017 年 7 月 23 日访问。

GATT，1995 年 WTO 成立，韩国作为创始成员加入。

在 WTO 领域的博弈中，谁更善于出牌，谁就能更好地维护自身利益。2001 年正式加入 WTO 以来，我国积极参与争端解决实践，逐步加强自身的能力建设和人才培养，已从规则被动的参与者和执行者，成长为主动的运用者和制定者。[①] 中国在处理和应对世贸组织争端方面总体表现平稳和有序，实现了由学习认知到善于运用的重大转变，坚定地维护了国家利益，增强了在世贸组织争端解决机制中的规则话语权。[②]

三、中国参与 WTO 争端解决机制情况实证考[③]

（一）总体情况

当前中国加入 WTO 已近 16 个年头，在这十余年的历程中，中国在 WTO 争端解决机制中所涉及的案件从无到有、从少到多，随着参与程度的逐步加深，中国在 WTO 争端解决机制中的角色定位也在悄悄地发生着转变。从“入世”之初主要以第三方身份消极被动地参与争端解决过程，到几年积累和学习后积极主动的作为当事方起诉、应诉，再到 WTO 争端解决机制最频繁的参与者和利用者之一，中国在这一过程中不断成长和蜕变，也完成了由“入世”之初单纯的 WTO 规则的遵循者向 WTO 规则的利用者和制定者的角色过渡和转变。

---

① 李成钢主编：《世贸组织规则博弈——中国参与 WTO 争端解决的十年法律实践》，商务印书馆 2011 年版，第 ii 页。

② 同上，第 iii 页。

③ 肖冰：“WTO 争端解决中的‘中国现象’——中国涉案实证述评”，载《国际经济法学刊》2013 年第 3 期，第 12～32 页。

表 2　中国与主要 WTO 成员涉案情况对比

成员	起诉	被诉	第三方
美国	114	130	140
欧盟	97	84	165
加拿大	35	20	119
巴西	31	16	111
墨西哥	24	14	82
印度	23	24	128
日本	23	15	170
阿根廷	20	22	60
韩国	17	16	113
中国	15	39	139

注：数据截至 2017. 06. 10

表 3　中国参与 WTO 争端案件情况分类统计①

地位	各年涉案数（占当年 WTO 案件数的比例）					
申诉方	2002	1（2.7%）	2008	1（5.3%）	2014	0
	2003	0	2009	3（21.4%）	2015	1（7.7%）
	2004	0	2010	1（5.9%）	2016	2（11.8%）
	2005	0	2011	1（12.5%）	2017	0
	2006	0	2012	3（11.1%）		
	2007	1（7.7%）	2013	1（5.0%）	总计	15（5.3%）

① 本章有关 WTO 争端案件的数据信息，除特别说明外，均来源于截至 2017 年 6 月 10 日的 WTO 官方网站的统计，https：//www. wto. org/english/tratop _ e/dispu _ e/find _ dispu _ cases _ e. htm # results。

续表

<table>
<tr><td>地位</td><td colspan="12">各年涉案数（占当年 WTO 案件数的比例）</td></tr>
<tr><td rowspan="6">被诉方</td><td>2002</td><td colspan="3">0</td><td>2008</td><td colspan="3">5（26.3%）</td><td>2014</td><td colspan="3">1（7.1%）</td></tr>
<tr><td>2003</td><td colspan="3">0</td><td>2009</td><td colspan="3">4（28.6%）</td><td>2015</td><td colspan="3">2（15.4%）</td></tr>
<tr><td>2004</td><td colspan="3">1（5.3%）</td><td>2010</td><td colspan="3">4（23.5%）</td><td>2016</td><td colspan="3">4（23.5%）</td></tr>
<tr><td>2005</td><td colspan="3">0</td><td>2011</td><td colspan="3">2（25%）</td><td>2017</td><td colspan="3">1（14.3%）</td></tr>
<tr><td>2006</td><td colspan="3">3（15.0%）</td><td>2012</td><td colspan="3">7（25.9%）</td><td></td><td colspan="3"></td></tr>
<tr><td>2007</td><td colspan="3">4（30.8%）</td><td>2013</td><td colspan="3">1（5.0%）</td><td>总计</td><td colspan="3">39（13.8%）</td></tr>
<tr><td rowspan="6">第三方</td><td>2002</td><td colspan="3">19（51.4%）</td><td>2008</td><td colspan="3">7（36.8%）</td><td>2014</td><td colspan="3">12（85.7%）</td></tr>
<tr><td>2003</td><td colspan="3">17（65.4%）</td><td>2009</td><td colspan="3">6（42.9%）</td><td>2015</td><td colspan="3">8（61.5%）</td></tr>
<tr><td>2004</td><td colspan="3">9（47.4%）</td><td>2010</td><td colspan="3">7（41.2%）</td><td>2016</td><td colspan="3">7（41.2%）</td></tr>
<tr><td>2005</td><td colspan="3">6（50.0%）</td><td>2011</td><td colspan="3">4（50.0%）</td><td>2017</td><td colspan="3">0</td></tr>
<tr><td>2006</td><td colspan="3">8（40.0%）</td><td>2012</td><td colspan="3">11（40.7%）</td><td></td><td colspan="3"></td></tr>
<tr><td>2007</td><td colspan="3">2（15.4%）</td><td>2013</td><td colspan="3">12（60.0%）</td><td>总计</td><td colspan="3">135（47.7%）</td></tr>
<tr><td rowspan="6">件数</td><td>2002</td><td>1①</td><td>19②</td><td>37③</td><td>2008</td><td>6</td><td>7</td><td>19</td><td>2014</td><td>1</td><td>12</td><td>14</td></tr>
<tr><td>2003</td><td>0</td><td>17</td><td>26</td><td>2009</td><td>7</td><td>6</td><td>14</td><td>2015</td><td>3</td><td>8</td><td>13</td></tr>
<tr><td>2004</td><td>1</td><td>9</td><td>19</td><td>2010</td><td>5</td><td>7</td><td>17</td><td>2016</td><td>6</td><td>7</td><td>17</td></tr>
<tr><td>2005</td><td>0</td><td>6</td><td>12</td><td>2011</td><td>3</td><td>4</td><td>8</td><td>2017</td><td>1</td><td>0</td><td>7</td></tr>
<tr><td>2006</td><td>3</td><td>8</td><td>20</td><td>2012</td><td>10</td><td>11</td><td>27</td><td></td><td></td><td></td><td></td></tr>
<tr><td>2007</td><td>5</td><td>2</td><td>13</td><td>2013</td><td>2</td><td>12</td><td>20</td><td>总计</td><td>54</td><td>135</td><td>283</td></tr>
</table>

仔细梳理中国“入世”后对 WTO 争端解决机制的参与情况可以发现，中国的 WTO 争端解决实践表现出鲜明的“中国特色”。一是自 2001 年 12 月

① 本列数字显示的是中国作为当事方的年度争端案件数目。

② 本列数字显示的是中国作为第三方的年度争端案件数目。

③ 本列数字显示的是年度 WTO 争端案件总数。

11 日正式加入 WTO 以来，WTO 争端解决机制中涉及中国的案件呈逐年递增的态势，但是中国作为当事方参与 WTO 争端解决案件则主要集中在 2007 年以后，而在 2007 年之前，即在“入世”初期，中国作为当事方参与的 WTO 争端解决案件数量非常少（申诉方 1 件，被诉方 4 件），2002 年至 2006 年 5 年间共 5 件，几乎可以忽略；二是中国作为第三方参与磋商程序、专家组程序及上诉机构程序的案件几乎贯穿了中国“入世”至今的整个过程，尤其是在 2007 年以前的“入世”初期，为了熟悉 WTO 争端解决机制的规则及运作情况，中国以第三方的身份几乎参与了 WTO 争端解决的所有案件（详见表 3）。

根据表 3 的统计可以看出，中国参与 WTO 争端解决的过程可以大致划分为两个阶段：第一阶段为 2001 ~ 2006 年，这一阶段可以称之为“初期阶段”或“过渡期阶段”。在这一阶段，中国刚刚“入世”，WTO 争端解决机制对于中国来说还属于“新鲜事物”，中国对此也持一种观望学习的态度。因此，在这一阶段中，中国作为当事方参与的案件非常少，主要以第三方的身份参与到案件中；第二阶段是 2007 年至今，可以称之为“成长期”或“后过渡期阶段”，一方面，从整体来看，中国自 2007 年至今一直处于一种“适应”和“成长”的状态，努力掌握 WTO 争端解决机制的规则和运行机理，并以积极的姿态活跃于 WTO 争端解决机制的舞台上，这一点从表 2 中第三方涉案的数据可以看出，虽然较之“初期阶段”有所下降，从初始时几乎“逢案必入”发展为近年的“选择性介入”，但仍然维持着较高的比例；另一方面，中国作为当事方参与的案件有所增加，但值得关注的是，中国作为被诉方的涉案比例仍远远高于其作为申诉方的涉案比例，这也从侧面反映出了中国在 WTO 争端解决机制中仍然主要处于一种相对被动的规则遵循者的地位。

（二）具体表现

分析了总体情况，下面我们结合数据来逐项考察中国“入世”以来在WTO争端解决中的具体表现，即作为当事方（申诉方和被申诉方）和第三方参与WTO争端解决机制的情况。

1. 作为当事方参与争端解决

表4　中国与主要WTO成员作为当事方的阶段性涉案情况对比

成员方	1995～2001年		2002～2006年		2007～2017年		1995～2017年		2002～2017年	
	件数	比例	件数	比例	件数	比例	件数	比例	件数	比例
美国	125	51.7%	55	48.2%	64	37.9%	244	46.5%	119	42.0%
欧盟	89	36.8%	43	37.7%	49	30.0%	181	34.5%	92	32.5%
日本	21	8.7%	6	5.3%	11	6.5%	38	7.2%	17	6.0%
韩国	17	7.0%	9	7.9%	7	4.1%	33	6.3%	16	5.7%
印度	26	10.7%	9	7.9%	12	7.1%	47	9.0%	21	7.4%
巴西	29	12.0%	7	6.1%	11	6.5%	47	9.0%	18	6.4%
墨西哥	17	7.0%	13	11.4%	8	4.7%	38	7.2%	21	7.4%
中国	—	—	5	4.4%	49	30.0%	54	10.3%	54	19.1%
总案数	242		114		169		525		283	

注：指在特定时间周期内WTO受理的争端案件总数。

根据表4的数据可以看出，中国作为当事方所涉及的案件经历了从无到有、由少到多的过程。从数量和比例上看，其上升势头十分明显，尤其是“入世”过渡期之后，不仅自身的涉案数量增加，而且与其他国家和地区相比，中国的涉案比例达到了30.0%，远超日本，与欧盟并列世界第二位，并且与排名第一位的美国只相差不到8个百分点，件数也只差15件。这一变化也说明了中国由最初的消极被动参与到积极主动参与的转变，逐渐实现从防到攻防并举的状态。

表 5 中国与主要 WTO 成员作为申诉方与被诉方地位之对比

成员 \ 时间 件数	1995～2001 年		2002～2006 年		2007～2017 年		总计		占总案数比例	
	申诉	被诉	申诉	被诉	申诉	被诉	申诉	被诉	申诉	被诉
美国	69	56	15	40	30	34	114	130	21.7%	24.8%
欧盟	56	33	20	23	21	28	97	84	18.5%	16.0%
日本	9	12	3	3	11	0	23	15	4.4%	2.9%
韩国	6	11	7	2	4	3	17	16	3.2%	3.0%
印度	13	13	4	5	6	6	23	24	4.4%	4.6%
巴西	17	12	5	2	9	2	31	16	5.9%	3.0%
墨西哥	10	7	6	7	8	0	24	14	4.6%	2.7%
中国	/	/	1	4	14	35	15	39	2.9%	7.4%
									5.3% ①	13.8% ②
总案数③	242		114		169		525（283④）			

就表 5 中主要 WTO 成员作为申诉方与被诉方地位的对比数据来看，无论是美国、欧盟、日本和韩国等发达国家，还是印度、巴西和墨西哥等发展中国家，从其各个阶段数据和比例对比来看，申诉数量和被诉数量相差不大，申诉比例和被诉比例也基本持平，两者均没有明显的浮动。位居第一、二位的美国和欧盟在涉案数量和比例上都是最高的，相较于其他 5 个国家浮动较大，但也只差 3 个百分点左右。而中国的被诉案件数量达申诉案件数量的 2.6 倍，中国的申诉比例（2.9%）和被诉比例（7.4%）之间相差 4.5 个百分点，而如果只考察中国“入世”以后的情况，中国的申诉比例（5.3%）和被诉比例（13.8%）之间相差达 8.5 个百分点。这充分说明中国对 WTO

① “入世”以来，中国作为申诉方的案件数占争端总数（283 件，2002～2017 年间）的比例。
② “入世”以来，中国作为被申诉方的案件数占争端总数（283 件，2002～2017 年间）的比例。
③ 指在特定时间周期内 WTO 受理的争端案件总数。
④ 2002～2017 年争端案件总数为 283 件。

争端解决机制的参与主要还是表现为“被诉”的形式，中国目前仍主要定位于 WTO 争端解决机制的规则遵循者。

就各国在不同阶段的角色变化来看，表 5 中主要 WTO 成员的模式可以概括为：（1）美国、欧盟：申诉 > 被诉→被诉 > 申诉；（2）日本、韩国：被诉 > 申诉→申诉≧被诉；（3）印度：申诉≈被诉；（4）巴西：申诉 > 被诉；（5）墨西哥：申诉 > 被诉→被诉 > 申诉→申诉 > 被诉。

接着来分析中国的表现：（1）无论是在哪一个阶段，中国所涉案件的被诉数量远远大于申诉数量，被诉比例（7.4%）达申诉比例（2.9%）近 3 倍，远高于其他各国；（2）将表 5 中的三个阶段对比来看，无论是在“入世”的过渡期还是过渡期之后，中国始终处于被诉 > 申诉的“倒挂”状态；（3）由表 5 的数据可知，相比于“入世”过渡期，过渡期之后，中国无论是作为申诉方还是被诉方，其涉及的案件的数量及其比例都有显著增加。其中，申诉案件的数量异军突起，远超过除美国、欧盟之外的其他五国；而被诉案件数量已跃居第一位，既超过了美国和欧盟，更是达到其他五国总和的 3.2 倍。

2. 作为第三方参与争端解决

表 6　中国与主要 WTO 成员作为第三方的阶段性涉案情况对比

成员	1995～2001 年		2002～2006 年		2007～2017 年	
	数量	比例	数量	比例	数量	比例
美国	42	17.4%	29	25.4%	69	40.8%
欧盟	43	17.8%	38	33.3%	84	49.7%
日本	45	18.6%	43	37.7%	82	48.5%
韩国	18	7.44%	24	21.1%	70	41.4%
印度	32	13.2%	18	15.8%	78	46.2%
巴西	15	6.2%	33	28.9%	63	37.3%
墨西哥	18	7.44%	28	24.6%	36	21.3%
中国	—	—	59	51.8%	80	47.3%
阶段总案数	242		114		169	

表6将中国与主要WTO成员作为第三方涉案情况分为了三个阶段，即1995～2001年、2002～2006年和2007～2017年三个阶段。

根据表格中的数据可知，除墨西哥和中国以外，无论是发达国家还是发展中国家，无论是在哪一阶段，主要WTO成员作为第三方涉案的比例是不断增加的，而且就其增加的幅度来看，除美国增幅相对较小外，其余国家的增幅均接近或超过2倍。

相比之下，中国作为第三方涉案的趋势与之相反，中国在2002～2006年作为第三方参与的案件数量达到59起，涉案比例高达51.8%，而在2007～2017年以第三方身份参与案件的数量虽小幅微升至80起，但占全部争端案件数量的比例却降到47.3%，下降了4.5%。

在WTO争端解决机制中，第三方制度是颇具特色的一项制度。它不仅为加入WTO的新成员提供一个学习的平台，也为已经加入WTO的老成员提供利益诉求的渠道。对于中国来说，第三方制度具有特殊的意义：第一，中国在“入世”初期，对于WTO争端解决机制的运行程序完全不了解，主要通过以第三方的身份参与争端解决案件的方式逐渐了解和掌握WTO争端解决机制，并储备了人才、知识和经验。第二，第三方制度不仅为中国提供了学习的平台，而且在经济上节约了成本，在程序上简化了手续。在争端解决案件中，作为第三方，不仅可以听取当事方的第一次书面陈述，而且还可以出席专家组专门为第三方召开的听证会。另外，根据DSU的规定，一争端案件的解决必须遵循严格的程序，争端方申请案件进入专家组审理之前，必须经过磋商程序，这意味着在程序上是相当复杂的，同时，在进入专家组阶段之前，争端方还要承担繁重的举证工作和大量的人力、物力的投入，而对于第三方，参与争端解决相对经济、简便。第三，第三方制度较好地维护了中国在“入世”初期的利益。DSU第10条规定“在专家组工作过程中，应充分考虑争端各当事方的利益，以及在该争端中涉及有关协定的其他成员方的利益”，这里的“其他成员方”主要是指以第三方身份参与争端解决案件的

WTO 成员，专家组在审理争端解决案件时，第三方可以依据本条规定向专家组提出自己的利益诉求，专家组为保证案件处理结果的公正、合理，也会听取第三方陈述的意见。因此，中国在以第三方身份参与案件的同时，也维护了自身的利益。

四、结　论

作为当前国际经贸领域最为成功的全球性贸易争端解决机制，WTO 争端解决机制可以也应当适用于“一带一路”沿线国间的贸易争端。虽然不可避免地存在一些问题和不尽完善之处，但在国际贸易领域，WTO 争端解决机制被认为是国际争端解决机制的典范，其地位不可动摇，应当积极维护。“入世”至今，从最初的消极被动到现在成为 WTO 争端解决最活跃的参与者之一，中国已经完成了学习、积累到运用的蜕变过程，已经能够较为娴熟地运用 WTO 争端解决机制。与其另起炉灶，创设新的“‘一带一路’争端解决机制”，重新学习和适应全新的规则和制度体系，不如努力使现有机制发挥最大效能，而且 WTO 争端解决机制创造的成功也是难以企及和复制的。因此，现阶段，就“一带一路”沿线国家间的贸易争端而言，WTO 争端解决机制仍为第一选择，或者至少在新的“‘一带一路’争端解决机制”建成前，WTO 争端解决机制仍将是解决沿线国家间贸易争端的最佳选择。

“一带一路”下中国与中东欧国家金融监管创新合作研究*

王　茜　叶一鸣**

摘要：在我国2015年所发布的《推动共建丝绸之路经济带和21世纪海上丝绸之路的愿景与行动》中，“加强金融监管合作”已被明确列入“一带一路”的合作重点。中东欧各国作为“一带一路”倡议的先行者，已有13个国家与我国签署了推进“一带一路”合作文件，双方金融领域的合作与交流不断深入。本文以混业经营背景下滞后的金融监管模式与金融业快速发展的体制性矛盾为切入点，结合中国与中东欧国家金融合作与金融监管框架的现状，通过对金融监管合作必要性和可行性进行探究，旨在分析双方金融监管合作的方案与路径选择，提出“16+1”框架下金融监管领域展开创新合作的对策建议。

关键词：“一带一路”；中东欧16国；金融监管创新改革；合作对接

---

* 项目资助：

1. 国家社会科学基金青年项目（17CJL041），主持人：王茜。2. 教育部国别和区域研究专项资金（17GBQY078），主持人：王茜。3. 上海对外经贸大学中东欧研究中心2017年建设项目（Y201701－5），主持人：王茜。

** 王茜，上海对外经贸大学WTO研究教育学院，副教授。叶一鸣，上海对外经贸大学WTO研究教育学院硕士研究生。

一、引　言

2013 年 9 月 7 日，习近平在哈萨克斯坦访问时首次提出了“丝绸之路经济带”的倡议，并提出了“政策沟通、道路联通、贸易畅通、货币流通、民心相通”的五个联通目标，其中货币流通是贸易流通的根本。随着“一带一路”倡议的推进，为促进我国与“一带一路”沿线国家在资本和商品上的进一步流通，中国与中东欧国家在金融领域开展了广泛且深入的合作，包括耗资 400 亿美元成立的丝路基金①，倡导成立的亚洲基础设施投资银行，以及在“16 +1 合作”框架下开展的投融资、本币互换和本币清算等多项合作。然而，不容忽视的是，很多中东欧国家经济基础较为薄弱、地缘政治关系错综复杂，金融体系的发展并不完善，随时都有爆发金融风险的可能；与此同时，人民币加入 SDR 之后，国际游资、热钱得以更加自由进出中国。在混业经营的时代，创新性金融工具和互联网金融的快速发展已使得现行的监管体系无法应对频发的金融风险，随时都有爆发系统性金融风险的隐患。随着中国与中东欧国家金融合作的开展，这种系统性金融风险将会更便捷地在两地区之间扩散和传播。2016 年《中国 - 中东欧国家合作里加纲要》提出支持中国 - 中东欧国家金融监管部门之间加强交流与合作，可见，双方在金融合作的过程中对现有的监管体系进行创新性改革、构建有效的监管合作框架，已成为保障“16 +1 合作”顺利进行的先决条件。

早在 20 世纪末，国内外学者就曾对区域间金融监管合作以及国际金融

① 2017 年 5 月 14 日在北京的召开的“一带一路”高峰论坛中，国家主席习近平在开幕式演讲之中提到：“中国将加大对‘一带一路’建设资金支持，向丝路基金新增资金 1000 亿元人民币，鼓励金融机构开展人民币海外基金业务，规模预计约 3000 亿元人民币。中国国家开发银行、进出口银行将分别提供 2500 亿元和 1300 亿元等值人民币专项贷款，用于支持‘一带一路’基础设施建设、产能、金融合作。我们还将同亚洲基础设施投资银行、金砖国家新开发银行、世界银行及其他多边开发机构合作支持‘一带一路’项目，同有关各方共同制定‘一带一路’融资指导原则。”

监管合作的问题进行过呼吁，Eatwell 和 Taylor（1999）则认为现阶段金融监管合作仍是以国际协调监管为主，但是国际协调也无法充分地解决现阶段所存在的金融风险问题，必须建立一个超国家的金融监管机构，并赋予其决策权、监督权和实施权；Giorgio 和 Carmine（1999）建议欧元区内的各金融监管机构进行重新组合，在国家和欧盟的层次上，分别将不同的目标分配给不同的金融监管机构，也就是说将金融监管的三个目标：微观稳定、投资者保护、效率与竞争，分别分配给相互分离的三个欧盟金融监管机构负责。这三个独立的金融监管机构应该在统一的类似于欧洲中央银行的模式下进行组建，并与负责物价和宏观经济稳定的机构紧密合作；Cornelia 和 Thomas（2004）则是从政治经济学的角度发现，各国间的利益联系得越紧密，得到的整体福利就越高，各国银行倾向于选择最不容易被责令关闭的国家设立分支机构——这也就要求国家与国家之间在金融监管方面需要更为紧密的合作。

“一带一路”倡议提出后，国内外学者纷纷提出在“一带一路”框架下展开金融监管的合作，在合作的目的和必要性方面，学者们对于金融监管合作都是持赞同的观点，并且均认为建立一个有效的金融监管体系对于推动“一带一路”成功是一个至关重要的因素（Guluzian，2017）。甘均先（2015）明确提出，中国应通过与现有的区域组织合作或建立专门的金融机构来保障“一带一路”的金融安全。

在合作机制的方式选择上，学者们持有不同的观点：罗传钰（2016）和张柏森（2017）认为在目前区域形势极为复杂的情形下，“一带一路”建设应先采取区域监管协调的机制，通过协商达成共识，以形成具有非强制性决议的“软法”为主，逐步推进与“一带一路”沿线各国的金融监管协调机制；庞仙梅（2016）和金瑞庭（2016）则认为可以借助现有的国家间区域合作组织（如上合组织、欧亚经济论坛等），与欧洲中央银行或者欧亚经济共同体法院这样的超国家机制合作，与欧亚经济联盟、欧盟等平台开展对接，以“硬法”的形式，对“一带一路”沿线各国进行统一的金融监管。

上述学者对于“一带一路”下的金融监管合作提出了很多建议和解决措施，但不难发现，这些对策都是基于整个“一带一路”的大背景，并未细化到具体的区域之中并结合各国的金融监管框架实际而采取相应的措施；另一方面，在混业经营和互联网金融日益发展的时代背景下，无论是国内还是国外，现行的金融监管机制都出现了一些体制上的矛盾和缺陷，学者们在分析跨国金融监管合作的时候，忽略了这些体制性问题对合作会造成的影响，未能将金融监管体系改革创新与跨国金融监管合作联系在一起，这也使得一些政策方案缺乏可操作性，在效果上也会大打折扣。

本文立足于“一带一路”背景下中国与中东欧国家金融领域合作的实际情况，结合双方金融监管体系的现状，分析了金融混业经营和金融创新对双方金融监管所带来的挑战，对“16+1合作”框架下开展金融监管合作的必要性和可行性进行了分析，并以欧盟内部金融监管体系的合作机制为参照，提出了混业经营时代中国和中东欧国家金融监管改革与合作的参考方案。对上述问题的探讨不仅能够服务于我国金融监管体制改革的现实需求，也有助于中国与中东欧国家在金融领域合作的有效推进，成为“一带一路”线上我国与其他国家金融监管合作的样本，还可以作为中国金融监管部门顶层机制设计的参考依据。

二、中国与中东欧16国金融监管创新对接背景

（一）“一带一路”背景下中国－中东欧国家金融合作的开展和推进情况

金融是经济的血脉，在“一带一路”和“16+1”合作框架的带动之下，中国与中东欧国家经贸交往不断增加，无论是铁路（含高铁）、电力、港口、公路等基础设施项目的建设，还是双方企业的相互投资、开展贸易等，都为

金融机构提供了发展机遇。根据中国人民银行网站统计显示，我国已经与欧盟、匈牙利、阿尔巴尼亚分别签订了本币互换协议①，旨在维护我国与中东欧各国的金融稳定，确保国家收支平衡和各国外汇市场的稳定运行，同时也可以降低各国对外汇储备的依赖性，提高外币的流动性。

另一方面，我国与中东欧国家基础设施建设的投融资合作也日益紧密，包括设立 100 亿美元专项贷款、30 亿美元规模投资基金、探索设立人民币中东欧合作基金等，中东欧各国可以通过申请信贷的方式来作为买方与中国启动合作基础设施工程建设项目。此外，国家开发银行向匈牙利提供 10 亿欧元专项贷款，以中国进出口银行、匈牙利进出口银行为主要合伙人的“中国 - 中东欧投资合作基金”也开始启动第二期，工商银行拟投资设立中东欧金融公司、并牵头设立市场化基金等一系列的基金的成立都表明我国正逐步扩宽和加深与中东欧各国的金融投资的合作。

（二）中东欧国家金融监管体制的改革历程

20 世纪 90 年代苏联解体之后，东欧各国新政权开始否定原有苏联模式下的金融监管框架，逐渐向西方，尤其是欧盟的模式进行转变。改革过程中，虽然各国的金融监管框架表面看起来都是相似的，但实质上中东欧各国还是处于一个多元化的状态，呈现出了不同的金融监管特色。

1. 向混业监管体制②发展

很多国家在经历了 1998 年的金融危机之后，便开始思考分业金融监管体系是否适用于本国国情，加之受到英国、德国等发达国家金融监管改革的影

① 2013 年 10 月 9 日中国人民银行与欧洲央行签订了规模为 3500 亿元人民币/450 亿欧元的双本本币互换协议，又于 2016 年 9 月 27 日续约；2013 年 9 月 9 日中国人民银行与匈牙利中央银行就签订了双边本币互换协议，互换规模为 100 亿元人民币/4160 亿匈牙利福林，后又在 2016 年 9 月 21 日续签了协议，互换规模保持 100 亿元人民币/4160 亿匈牙利福林，有效期 3 年，经双方同意可以延期；2013 年 9 月 12 日，中国人民银行与阿尔巴尼亚银行签订了双边本币互换协议，规模为 20 亿元人民币/358 亿阿尔巴尼亚列克。

② 混业监管即是指由一家监管机构对所有金融机构的全部金融业务进行全面监管的金融监管模式。

响，部分中东欧国家的金融监管模式开始向混业监管的体制发展，代表性的国家包括匈牙利、捷克、斯洛伐克、爱沙尼亚、拉脱维亚。

（1）匈牙利式的金融监管改革——设立统一的金融监管机构。

苏联解体后，匈牙利的金融体系逐渐从单一的银行业拓展至集保险和证券在内的多元化发展模式，匈牙利金融监管局（HFSA）公布的数据显示，20 世纪末匈牙利的银行业资本中外国资本高达 70%，保险部门的外资占比更是高达 90%①。高占比的外资资本对匈牙利的金融监管提出了挑战，1998 年金融危机的爆发导致匈牙利的三大银行挤兑，政府无奈只有接收其 75% 的股权。这场危机给匈牙利当局认识到，金融集团（混业经营）已经发展成为金融系统的主流，各种金融产品的交叉也使得金融风险的评估越来越难，这些都成为改革金融监管体系，从而更好保护投资者和消费者权益的内在动力，匈牙利迫切需要一个综合的、更富有弹性的、具有及时预防措施的金融监管机构来保障金融体系的稳健运行。2000 年 4 月 1 日，匈牙利成立了匈牙利金融监管局（HFSA），原来的银行和资本市场监管部门、国家储蓄监管部门、私人养老金监管部门所拥有的职能全部集中于匈牙利金融监管局（HFSA）②，金融监管局通过对金融机构和市场参与者的谨慎操作和遵纪守法进行持久监管，这对于促进金融市场的稳健运行、保护金融机构的客户和消费者（投资者）权益起到了重要作用。

与匈牙利情况类似的是爱沙尼亚的爱沙尼亚金融监督管理局（Republic Of Estonia Ministry Of Financial Supervision Authority）以及拉脱维亚的拉脱维亚金融和资本市场委员会（FKTK）。爱沙尼亚和拉脱维亚两国也都在 1998 年的金融危机中遭受了严重的损失，从危机中吸取了教训，同时也在反思其国内的金融监管体制的缺陷，而英国的金融监管改革为它们树立了一个良好

① 参见匈牙利金融监管局（HFSA）官网，http：//www. pszaf. hu/en/。

② 参见匈牙利央行行长杰尔吉·马托奇在 2016 年中匈金融论坛发表的演讲，http：//new. caijing. com. cn/economy/20160118/4055593. shtml。

的典范，也进一步推进了两国金融监管体制的改革。加入欧元区后，两国均严格落实金融行业经营规范，并加紧出台了一系列金融管理政策。其银行、保险、租赁等行业的运行及外资准入法案均在加入欧盟后出台，较好地规范了金融市场的秩序。①

（2）捷克式的金融监管改革——央行为主体的监管模式。

20 世纪 90 年代，捷克独立之初，采用的是传统的分业监管模式。随着对外开放的逐步深入和私有化的完成，捷克的银行监管权由财政部移交捷克国家银行，即捷克中央银行，之后捷克又逐渐成立证券监管委员会、保险和养老基金监管办公室分别对其国内的证券业和保险业进行监管。1998 年金融危机后，捷克政府就开始着手进行金融监管体制的改革。

由于经济的不景气，捷克的上市公司一直处于下滑的状态。捷克国家银行公布的数据显示，国内金融市场中，以信贷为主的银行业占据了大头，其证券市场化程度极小②，因此分业监管对于捷克而言似乎是一种公共资源的浪费了。2005 年国会通过《统一金融法》（Integration Financial Laws），所有金融监管权从 2006 年 4 月开始向捷克国家银行移交。起初捷克国家银行下设机构导向的监管部门，分别为银行、保险和资本市场监管部；2008 年改革为功能导向的组织架构，内部调整为金融市场规范和分析部（FMRAD）、执照签发和执法部（LED）和金融市场监管部（FMSD）。③

相同的情况也发生在斯洛伐克，尤其是加入欧盟以及欧元区之后，斯洛伐克将其中央银行的诸多权力移交于欧洲中央银行。虽然现阶段的捷克、斯洛伐克看上去更像是在不断地退化和缩小其金融监管的范围，但两国也因此

① 我国商务部："爱沙尼亚、拉脱维亚金融业浅析"，http：//www. mofcom. gov. cn/article/i/jyjl/m/201309/20130900332330. shtml。

② 根据捷克国家银行官网报告公布的数据显示，2015 年捷克的金融体系结构中，银行业占比 77. 7%，而保险公司、养老基金、投资基金和其他非银行累的金融机构分别仅占 6. 9%、5. 3%、4. 8%和 4. 9%。

③ 捷克国家银行官网介绍，http：//www. cnb. cz/en/about_cnb/。

有效整合了国内现有的金融资源，稳定了其国内的金融市场，带动了经济增长。

2. 不断整合、优化现有的分业监管体制

一些中东欧国家并没有彻底实现分业监管向混业监管的转变，而是在现有的分业监管体制基础上不断整合、优化和完善，代表性的国家有波兰、立陶宛。

东欧剧变之后，波兰开始在经济和金融方面进行改革，取得了巨大的成果，成为第一个走出困境的国家，经济增长速度也在欧洲列国之中名列前茅，即使在 2008 年美国金融危机之后，波兰也仍是中东欧各国中唯一一个 GDP 仍保持增长的国家。在金融环境方面，华沙证券交易所（WSE）是中东欧地区仅次于俄罗斯证券交易所（RTS）之外的第二大股票市场①，这也在客观上迫使波兰当局建立一个更加严密和成熟的监管体制，以适应不断成长的资本市场的要求。波兰的金融监管一直秉持着分业监管体制的模式，随着波兰的经济转型和经济、金融改革开放，金融监管体制也在根据其本国的国情发展不断地优化改善。1997 年波兰政府分别设立银行监管委员会（CBS）、证券和交易委员会（PSEC）、国家保险监管办公室（SISA）、退休基金管理局（PFSA）对其波兰国内的金融业进行分业监管。在经历了 1998 年和 2008 年两度危机的冲击后，波兰政府也在不断地对其分业监管体制进行整合和优化：在合并原有机构的基础上，先后于 2003 年、2006 年和 2008 年，设立了保险和养老基金监督管理委员会（CIPFS）、波兰金融监管局（PFSA）和金融稳定委员会（FSC）。② 目前，金融稳定委员会（FSC）进行宏观的审慎协调，银行担保基金（BFG）、中央银行（NBP）和金融监管局（PFSA）进行分业监管的金融体制。

---

① 国际货币基金组织官方报告，https：//www. imf. org/external/pubs/ft/scr/2013/cr13221. pdf。

② 商务部：“爱沙尼亚、拉脱维亚金融业浅析”，http：//www. mofcom. gov. cn/article/i/jyjl/m/201309/20130900332330. shtml。

三、金融监管创新合作对接的必要性分析

（一）混业经营背景下我国现行监管框架与金融业快速发展的体制性矛盾

早在20世纪末，平安集团和工商银行合作开始，金融业混业经营的发展趋势在我国就已显露苗头。1996和1997年我国陆续出台了《保险代理人管理暂行规定》以及《保险代理人管理规定（实行）》①，从法律层面允许了金融混业经营，2004年保监会出台了《关于保险公司投资银行次级定期债务有关事项的通知》和《关于保险机构投资商业银行股权的通知》，扩大了保险公司的投资渠道和投资范围。2013年开始，以天弘基金②为代表的互联网金融的混业经营模式正在逐渐形成规模，在阿里巴巴公司的支付宝联合天弘基金于2013年推出了余额宝③这一新型的互联网理财形式之后，微信钱包、百度钱包也都纷纷推出了各自的理财产品，以互联网金融为代表的金融混业经营在我国蓬勃发展。

然而，在混业监管发展日益壮大且不断占据主流的情况之下，我国采取的传统分业监管体制所暴露出来的缺陷也逐渐暴露了出来，混业经营所带来的金融业务的复杂性以及内部系统风险的积累效益导致分业监管模式下的三家金融监管机构的职权分工与制衡、金融监管的信息共享、监管行动的一致性、重复监管和监管真空等问题都一一凸显出来。

---

① 1997年的《保险代理人管理规定（实行）》对于1996年的《保险代理人管理暂行规定》在内容上的修改和补充，其中在关于保险代理资格、专业代理人、兼业代理人和个人代理人以及执业管理上有更为明确和严格的规定。

② 天弘基金作为一个全国性的公募基金管理公司，其业务范围包括证券、债券、货币投资以及保险等业务。

③ 近期天弘基金公布了余额宝货币市场基金一季度报告，报告显示，截至2017年3月末，余额宝资产净值突破万亿元规模，达1.14万亿元，本期利润87.04亿元。

1. 互联网金融业发展下我国现阶段“一行三会”监管体系下所暴露出的缺陷

自2013年“互联网金融元年”开始，在历经近4年的时间后，互联网金融的发展十分迅速，但我国迄今为止并未出台相关的法律法规对互联网金融进行规制。互联网金融本身就具有交叉属性，不仅传承了互联网资源开放化和渠道多元化的特点，同时也更加创新性地细化了我国金融市场业务，在分业监管体制下，互联网金融业分类的发展多元性也使得我国的监管更具有复杂性。例如，余额宝所代表的“第三方支付和货币市场基金”其实质上便是银行支付业以及广义货币创造的与证券业交叉产品。若是要对余额宝采取金融监管，则需要国务院统一对“一行三会”进行的统筹协调监管，然而类似于“余额宝”这样的互联网金融产品现阶段也不断涌现出来，若均需要国务院进行一一统筹则未免过于烦琐复杂。

为了应对互联网金融业的蓬勃发展，2013年8月国务院曾下发了《国务院关于同意建立金融监管协调部际联席会议制度的批复》，同意建立由中国人民银行牵头的金融监管协调部际联席会议制度，成员单位包括银监会、证监会、保监会、外管局，必要时可邀请发展改革委、财政部等有关部门参加。联席会议重点围绕金融监管开展工作，不改变现行金融监管体制，不替代、不削弱有关部门现行职责分工，不替代国务院决策，重大事项按程序报国务院。① 虽然采取设立金融监管协调部际联席会议制度可以说是我国由分业监管体制向混业监管体制改革转变的第一步，也是尝试性的一步，但也只是初级阶段或是尝试性的阶段，本身金融监管机构就缺乏强制约束机制、监督机制、争议解决机制以及决策机制等，与德国的德国联邦金融监管局（BaFin）、匈牙利的匈牙利金融监管局（HFSA）所拥有的金融监管权力和发挥的作用还相距甚远。

---

① 中华人民共和国中央人民政府官网，http：//www.gov.cn/zwgk/2013－08/20/content_2470225.htm。

2. “股灾”所暴露出的我国现行监管体系的缺陷

2015 年夏，我国股票市场发生了一次剧烈的波动，① 证监会不得不在 2016 年果断引进熔断机制，② 然而即使如此，指数仍在不断下跌，自 2016 年开始，短短 4 个交易日便已经四度触发熔断机制。2015 年的“股灾”引发了各方对于我国金融市场运行问题的关注，大量研究认为此番股市的剧烈波动首先暴露出的便是我国的分业监管模式下的体制落后问题（李曙光，2015；张东龄，2016；仙慧，2016）。林采宜（2016）指出由于混业监管机制的缺位，导致市场监管者（证监会）无法及时摸清市场资金的具体规模、介入市场的程度与深度、杠杆率以及平仓线，这是在股灾发生后，监管者在无法确知市场系统性风险的背景下，只能倾其所有出台救市措施并付出了沉重救市代价的主要原因。

股灾发生之后，由于各监管部门协调机制不畅导致政出多门，重复监管或监管真空的情况时有发生，国务院在组织各部委协调下开展救市行动，也延误了最佳的救市时机，导致了第一轮的救市措施并没有产生应有的效果。而另一方面，我国各金融监管部门所掌握的交易信息也缺乏一个交流的平台，金融信息呈碎片化状态，各监管部门收集到的交易信息和金融数据无法得到共享而掌握较为完备的信息，也没有一个统一的监管机构对整个金融行业无法及时把握市场形势，迅速统一各分业监管部门，推出救市措施。因此，这样的监管体系下对于“股灾”的防范和应急都是有缺陷的。

（二）2008 年金融危机和欧债危机所暴露出的中东欧国家现行监管框架缺陷

自 21 世纪初起，中东欧各国都在加入欧盟或者正在积极加入欧盟以及欧

---

① 从 6 月 15 日到 8 月底，短短不到 3 个月时间，上证指数从 5178 点掉到 2850 点。

② 熔断机制（Circuit Breaker），也叫自动停盘机制，是指当股指波幅达到规定的熔断点时，交易所为控制风险采取的暂停交易措施。具体来说，是对某一合约在达到涨跌停板之前，设置一个熔断价格，使合约买卖报价在一段时间内只能在这一价格范围内交易的机制。

元区之中，各国也都在抓紧结合各自国情进行金融体制改革。然而，2008 年和 2012 年两度危机的爆发，给中欧各国的整体经济以及金融业造成了巨大的冲击，中东欧各国现行监管框架的缺陷也逐一暴露出来。

1. 欧盟本身的金融监管与中东欧各成员国不协调的矛盾

根据《欧洲共同体条约》，欧盟的货币当局是由欧盟各国的中央银行和欧洲中央银行构成的欧洲中央银行体系（The European System Of Central Banks，ESCB），同时欧洲中央银行也担负了执行谨慎监督信贷机构及稳定金融体系政策的职责，也就是说，欧洲中央银行是实行欧洲金融统一监管的唯一机构。但由于欧盟中并非所有的国家都加入了欧元区，尤其是中东欧国家，占据了非欧元区国家的大部分。尤其是波兰、匈牙利和捷克这几个中东欧大国，在中东欧地区有一定的影响力，各国均以本国利益的优先为原则，按照自己国内的国情需要实行相应的金融监管体制。由此可见，现阶段欧盟推进单一监管机制还存在一定难度，推行过程中多重利益的博弈和各国国情的差异也延缓了推进的速度，使得中东欧各国的金融监管体系的统一也仍在筹备之中。①

不仅如此，欧盟所构建的统一金融监管体制是一个十分松散的联盟，特别是在 2008 年金融危机和 2012 年欧债危机之前，金融监管的职责仍然掌握在欧盟各国的政府手中。而欧盟各国，特别是中东欧各国的金融监管体制各有差异，各国名义上接受欧盟中央银行的统一监管，但实质上各国仍是将本国的金融发展利益置于欧盟整体金融稳定之上。例如，2008 年金融危机之中，匈牙利的金融业就受到了严重的冲击，匈牙利政府无奈之下只有向银行业、电信业等行业征收“银行税”和“危机税”，并将民间退休基金控制的 110 亿欧元资产国有化，而这明显有违欧盟对于金融监管的规定，也正是由于包括中东欧各国在内的各国各自为政，欧洲央行不作为导致了欧盟各国在

① 新浪网：“欧债危机已经蔓延至中东欧地区”，http：//news. sina. com. cn/o/2011 - 11 - 28/090723536198. shtml。

欧债危机不断地蔓延和扩大。①

2. 中东欧各国国内金融监管的缺陷

由于中东欧各国转型期间进展过快，许多国家的银行业都被欧元区国家的资本所掌控，一旦发生金融危机，欧元区金融产业减少信贷的同时也必然会从东欧地区抽出资金，减少海外放贷。这样一来，大部分中东欧国家在拥有巨额外债的同时却无法及时地从国内金融业得到融资，债务无法续期，将会很容易出现希腊债务危机的情况，严重影响各国的经济。

虽然部分国家已经完成或者正在进行金融监管体制的改革，但这些改革往往具有一定的迟滞性，随着金融市场混业经营的不断发展，各种新的金融衍生品不断创新导致金融监管改革的步伐一直落后于金融市场的发展，往往都是中东欧各国国内金融市场产生问题后，金融监管改革才随之跟进。各国政府所掌握信息的迟滞性和监管机制的落后性，使其无法有效监管高度混合经营的金融市场及其运行过程中的潜在风险。例如，捷克、斯洛伐克等国，都是在遭受了 1998 年的经济危机之后，国内的金融行业一片萧条，并不断衰退、萎缩，导致其不得不改革其金融监管体制，整合其国内的金融监管机构并整合至同一机构。

（三）金融体系的安全已成为关乎中国 - 中东欧国家“16 +1 合作”成败的关键

随着人民币加入 SDR 之后，国际游资、国际热钱将会更加自由进出，在当前我国金融监管不畅，存在盲区的形势下，极易引发系统性金融风险；而中东欧国家中，许多国家和地区经济基础较为薄弱、地缘政治关系错综复杂，随着“一带一路”倡议的推进，将带动中国与这些国家在投融资、创新性金

① 斯洛伐克在 2012 年欧债危机中以一个十分强硬的态度否决了欧洲金融稳定基金 EFSF 扩容议案，并且十分强硬地支持了德国的立场，不愿以牺牲其本国利益的代价来援助希腊等国度过债务危机，直接导致了欧元/美元跌破 1.3600 关口，触及 1.3580 水平。

融、本币互换和本币结算等诸多金融领域的合作。因此，一旦某一方发生了系统性金融风险，会迅速波及和蔓延至对方国家，引发区域性的风险甚至危机，这对双方的金融监管都将带来严峻的挑战，需要双方共同努力，构建有效、合理的金融监管体系框架。2016 年 11 月，第五次中国 - 中东欧国家领导人会晤在拉脱维亚里加举行，与会各方围绕“互联、创新、相融、共济”主题，共同制定和发表《中国 - 中东欧国家合作里加纲要》，该《纲要》在金融合作章节中明确提出，“鼓励中资银行在中东欧国家开展业务，鼓励中东欧国家银行来华开展业务，支持金融监管部门之间加强交流与合作。”

四、我国与中东欧 16 国金融监管框架相似性分析

尽管中东欧 16 国的金融监管改革发展有所不同，各国的改革方向和改革进度也都有所差异，但是就整体而言，大部分中东欧国家的金融体制改革都在朝着混业监管的方向进行，笔者选取了 1993 年、2003 年和 2013 年三个时间节点，列明各个时间节点上中东欧各国以及我国的银行、证券和保险行业分属的监管机构，从整体上比较我国与中东欧各国的金融监管改革方向与金融监管框架的异同（见表 1）。

表 1　我国与中东欧 16 国金融监管体系变革历程

国家	1993 年		2003 年				2013 年		
	银行业	证券业	保险业	银行业	证券业	保险业	银行业	证券业	保险业
阿尔巴尼亚	CB	S	I	CB	S	I	CB	IS	IS
波黑	CB，B1，B2	S	I	CB，B1，B2	S	I	CB，B1，B2	S	I
保加利亚	CB	S	I	CB	S	I	CB	IS	IS
克罗地亚	CB	S	I	CB	S	I	CB	IS	IS
捷克	CB	S	I	CB	S	I	CB	IS	IS
爱沙尼亚	CB	S	I	U	U	U	U	U	U

续表

国家	1993 年			2003 年			2013 年		
	银行业	证券业	保险业	银行业	证券业	保险业	银行业	证券业	保险业
匈牙利	CB	S	I	U	U	U	CB	CB	CB
拉脱维亚	CB	S	I	U	U	U	U	U	U
立陶宛	CB	S	I	CB	S	I	CB	CB	CB
马其顿	CB	S	…	CB	S	…	CB	S	I
波兰	CB	S	I	B	B，S	I	U	U	U
罗马尼亚	CB	S	I	CB	S	I	CB	IS	IS
斯洛伐克	CB	S	I	CB	IS	IS	CB	CB	CB
斯洛文尼亚	CB	S	I	CB	S	I	CB	S	I
塞尔维亚	CB	S	I	CB	S	I	CB	CB	CB
黑山	CB	S	I	CB	S	I	CB	S	I
中国	CB	S	I	CB，B	S	I	CB，B	S	I

数据来源：Masciandaro（2004）、Masciandaro（2014）、塞尔维亚中央银行官网。其中，CB = 中央银行；S = 证券业监管部门；I = 保险业监管部门；B = 银行业监管部门；U = 另外的统一的金融监管机构；IS = 证券业、保险业统一监管部门；波黑的 B1、B2 分别代表穆克联邦和塞族共和国两个政治实体下的银行业监管部门。

（一）中东欧各国金融监管改革势头强劲

从表 1 中可以很直观地看出 1993 ~ 2013 年这 20 年，大部分中东欧国家的金融监管体系都发生了不小的变革，其中从分业监管向混业监管转变是中东欧国家金融监管改革的主流方向。逐步开放金融市场的中东欧各国政府在历经了数次金融危机之后逐渐意识到了分业监管体制的缺陷和限制，大部分国家以提高金融监管效率，维护金融市场平稳为目的对国内的金融监管机构进行整合。其中，中东欧 16 国的金融监管改革主要是呈现出三种类型：（1）波兰、匈牙利、立陶宛、斯洛伐克等国由于本身具有一定规模和较为成熟的金融市场和保险市场，为了更好地应对全球金融危机所带来的冲击和影响，更高效地对国内金融行业进行监管，所以建立统一的监管机构对其国内金融业进行综合监管；（2）以阿尔巴尼亚、保加利亚、克罗地亚、捷克、罗马尼亚为代表的国家，由于国内的证券市场和保险市场规模较小，为避免公共资源的浪费，削减政府开支，这些国家便将证券业和保险业的金融监管部门进行合并，加强监管的同时提高了监管效率；（3）类似于马其顿、黑山等国家，国内金融业刚刚起步，政府更多地选择鼓励和放任国内金融市场发展的态度，监管力度较低，基本保持分业监管的模式。

（二）中东欧各国金融监管体系的单一性为监管合作提供契机

此外，表1 显示，由于现阶段中东欧各国的金融体系仍以银行业为主，结构较为单一，大部分中东欧国家为了提高监管效率、减少监管成本便将金融监管权力都集中于中央银行。但这样也使得中东欧国家的金融监管体系具有一定的脆弱性，因为金融市场的不健全和发展的不平衡，会严重削弱央行货币政策工具的效率；另一方面中东欧各国逐渐开放的金融市场以及金融自由化改革也会使得中央银行为迎合国际金融市场的规则而削弱金融控制权，货币政策的有效性也会受到极大的限制。因此，中东欧国家如若想要建立一个完善的、有效的市场导向性金融体系，便需要加强金融监管方面的合作，而我国也可借此契机，通过“一带一路”倡议加强与中东欧各国的金融监管合作，帮助中东欧国家少走金融监管改革的弯路，有效降低其对于西欧发达国家的过度依赖，促进金融体系的稳健发展。而且，中东欧国家金融监管体系的单一也为我国在“16+1”框架下谋求金融监管合作及相关规则的共同制定提供了便利，减少了一些谈判上的阻碍。

（三）后危机时代我国与中东欧各国在金融监管合作的机遇

2008 年全球金融危机之后，各国金融监管的改革方向虽然也都是向混业监管发展，但对于金融监管机构的权力改革还是有所不同的，“16+1”的框架中，波兰、斯洛伐克是选择赋予金融监管机构更大的监管权力，其余各国

（包括中国在内）为了尽快恢复国内金融市场，普遍选择减少金融监管机构的权力，有选择性地放松金融监管机构对资本市场和外资金融机构的管制，逐步放开证券投资和外国直接投资，危机后各国的这种改革势头也为大家在“16 +1”框架内寻求金融监管合作创造了前所未有的机遇。我国可以以丝路基金为主导，加大基础投资建设，加强金融投资间的合作，在尊重中东欧各国经济金融发展规律和现实的基础上，与中东欧各国进行磋商，重新制定我国与中东欧各国的金融监管合作体系和监管规则，从而带动我国与中东欧 16 国的金融行业发展。

此外，2008 年和 2012 年的两场危机使中东欧各国意识到了国内金融系统对外资的过度依赖问题，这种依赖性又会严重地放大金融体系的风险和脆弱性，因此中东欧各国也有意借助“一带一路”以及“16 +1”框架下与我国实现金融监管层面的合作，重新制定统一的金融监管法律并建立一个新的金融监管体系，对国内外资银行在市场准入和业务经营等方面进行限制，进一步稳定其国内的金融市场，降低风险。

五、金融监管合作的方案选择与路径的创新

（一）借鉴亚洲金融监管协调模式，发展适合“16 +1”框架的金融监管合作平台

现阶段，我国与中东欧各国的货币互换均是采用双边协议的形式，这更像是以货币交易为目的而签订协议的行为。例如，我国与匈牙利于 2013 年 9 月签订的 100 亿元人民币/4160 亿匈牙利福林，是以互相在中国人民银行与匈牙利中央银行创建账户并以协议中约定的远期汇率在制定的某一交易日各自购汇本币本金。在履行货币互换协议的过程所涉及的互换期间、利率以及汇率等内容都是由两国中央银行在双边协议中予以明确的规定。但如果这种货币互换仅仅局限于协议的形式，而未能进一步深化到具体的业务领域，与

现实的经贸往来相结合，则会极大地阻碍我国“一带一路”倡议在中东欧各国的推进。目前，我国与中东欧 16 国可以直接利用、与金融有关的国际合作机制有世界贸易组织（WTO）、国际货币基金组织（IMF）、国际清算银行（BIS）、《巴塞尔协议》以及国际证券委员会组织（IOSCO）等。在“一带一路”下，我国可利用现有国际性组织的合作机制，推动我国与中东欧各国区域金融合作以及金融监管的区域性协调。而后，随着双方经贸往来的增多，可逐步与中东欧各国协调涉外银行业和证券业监管的标准，不断创新、循序渐进地构建区域性合作机制。从 2008 年我国与韩国签订的双向本币互换协议至今，我国已经与数十个国家签订了本币互换协议，具有较为成熟的经验。伴随着我国贸易金融实力的不断增强和人民币国际地位的提升，我国完全有能力也有责任承担与中东欧各国金融合作，尤其是金融监管领域的“领头人”。

1. 加强我国与中东欧各国的货币互换，建立与中东欧 16 国的货币双边互换和证券回购机制

中东欧各国之间的金融交流和合作十分密切，且大部分都是欧盟成员国，但绝大部分国家尚未加入欧元区①，这就为我国人民币国际化以及货币互换与回购提供了契机。我国可与中东欧各国共同建立货币双边互换和回购机制，以人民币为主、美元为辅，采用参与国货币互换的形式为有需要的国家或企业提供短期的流动性援助。可借鉴东南亚的“10 + 3”双边货币互换和回购协议便利设施中的规定，以人民币与当地货币的互换和两种或多种当地货币互换的形式进行运作。我国可以另设或者在“丝路基金”下再设立一个“16 + 1 双边货币互换和证券回购便利银行”，以我国为主导，各国在基金内设立账户并存入外汇资金以及担保资金，分别用于货币互换以及证券回购。②

---

① 目前，中东欧 16 国中，欧元区的国家仅有斯洛伐克、斯洛文尼亚、爱沙尼亚、拉脱维亚和立陶宛 5 国。

② 货币互换以及证券回购实质上兼具金融监管防范危机的临时应急机制，也是给国际金融投机者一个官方联合的市场信号。

货币互换以及证券回购实质上兼具金融监管防范危机的临时应急机制，也是给国际金融投机者一个官方联合的市场信号。事实上，国际货币组织（IMF）为代表的国际多边金融组织提供的危机资金的资本项目一直都具有一定的迟滞性和较大的时差性，而“16＋1”双边货币互换和证券回购银行可以作为我国与中东欧地区上对于国际货币组织（IMF）的必要补充，促进我国与中东欧各国的金融稳定，防止区域内金融市场过分动荡。该货币互换的基本机制可以包括：第一，该银行是作为国际货币组织（IMF）的补充存在；第二，该银行应还具备信息交流和监管巨额国际投机资本进入我国与中东欧国家的信息交流平台的功能，能够及时对短期流动资本的进出做出反应，使得各借贷方能够及时得到合理、准确的有关区域风险和收益的数据；第三，该银行所提供的金融贷款与 IMF 应是相互联系的，但是我国与中东欧各国也可以就最高提款权通过协议作出规定，可以更加灵活运用，进而货币互换额度的使用不再与国际货币组织（IMF）挂钩；第四，各国的外汇贷款和支付额度可以通过各国之间双边磋商的形式实行，只要磋商能够达成一致即可；第五，专门设立一个监督机构，负责制定和监督借贷双方的权利和义务，保障货币互换以及证券回购能够加以实施。

现阶段，中东欧国家的经济一体化程度在不断加深，但由于欧债危机的波及以及影响，中东欧各国已经对欧盟以及欧元一体化产生了怀疑，如何寻求新的路径防范新危机的发生，建立合作监管机制限制短期资本的冲击，减少危机的传染性，已成为中东欧各国亟待解决的共同问题，这也为我国推进“一带一路”提供了难得的契机，我国可以借助庞大的外汇储备，承担中东欧 16 国“最后贷款人”① 的角色，通过货币合作的方式，建立货币互换以及证券回购机制，及时应对来自外部金融危机的挑战。

---

① “最后贷款人”即是指即在出现危机或者流动资金短缺的情况时，负责应付资金需求的机构。该机构一般在公开市场向银行体系购买质素理想的资产，或透过贴现窗口向有偿债能力但暂时周转不灵的银行提供贷款。该机构通常会向有关银行收取高于市场水平的利息，并会要求银行提供良好抵押品。

2. 以谅解备忘录为基础推进跨境银行监管合作

作为一个“银行主导型”的金融体系，银行业监管是中东欧国家金融监管的主要工作，加之很多中东欧国家实行的是统一的金融监管体系，因此，未来可以考虑在扩大现有的非正式安排基础之上，成立银行业监管的正式多边机构安排，与谅解备忘录一起，共同作为跨国金融监管的工具或平台。目前，银监会已经开始积极拓展与深化与这些国家的跨境银行业监管合作，已分别与波兰、匈牙利、捷克、立陶宛四国的监管机构签署了谅解备忘录（MOU）。在此框架下，银监会与这些国家监管当局同意在信息交换等方面加强合作。未来，银监会可以在与上述四国 MOU 合作的基础上，继续推进与其他中东欧国家签署双边监管合作谅解备忘录，扩大信息共享范围，完善跨境风险应对和危机处置的制度安排。

在逐渐推进银行谅解备忘录之下，我国可以与中东欧各国进一步构建一个有效的跨国银行危机处置合作机制，即通过建立一个国际条约，明确相关的国家处置权力分配，确立统一的处置程序和规则，合理安排危机处置成本和损失。但由于中东欧各国受到欧盟的影响较大，很难在短时期内与中东欧各国达成一个统一的具有约束力的国际条约，因此只有在取得长期的，更深层次的金融合作之后，才能够构建区域危机处置合作机制，明确管辖权的划分，共享危机处置信息。

（二）吸收欧盟金融监管协调模式，确保我国与中东欧国家的国际金融“软法硬化”

上文所提及的一系列机制建设构想均是以磋商谈判的形式达成的，未通过正式的立法程序，不具有强制约束力，属于国际金融软法的范畴。而国际软法机制是对金融监管技术和政治需求失衡现象的回应，如果不能通过硬性机制对国际金融监管加以规范化，则全球金融市场依旧存在潜在的金融风险。现阶段来看，只有 WTO 框架下金融服务贸易市场准入以及最惠国待遇、国民待遇等基本原则、世界银行以及国际货币组织（IMF）、世界银行的部分制度具有强制约束力，大部分金融监管合作的相关规定都缺乏有约束力的规范，导致国际多边的金融监管合作一直难以推进。

因此，只有赋予区域金融监管规范以及合作机制以一定的强制力和约束力，才能促进中国与中东欧各国金融监管合作持续、稳定地发展。将软法"硬化"一般是通过两种方法，一种是法律上的"硬化"，另一种则是事实上的"硬化"，其中以法律上的"硬化"为主。所谓的法律上的"硬化"是指通过特定的司法或立法程序认可软法的法律约束力或者直接将之转化为具有法律约束力的文件。欧盟可以说是最为成功的区域金融监管协调案例，欧盟各成员国金融监管法律的转换中主要是依据莱姆法路西框架四层次决策法进行立法。① 欧洲理事会以单独或与欧洲议会共同颁布指令的方式实现金融监管法律的协调并设定了约束力，由欧洲法院对其进行统一的解释、促进实施，通过实践中的司法判例进一步拓展了金融监管法律协调的原则，提供有效的司法保障和司法救济。欧盟在事实上的"硬化"采用各国金融监管机构协调合作的监管模式，既有正式的多边机构安排（如银行业咨询委员会、欧洲证券监管委员会等），也有各成员国监管当局或中央银行之间签署双边协议或多边谅解备忘录的非正式安排，作为跨国金融监管的工具或平台。由于欧盟的金融监管协调是为了建立统一的欧洲金融监管体系，从而促进全欧洲的金融稳定与发展。但因为欧盟的权力来源于欧盟成员国的国家主权的让渡，而也正是这种主权的让渡才能使得欧盟所设立的金融协调机制具有超国家性质，

① 莱姆法路西框架包括四个层次的协调机构。第一层次包括欧洲经济与财政部部长理事会、欧洲议会、欧洲委员会，主要是进行框架原则性立法；第二层次包括欧洲银行业委员会、欧洲保险和职业养老金委员会、欧洲证券委员会、欧洲金融集团委员会，委员会由成员国财政部高级代表组成，主要是确定、建议和决定有关针对第一层次指令和条例的实施细则；第三层次包括欧洲银行业监管者委员会、欧洲保险和职业养老金监管者委员会、欧洲证券监管者委员会，各委员会由来自成员国各监管当局、欧盟相关机构等的高级代表组成，主要是加强成员国监管当局的合作，保证统一实施第一、二层次立法；第四层次为执行层次，即为各成员国包括成员国监管者具体实施欧盟指令、条例，欧洲委员会也担当监督、促进实施的责任。

使其不仅仅局限在金融业监管的执法层面，也保障了立法和司法方面，这也是欧盟金融协调独有的特色。在由于主权让渡方面的局限，“16 +1”框架下金融监管的合作无法直接效仿欧盟的软法“硬化”模式。但我们仍可借鉴欧盟金融监管协调的规定，通过谈判磋商的方式，在“一带一路”框架下建立一个监管金融活动和资金流动的金融协调机构并赋予该机构一定的强制权力，将我国与中东欧各国金融监管权力的让步限定在“一带一路”项目建设有关的金融活动以及资金流动的范围内。该机构还可以承担有关“一带一路”金融市场信息的分享和合作平台的功能，进一步引领我国与中东欧各国在“16 +1”框架下建立一个稳定、可持续、风险可控的金融保障体系，创新投资和融资模式，推广政府和社会资本合作，建设多元化融资体系和多层次资本市场，发展普惠金融，完善金融服务网络。

“一带一路”海上合作背景下中国出口信用保险的WTO规制研究

董 哲*

摘要： 出口信用保险制度是支持外贸出口的重要制度，然而其也受到了包括WTO法在内的国际法的约束。具体而言，出口信用保险受到WTO的《SCM协定》《中国入世议定书》等反补贴相关规则的约束。这使其在未来支持与服务“一带一路”建设海上合作过程中，可能因涉嫌构成禁止性补贴或可诉补贴等而遭遇反补贴措施的风险。未来，中国可以从强化政府支持、完善中国出口信用保险公司治理结构与经营模式、推动出口信用单行立法等方面来完善出口信用保险制度，应对WTO法约束带来的风险与挑战。

关键词： “一带一路”建设海上合作；出口信用保险；WTO反补贴规则；风险；完善策略

一、问题的提出

出口信用保险制度是支持外贸出口的重要制度。按照信用期限的标准，出口信用保险可以被分为以下两类：短期出口信用保险，用以承保信用期限

* 董哲，武汉大学中国边界与海洋研究员博士研究生。

在一年以内的放账出口贸易的收款风险；中长期出口信用保险，用以承保信用期限在一年以上的延期付款贸易或出口信贷融资的收款风险。[①] 相比之下，中长期出口信用保险的风险期限更长、也更具有政策性的特点。出口信用保险以及与之相关的出口信贷，一般由政府直接控制或者具有政府背景的出口信用机构运营提供相关服务。由于银行等商业机构在进行金融支持的时候仅仅考虑市场因素，而出口信用机构在进行金融业务的时候则会将更多因素纳入考量范围。这使得出口信用机构在全球性危机爆发以及之后的全球经济增长复苏中发挥了重要作用。据统计，次贷危机期间，出口信用机构对于工业以及基础设施工程等的金融支持数额，数倍于全球的多边开发机构。[②] 危机结束后，在 G20 伦敦峰会期间所制定的全球经济复苏计划中，出口信用机构也占据了重要地位。

中国并没有统一的出口信用机构，早先由进出口银行发放出口信贷，而出口信用保险则由中国出口信用保险公司（以下简称中信保）承保。中信保是我国目前唯一一家国有独资、经办政策性出口保险业务的金融机构。[③] 中信保成立于中国加入 WTO 前后，在中国人保出口保险业务基础上根据《国务院关于组建中国出口信用保险公司的通知》（以下简称《通知》）于 2001 年成立。根据《通知》第 1 条，中信保依据国务院批准的《中国出口信用保险公司组建方案》和《中国出口信用保险公司章程》运营，待条件成熟后单独立法。虽然近年来中国人保财险也已通过财政部批准，开始承保商业性较强的短期出口信用保险，但是政策性特征较强、回报周期长且收益较低的中长期出口信用保险，仍然由中信保承保。可见，虽然出口信用机构之外的普通保险公司也开始逐渐介入诸如支付违约等商业风险的出口信用保险服务，

① 谢茜：《出口信贷保险法律问题研究》，中国政法大学博士学位论文，2008 年，第 16 页。

② Andreas Klasen: *The Role of Export Credit Agencies in Global Trade*, Global Policy, Vol. 2, Issue 2, May 2011, pp. 220 – 221.

③ 张冀、谢志斌：“国际出口信用保险市场化评价——兼论中国出口信用保险公司体制改革”，载《甘肃金融》2013 年第 6 期，第 16 页。

但是它们提供的业务范围仍然存在相当程度的限制，尤其是它们没有能力也没有兴趣介入风险较大的市场所做的出口贸易，体现了政府运营或者具有政府背景的出口信用机构存在的意义。

随着《“一带一路”建设海上合作设想》的提出，沿着“21 世纪海上丝绸之路”的海上经济合作逐渐展开，相关海洋资源合作开发、海上合作项目推进、以及国内沿海地区与境外合作的对接等，都可能会涉及相关涉海资本货物的出口。其不仅需要亚洲基础设施投资银行、丝路基金等机制的直接或间接融资支持，而且需要保险机构对投资、货物出口过程中的风险提供的保险保障。尤其是此类项目所需资本高昂且风险巨大，普通保险公司对其风险无力或者无心承保，需要中信保所提供包括中长期出口信用保险在内的政策性保险的保驾护航。此外，与《“一带一路”建设海上合作设想》同时期提出的还有《全国海洋经济发展“十三五”规划》。其中所提到的“海洋强国”建设，提出了优化传统海洋产业、培育新兴海洋产业、拓展海洋服务业等路径，不仅将刺激海上石油开采、海上风电等海工装备产品的出口，而且会直接推动包括涉海出口信用保险业务在内的涉海金融服务业的全面发展。可见，中国出口信用保险将在未来迎来飞速发展，也将在“一带一路”建设海洋合作进程中发挥重要作用。

由于出口信用保险涉及了一系列跨越边境的问题，因而抵消了相当一部分国内法规制的效力。[①] 因此，对于出口信用保险的法律监管不能仅依靠国内法进行，众多国际法规则也是对其有效规制的重要法律渊源，其中最重要的国际法规则之一为世界贸易组织 WTO 反补贴规则。在自由贸易理念的指导下，WTO 对于成员方政府的诸多鼓励、促进国际贸易的措施进行管制，出口信用保险业务的开展也因此受到 WTO 反补贴规则义务的约束。在这样的背景下，未来中国出口信用保险在支持“一带一路”建设海上合作的过程

① Janet Koven Levit: *A Cosmopolitan Of Bottom-up Transnational Lawmaking: The Case of Export Credit Insurance*, The Wayne Law Review, Vol. 51, 2005, p. 1195.

中，将遇到哪些 WTO 法方面的风险，又将以何种策略进行应对，就成为目前需要进行研究与解决的问题。

二、中国出口信用保险相关 WTO 规则分析

WTO 法律体系中，与中国出口信用保险相关的规则主要包括了 GATT 1994 项下的《补贴与反补贴措施协定》（Agreement on Subsidies and Countervailing Measures，以下简称《SCM 协定》），以及规定了中国诸多超 WTO 义务（WTO-plus Obligations）的《中国入世议定书》（以下简称《议定书》）中与反补贴相关的规则。

（一）出口信用保险的“补贴”属性分析

WTO 诸协定中，由《SCM 协定》负责详细规定补贴与反补贴措施相关权利义务。其宗旨并不在于剥夺成员方政府实施补贴的权利，而是禁止或不鼓励政府使用那些对正常国际贸易造成扭曲的补贴行为。因此，尽管《SCM 协定》对补贴的定义较为宽泛，但并非所有的符合定义的补贴行为都是被禁止使用的补贴行为，其中仅有极少数的补贴行为被直接禁止，而大部分属于可诉补贴或不可诉补贴范畴。根据《SCM 协定》第 31 条的规定，与不可诉补贴相关的第 8 条与第 9 条仅在《WTO 协定》生效后的 5 年期间实施，而实施期间到期后是否延展有赖于补贴与反补贴措施委员会的决定，因此在各方未达成共识的情况下，不可诉补贴条款已于 1999 年失去效力。[①] 可见，判断出口信用保险的“补贴”属性，须首先判断其是否构成补贴，其次判断其是否有可能构成禁止性补贴或者可诉补贴。若出口信用保险构成禁止性补贴或者可诉补贴，其将受到《SCM 协定》的约束。

① Roberto Soprano：*Doha Reform of WTO Export Credit Provisions in the SCM Agreement：The Perspective of Developing Countries*，Journal of World Trade，Vol. 44，No. 3，2010，p. 613.

出于明确规制对象的目的，《SCM 协定》明确规定了补贴的构成要件。根据《SCM 协定》第 1.1 条规定，补贴的构成要件主要包括以下几点：补贴主体是政府、公共机构或接受政府委托行事的私营机构；补贴形式包括财政资助、收入或价格支持；补贴应当授予被补贴方以利益。中国出口信用保险业务主要由中信保实施，并且其中政策性最强、收益期最长、回报较低的中长期出口信用保险业务，由中信保独家承保，并且财政部将为中信保提供资金支持。由此可见，中信保本身即具备官方背景的国有企业，有国家财力作为其开展业务的后盾，受到本国政府直接或间接的财政支持；而中长期出口信用保险因其资金需求巨大、收益期较长、回报较低、吸引力不足的特点，商业机构无力承保，同时也不愿承保，获得中信保中长期出口信用保险支持的企业也因此获得了从商业性金融市场无法获得的保险业务，在一定程度上满足了获得利益的条件。① 因此，出口信用保险符合补贴的构成要件。

根据《SCM 协定》第 1.2 条的规定，若构成补贴的相关行为同时具备了专向性，则其应受到《SCM 协定》第二、三、五部分规则的约束，它们分别是关于禁止性补贴、可诉补贴以及实施反补贴措施的相关规则。即若补贴符合专向性标准，其将落入禁止性补贴或者可诉补贴规则的规制范围。《SCM 协定》第 2 条规定了 3 种专项性补贴：第一种是禁止性补贴，包括了出口补贴与进口替代补贴，其因构成《SCM 协定》第 3 条所规定的禁止性补贴而被 WTO 视为具有专向性；第二种是产业专向性补贴，此时补贴将提供给补贴授予机关指定的一个或一组企业或产业（某些特定企业）；② 第三种是地域专向性补贴，此时补贴将提供给补贴授予机关指定的特定地理区域内的某些企业。③ 中国出口信用机构在提供出口信用保险，尤其是中信保提供中长期出

① 王海峰："我国进出口政策性金融制度的改革"，载《法学》2012 年第 12 期，第 120 页。

② 《SCM 协定》第 2.1 条帽子条款中的"一个或一组企业或产业"（an enterprise or industry or group of enterprises or industries），在《SCM 协定》中被称为"某些特定企业"（certain enterprises）。参见 SCM Agreement Art. 2.1。

③ 吕晓杰："SCM 协议中补贴的专向性要件"，载《法学》，2008 年第 9 期，第 33 页。

口信用保险服务时，其提供服务的目的并非商业营利，而是站在国家长远战略发展角度，配合执行国家产业规划以及对外经贸政策，因而具备较强的政策导向性和产业指向性。①

综上，涉及政府提供资金支持对外贸易的出口信用保险，已然符合补贴的构成要件。虽然出口信用保险不会仅仅因构成补贴而被《SCM 协定》所禁止，但是其将因此受到《SCM 协定》的约束。在“一带一路”建设海上合作背景下，支持海洋产业的发展、促进相关设备、货物等出口的出口信用保险，不仅可能满足出口补贴的构成要件，而且极有可能符合专项性的条件，从而落入禁止性补贴或可诉补贴项下，并可能触发《SCM 协定》项下的其他法律义务。

（二）出口信用保险的禁止性补贴与可诉补贴规则规制

1. 禁止性补贴规则

《SCM 协定》在第三部分对于禁止性补贴采取定义加列举的模式。根据第 3. 1 条，若一项政府措施符合《SCM 协定》第 1 条补贴的定义及构成要件，又符合第 3. 1 条的规定且不属于农业补贴，则该项目属于禁止性补贴。②第 3. 1 条同时规定，禁止性补贴包括出口补贴与进口替代补贴：前者以出口实绩为条件，因而实施主要目的在于刺激对外出口；后者以国内成分替代进口为条件，主要目的在于阻止相关部件的进口以促进境内产业发展。③ 出口信用保险实施主要目的在于促进出口与外贸，故其极有可能落入《SCM 协定》第 3. 1（a）条项下并构成禁止性补贴。

根据《SCM 协定》第 3. 1 条（a）项的规定，出口补贴的是与法律上或者事实上以出口实绩为唯一条件或者多个条件之一而授予的补贴，并且附件

---

① 王海峰：“我国进出口政策性金融制度的改革”，载《法学》2012 年第 12 期，第 120 页。

② 由于《SCM 协定》第 2 条已经单独将禁止性补贴视为具有专向性，因此专向性要求不再需要额外满足。

③ 宋和平主编：《多哈回合反倾销和反补贴规则谈判研究》，法律出版社 2011 年版，第 388 页。

一还通过清单方式列出 11 项构成出口补贴的政府措施。其中，附件一（j）项对于构成禁止性补贴的出口信用保险做出了详细规定：政府（或政府控制的特殊机构）提供的出口信贷担保或保险计划、针对出口产品成本增加或外汇风险计划的保险或担保计划，若保险费率不足以弥补长期营业成本和计划的亏损，则将构成禁止性补贴。因此，若中信保实施的出口信用保险业务符合附件一（j）项条件，将无须被证明符合禁止性补贴条件而直接构成禁止性补贴并被《SCM 协定》禁止。

2. 可诉补贴规则

引发贸易争端的出口信用保险措施还有可能被申诉方作为可诉补贴提交 WTO 或者发起反补贴程序，而由此落入可诉补贴规则规制的范畴。可诉补贴反补贴措施的实施以申诉方承担证明其 WTO 诸协定所赋予的权利因补贴实施而受到损害的举证责任为条件。相比之下禁止性补贴实施将被视为对 WTO 义务的当然违反，无须申诉方证明其权利受到损害。① 换句话说，禁止性补贴的实施被认定为必然导致其他成员 WTO 项下合法贸易权利受到损害，而可诉补贴则反之。由此可见，可诉补贴具有一定的合理性，是被 WTO 所原则性允许的补贴。仅有当这类补贴的实施损害了其他成员的利益，受到损害的成员才就此采取反补贴措施予以补救。② 禁止性补贴与可诉补贴在是否须证明损害的存在方面存在区别；同时二者对应 WTO 争端解决程序的时间限制也存在差别：禁止性补贴 WTO 争端解决程序的规定时限较短，而可诉补贴程序的规定时限更长。③

可诉补贴被其他成员所控诉的具体原因，即其可控诉性，由《SCM 协

---

① 蔡春林：《补贴与反补贴措施协议研究》（第 1 版），对外经济贸易大学出版社 2007 年版，第 55 ~ 56 页。

② 孙晓萍：《WTO 货物贸易法》（第 6 版），中国对外经济贸易出版社 2003 年第 6 版，第 314 页。

③ 王传丽：《补贴与反补贴措施协定条文释义》（第 1 版），湖南科学技术出版社 2006 年版，第 19 页。

定》第5条所规定。根据其规定，补贴的使用不得对其他成员的利益造成以下三个方面的负面影响或不利后果，否则将构成可控诉性：其一，对另一成员境内产业造成损害；其二，致使其他成员根据 GATT 1994 直接或间接获得的利益丧失或遭受损害，尤其是根据 GATT 1994 第2条所规定的关税减让利益；其三，对另一成员利益造成严重侵害，同时根据 GATT 1994 第16.1条对损害的定义，此处也应当包含严重损害威胁。[①] 构成可控诉性的出口信用保险，若被其他 WTO 成员发起反补贴调查或者诉至 WTO 争端解决程序，极有可能将承担因此而带来的不利法律后果。

（三）与反补贴相关的中国超 WTO 义务规则

中国在加入 WTO 时所承受的超 WTO 义务主要由《议定书》以及《中国入世工作组报告》所规定。其中，与反补贴相关的规则主要体现在《议定书》第10.2条与15（b）条中，它们分别是关于国有企业作为补贴受益者的专向性以及反补贴调查替代方法的规定。

《议定书》第10条直接被命名为“补贴”，显示出其与反补贴规则的直接联系。其中与中国目前出口信用保险直接相关的当属第2款的规定：“就实施《SCM 协定》第1.2条和第2条而言，对国有企业提供的补贴将被视为专向性补贴，特别是在国有企业是此类补贴的主要接受者或国有企业接受此类补贴的数量异常之大的情况下。”换而言之，当出现“国有企业是补贴的主要使用者”或“国有企业接受了不成比例的大量补贴”这两种情况时，就不再需要适用《SCM 协定》第2条测试其是否在事实上属于专向性补贴，而是可以直接认定事实专向性的存在。[②] 这一条款从国有企业作为补贴受益人的角度对中国做出了特殊规定。之所以说这是一项超 WTO 义务，是因为通常

① 蔡春林：《补贴与反补贴措施协议研究》（第1版），对外经济贸易大学出版社2007年版，第55~56页。

② 毛晓晓：《WTO 框架下的中国国企补贴法律问题研究》，复旦大学博士学位论文，2007年，第97页。

情况下 WTO 反补贴制度对补贴受益人采取所有制中立态度，而《议定书》第 10.2 条是整个 WTO 体系唯一的从所有制角度对补贴的受益人进行限制的条款。[①] 虽然该款认定对国有企业补贴具有专项性的条件与《SCM 协定》认定事实专项性应考虑因素存在诸多类似，但该款规定的成就条件相较于《SCM 协定》第 2 条显然更为宽松。由此，提供给国有企业的出口信用保险可能因构成专向性而直接落入可诉补贴范畴，从而更易遭遇其他 WTO 成员发起的反补贴措施或者 WTO 的争端解决程序。

《议定书》第 15 条则主要规定了补贴和倾销时，针对中国“双反”调查的价格可比性方法。根据第 15 条（b）款，其他 WTO 成员在对中国进行反补贴调查，在遇到特殊困难时“可以使用不依据中国企业国内价格严格比较的方法”来计算补贴数额。可见，提出反补贴调查的国家可以采用其他替代的方法来计算补贴数额，且第 15 条（b）款并没有明确替代方法的量化标准，使替代方法具备极大不确定性与不可预见性，导致中国在遭遇反补贴调查时更易被认定补贴存在，而这反过来又增大了中国遭遇反补贴调查的可能性。[②] 此外，第 15 条（d）款规定的 15 年过渡期后应当终止的替代国做法的要求仅适用于与反倾销措施相关的第 15 条（a）项，即使美国、欧盟、日本等国依该款规定如期终止替代国做法，[③] 也仅是中国在遭遇反倾销调查时将不再受到替代国方法困扰，而无关于反补贴调查。同时，根据第 15 条（d）款规定，若中国能够证明自己为市场经济体，则替代国做法必须终止，而对于反补贴调查则没有类似规定——即使中国能够证明自己符合市

---

① 蒋奋：“反补贴语境下的国有企业定性问题研究”，载《上海对外经贸大学学报》2017 年第 1 期，第 11 页。

② 宋敏：“‘非市场经济地位’对反补贴的影响”，载《人民论坛》2010 年第 20 期，第 174 页。

③ 事实上，即使是《议定书》所明确规定的终止反倾销调查的替代国做法的要求，都被相关国家所拒绝：美国、欧盟、日本等与中国存在大量外贸的 WTO 发达国家成员，均将该义务与第 15 条中没有出现的“市场经济地位”问题相混淆，并意图通过拒绝承认中国市场经济地位的方式，来拒绝履行 15 条（d）款终止反倾销中替代国做法的法律义务。刘学文：“国际贸易救济中我国非市场经济地位的困境与突围”，载《经济问题探索》2015 年第 4 期，第 121 页。

场经济条件，也不影响替代国做法在反补贴措施中的适用。因此，中国对于第 15 条（b）款替代方法的承诺没有类似反倾销的 15 年的“适用期限”，而且适用条件较反倾销替代国的适用条件更为宽松。[①] 不过，相较于第 15 条（a）款（ii）项的“市场经济条件”举证责任倒置的特殊规定，若其他 WTO 成员意图在中国相关措施的反补贴调查中使用替代国做法，须承担相关中国企业“在生产制造等方面不具备市场经济条件”的举证责任，从而为其他 WTO 成员对该条的滥用增加了限制条件。由于该条的承诺，中国出口信用保险一旦遭遇其他 WTO 成员的反补贴调查，将陷入十分不利的境地。

三、中国出口信用保险支持海上合作面临的 WTO 法风险

在“一带一路”建设海上合作背景下，支持有关海洋产业的发展、促进相关设备、货物等出口的出口信用保险，不仅可能符合出口补贴的要件，而且导致其符合专项性条件可能进一步增强，从而落入禁止性补贴或可诉补贴项下，并因此产生相应的法律风险。

（一）被诉禁止性补贴的风险

1. 因符合《SCM 协定》附件一（j）条件而构成禁止性补贴风险

根据《SCM 协定》附件一（j）项的规定，政府（或政府控制的特殊机构）提供的出口信贷担保或保险计划、针对出口产品成本增加或外汇风险计划的保险或担保计划，保险费率不足以弥补长期营业成本和计划的亏损。根据中信保成立之初国务院对其经营方式的规定，中信保应“按商业化方式运作，独立核算，保本经营”，从而从规则上避免因符合《SCM 协定》附件一

① 余莹：“WTO 反补贴规则下我国国企补贴的特殊法律问题”，载《中南民族大学学报（人文社会科学版）》2007 年第 6 期，第 111 页。

(j）项条件而构成禁止性补贴。然而，这一经营方式规定本身并不能必然导致出口信用保险将具有 WTO 合法性的后果，其现实中的实施效果才是关键。WTO 对成员国的贸易评审机制，也会在对成员国公布的可能引发贸易扭曲的财政政策进行审查的过程中，对其实施效果进行检验。

事实上，中信保在相关方面的表现也不尽如人意。由于中信保采用独家非商业性运营的模式，导致在相关业务上，尤其是回报期限长、收益低的中长期出口信用保险业务上形成价格垄断，使得相关单笔出口信用保险的业务保费较高，同时业务量因此减少，导致运营成本上升以及降价空间下降，不仅覆盖率过低不足以完成支持相关产业出口的政策目标，同时也容易出现亏本经营等情况，这显然将违背中信保成立之初所确立的保本经营策略，也将使出口信用保险落入附件一（j）项范畴。① 除此之外，中信保资本金来源也将给出口信用保险业务带来风险。中信保资本金来源为出口信用保险风险基金，由国家财政预算安排，但是目前我国出口信用保险的承保责任总额与风险准备金的比例一般为 20∶1，远低于国际普遍的 15∶1 的合理标准，且风险基金缺乏有效增补机制；在政府提供的财政专项保险基金数额确定且赔款费用扣除保费收入的部分不能超出该专项基金数额的情况下，中信保在实际运营中必然将倾向于选择风险较小的业务，然而拥有低风险业务的企业却不倾向于投保出口信用保险，不仅使出口信用保险对贸易的覆盖率较低，而且将导致其不能有效覆盖对其有切实需求的高风险业务，难以完成相关政策目标。② 再加上发达国家的信用评级普遍高于发展中国家，进而影响发展中国家出口信用机构的信用等级，而该等级是银行在决定出口信贷的利率时的重要考量因素，导致在同样满足同样的“保险费率应弥补长期营业成本和计划的亏损”要求时，发展中国家的银行提供的出口信贷利率极有可能相较于

---

① 李本：“出口信用保险制度立法的技术性考量”，载《法学》2011 年第 1 期，第 148 页。

② 同上，第 152 页。

OECD等发达国家更高，从而降低了发展中国家出口信贷的吸引力，同时也不利于出口信用保险业务范围与规模的扩展。[①] 各方因素综合形成的恶性循环，将导致中信保对存在高风险买家的交易的承保能力被极大限制，中国出口信用保险业务总体规模与业务范围的扩张也将受到限制。[②] 业务范围与规模受限将抬高中信保的运营成本，同时降低中信保的保费收入，中长期运营成本超过保费收入的可能性将大大增加，易导致中信保出口信用保险符合《SCM协定》附件一（j）项条件，从而产生违反《SCM协定》义务的法律风险。

2.《SCM协定》附件一逆向解释限制及其风险

附件一所列举的（j）项规定的是构成出口补贴、违反《SCM协定》义务的出口信用保险。那么，能否对其进行逆向解释，即通过举证出口信用保险不符合（j）项规定，来证明出口信用保险的WTO合法性呢？

《SCM协定》附件一能否整体作为逆向解释依据（a contrario），应首先从协定原文中寻找答案。根据《维也纳条约法公约》第31条的规定，应当对相关内容进行文义解释。《SCM协定》附件一标题为“出口补贴例示清单”（Illustrative List of Export Subsidies），其中“例示”一词含义应为简单的举例，而非穷尽式列举。“巴西飞机案（21.5条）”专家组也做出了相同认定：《SCM协定》附件一是纯粹例示性的，而并非出口补贴的穷尽式列表；同时，“附件一的这一例示性清单能够用以逆向证明不符合其规定的补贴是合乎WTO义务的合法补贴”的观点是错误的，因为这样会使得附件一成为穷尽式列表。[③] 由此可见，《SCM协定》协定附件一所规定的出口补贴例示清单的存在目的在于规定一些特定补贴属于禁止性补贴，而并非在于阐明什

① Roberto Soprano: *Doha Reform of WTO Export Credit Provisions in the SCM Agreement: The Perspective of Developing Countries*, Journal of World Trade, Vol. 44, No. 3, 2010, pp. 619-620.

② 李本：“出口信用保险立法的制衡问题”，载《法学杂志》2015年第3期，第96页。

③ Brazil-Export Financing Programme for Aircraft-Recourse by Canada to Article 21.5 of the DSU-Report of the Panel, WT/DS46/RW, Paras. 6.30-6.32.

么情况下的补贴不属于禁止性出口补贴。① 因此，在附件一例示清单之外，仍有可能存在其他未被清单包含但构成出口补贴的措施。②

此外，"巴西飞机案（21.5 条）"专家组对于附件一（k）项能否作为逆向解释依据的分析，为与（k）项同属出口信用支持的（j）项能否进行逆向解释提供了很好的参考。附件一（k）项第 1 段规定了属于出口补贴的出口信贷的特征，同时通过第 2 段为被第 1 段所禁止但符合特定条件的补贴创设了特别例外，使其具备 WTO 合法性（justify）。"巴西飞机案（21.5 条）"专家组对于该问题的分析以《SCM 协定》第 3.1（a）条附注 5 为出发点，注释 5 对于附件一能否被逆向解释做出了进一步规定。注释 5 表述为："附件 1 中规定的哪些不构成出口补贴的措施在《SCM 协定》的任何条款下都不被认为属于禁止性补贴。"这一注释被专家组认为只有在附件一相关规定出现明示规则明确规定某项措施不属于出口补贴规定，才能够适用《SCM 协定》注释 5 的规定，不属于禁止性补贴。③《SCM 协定》注释 5 为出口信用保险实施方援引（k）项第 2 段的明确豁免规定进行抗辩提供了法律依据，专家组由此认定该部分是结合注释 5 后附件一中唯一可作为逆向解释依据的条款。④

"巴西飞机案（21.5 条）"专家组的这一分析逻辑被"韩国商船案"（DS273）专家组所认可，并遵循该逻辑驳回了韩国提出的"可依据对

---

① 杨洪："国际法视野下的官方出口信贷——由 WTO 专家组裁决透视《补贴与反补贴协定》附件 1（k）项规定"，载《环球法律评论》2007 第 4 期，第 104 页。

② Brazil-Export Financing Programme for Aircraft-Recourse by Canada to Article 21.5 of the DSU-Report of the Panel, WT/DS46/RW, Para. 6.42.

③ Brazil-Export Financing Programme for Aircraft-Recourse by Canada to Article 21.5 of the DSU-Report of the Panel, WT/DS46/RW, Paras. 6.33 – 6.34.

④ 笔者对专家组的这一认定持保留态度。笔者认为，专家组援引（k）项第 2 段本身仅是对于出口信贷在符合第一段构成出口补贴后不被视为出口补贴的特例，同时注释 5 为该特例授予了免除《SCM 协定》义务约束的效力。因此，其并非关于附件一（k）项能否进行逆向解释的规则，而仅是针对附件一（k）项第一段的特别规定。"该特别规定"与"逆向解释依据"证明相关措施合法性的方式处于不同的维度。不过，笔者认为专家组的这一逻辑问题并不影响专家组对附件一不能作为逆向解释依据的认定。

《SCM 协定》附件一清单的（j）项与（k）项进行逆向解释”的观点。[①] 由此，“韩国商船案”专家组认定，由于（j）项不存在与（k）项第 2 段类似的明示性的不属于出口补贴情形的规定，而仅包含了对于何种情况下出口信用保险应当构成出口补贴的描述，因而未能落入《SCM 协定》第 3.1（a）附注 5 项下，导致（j）项不能作为依据用以逆向解释相关出口信用保险不构成禁止性补贴。[②]

综上所述，《SCM 协定》附件一仅属于非穷尽的例示性列举，即使出口信用保险不符合（j）项条件，也无从逆向解释得出其绝对不属于《SCM 协定》第 3.1 条所禁止的出口补贴的结论。同时，由于专家组的严格的文义解释方法，导致附件一中包括（j）项在内的其他不具有类似（k）项第 2 段的类似明示例外规则的条款，无法因为第 3.1（a）条注释 5 而被作为逆向解释相关出口信用保险合乎 WTO 法的抗辩依据。由此可见，某些学者所持“措施未落入（j）项规定项下即不属于禁止性补贴”的观点有误，被证明不符合（j）项条件的出口信用保险是否构成禁止性补贴仍需要进一步举证。因此，即使中信保出口信用保险被证明不符合附件一（j）项规定，其仍有可能面临被 WTO 成员作为禁止性补贴诉至 WTO 的风险。

（二）被诉可诉补贴的风险

除了禁止性补贴外，中国出口信用保险在支持“一带一路”建设海上合作的过程中，还有可能面临被其他 WTO 成员作为可诉补贴诉至 WTO 的风险。虽然“一带一路”建设海上合作的沿线国家大部分属于发展中国家，尤其是部分非洲地区国家产业不发达，同时须依靠中国企业的出口与投资，不大有可能主动提起 WTO 诉讼。但是，“一带一路”也将途经欧洲等发达国家

---

① Ames J. Nedumpara: *Export Credit and "Safe Haven" Provisions Under the WTO SCM Agreement: A Case of False Safety*? Global Trade and Customs Journal, Vol. 8, Issue 3, 2013, p. 85.

② Korea-Measures Affecting Trade in Commercial Vessels-Report of the Panel, WT/DS273/R, Para. 7. 198.

以及南海等政治因素较为复杂的地区。随着“一带一路”海上合作的深化以及中国企业的诸如海工装备等海洋产业实力的不断增强，中国也将逐渐涉足欧洲发达国家企业所涉及的产业与产品。例如，早在 2009 年，中远船务就在中信保辽宁分公司的支持下，成功签下第一张海工装备订单——挪威 SEVAN 公司的 SEVAN 1 号半潜式钻井平台外壳分包合同；而因为中信保的支持，挪威 SEVAN 公司也盘活了资金，此后又接连向中远船务投放了 SEVAN 2 号、3 号、4 号 3 张半潜式钻井平台订单。[①] 虽然这是中国相关企业的第一张海工订单，但该订单来源于位于欧洲的世界海洋强国挪威。可见，未来中国企业将在相关产业方面与发达国家展开正面竞争，贸易冲突在所难免。此外，南海地区的复杂敏感的政治压力与冲突也可能通过包括 WTO 层面在内的贸易纠纷的方式释放。而出口信用保险无法从《SCM 协定》附件一（j）项出发来证明自身 WTO 合法性，也为其被 WTO 成员发起反补贴调查或者诉至 WTO 创造了条件，从而导致风险的出现。

除此之外，在出口信用保险被诉可诉补贴时，还极有可能面临恶意反补贴调查的风险。在该类恶意行为中，违反 WTO 义务的为发起恶意反补贴调查程序的 WTO 成员，而实施符合 WTO 义务的出口信用保险的成员则成为受害方以及 WTO 争端解决程序的发起者。此类恶意违反 WTO 义务行为的出现，原因主要有两个方面：一方面，WTO 争端解决程序旷日持久，只有经过了长时间的 WTO 专家组乃至进一步的上诉机构程序且被申诉方的措施被判定为与 WTO 协定不一致之后，申诉方才能获得采取报复措施的授权；另一方面，由于 WTO 救济不具有回溯性，因此即使申诉方获胜，WTO 也不会提供任何有追溯效力的损失补偿，而未遵守 WTO 义务的违约方需要做的只有停止之前违反 WTO 义务的行为而无须承担其他不利后果，即使其拒不停止违法行为，面临的也只是申诉方实施的对双方均存在伤害的单方面制裁措

① 江帆：“海工装备业迎来黄金期”，载《经济日报》2013 年 6 月 8 日，第 5 版。

施。[①] 因为 WTO 体制的这种漏洞，违法行为发生后，受害方无法得到充分救济，而违反方则可以很方便或机会主义地长时间收获不遵守 WTO 义务带来的利益而几乎不必承担任何后果。同时，之所以选择可诉补贴程序而不是禁止性补贴程序作为恶意反补贴措施的依托，是因为可诉补贴程序拥有更长的争端解决时限，[②] 从而便于违约方获取更多的因不遵守 WTO 义务带来的利益。未来，在“一带一路”建设海上合作的过程中，中国极有可能因实施出口信用保险措施而遭遇其他 WTO 成员，尤其是熟悉 WTO 规则的西方发达成员因其境内相关产业的不当请求或者其政府自身的非贸易不正当诉求而发起的恶意反补贴调查，即使最后相关贸易争端能够在 WTO 争端解决程序中得到解决，也将严重影响中国相关海洋产业发展与“一带一路”建设海上合作规划的正常推进。

（三）与补贴相关的超 WTO 义务产生的风险

在“一带一路”建设海上合作中，大量响应国家规划、投入海上合作与“21 世纪海上丝绸之路”建设的主体是国有企业。同时，由于涉海产业的资本或技术密集性，导致实力雄厚的国有企业在海工装备制造出口、海洋资源合作开发、沿海港口基础设施建设运营等行业拥有得天独厚的先天优势，同时也使得参与“一带一路”建设海上合作相关的涉海产业相关的企业中存在大量国有企业的身影。例如，“21 世纪海上丝绸之路”沿线存在大量由国有企业直接建设或收购运营的港口，[③] 显示了国有企业在“一带一路”建设海

① 韩逸畴：“WTO‘免费通行’现象研究”，载《当代法学》2016 年第 3 期，第 140～141 页。

② 禁止性补贴与可诉补贴的争端解决程序时限分别由《SCM 协定》第 4 条与第 7 条规定。从条款对比可知，可诉补贴的磋商程序、专家组程序与上诉机构程序时限均比禁止性补贴更漫长。

③ 21 世纪海上丝绸之路沿线港口中，大量港口由中国港湾、中国建筑、中土集团、中交疏浚、中交二航局等国有企业及其子公司负责或参与承建，如巴基斯坦瓜达尔港、吉布提港、也门亚丁港、斯里兰卡科伦坡港等。此外，中国海外集团、中远海运集团、招商局港口控股有限公司等国有企业也获得了 21 世纪海上丝绸之路沿线诸多港口的运营权或者控股权，如巴基斯坦瓜达尔港、希腊比雷埃夫斯港、斯里兰卡汉班托塔港等。

上合作中的强大实力以及深度参与现状。在这样的情况下，支持“一带一路”建设海上合作的出口信用保险，将有很大一部分被提供给参与海上合作的国有企业。然而，虽然中国国有企业能够很好地贯彻和配合国家政策方针，但是仍可能因中国政府对其的控制力而受到了来自西方国家的担忧甚至歧视。根据《议定书》第 10.2 条的规定，提供给国有企业的出口信用保险将被认定具备专向性而无须根据《SCM 协定》第 2 条予以专向性测试，并因此落入可诉补贴范畴，使中国可能因此遭遇反补贴调查或相关 WTO 争端解决程序。由此，《议定书》第 10.2 条针对中国国有企业补贴专向性的超 WTO 义务，使出口信用保险在支持国有企业参与“一带一路”建设海上合作规划过程中，将面临来自《SCM 协定》的更多约束与更大挑战。

同时，《议定书》第 10.2 条对于中国国有企业作为补贴受益者的特殊义务规定，很有可能造成补贴计算中的国家对国有企业补贴的逻辑循环困境。鉴于补贴受益人应当是公司和股东两者组成的共同体，那么，给予国有企业的政府补贴这一行动的受益人则变成了国有企业及其作为股东的政府的共同体。而逻辑循环则指，此时政府既是补贴提供者，又是补贴受益人的局面，首尾相接形成循环。这一逻辑循环理论上会导致补贴利益数值无法计算的困境。由于 WTO 反补贴规则中对补贴受益人往往采取中立态度，当前 WTO 成员针对国有企业的反补贴调查案件中实际上都回避了这个问题。[①] 然而，WTO 却单独通过《议定书》创设了义务为中国国有企业作为补贴受益人的义务，使这一逻辑循环困境重现。这为《议定书》第 15（b）条的适用创造了条件：其规定的“可以使用不依据中国企业国内价格严格比较的方法”来计算补贴数额的替代方法，须以对中国进行反补贴调查的过程中遇到的特殊困难为条件，而这种特殊困难可以源于国家对国有企业补贴逻辑循环困境带来的补贴价值计算困难。此时，若 WTO 成员在采取反补贴措施或 WTO 争端解决的

---

① 蒋奋：“反补贴语境下的国有企业定性问题研究”，载《上海对外经贸大学学报》2017 年第 1 期，第 12～13 页。

过程中，根据《议定书》第15（b）条规则主张对中国调查程序因逻辑循环困境而遭遇“无法适用《SCM协定》第14条所规定补贴利益计算方法的特殊困难”，并以此要求采用具有歧视性、任意性与不可预见性的替代国做法，无疑将使得中国出口信用保险更加容易构成对于WTO义务的违反，从而为出口信用保险支持国有企业参与“一带一路”建设海上合作带来困扰与不确定性。

四、中国出口信用保险风险应对策略

（一）避免符合《SCM协定》附件一（j）项条件而构成禁止性补贴

虽然满足《SCM协定》附件一（j）项相关“保险费率应足以弥补长期营业成本和计划的亏损”的要求不足以证明出口信用保险的WTO合法性，但是这并不意味着满足以上要求对降低中国出口信用保险的WTO法风险毫无意义。根据“巴西飞机案（21.5条）”专家组观点，只要落入《SCM协定》附件一项下的补贴将被直接认定为禁止性出口补贴而无须重复证明其落入《SCM协定》第3.1（a）条项下。[①] 因此，出口信用保险避免符合（j）项的简单的出口补贴构成条件，虽然不能使其在遭遇贸易争端后被认定为具有WTO合法性，但也不会使其因直接构成出口补贴而面临《SCM协定》义务约束，也将增加争端对方WTO成员根据《SCM协定》第3条的禁止性补贴构成条件证明其违法性的举证责任，从而降低出口信用保险被诉禁止性补贴的可能性。中信保出口信用保险业务在支持“一带一路”建设海上合作的过程中，若想避免落入《SCM协定》附件一（j）项的要求，需要其贯彻其“按商业化方式运作，独立核算，保本经营”的经营策略，其具体包含了以下几点要求。

---

① Brazil-Export Financing Programme for Aircraft-Recourse by Canada to Article 21.5 of the DSU-Report of the Panel, WT/DS46/RW, Paras. 6.32.

1. 规范政府支持机制

政府对于出口信用保险的财政支持主要体现在及时向出口信用保险风险基金注资以及对出口信用保险提供税收优惠两个方面。WTO 准许各国成立促进出口的出口信用保险机构，且并不禁止在出口信用保险机构发生亏损时由政府提供补偿资金，但要求各国政府支持的出口信用保险机构逐步实现自负盈亏。[①] 中信保在组建之初的资本金来源为出口信用保险风险基金。为避免中信保因亏损经营而符合附件一（j）项条件，政府财政支持出口信用保险的力度需进一步增加，同时出口信用保险风险基金的补偿机制也应建立和完善。这要求财政部根据实际经验建立一套完整的资本金注入制度，定期进行风险基金状况审查，并辅之以特殊情况风险基金即时补充机制，根据出口规模、国家预算、国内外经济形式等各项影响因素，来综合确定需要补充的资金数额，并适时向出口信用保险风险基金注入资金，以补充中信保的资本金。[②] 除了及时提供财政支持外，国际上通行的对出口信用保险的税收优惠政策也应当明确并确保有效实施，从而增强中信保自身的盈利能力和资本积累能力，以助其逐渐丢掉政府注资的拐杖。

2. 完善中信保治理结构

中信保开展出口信用保险业务时的“保本经营”，需要其自身治理结构的革新与完善。事实上，中信保已于 2012 年在公司制改革上迈出了重要一步：改革后中信保的董事会得到了强化，原外派监事会也已转变为内设监事会，从而形成了董事会、监事会和管理层组成的更为完善的现代公司治理结构，同时，中国投资有限公司（以下简称中投公司）也向中信保注资 200 亿元。[③] 由此，中信保的政策性保险公司的公司治理结构、严明的内部权责制度已经逐渐建设完成。中投公司的注资也缓解了中信保因业务开展导致的资

① 王露寒、查贵勇：“后 WTO 时代中国出口信用保险制度浅析”，载《世界贸易组织动态与研究》2006 年第 10 期，第 24 页。

② 王海峰：“我国进出口政策性金融制度的改革”，载《法学》2012 年第 12 期，第 125 页。

③ 张兰：“中国信保获得中投 200 亿元注资”，载《金融时报》2012 年 12 月 20 日，第 1 版。

本金紧张局面，以及财政资金的压力。但是，中投公司的临时注资仅是权宜之计。未来，长久解决中信保与财政资金压力可行策略之一，是将中信保进一步纳入中投公司之下。这样的安排，使得以外汇储备为资本来源的中投公司，不仅能够更为灵活高效地为中信保补充资本金，而且不会改变中信保的国有企业定位，便于中信保执行政策性较强的中长期保险业务；同时，中投公司的诸多附属部门与研究成果[①]能够为中信保所用，从而使中信保的相关业务与中投公司资源进行整合，优化资源配置和减少重复建设，同时更好地支持中信保开展出口保险业务。[②]

3. 创新中信保经营模式

在经营模式上，中信保也应当进行创新，具体包括分账经营与业务创新这两点。

从《SCM 协定》的规定可知，中信保的亏本经验相当于变相的接受财政资助，从而构成禁止性补贴。因此，《SCM 协定》对于中信保的最低要求为保本经营。加拿大出口发展公司（EDC）与意大利出口信用保险公司（SACE）为实现扭亏为盈，通过实行政策账户与商业账户分立和自负盈亏的方式，在未改变国有性质的前提下，明确提出了以市场化经营作为实现“国家利益”的手段——这种向市场化运营转型的模式，不仅没有取代或弱化政策性功能，反而较好地以“商业性”隐蔽了“政策性”，规避了《SCM 协定》创设的国际法义务。[③] 由国外出口信用机构的成功经验可知，为实现中信保的保本经营目标，避免违反《SCM 协定》相关义务，中信保可以商业业务开拓为切入点，同时将商业性账户盈余作为政策性业务账户的增补基金。[④]

---

① 例如，中投公司在宏观经济金融形势、公共政策与国别政策、风险控制管理机制、公共关系与国际合作等各方面的研究成果。

② 李本：“出口信用保险制度的财政风险与监管设计”，载《华东师范大学学报（哲学社会科学版）》2012 年第 6 期，第 88 页。

③ 张冀、谢志斌：“国际出口信用保险市场化评价——兼论中国出口信用保险公司体制改革”，载《甘肃金融》2013 年第 6 期，第 15 页。

④ 李本：“出口信用保险立法的制衡问题”，载《法学杂志》2015 年第 3 期，第 97 页。

这样的做法使中信保能够利用政策性账户更好地开展风险大、回报少的中长期信用保险，从而提升出口信用保险的业务范围与规模、增加保费收入、分摊保险成本，进而更好地支持“一带一路”倡议建设海上合作的推进。

在业务模式方面，中信保也应秉承商业化运作的特点，承保政策向灵活务实转变，同时产品服务应突出市场与客户导向，开展更多的出口信用保险派生业务，如在客户的需求之下，单独开展出口信用保险派生出来的信用评级业务、公共政策与国别风险评估业务等。通过业务的创新，减少与商业保险机构在短期信用保险等业务上的竞争，同时又能增强盈利能力，并以此补贴政策性账户，在保本经营的目标下，扩大政策性较强的中长期出口信用保险业务的规模与范围。

（二）降低被诉可诉补贴的可能性

为降低中国出口信用保险业务构成可诉补贴的可能性，需要以专门立法对出口信用保险予以规制，以规避业务关系混乱、政策性目标偏离等问题带来的法律风险。尽快出台相关的单行法律，对于包括出口信用保险在内的政策性贸易促进措施进行管理，也是中信保成立之初所设定的立法目标。① 单行立法对于避免出口信用保险因违反 WTO 义务而被发起反补贴调查或被诉至 WTO 大有裨益，这是因为设计良好的立法能够为出口信用保险业务的经营管理和运作提供可靠的法律保障。即使在面临恶意反补贴调查之时，专门的立法虽然不能直接抵消其不利影响，但是专门的立法将使得出口信用保险更为规范，降低其违反《SCM 协定》义务，或事实与法律关系混乱等情况出现的可能性。这将使得专家组与上诉机构所面对的争议事实与法律关系都更加明确清晰，从而促使冗长的 WTO 争端解决程序尽快结束，尽可能减少

① 《国务院关于组建中国出口信用保险公司的通知》第 1 条规定，中信保依据国务院批准的《中国出口信用保险公司组建方案》和《中国出口信用保险公司章程》运营，待条件成熟后单独立法。

WTO 成员发起恶意反补贴调查、以违反 WTO 义务所获取的不正当利益，由此降低相关恶意反补贴调查的吸引力与破坏力。

此外，中国已开展出口保险业务近二十年，为出口信用保险的专门立法积累了大量宝贵实践经验与教训，中国出口信用保险立法已经具备了成熟夯实的实践基础。同时，随着“一带一路”建设海上合作的展开，目前在“一带一路”建设海上合作背景下，中国与外国的海上合作、中国自身海洋制造业、海洋经济金融产业以及相关海洋产业的货物服务贸易都将飞速发展，作为金融工具的出口信用保险或将出现井喷发展态势。因此，出口信用保险单行立法不仅条件已然成熟，而且刻不容缓。

目前，我国并没有出口信用保险的单行立法。2004 年《中华人民共和国对外贸易法》（以下简称《对外贸易法》）第 53 条简略规定了国家运用出口信用保险等政策性工具促进与发展对外贸易的权力，但是并未做进一步的详细说明。而保险方面专门立法——保险法则主要对于商业保险的权利义务等进行规定。虽然出口信用保险再基本原理与业务原则上与商业保险基本相同，并使得出口信用保险中部分未明确问题可适用保险法规定；然而，出口信用保险作为重要的政策性工具，因而兼具公法与私法性质，其运作基本制度的差异，如二者赔付比例等，也决定了其与商业保险存在根本性的区别，因此保险法并非出口信用保险的单行立法。①

未来，《对外贸易法》第 53 条将构成出口信用保险立法的依据与指导规则。根据这一条款专门制定的出口信用保险单行法律，应包含对出口信用保险的保险政策，实施、保障与监管主体及其相关细则等方面的全面统一规则，具体包括保险费率基准、承包范围、委托追偿、损失界定等各方面事项。例如，单行立法对中国政策性出口信用保险实施主体——中信保的组织形式、分业经营模式、业务范围、资本金补充机制等做出明确规定。此外，出口信

① 李本：“出口信用保险制度立法的技术性考量”，载《法学》2011 年第 1 期，第 150 页。

用保险单行立法也可将相关保障制度——如财政支持与税收优惠纳入规范范围。目前，我国《预算法》未能在补充风险基金的财政预算审核、批准等方面对财政部进行约束，不利于财政资金对于政策性出口信用保险的支持。未来，作为补充中信保资本金的出口信用保险风险基金，通过财政资金对其进行补充的机制也可以纳入单行立法来加以规范。此外，对于出口信用保险的税收优惠，也可以纳入单行立法加以规制，作为关于出口信用保险的税收特别法。出口信用保险单行立法的制定有利于统一的高位阶的中国出口信用保险制度的形成，使出口信用保险的运作更为规范，降低其被诉可诉补贴的可能性。

（三）坚决反对恶意反补贴调查与滥用超 WTO 义务行为

目前，我国在 WTO 中不仅面临诸多 WTO 成员对于中国超 WTO 义务的滥用，而且还面临大量恶意贸易救济措施。WTO 成员，特别是发达国家成员出于自身不当利益的考量，对我国的相关经济行为刻意苛求、随意指责，明显背离或歪曲 WTO 的有关规则。如美国、欧洲和日本等成员方将《议定书》第 15（d）条中 15 年过渡期结束后无条件终止反倾销替代国做法的义务与所谓市场经济问题挂钩，拒不履行协定中明确规定的国际法义务；又如 WTO 成员在对出口信用保险发起发补贴调查时，可能在调查中滥用《议定书》第 10.2 条与第 15（b）条而采取具有不确定性与不可预见性的其他替代计算方法的潜在风险等。此类做法是对于 WTO 法义务的明显偏离或者是对于 WTO 相关规则的滥用，也歪曲了 WTO 的自由贸易理念。① 对于此类行为，中国应当坚决利用国际法武器予以还击。对于终止替代国做法的问题，由于与欧盟未能达成共识，在 2016 年 12 月 12 日，中国就美国、欧盟对华反倾销“替代国”做法，先后提出世贸组织争端解决机制下的磋商请求，正式启动世贸组

① 石士钧：“‘补贴条款’探徽——我国应对反补贴壁垒的思考”，载《世界贸易组织动态与研究》2007 年第 6 期，第 27 页。

织争端解决程序。现阶段，中国已经越来越自信，越来越多地运用 WTO 的法律程序来维护自身的合法权益。未来，中国应当继续以法律手段对这些滥用或违反 WTO 规则的行为进行果断反制，从而向外界展示中国坚决反对的态度与决心。只有这样，处于 WTO 法约束之下的出口信用保险才能更好地支持与服务“一带一路”建设海上合作。

美国反倾销法中“特殊市场状况”理论与实践的演进及“一带一路”倡议背景下的中国对策

胡建国*

摘要：2015年《贸易优惠拓展法》（TPEA）制定之前，美国商务部并未动用“特殊市场状况”条款或“主要投入品规则”应对出口国可能存在的政府干预及其导致的市场扭曲。对于刚从“非市场经济国家”毕业的国家，美国商务部也没有基于这些国家存在的投入品市场扭曲而调整被调查生产商记录的生产成本。TPEA第504节对《1930年关税法》中的“特殊市场状况”条款做出了重大修改，允许美国商务部基于投入品市场存在的“特殊市场状况”使用替代性方法计算投入品的生产成本。2017年美国商务部在韩国油井管反倾销行政复审中首次解释和适用了TPEA“投入品特殊市场状况”条款，认定韩国政府补贴投入品、中国廉价钢铁产品涌入韩国市场、投入品供应商与油井管生产商之间的“战略联盟”以及韩国电力市场扭曲等四大因素一起构成了一种“特殊市场状况”，并据此调整了被调查生产商报告的油井管的主要投入品的生产成本。TPEA第504节及其首次解释和适用标志着

* 胡建国，南开大学法学院。

美国反倾销理论与实践的重大转变：“特殊市场状况”方法被用于处理投入品补贴、全球产能过剩、企业之间的“战略联盟”以及其他政府干预市场的行为，导致反倾销工具成为一种可以处理各种问题（特别是政府干预市场）的贸易政策工具。此种转变偏离了反倾销制度抵消企业倾销行为、救济国内产业的初衷，同时涉嫌违反WTO规则。美国“特殊市场状况”方法的新发展是对《中国加入议定书》“非市场经济条款”到期的一种提前布局，可能会具有沿用非市场经济体反倾销方法的效果。同时，此种新方法会深刻影响反倾销法律与政策、间接和潜在影响中国出口利益，并对中国推进“一带一路”建设带来不利影响，中国必须高度重视并妥善应对。

关键词： 美国反倾销法；特殊市场状况；市场经济地位；“一带一路”倡议

1967年肯尼迪回合反倾销守则首次纳入了“特殊市场状况（Particular Market Situation，PMS）”规则①，规定在“特殊市场状况导致国内销售并不允许恰当比较”时根据第三国销售价格或者推算价值确定被调查产品的正常价值。② 1979年东京回合反倾销守则和世界贸易组织（World Trade Organization，本文中简称WTO）反倾销协定规定了类似规则。③ GATT/WTO反倾销规则从未定义“特殊市场状况”，相关案例法也非常有限。④ 欧

---

① 《肯尼迪回合反倾销守则》纳入“特殊市场状况”规则的原因并不清楚。关于“特殊市场状况”的谈判史，参见Weihuan Zhou & Andrew Percival：*Debunking the Myth of “Particular Market Situation” In WTO Antidumping Law*, Journal of International Economic Law Vol. 19（4），2016［hereinafter referred to as “Zhou & Percival（2016）”］，pp. 10－16；Francis Snyder：The Origins of the “Nonmarket Economy”：*Ideas, Plualism and Power in EC Anti-dumping Law about China*, European Law Journal，Vol. 7（4），2001，pp. 387－390.

② 《肯尼迪回合反倾销守则》第2（d）条。

③ 《东京回合反倾销守则》第2.4条、《反倾销协定》第2.2条。

④ GATT时期的唯一案例是巴西诉欧共体面纱案。该案专家组并未解释或者深入分析“特殊市场状况”概念，而是强调“只有具有导致销售本身不适于允许恰当比较的效果，‘特殊市场状况’才相关”。专家组还认为，必须存在内生于销售本身的性质的因素导致这些销售无法允许恰当比较。GATT, Report of the Panel, EC-Imposition of Anti-dumping Duties on Imports of Cotton Yarn from Brazil, ADP/137, adopted on 30 October 1995, pp. 467－483. 截至目前，尚未有WTO专家组或上诉机构解释和适用过“特殊市场状况”概念。

盟和澳大利亚在反倾销立法和实践中广泛运用“成本调整”[①] 或“特殊市场状况”[②] 方法，处理包括各种政府市场干预在内的诸多问题，特别是各种原因导致的生产被调查产品的投入品市场扭曲问题。相比之下，美国虽然早已纳入“特殊市场状况”规则，但早期实践主要用于处理与被调查产品市场、被调查企业行为有关的“市场”状况[③]，未被用于处理投入品市场扭曲或政府干预市场等问题。唯一涉及投入品成本调整问题的主要投入品规则（Major Input Rule）适用于关联企业之间的投入品交易，允许美国商务部基于可获得信息确定主要投入品的生产成本。[④]

2015 年贸易优惠拓展法（Trade Preferences Extension Act，本文中简称 TPEA）对 1930 年关税法中的“特殊市场状况”规则做出了重大修改[⑤]，美国商务部最近在韩国油井管（Oil Country Tubular Goods，本文中简称 OCTG）反倾销行政复审中首次适用了经 TPEA 修订的“特殊市场状况”规则，认定韩国政府补贴投入品、中国廉价钢铁产品涌入韩国市场、投入品供应商与油井管生产商之间的“战略联盟”以及韩国电力市场扭曲等四大因素一起构成了一种“特殊市场状况”，并据此调整了被调查生产商报告的油井

---

① 关于欧盟反倾销中“成本调整”的理论与实践，参见 Christian Tietje，Bernhard Kluttig & Martina Franke：Cost of Production Adjustments in Anti-dumping Proceedings：Challenging Raw Material Inputs Dual Pricing Systems in EU Anti-dumping Law and Practice，45 Journal of World Trade 5，2011 [hereinafter referred to as “Tietjie，Kluttig & Franke（2011）”]，pp. 1071 – 1102.

② 关于澳大利亚反倾销法中“特殊市场状况”方法的立法与实践，参见赵海乐：澳大利亚对华反倾销中“特殊市场状况”的滥用，载《国际经贸探索》2014 年第 6 期，第 68 ~ 79 页；Weihuan Zhou：Australia’s Anti-dumping and Countervailing Law and Practice：*An Analysis of Current Issues Incompatible with Free Trade with China*，Journal of World Trade Vol. 49（6），2015，pp. 980 – 991.

③ 如出口导向产业的国内附带市场、唯一的单笔销售超过 5% 以至于并不存在相关产品的成熟市场、消费者定制资本货物等。参见下文论述。

④ 《1930 年关税法》第 773（f）（3）节规定：如关联企业之间的一项交易涉及其中一方生产的商品的主要投入品，如果行政当局有合理理由相信或者怀疑，代表此类投入品价值的数额低于此类投入品的生产成本，那么行政当局可以依据有关此类投入品生产成本的可获得信息认定该主要投入品的价值，条件是此类生产成本高于根据（2）项对此类投入品本会认定的数额。

⑤ TRADE PREFERENCES EXTENSION ACT OF 2015，Public Law 114 – 27，June 29，2015，Section 504.

管的主要投入品的生产成本。TPEA“特殊市场状况”修订案及其首次适用对于美国反倾销法乃至全球反倾销制度具有重要影响，也会对我国出口利益、“一带一路”建设带来不利影响。有鉴于此，本文拟对美国“特殊市场状况”理论与实践的演进过程进行全面深入的研究，并提出中国的因应对策。①

一、TPEA 制定前美国“特殊市场状况”条款的理论与实践

（一）TPEA 制定前美国的“特殊市场状况”立法

经 1994 年《乌拉圭回合协定法》（Uruguay Round Agreements Act，本文中简称 URAA）修订后的《1930 年关税法》第 7773（a）（1）（C）节将“出口国存在特殊市场状况并不允许与出口价格或推算出口价格进行恰当比较”作为适用第三国销售价格方法的情形之一。第 773（a）（1）（B）（ii）节则将“第三国不存在特殊市场状况妨碍与出口价格或推算出口价格进行恰当比较”作为商务部使用第三国销售的条件之一。但 URAA 并未定义什么是“特殊市场状况”。

关于何谓“特殊市场状况”，伴随 URAA 的《行政措施声明》（Statement of Administrative Action，本文中简称 SAA）提到如下例子：（1）母国市场的单笔销售占到对美销量的 5%；（2）政府对定价的控制程度导致母国市场价格不能被认为由竞争决定；（3）美国与外国市场的需求模式存在不同。例如，如果显著的价格变化与两个市场一年里不同时间存在的节假日密切相关，那么外国市场上的价格就不适合与对美售价进行比较。

美国商务部指出，美国法律将可以认定为“特殊市场状况”的情形限于

① 关于该案的分析文章主要是少数从事国际贸易法律业务的律师事务所，参见 Sidley, U. S. Department of Commerce Employs New “Particular Market Situation” Approach to Calculate Dumping Margins, Sidley Update, April 19, 2017; Alston & Bird, Commerce's Unprecedented Action, April 18, 2017；环中贸易救济团队，深入解读美国特殊市场情形第一案（一）（二）。

无法进行恰当比较的情形。法规并未定义 PMS，SAA 列举了包括单笔销售在内的许多例子，但这些例子是示例性的，只要市场条件妨碍了公平比较，SAA 并不妨碍商务部在列举的那些例子之外的情形下认定 PMS。[①]

1997 年《反倾销反补贴条例》第 351.404 节规定：①如果出口国构成了一种可行市场（viable market），商务部长将会依据出口国价格计算正常价值；②如果出口国并未构成一种可行市场，但第三国构成了一种可行市场，商务部长可以依据对一个第三国的售价计算正常价值；③就出口国或一个第三国而言，如果存在特殊市场状况并不允许与出口价格或推算出口价格进行恰当比较，商务部长可以拒绝根据出口国或第三国销售价格计算正常价值。

美国商务部在 2009 年《反倾销手册》中提到日本 MTP 反倾销行政复审案涉及的特殊市场状况，即目标商品由每一消费者根据自己的需求定制规格，规格不同从而导致无法与母国市场或第三国市场进行价格比较。

（二）TPEA 制定前美国“特殊市场状况”条款的实践

在日本机械传动印刷机（Mechanical Transfer Presses，本文中简称 MTP）反倾销行政复审（1995～1996 年）中，美国商务部以产品定制为由认定存在“特殊市场状况”。商务部初裁认定，尽管母国市场是一个可行市场，但本案存在的特殊市场状况——目标商品由每一消费者定制规格——并不允许与母国市场或第三国市场进行恰当的价格与价格比较。商务部注意到，在涉及大型定制资本设备的调查中，商务部通常诉诸推算价值。商务部在本次调查中也运用推算价值计算日本 MTP 的正常价值。[②] 商务部在本次行政复审的终裁

---

① Memorandum from Stepen J. Claeys to David M. Spooner, Certain Pasta from Italy (Period of Review: July 1, 2004, through June 30, 2005), Issues and Decisions for the Final Results of the Ninth Administrative Review of the Antidumping Duty Order on Certain Pasta from Italy and Determination to Revoke in Part, 72 FR 7011, February 14, 2007.

② DEPARTMENT OF COMMERCE [A - 588 - 810], Mechanical Transfer Presses from Japan; Preliminary Results of Antidumping Duty Administrative Review, 61 Federal Register 57387, November 6, 1996.

中确认了前述 PMS 认定与推算价值方法。在日本 LNPP 反倾销行政复审中，商务部再次以产品定制为由认定存在“特殊市场状况”。商务部初裁认定，尽管存在可行的母国市场，但商务部仍然基于推算价值计算应诉企业的正常价值，因为商务部认定出售的每一 LNPP 的独特的消费者定制性质并不允许恰当的价格与价格比较。[①]

在智利沙丁鱼案中，美国商务部初裁认定，母国市场是出口导向的智利沙丁鱼产业的附带市场。母国市场主要由应诉企业分类为“工业”或“丢弃”等级的沙丁鱼构成，此类沙丁鱼以显著低于出口商品的价格在本地销售。母国市场沙丁鱼草率的营销和分销表明了这些销售的附带性质。商务部据此认定母国市场存在特殊市场状况。[②] 商务部终裁确认了前述认定。[③]

在印度不锈钢棒（Stainless Steel Bar，本文中简称 SSB）新出口商复审中，美国商务部将出口国单笔销售超过对美销售的 5% 认定为出口国市场存在“特殊市场状况”。申请人指控说，为了人为制造零值倾销幅度，三家出口商 Shah、Jyoti 和 Parekh 在对美销售之后进行了母国销售，母国市场因此构成了一种虚构市场，商务部不应将母国市场销售作为正常价值计算的依据。作为一种替代性主张，申请人主张母国市场存在 PMS，因为三家应诉企业在母国市场进行的单笔销售达到对美国市场销售的 5% 或以上。申请人主张，由于存在 PMS，商务部被禁止使用应诉企业的母国市场销售计算正常价值。商务部在初裁中拒绝了申请人的虚构市场指控，但认定就三家应诉企业而言

① DEPARTMENT OF COMMERCE, International Trade Administration [A－588－837], Large Newspaper Printing Presses and Components Thereof, Whether Assembled or Unassembled, From Japan: Preliminary Results of Antidumping Duty Administrative Reviews, 64 Federal Register 55243, October 12, 1999.

② DEPARTMENT OF COMMERCE, International Trade Administration [A－337－803], Notice of Preliminary Determination of Sales at Less Than Fair Value and Postponement of Final Determination: Fresh Atlantic Salmon From Chile, 63 Federal Register 2664, January 16, 1998.

③ DEPARTMENT OF COMMERCE, International Trade Administration [A－337－803], Notice of Final Determination of Sales at Less Than Fair Value: Fresh Atlantic Salmon From Chile, 63 Federal Register 31411, June 9, 1998.

确实存在 PMS。商务部认为，SAA 讨论了 PMS，认为如果母国市场的单笔销售占到对美销售的 5%，则可能存在 PMS。在当前复审中，商务部认定每一应诉企业在母国市场的单笔销售占到其对美国销售的 5% 以上。此外，商务部注意到，目标商品是一种商品类型的产品（commodity-typeproduct），很容易与大型资本货物（如新闻印刷机）区分开来；对后者而言，复审期内的单笔母国市场销售可能是一种正常情况。商务部也给予应诉企业机会证明母国市场为什么不存在 PMS，但 Jyoti 和 Shah 没有提交信息证明，母国市场上这些隔离开来的单笔销售表明了外国同类产品的母国市场实际价格。商务部因此初步认定，应诉企业的美国市场不能被用于计算正常价值。①

在意大利面团第九次反倾销行政复审中，美国商务部将第三国单笔销售超过对美销售的 5% 认定为第三国市场存在"特殊市场状况"。在该案中，强制应诉企业 Atar 公司的母国市场销量低于对美销售总量的 5%，Atar 公司的母国市场销售因此不能用于计算正常价值。Atar 公司报告认为，安哥拉是调查期内 Atar 公司最大且唯一的第三国市场。Atar 公司在安哥拉的销量超过对美国销售总量的 5%。美国商务部初裁认定存在特殊市场状况，妨碍 Atar 公司第三国市场销售与美国销售的恰当比较。商务部因此基于推算价值计算正常价值。② 美国商务部在初裁中认定，Atar 公司对安哥拉的销售：（1）构成了一种商品的单笔销售；（2）调查期内 Atar 公司在安哥拉并未拥有外国同类产品的成熟市场；（3）Atar 公司对安哥拉进行单笔销售的条件和情势显著不同于 Atar 公司在美国市场进行销售的条款和条件。商务部因此认定无法恰当比较对安哥拉的销售与对美国的销售。③ 美国商务部在终裁中确认，Atar 公司对安哥拉

---

① DEPARTMENT OF COMMERCE, International Trade Administration [A-533-810], Stainless Steel Bar from India; Preliminary Results of New Shipper Review, 64 FR 46350, August 25, 1999.

② DEPARTMENT OF COMMERCE, International Trade Administration [A-475-818], Notice of Preliminary Results and Partial Rescission of Antidumping Duty Administrative Review: Ninth Administrative Review of the Antidumping Duty Order on Certain Pasta from Italy, 71 Federal Register 45017, August 8, 2006.

③ See ibid.

单笔销售的背景妨碍恰当比较，因为：（1）调查期内 Atar 公司在安哥拉并未拥有外国同类产品的成熟市场；（2）即使存在成熟市场，安哥拉销售条款和条件方面的显著差异将会妨碍恰当比较。商务部再次确认了初裁中的 PMS 认定。①

根据前述分析，可以得出以下几方面结论。

第一，美国商务部实践表明，1930 年《关税法》中的 PMS 条款被用于处理如下情况：①母国市场或者第三国市场的单笔销售超过 5%（印度不锈钢棒案、意大利面团案）；②消费者定制资本货物（日本 MTP 案、日本 LNNP 案）；③出口导向产业的国内附带市场（智利沙丁鱼案）。

第二，PMS 导致被调查出口商或生产商的国内销售或者第三国销售没有反映出它们在相关市场上的通常商业做法，这进一步导致国内销售或第三国销售不能与美国销售进行恰当比较（印度不锈钢板案、意大利面团案），或者 PMS 直接导致国内销售或第三国销售不能与美国销售进行恰当比较（智利沙丁鱼案、日本 MTP 案、日本 LNNP 案）。

第三，美国商务部认定母国市场或第三国市场存在 PMS 的所有案件都针对被调查产品的市场，而不是用于生产被调查产品的投入品的市场。

第四，美国商务部认定存在的 PMS 均涉及特殊的“市场”状况，例如，被调查出口商或生产商单笔销售、消费者定制资本货物以及出口导向产业的国内附带市场。SAA 虽然提到“政府对定价的控制程度导致母国市场价格不能被认为由竞争决定”，但美国商务部缺乏这方面的实践。

（三）TPEA 制定前美国“特殊市场状况”方法的理论基础

根据 1930 年《关税法》相关规定以及美国商务部的实践，TPEA 制定前美国“特殊市场状况”方法基于以下几个方面理念。

---

① Memorandum from Stepen J. Claeys to David M. Spooner, Certain Pasta from Italy (Period of Review: July 1, 2004, through June 30, 2005), Issues and Decisions for the Final Results of the Ninth Administrative Review of the Antidumping Duty Order on Certain Pasta from Italy and Determination to Revoke in Part, 72 FR 7011, February 14, 2007.

第一，“倾销”是指被调查生产商或出口商的定价行为。在意大利面团案中，美国商务部指出，尽管在某些情形下（如声称整个相关市场是出口导向的）认定是否存在 PMS 时考虑市场总体条件可能是适当的，但就单笔销售而言，市场总体条件不太可能影响是否存在 PMS 的认定，因为单笔销售存在的问题是相关应诉企业是否拥有外国同类产品的成熟市场，以至于可以根据应诉企业在相关市场上的通常销售和定价做法评估该单笔销售。此外，甚至在考虑了市场总体条件的情况下，这些条件仅是商务部据以做出认定的许多因素之一。例如，在智利沙丁鱼案中，商务部针对某些应诉企业（而不是其他企业）认定存在 PMS，因为商务部的分析恰当地集中于特定应诉企业及其在相关市场上的活动。因此，市场总体条件尽管在某些案件中富有启发意义，但在评估是否存在 PMS 时并不是决定性的，特别是在涉及单笔销售的情况下。商务部注意到，在 1998 年的印度不锈钢棒案（涉及 PMS 分析背景下的单笔销售的唯一案例）中，商务部意识到印度存在争议产品市场，因为商务部在其调查的其他程序中对其他应诉企业依赖了此种市场。然而，商务部在那一案件中恰当地将分析集中于被调查/复审的特定应诉企业的行为，得出了此类应诉企业的销售是否能够构成与美国销售进行恰当比较的基础。①

第二，“特殊市场状况”认定基于美国反倾销法中的“正常贸易过程”定义。根据 1930 年《关税法》第 771（15）节的规定，“正常贸易过程”是指，在目标商品出口之前的一段合理时间内，与相同等级或种类的商品有关的被调查交易中的通常条件和做法。美国商务部在意大利面团第九次反倾销行政复审的终裁备忘录中指出，本次复审中的问题是，调查期内 Atar 公司在安哥拉是否拥有销售外国同类产品的成熟市场，以至于商务部能够认定 Atar 公司的单笔销售是否表明 Atar 公司在相关市场中实际和正常的定价和销售做法。由

---

① Memorandum from Stepen J. Claeys to David M. Spooner, Certain Pasta from Italy (Period of Review: July 1, 2004, through June 30, 2005), Issues and Decisions for the Final Results of the Ninth Administrative Review of the Antidumping Duty Order on Certain Pasta from Italy and Determination to Revoke in Part, 72 FR 7011, February 14, 2007.

于调查期内 Atar 公司没有对安哥拉进行其他笔数的外国同类产品销售，商务部认定调查期内 Atar 公司在安哥拉并不拥有成熟市场，商务部因此不能认定争议单笔销售是否表明了 Atar 公司在相关市场上的销售做法。商务部因此裁定，争议单笔销售不能构成与 Atar 公司的美国销售进行恰当比较的基础。①

第三，“特殊市场状况”导致被调查产品的国内销售或第三国销售与美国销售不能进行恰当比较。例如，被调查企业为了达到最低比例的国内销售或第三国销售数量要求（对美国销售的 5% 或以上），所进行的单笔销售故意超过 5% 。商务部此时判定被调查企业在出口国或第三国并不存在成熟市场，被调查企业的此类单笔销售因此就没有反映出其在相关市场上的通常贸易做法，不属于正常贸易过程，也导致此类销售与美国销售无法进行恰当比较。又如，在政府控制被调查产品国内售价的情况下，国内售价并未反映出被调查企业的定价行为，自然也没有反映出被调查企业在相关市场上的通常贸易做法，不属于正常贸易过程，最终导致此类销售与美国销售无法进行恰当比较。再如，许多资本货物的消费者定制特征导致母国市场或第三国市场销售的产品与美国市场销售的产品虽可被认定为“同类产品”，但输往不同国家的定制产品及其销售条件仍然存在较大的差异，从而导致母国市场或第三国市场的产品售价与美国售价无法进行恰当比较。

第四，在出口导向产业仅存在附带国内市场的情况下，国内市场条件与美国市场条件不具有可比性，从而导致国内售价无法与美国售价进行恰当比较。

（四）美国“特殊市场状况”条款与非市场经济方法

“特殊市场状况”条款适用于市场经济国家。对于非市场经济国家，由于认为这些国家境内普遍存在的政府干预导致价格非由市场决定，因此在计

---

① Memorandum from Stepen J. Claeys to David M. Spooner, Certain Pasta from Italy (Period of Review: July 1, 2004, through June 30, 2005), Issues and Decisions for the Final Results of the Ninth Administrative Review of the Antidumping Duty Order on Certain Pasta from Italy and Determination to Revoke in Part, 72 FR 7011, February 14, 2007.

算被调查产品的正常价值时不能依据出口国的国内价格或成本，而是使用被调查产品的替代国价格（欧盟做法）或者基于投入品的替代国成本推算被调查产品的价值（美国做法），作为被调查产品的正常价值。

由于使用了替代国价格或者生产要素的替代国成本，而这些价格或成本并未受到反倾销调查所涉一个非市场经济国家各种政府干预或市场扭曲的影响，NME 反倾销方法实际上一揽子解决了进口国所认为的该非市场经济国家存在的各种政府干预或市场扭曲。因此，对于非市场经济国家，由于采取了 NME 方法计算被调查产品的正常价值，美国就没有必要采取其他方法（例如“主要投入品规则”“特殊市场状况”方法）应对 NME 国家存在的各种政府干预或市场扭曲。问题在于，如果一个 NME 国家毕业成为市场经济国家，这些国家境内可能仍然存在政府干预或者市场扭曲，特别是投入品市场受到政府干预而被扭曲。在这方面，欧盟采用“成本调整”方法、澳大利亚采用“特殊市场状况”方法加以应对，如认定投入品市场受到政府干预而被扭曲，则拒绝使用被调查生产商或出口商记录的成本，而是以包括投入品替代国成本在内的其他成本加以替代。就美国而言，2002 年美国给予俄罗斯“市场经济地位”之后，美国商务部在 2005 年的俄罗斯金属镁反倾销调查中拒绝基于投入品市场受到扭曲而调整被调查商品主要投入品的成本。

TPEA 制定之前，除 NME 反倾销方法外，“特殊市场状况”方法以及美国反倾销法的其他相关制度（主要投入品规则、成本调整规则）均未被用于处理投入品市场扭曲、政府干预市场等问题。

首先，2015 年 TPEA 制定之前，美国反倾销立法与实践并未将“特殊市场状况”条款和“主要投入品规则”作为一种贸易政策工具，处理投入品市场扭曲问题，其基本假设仍旧是打击企业倾销行为，尽管打击面已从最终产品生产企业延伸到投入品生产企业。SAA 虽然在谈及 PMS 时提到“政府对定价的控制程度导致母国市场价格不能被认为由竞争决定”，但美国商务部缺乏这方面的实践。

其次，俄罗斯金属镁案表明，美国商务部虽然根据 1930 年《关税法》第 773（f）（1）（A）节中的“通常”一词拥有基于投入品市场受到扭曲而调整投入品成本的法定权力，但美国商务部在实践中设置了较高的证明标准。

美国反倾销法存在 NME 条款可能导致将“特殊市场状况”条款作为处理政府干预市场行为的贸易政策工具没有必要。对于已从非市场经济国家毕业的国家，美国商务部尚未动用 1930 年《关税法》第 771（f）（1）（A）节可能赋予的基于投入品市场扭曲而调整投入品成本的法定权力。然而，TPEA 修订后的“特殊市场状况”条款及其实践可能表明，美国反倾销立法与实践正在经历重大转变，PMS 今后会被用于处理投入品市场的相关问题，例如，投入品全球产能过剩、政府补贴投入品、政府干预电力市场等。

二、TPEA 对美国“特殊市场状况”条款的重大修改

2015 年 6 月 29 日生效的 TPEA 第 504 节（标题为“特殊市场状况”）对 1930 年《关税法》中的“特殊市场状况”条款做出了多处重要修改。与 1930 年《关税法》一样，TPEA 没有定义什么是“特殊市场状况”。

（一）明确规定“特殊市场状况”不属于“正常贸易过程”

TPEA 第 504 节增加了一种不属于“正常贸易过程”的情形，即“行政当局认定特殊市场状况阻碍与出口价格或推算出口价格进行恰当比较”。1930 年《关税法》第 773（a）（1）（C）（iii）节规定，“第三国销售价格”适用于“出口国特殊市场状况并不允许与出口价格或者推算出口价格进行恰当比较”的情形。由于出口国存在“特殊市场状况”时无法使用同类产品的国内销售价格并可以使用“第三国销售价格”，规定“特殊市场状况”不属于“正常贸易过程”的实际意义看似不是很大。但是，美国商务部过去是在“正常贸易过程”概念框架下解释“特殊市场状况”；TPEA 在定义部分将

“特殊市场状况”单独作为一种不属于“正常贸易过程”的情形，可以便利美国商务部在“正常贸易过程”概念框架之外解释和适用“特殊市场状况”一词。

（二）扩大“第三国销售价格”背景下“特殊市场状况”的范围

根据1930年《关税法》第773（a）（1）（C）节，行政当局在以下三种情况下可以使用“第三国销售价格”确定正常价值：①外国同类产品没有供出口国消费的销售（或者许诺销售）；②行政当局认定出口国销售的外国同类产品的总数量（或者如果数量不适合，销售总价值）不足以允许与目标商品的对美销售进行恰当比较；③出口国境内的特殊市场状况并不允许与出口价格或者推算出口价格进行恰当比较。

根据1930年《关税法》第773（a）（1）（B）（ii）节的规定，“第三国销售价格”是指外国同类产品在出口国或美国之外的一个国家供消费而销售（或者许诺销售）的价格。“第三国销售价格”需要满足三个条件：①此类价格具有代表性；②出口国或生产商在此类其他国家的销售总数量（或者如果数量不适合，销售总价值）占到目标商品在美国销售或对美出口总数量（或总价值）的5%或者以上；③调查当局并未认定此类其他国家境内（in such other country）的特殊市场状况妨碍与出口价格或者推算出口价格的恰当比较。TPEA第504节删除了先前文本中的限定词“此类其他国家境内”，意味着“特殊市场状况”不仅包括第三国境内存在的状况，而且也包括出口国境内存在的状况，甚至包括美国境内或者全球市场存在的状况。尤为重要的是，如果出口国境内存在“特殊市场状况”，可能导致无法适用出口国国内销售价格或者第三国销售价格，只能运用包括推算价值在内的其他方法确定正常价值。根据原有条文，第三国境内存在特殊市场状况，只能是指被调查产品在第三国销售时存在特殊市场状况，不会延伸到生产被调查产品所使用的投入品市场。但根据TPEA修改后的新条文，出口国存在的特殊市场状况也会导致无法适用第三国销售价格，这就包括了出口国境内由于投入品而认定存在的特殊市场状况。

（三）明确规定“特殊市场状况”可能导致拒绝使用原材料的实际成本

推算正常价值的重要组成部分是原材料等成本。经 TPEA 修订的 1930 年《关税法》第 773（e）节的末尾规定：“就（1）项而言，如果存在特殊市场状况以至于原材料和元器件或者任何类型的其他加工成本并未准确地反映出正常贸易过程中的生产成本，行政当局可以根据本小节使用另一种计算方法或者任何其他计算方法。”该项规定可被称为“投入品特殊市场状况”条款。TPEA 第 1 项修改放宽了美国商务部解释和适用“特殊市场状况”一词的限制，不再受到“正常贸易过程”概念的束缚。TPEA 第 2 项修改允许美国商务部在出口国存在“特殊市场状况”时拒绝使用第三国销售价格。TPEA 第 3 项修改则明确“特殊市场状况”概念适用于生产被调查产品所使用的投入品。至于什么是“特殊市场状况”，则由美国商务部或美国法院在实践中进行解释。

就生产被调查产品所使用的投入品而言，“投入品特殊市场状况”条款大大扩展了“主要投入品规则”。首先，“主要投入品规则”仅适用于生产被调查最终产品的“主要”投入品，“投入品特殊市场状况”条款则适用于“原材料和元器件或者任何类型的其他加工成本”，适用的投入品的范围更广泛。其次，“主要投入品规则”仅适用于关联企业之间的亏本销售，“投入品特殊市场状况”条款则适用于包括关联企业之间亏本销售在内的任何类型的“特殊市场状况”。最后，“主要投入品规则”要求调查当局基于关联企业之间投入品的实际成交价格、投入品的通行市场价格与投入品的生产成本的最高者确定被调查企业使用的投入品的成本。“投入品特殊市场状况”条款则授权调查当局使用“另一种计算方法或者任何其他计算方法”确定被调查企业使用的投入品的成本。二者之间也存在联系：在根据“主要投入品规则”

计算被调查企业使用的投入品的生产成本时，可以适用“投入品特殊市场状况”条款，调整投入品生产企业报告的成本。

TPEA 另一项重要修改与“投入品特殊市场状况”问题密切相关。经 TPEA 第 505 节（标题为“价格或成本扭曲”）（a）小节（标题为“调查低于成本的销售”）修改的 1930 年《关税法》第 773（b）（2）（A）（ii）节（标题为“请求信息”）规定，在根据第 732 节发起的调查或者根据第 751 节进行的复审中，行政当局应当请求提供根据（e）和（f）小节计算推算价值和生产成本所必需的信息，以便确定是否有合理理由相信或者怀疑外国同类产品的销售价格低于该产品的生产成本。根据此项规定，在每一起调查或复审中，美国商务部都应当请求利害关系方提供计算推算价值和生产成本所必需的信息。这不仅为认定是否存在亏本销售扫清了障碍，而且也使商务部更加容易地使用推算价值方法计算正常价值。正因如此，美国商务部 2016 年 8 月 25 日发布公告，寻求拟改变正常价值的两种替代性计算方法的优先顺序的方法，即从第三国销售方法优先改为推算价值方法优先。① 美国商务部在拟议修改中指出了两大因素支持颠覆当前的优先顺序：第一，TPEA 导致美国商务部更易获取推算正常价值所需的生产成本信息。优先使用推算价值方法符合 TPEA。第二，推算价值通常优于第三国销售，因为推算价值导致与美国价格进行更为适当的比较。根据商务部的经验，第三国销售涉及的产品有时与美国销售的产品类似而不相同，因此需要调整两种产品之间的差异以使二者更具可比性。推算价值反映出与目标商品生产和销售相联系的成本。由于不需要调整产品物理特征方面的差异，推算价值方法能够提供更为精确的计算。②

“投入品特殊市场状况”条款如何解释和适用显得特别重要。需要考虑的问题包括以下几个方面。

---

① See Department of Commerce, International Trade Administration, Modification of Regulations Regarding Basis for Normal Value, 81 FR 58419 (August 25, 2016).

② See *Lawyers Split On Significance of Proposed Shift in Commerce AD Methodologies*, Inside U. S. Trade, September 08, 2016.

第一，“投入品特殊市场状况”条款的适用范围。狭义解释是这一条款仅适用于推算价值。也就是说，只有符合其他条件需要运用推算价值方法计算正常价值时，才能适用这一条款。这一条款出现在第773（e）节（标题为“推算价值”）而不是第773（f）节（标题为“适用于计算生产成本和推算价值的特殊规则”）中，支持此种解释。如前所述，商务部近期拟改变不能使用国内销售的情况下使用第三国销售价格或推算价值计算正常价值的优先顺序（优先使用推算价值方法）。这是配合TPEA“投入品特殊市场状况”条款以及要求调查当局请求利害关系方提交生产成本信息的一种改变。

广义理解是“投入品特殊市场状况”条款也适用于如下情形：①作为一种“特殊市场状况”，导致不使用国内销售或者第三国销售计算正常价值。例如，如果出口国某种原材料的国内市场由于受到政府干预或管制而被认定构成了“特殊市场状况”，不仅可能会导致无法适用被调查产品出口国正常贸易过程中的国内销售价格或者对第三国出口或销售的价格，而且在适用推算正常价值的背景下，可能会导致行政当局拒绝使用被调查生产商记录的原材料实际成本，并以该种原材料的替代价格或成本为基础推算正常价值。[①] ②亏本销售的认定。即在每一反倾销调查中适用“投入品特殊市场状况”条款，计算被调查产品的生产成本，以便确定是否存在亏本销售。③主要投入品规则。即在根据主要投入品规则确定被调查企业的生产成本时，适用“投入品特殊市场状况”条款，调整投入品生产企业报告的成本。

第二，“投入品特殊市场状况”条款针对投入品生产和销售市场，还是针对被调查企业购买投入品？

第三，何谓“没有准确反映出正常贸易过程中的生产成本”？

第四，替代性计算方法有哪些？

---

① Matthew R. Nicely & Brian Gatta：U. S. Trade Preferences Extension Act（TPEA）of 2015 Could Lead to Increased Use of “Particular Market Situation” in Calculating Normal Value in Anti-Dumping Cases，Global Trade and Customs Journal，Vol. 11（5），2016 [hereinafter referred to as “Nicely & Gatta (2016)”]，p. 239.

符合 WTO 规则的解释是，从被调查产品的生产商角度出发，考查被调查生产商账簿记载的投入品是否符合出口国普遍接受的会计准则、是否准确反映出与被调查产品生产和销售相联系的实际成本。同时“投入品特殊市场状况”条款仅适用于推算价值。但此种解释可能导致这一条款成为多余，因为与《反倾销协定》第 2.2.1.1 条类似的第 773（f）（1）（A）节可以适用于前述情况。

三、TPEA 修订后的“特殊市场状况”条款第一案：韩国油井管反倾销行政复审（2014～2015 年）

（一）基本案情

2015 年 6 月 29 日，奥巴马总统签署了 TPEA。TPEA 并未规定适用和生效日期。根据美国商务部公布的《经〈2015 年贸易优惠拓展法〉修改的反倾销反补贴法律适用日期条例》，TPEA 第 504 节适用于美国商务部 2015 年 8 月 6 日或之后做出的裁决。

2015 年 11 月 9 日，美国商务部针对韩国油井管发起第一次反倾销行政复审（2014～2015 年）。申请人 Maverick 在初裁阶段提出了与油井管主要投入品热轧钢卷有关的四项“特殊市场状况”指控，分别为：①热轧钢卷受到韩国政府补贴；②中国热轧钢板廉价涌入韩国并压低了热轧钢卷价格；③POSCO和现代钢铁公司对战略同盟企业低价提供热轧钢卷；④韩国电力市场存在扭曲。这是 TPEA 生效后提出 PMS 指控的第一起案件。

2016 年 2 月 12 日，美国商务部选择调查期内两家最大的韩国油井管出口商或生产商（NEXTEEL 公司和 SeAH 公司），作为本次行政复审中的强制应诉企业。2016 年 2 月 26 日，NEXTEEL 公司确认，NEXTEEL 公司的油井管国内销量和对单个第三国的销量都不到对美销量的 5%。SeAH 公司同日也确认，SeAH 公司的油井管国内销量不到对美销量的 5%。由于 NEXTEEL 公司国内销售和对单个第三国的销量都不到对美销量的 5%，因此美国商务部只能运用推算价值（Constructed Value，以下简称 CV）方法确定正常价值。同时，SeAH 公司的油井管国内销售不到对美销售的 5%，但 SeAH 公司的加拿大市场构成了可行市场，美国商务部将会使用 SeAH 公司对加拿大的油井管销售价格。为了排除对加拿大市场的亏本销售，美国商务部需要首先计算 SeAH 公司的油井管生产成本。

2016 年 10 月 5 日，美国商务部公布初裁备忘录，没有对申请人提出的四项 PMS 指控做出决定，而是决定进一步考虑 PMS 问题。

2016 年 10 月 14 日，美国商务部公布初裁结果：NEXTEEL 公司的倾销幅度为 8.04%，SeAH 公司的倾销幅度为 3.80%，所有其他企业的倾销幅度为 5.92%。美国商务部在初裁中并未就 PMS 问题做出决定，仍旧按照正常方法计算倾销幅度。但美国商务部打算进一步考虑 PMS 指控。美国商务部在计算 NEXTEEL 公司和 SeAH 公司的正常价值时都没有考虑 PMS 问题。[①]

2017 年 2 月 21 日，美国商务部公布 PMS 备忘录，仍旧判定申请人没有证明存在“特殊市场状况”。

2017 年 3 月 2 日，美国国家贸易委员会主席纳瓦罗致信商务部长罗斯，对于韩国油井管首次反倾销行政复审表达了看法。[②] 2017 年 3 月 8 日，纳瓦罗邮件被转交给商务部国际贸易管理局。

2017 年 4 月 8 日，参议员 Franken 致函商务部长罗斯，要求采取强硬步骤打击不公平贸易做法。

2017 年 4 月 10 日，美国商务部公布终裁备忘录，判定申请人指控的四大因素一起导致了单一的“特殊市场状况”。

2017 年 4 月 17 日，美国商务部公布终裁结果：NEXTEEL 公司的倾销幅

---

① DEPARTMENT OF COMMERCE, International Trade Administration [A－580－870], Certain Oil Country Tubular Goods from the Republic of Korea: Preliminary Results of Antidumping Duty Administrative Review; 2014－2015, 81 FR 71074, Vol. 81, No. 199, October 14, 2016.

② Memo to: Secretary of Commerce, From: Director of National Trade Council, Re: Application of Particular Market Situation Protocol in Pending Antidumping Case, March 2, 2017.

度为 24. 92% ，SeAH 公司的倾销幅度为 2. 76% ，所有其他企业的倾销幅度为 13. 84% 。美国商务部对倾销幅度计算做出了某些修改，导致终裁结果不同于初裁结果。特别之处在于，美国商务部调整了 SeAH 公司和 NEXTEEL 公司各自报告的热轧钢卷成本，以便反映出特殊市场状况。①

2017 年 7 月 10 日，美国商务部以行政错误（ministerial error）为由修改了最终结果：NEXTEEL 公司的倾销幅度变为 29. 76% ，SeAH 公司的倾销幅度仍为 2. 76% ，所有其他企业的倾销幅度变为 16. 26% 。②

从案件进程来看，“特殊市场状况”是一个核心法律问题，导致本案初裁和终裁时间推迟，并导致 NEXTEEL 公司和所有其他企业的倾销幅度大幅上升。美国商务部 2017 年 2 月 21 日的“特殊市场状况”备忘录判定申请人没有证明 PMS。虽然事实与证据未曾发生变化，但在各方压力之下，美国商务部仍然改变了结论，终裁认定存在 PMS。

（二）初裁备忘录

美国商务部在初裁备忘录中仅记载了申请人 Maverick 的指控与主张以及相关事实，没有就 PMS 问题做出决定。但表示会在寻求利害关系方的评论后继续考虑 PMS 问题。

Maverick 声称，就热轧钢卷和电力而言，韩国境内存在 PMS，美国商务部因此必须使用一种替代性的计算方法，取代应诉企业报告的生产成本。热轧钢卷占到油井管生产成本的 80% ~90% 。

关于热轧钢卷，Maverick 声称存在“特殊市场状况”。Maverick 的主张

---

① DEPARTMENT OF COMMERCE, International Trade Administration [A - 580 - 870], Certain Oil Country Tubular Goods from the Republic of Korea: Final Results of Antidumping Duty Administrative Review; 2014 - 2015, 82 FR 18105, Vol. 82, No. 72, April 17, 2017.

② DEPARTMENT OF COMMERCE, International Trade Administration [A - 580 - 870], Certain Oil Country Tubular Goods from the Republic of Korea: Amended Final Results of Antidumping Duty Administrative Review; 2014 - 2015, 82 FR 31750, Vol. 82, No. 130, July 10, 2017.

包括：①韩国生产的热轧钢卷得到了政府补贴。Maverick 提出，POSCO 公司和现代钢铁公司是热轧钢卷的两家主要韩国供应商，两家公司都是对韩热轧钢板产品（包括热轧钢卷）反补贴调查中的强制应诉企业。Maverick 认为，上述调查中的可反补贴认定将会表明，韩国热轧钢卷的成本和价格被扭曲，这会妨碍美国商务部准确计算正常贸易过程中的油井管生产成本。②过去 3 年里韩国市场充斥着中国更加廉价的热轧钢板产品。Maverick 认为，不公平贸易的中国进口产品进一步对韩国国内热轧钢卷价格产生降价压力，这导致了额外的价格扭曲。③韩国政府的补贴与不公平贸易的中国进口产品导致热轧钢卷价格被扭曲，因此并未准确反映出正常贸易过程中的油井管生产成本。Maverick 主张此种状况要求美国商务部利用另一种方法计算推算价值。由于补贴和中国进口产品影响到韩国的整个热轧钢卷产业，美国商务部应该完全忽略韩国的热轧钢卷价格，选择反映出热轧钢卷世界市场价格的一种替代价格。④热轧钢卷生产企业向作为战略联盟一部分的油井管生产商低价供应热轧钢卷。Maverick 提出，POSOC 公司和现代钢铁公司是韩国两家主要的热轧钢卷供应商；作为“战略联盟”的一部分，这些公司向油井管生产商供应热轧钢卷；这些公司也向此类“战略联盟”之外的油井管生产商供应热轧钢卷。但是，这些公司对不同消费者群体以差异巨大的价格进行销售，对战略联盟成员的热轧钢卷销售不属于正常贸易过程且没有反映出热轧钢卷的真实成本。TPEA 要求美国商务部超越关联关系和主要投入品规则，以便评估特定供应商的投入品价格因购买者不同而具有差异的程度。如果投入品价格并未反映出市场价格，这些价格应被视为不属于正常贸易过程。有鉴于此，Maverick 主张美国商务部应该请求：①每一热轧钢卷韩国供应商提供向每一油井管生产商销售热轧钢卷的数量和价值（按月和按等级）；②受到复审的每一油井管生产商（不论是否是强制应诉企业）提供从每一热轧钢卷供应商购买的所有热轧钢卷的数量和价值（按月和按等级）。总之，申请人提出了“战略联盟”主张，但没有证据加以证实，而是请求美国商务部向热轧钢卷供应商和油井管生产商索要信息。

Maverick 还主张，美国商务部应该对 POSCO 公司向 NEXTEEL 公司和 SeAH 公司提供的热轧钢卷适用主要投入品规则。Maverick 主张，美国商务部应该以韩国热轧钢板产品反补贴调查中最近计算出来的可反补贴率调整热轧钢卷价格。

关于生产油井管所使用的电力，Maverick 也声称存在“特殊市场状况”。Maverick 提出的理由包括：①韩国电力价格受到高度扭曲，因为韩国政府“广泛干预”电力生产与分配；②韩国电力价格是可反补贴；③由于大型钢铁生产商能够以高度扭曲的低价购买电力，热轧钢卷和油井管完成品的生产成本被严重低估。Maverick 估计，电力占到油井管制造成本的 10% 以上。Maverick 主张美国商务部应该根据 TPEA 调整生产成本和推算价值，以便准确比较正常价值与美国价格。为了准确衡量油井管的制造成本，Maverick 主张美国商务部应该使用替代价格衡量生产油井管所消耗的电力的价值。具体而言，Maverick 提出美国商务部依赖日本的工业用户电价。美国商务部注意到，美国商务部最近进行了四起独立的对韩反补贴调查并且认定，由于没有发现存在利益，韩国境内提供的电力不是可反补贴。

对于 NEXTEEL，由于油井管的国内销量和对单个第三国的销量都不足对美销量的 5%，美国商务部决定运用推算价值方法计算正常价值。由于 NEXTEEL 公司与一家热轧钢卷供应商存在关联关系，商务部决定根据主要投入品规则调整 NEXTEEL 公司报告的一种特定等级的热轧钢卷的成本。对于 SeAH，由于油井管的国内销售不足对美销量的 5%，但对加拿大的销量超过对美销量的 5%，商务部决定依据对加拿大的油井管销售价格计算正常价值。

（三）PMS 备忘录

2017 年 2 月 21 日，在评估利害关系方提交的评论与主张的基础上，美国商务部国际贸易管理局专门发布了 PMS 备忘录，认定没有足够的证据证明调查期内存在 Maverick 指控的 PMS。

1. 美国商务部的法律分析

TPEA第504节在商务部根据1930年《关税法》第771（15）节将会认定不属于“正常贸易过程”且不会用于计算倾销幅度的销售和交易定义中补充了“特殊市场状况”。TPEA进一步修改了1930年《关税法》：如果“特殊市场状况”扭曲了成本以至于成本并未“准确反映出正常贸易过程中的生产成本”，允许商务部在推算正常价值时使用一种替代性计算方法。

2015年TPEA并未定义PMS。与识别和处理PMS有关的现有法律与商务部的过去做法具有指导意义。TPEA制定之前，商务部在少数案件中认定存在PMS，并因此根据《商务部条例》第351.404（c）（2）节在计算正常价值时拒绝使用整个市场。商务部认定PMS的做法是，利害关系方首先合理地证实自己的指控，即存在PMS。1930年《关税法》、商务部条例和SAA并未定义什么构成了“特殊市场状况”。但SAA提供了一份非穷尽性的可被视为PMS的例子清单。例如，PMS可能存在于下列情形：母国市场由单一销售构成、政府控制定价以至于认为母国市场价格非由竞争决定、外国市场的需求模式不同于美国市场的需求模式（例如，实质性价格变化与两个市场一年里不同时间发生的节假日密切相关）。

商务部指出，当前复审中Maverick的PMS指控是TPEA制定后首次提出此类指控。商务部考虑了这些指控，以便提出肯定性认定PMS所必需的概念与分析类型。商务部注意到，尽管新法并未定义PMS，但新法确实修改了法规，将PMS作为认定不属于正常贸易过程的销售或成本的一种列举例子。特别是，第771（15）节规定，“正常贸易过程”术语是指“在目标商品出口之前的一段合理时间内，与相同等级或种类的商品有关的被调查交易的通常条件和做法”。

此外，新法将PMS概念补充到根据第773（e）节认定推算价值，规定：“如果存在特殊市场状况以至于原材料和元器件或者任何类型的其他加工成本并未准确地反映出正常贸易过程中的生产成本，行政当局可以根据本小节使用另一种计算方法或者任何其他计算方法”。与忽略出口国或第三国境内的外国同类产品销售价格类似，如果一个利害关系方提交了得到恰当证实的指控，商务部可以认定 PMS。PMS 的这一方面可以依据关于生产目标商品所使用的投入品市场存在异常状况（anomalies）或者运转失灵（operational dysfunction）的证据。但商务部注意到，政府介入市场本身并不能决定此类异常状况或者运转失灵的存在。例如，商务部承认，政府介入或者甚至不相关公司之间的协议或联盟都可以产生此类公司之间的销售不是正常贸易的情况。然而，必须以足够的证据证实 PMS 指控：市场上存在此类条件，结果成本“并未准确地反映出正常贸易过程中的生产成本”。

在当前复审中，Maverick 指控认为，生产油井管所使用的投入品热轧钢卷存在三种 PMS，电力则存在一种 PMS。商务部认定，就被调查应诉企业在韩国境内生产油井管而言，并不存在这些 PMS。

2. 美国商务部认定关于热轧钢卷的三项 PMS 指控证据不足

关于韩国政府补贴热轧钢卷的问题。商务部认定，韩国热轧钢板反补贴终裁中的肯定性认定仅与生产热轧钢卷有关，与热轧钢卷作为目标商品油井管的投入品这一作用无关。尽管商务部可以预想，当事一方提出有说服力的证明表明一项先前的可反补贴也影响到与生产目标商品直接有关的成本，以至于这些成本并未合理地反映出中正常贸易过程中的生产成本，但 Maverick 在当前复审中并未提出任何有说服力的证据。因此，案卷并未包含任何证据证明，韩国政府采取的热轧钢卷政策扭曲了 NEXTEEL 公司或 SeAH 公司生产目标商品的成本。

关于扭曲的中国热轧钢卷价格的问题。Maverick 主张存在一种特殊市场状况，因为过去 3 年里韩国市场充斥着不公平贸易的中国热轧钢板产品，导致韩国热轧钢卷价格急剧下滑。尽管商务部承认中国钢铁产品（包括热轧钢卷）出口增加，但 Maverick 并未证明，此种状况为韩国独有，全球没有经历相同状况。对价格的潜在广泛影响产生了不属于 PMS 范围的状况，因为中国出口产品在韩国的影响也反映在全球其他市场之中。此外，案卷并未包含任何证据证明中国热轧钢进口产品对韩国热轧钢卷产生了具体的价格扭曲。案件也表明，调查期内 SeAH 公司和 NEXTEEL 公司生产油井管所使用的热轧钢卷中有很大比例并非来自中国供应商。

关于战略联盟的问题。Maverick 声称，韩国热轧钢卷供应商与油井管生产商之间的“战略联盟”构成了一种 PMS，因为这些联盟导致向某些油井管生产商以优惠价格提供热轧钢卷，这扭曲了热轧钢卷的真实成本。商务部考虑了 Maverick 的指控，即油井管生产商与热轧钢卷供应商之间的“战略联盟”导致了一种 PMS，但裁定案卷证据并不支持此种指控。关于 Maverick 提出的请求商务部收集韩国热轧钢卷成本的某些数据，商务部认为，作为一个门槛问题，证实 Maverick 提出的 PMS 指控的责任不在商务部或者另一利害关系方身上，而是应由提出指控的一方提供所有信息支持自己的诉求。因此，商务部不同意 Maverick 的反驳主张。由于没有提供证据表明“战略联盟”并未扭曲成本，SeAH 应受谴责。

3. 美国商务部认定关于电力的 PMS 指控证据不足

Maverick 主张，存在与应诉企业电力消费有关的 PMS，因为韩国政府“广泛干预”电力市场导致电力价格受到扭曲。该项指控基于美国商务部在韩国热轧钢板产品反补贴调查中的终裁。美国商务部不同意 Maverick 的指控，即“韩国电力市场构成了 PMS”。尽管案卷证据表明政府介入到韩国电力部门，但没有任何证据表明，对热轧钢卷或油井管生产商收取的电力价格并未合理地反映出电力的生产成本或者存在其他异常状况。

4. 美国商务部拒绝适用主要投入品规则做出调整

Maverick 主张，如果美国商务部并未根据 PMS 条款做出调整，则应该对 NEXTEEL 公司扩展适用公平交易检验和主要投入品规则。美国商务部应该忽略 POSCO 公司给予 NEXTEEL 公司的热轧钢卷价格，上调 NEXTEEL 公司的热轧钢卷成本 58. 68%（即韩国热轧钢板反补贴调查中的 POSCO 公司的补贴率）。美国商务部认定调查期内并不存在 Maverick 指控的 PMS。但商务部在初裁结果中已经根据 1930 年《关税法》第 773（f）（3）节对 NEXTEEL 公司的成本适用了主要投入品规则。因此，商务部认为没有必要运用 Maverick 提出的替代方法调整修改 NEXTEEL 公司的成本。

（四）终裁备忘录

1. 美国商务部认定复审期内韩国存在一种 PMS

2017 年 2 月 21 日 PMS 备忘录公布后，利害关系方提交了新一轮的评论与反驳。美国商务部分析了这些评论与反驳，在当前行政复审的终裁结果中重新考虑了与声称的 PMS 有关的指控和支持性证据，裁定案卷证据支持认定韩国境内存在扭曲了油井管生产成本的特殊市场状况。

在 PMS 备忘录中，商务部分析了四项 PMS 指控并得出结论认为，单独考虑没有一项 PMS 指控提供了有说服力的证据证明，与目标商品生产直接有关的成本并未合理地反映出正常贸易过程中的生产成本。但是，关于单独还是综合考虑各项 PMS 指控，第 504 节并未提供任何指南；商务部在终裁结果中整体分析了四项 PMS 指控，并根据上述审查裁定复审期内韩国境内确实存在一种 PMS。此外，商务部在 PMS 备忘录中初步认定，就每项 PMS 指控而言，案卷中并不存在支持 PMS 认定的足够证据。然而，在考虑了利害关系方的各种评论之后，鉴于在终裁结果中应整体审查各项 PMS 指控，商务部重新考虑了所有证据。

商务部集中分析了与韩国境内油井管生产有关的 PMS 指控，包括韩国从中国进口热轧钢卷、战略联盟、韩国热轧钢卷补贴和电力市场扭曲。基于声称的四种 PMS 通过油井管投入品成本对韩国油井管市场的累积影响，商务部重新整体考虑了这四项 PMS 指控。商务部初步认定，单独考虑四项独立的 PMS 时并不存在足够的证据支持各项指控；但是，商务部的再次分析集中于韩国市场各种条件的整体，裁定各项指控代表了单一 PMS 的各个方面。案卷证据表明，韩国政府补贴了热轧钢卷并且强制应诉企业从获得此种补贴的POSCO公司购买了热轧钢卷。案卷证据还表明，韩国热轧钢生产商获得的补贴总额占到热轧钢（油井管生产的首要投入品）成本的60%。此外，商务部注意到，作为油井管投入品的热轧钢卷占油井管生产成本的接近80%；因此，热轧钢卷市场的扭曲显著影响到油井管的生产成本。由于中国钢铁生产产能的显著过剩——这部分是由于中国经济中普遍存在的扭曲和干预，韩国钢铁市场充斥着大量廉价的中国钢铁产品，对韩国国内钢铁市场带来了降价压力。此种状况与韩国政府高度补贴国内钢铁生产一起扭曲了韩国的热轧钢卷（韩国油井管生产的主要投入品）市场价格。

关于Maverick的战略联盟主张——某些韩国热轧钢卷生产商与韩国油井管生产商试图通过形成战略联盟展开竞争，商务部认为案卷证据支持认定韩国境内存在此类战略联盟，并且这些战略联盟可能在最初的低于公平价值（LTFA）调查涵盖的时期内影响到价格。尽管案件并未包含具体证据表明战略联盟在当前的复审期内直接扭曲了热轧钢卷定价，但商务部仍然认定，某些韩国热轧钢卷生产商与油井管生产商之间的这些战略联盟是商务部分析的一个相关因素，因为它们过去可能扭曲了热轧钢卷价格，并且可能在当前的复审期内和未来以扭曲的方式继续影响到热轧钢卷定价。

关于电力市场造成的扭曲，根据SAA，如果存在政府对价格的控制且达到无法认为母国市场价格由竞争决定的程度，则可能存在PMS。此外，应当考虑到电力在韩国是作为政府产业政策的一种工具运转。商务部表示，商务部在当前复审中的PMS认定并非仅仅基于韩国政府对电力的任何支持。相反，每一项PMS指控都是促成因素（contributing factors），一起导致商务部认定韩国境内存在一种PMS。

这些相互关联的市场条件表明，油井管生产成本特别是热轧钢卷的获取价格受到扭曲，因此证明韩国油井管生产商的热轧钢卷成本不属于正常贸易过程。商务部因此认定，各种市场力量导致的扭曲影响到韩国油井管的生产成本。综合起来考虑，商务部裁定，各个指控支持在当前行政复审中认定复审期内存在 PMS。

2. 美国商务部关于 PMS 法律标准等问题的分析

关于法规授权问题。美国商务部同意 Maverick 的看法，认为 TPEA 第 504 节授权商务部在原材料、元器件或者加工成本没有准确反映出正常贸易过程中的生产成本时处理 PMS。

关于举证责任标准问题。NEXTEEL 公司主张，法规规定了商务部认定 PMS 的“高标准”，主张 Maverick 没有满足此类认定所需的举证责任。尽管商务部同意必须存在足够的证据支持认定 PMS，但商务部认定 Maverick 在本案中提出了足够的证据，因此满足了举证责任要求。

关于出口国与第三国境内存在的 PMS。SeAH 公司主张，Maverick 的某些主张与美国售价和可比市场（即加拿大市场）售价之间的可比性无关。商务部认为，关于 SeAH 公司在加拿大市场销售油井管是否存在 PMS，商务部没有做出任何裁决。Maverick 的指控涉及 SeAH 公司（或者 NEXTEEL 公司）的生产成本是否由于在韩国境内生产油井管所使用的投入品成本受到扭曲而不属于正常贸易过程有关。

关于生产成本调整问题。商务部不同意 NEXTEEL 和 SeAH 的下列主张：商务部由于 PMS 认定而做出的调整不能恰当地包括韩国热轧钢板产品调查中适用的反补贴税率。商务部认定，这些税率是在当前复审中做出调整的适当基础。

关于主要投入品规则延伸适用问题。Maverick 主张，作为一种替代方案，如果商务部没有认定存在 PMS，那么商务部应该延伸适用 TPEA 的主要投入品规则，并将此类分析适用于没有关联关系的供应商。然而，由于商务部已经认定存在 PMS，商务部没有处理该项主张的实质内容。

3. 美国商务部量化 PMS 之影响的方法

在认定应诉企业的油井管生产成本存在 PMS 后，商务部考查是否存在足够的证据量化 PMS 的影响。商务部在量化此种影响时决定对 NEXTEEL 和 SeAH 报告的热轧钢卷成本向上做出调整。对于从韩国生产商购买的热轧钢卷，商务部基于韩国热轧钢板反补贴调查终裁中针对 POSCO 和所有其他热轧钢卷生产商认定的补贴率做出此项调整。① 商务部将此种调整量化为一种净国内补贴率，即反补贴税率减去所有出口补贴。在商务部看来，这些净国内贴税率适当量化了商务部在这些终裁结果中认定存在的 PMS 的影响。

商务部裁定，战略联盟不能用来量化 PMS 的影响，因为本次复审案卷的有限数据并不允许商务部量化此类战略联盟在这一特定时期对热轧钢卷成本的影响，尽管此类战略联盟往往会影响到消费者—供应商关系安排的方式，并促成了 PMS 的存在。

商务部注意到，过剩的钢铁生产能力在全球导致了市场扭曲。过剩的钢铁生产能力导致了严重市场扭曲，促成了全球钢铁市场下滑，包括显著的价格压制、替代市场、不可持续的产能利用率、负面财务状况、关门和失业。钢铁需求的恶化和持续的产能扩张可能对特定国家的钢铁制造商产生了进一步压力，并产生政府干预的动机，政府干预进一步扭曲了广泛范围的钢铁产品生产成本和价格。

4. 美国商务部关于 TPEA 第 504 节的法律分析

SeAH 公司主张，TPEA 第 504 节修改了推算价值计算条款。但是，SeAH 公司的价格比较并非基于推算价值，而是第三国销售。如果商务部没有计算推算价值（或者，如果商务部计算推算价值，但原产国和元器件成本确实准确反映出生产成本），先前存在的法规条款调整相关计算。SeAH 公司因此主张，Maverick 的指控显著超过了法规的用语和意图。商务部不同意 SeAH 公司对法规的有限审查和解释。第 771（15）节定义的“正常贸易过

---

① 尽管商务部在这些终裁结果中裁定，所有四种 PMS 指控都是商务部 PMS 认定的一部分，但案卷并未包含足够的信息以便明确做出与电力和战略联盟指控有关的调整。因此，为了对 PMS 做出调整，商务部使用了与热轧钢卷有关的案卷信息。

程”术语包括“行政当局认定特殊市场状况妨碍与出口价格或者推算出口价格进行恰当比较的情形。”因此，如果一种 PMS 影响到外国同类产品的生产成本，如通过投入品成本扭曲，可以合理地得出结论，即此种状况可能妨碍与出口价格或推算价值的恰当比较。SeAH 公司主张，针对生产成本审查 PMS 显然超越了用语。此种主张没有考虑第 771（15）（C）节。此外，商务部裁定，此种解释是没有说服力的，因为这会挫败正常贸易过程条款的目的，即根据国会意图确保 PMS 不会妨碍与美国价格的恰当比较。

5. 全球市场扭曲问题

NEXTEEL 公司主张，韩国市场的价格趋势与美国市场的价格趋势惊人类似，并未表明存在 PMS。相反，韩国境内的任何价格下降是全球价格波动的结果。商务部在 PMS 指控的初步分析中考虑了此种情况，但根据进一步思考，商务部承认，反倾销法律的目标是确定一种适当基准，据此衡量出口价格和推算出口价格是否公平定价。但是，可能会或者可能不会影响美国市场的全球扭曲与韩国是否存在 PMS 无关。

（五）简短评论

TPEA 制定之前，“特殊市场状况”条款受制于“正常贸易过程”概念，美国商务部未将其适用于生产被调查产品的投入品市场，也没有将政府干预导致的市场扭曲（典型案例如俄罗斯金属镁反倾销案）视为“特殊市场状况”。TPEA 对 1930 年《关税法》中的“特殊市场状况”条款做出了多项重要修改，为美国商务部扩张适用“特殊市场状况”条款扫清了法律障碍。本案是美国商务部首次适用修改后的“特殊市场状况”条款，具有重要意义。美国商务部不仅将“特殊市场状况”条款适用于投入品市场，而且将其作为处理外国政府干预的手段。这实际上意味着美国反倾销政策的重大转变：对于市场经济国家，美国将会动用反倾销工具处理政府干预被调查产品及其投入品市场的行为。

美国商务部在初裁和 2017 年 2 月 21 日公布的 PMS 备忘录中都没有接受申请人的“特殊市场状况”指控。但是，国际贸易委员会主席、商务部部长和部分国会议员先后致函商务部国际贸易管理局，就本案中的“特殊市场状况”认定表示关注。这对国际贸易管理局施加了很大压力。商务部基于审查方法变化（单独考虑与整体考虑）重新对证据进行了评估，并改变了最终结论。

美国商务部澄清，投入品市场存在的特殊市场状况会导致被调查产品的国内销售或第三国销售不属于“正常贸易过程”，从而需要运用推算价值方法计算正常价值。强制应诉企业 NEXTEEL 公司由于国内销售和单个第三国销售都没有达到对美销售的 5%，商务部可以直接运用推算价值方法。SeAH 公司的国内销售虽然没有达到对美销售的 5%，但对加拿大市场的油井管销售达到了对美销售的 5%。针对 SeAH 公司，美国商务部没有因为投入品特殊市场状况运用推算价值方法，仍旧依据第三国销售价格计算正常价值。商务部依据投入品特殊市场状况对其生产成本进行调高，然后进行了生产成本测试。但即使生产成本被调高，其与出口至加拿大价格相比，仍不存在“大量”（超过 20%）低于成本销售的情况。因此，商务部最终仍采用出口至加拿大价格来计算 SeAH 的正常价值，以此计算出的反倾销幅度与初裁相比甚至还略有降低。

美国商务部在终裁中将申请人指控的四种“特殊市场状况”（韩国政府补贴热轧钢卷、从中国廉价进口热轧钢卷、热轧钢卷供应商与油井管生产商之间存在“战略联盟”以及韩国电力市场扭曲）视为一种“特殊市场状况”，并据此在推算价值计算（针对 NEXTELL 公司）和低于成本销售认定（针对 SeAH 公司）背景下调整了投入品热轧钢卷的生产成本。这实际上导致反倾销工具被用于处理出口国（韩国政府补贴热轧钢卷、韩国电力市场扭曲）或者第三国（中国政府补贴导致钢铁产品产能过剩，并以较低价格涌入包括韩国在内的全球市场）境内存在的政府干预市场行为。

值得注意的是，虽然商务部认为申请人指控的四种“特殊市场状况”一起构成了单一的“特殊市场状况”，但商务部仅量化了韩国政府补贴的影响，并以此为基础调整了热轧钢卷的生产成本。

四、美国“特殊市场状况方法”与 WTO 规则的一致性

（一）美国“特殊市场状况”条款本身与 WTO 规则的一致性

经 TPEA 修改的 1930 年《关税法》“特殊市场状况”相关条款仍较为模糊。将“特殊市场状况妨碍与出口价格或者推算出口价格进行恰当比较的情形”视为不属于“正常贸易过程”，并据此使用推算价值方法，本身不会违反《反倾销协定》。将出口国或第三国境内存在的“特殊市场状况”作为拒绝使用国内销售价格或者第三国销售价格的理由，本身也不会违反《反倾销协定》。

“投入品特殊市场状况”条款可能涉嫌违反了《反倾销协定》。根据美国商务部的解释，如果一种特殊市场状况影响到外国同类产品的生产成本，例如，通过投入品成本扭曲，可以合理地得出结论，认为此种状况可能妨碍与出口价格或推算价值的恰当比较。换言之，投入品特殊市场状况可以作为不属于“正常贸易过程”的一种情形，商务部可以据此拒绝使用出口国国内销售价格或者第三国销售价格，转而使用推算价值方法。“投入品特殊市场状况”条款是否违反《反倾销协定》第 2.2 条，取决于该条中“特殊市场状况”一词的解释。

“投入品特殊市场状况”条款规定商务部需要使用替代性方法计算投入品的成本，则涉嫌违反《反倾销协定》第 2.2.1.1 条。该条要求反倾销调查当局通常应该使用被调查出口商或生产商记录的成本，条件是此类记录符合出口国公认的会计准则并且合理地反映出与被调查产品生产和销售有关的成本。根据上诉机构在阿根廷诉欧盟生物柴油案中的裁决，第 2.2.1.1 条中“与被调查产品生产和销售相联系的成本”是指与被调查产品生产和销售有

着真实关系的那些成本。这是因为，这些成本与其他因素一起构成了国内市场正常贸易过程中销售的同类产品价格的基础。① 上诉机构在该案中运用文本、上下文以及目的和宗旨等解释方法后得出结论：《反倾销协定》第 2. 2. 1. 1 条第一句第二个条件“账簿…合理地反映出与被调查产品生产和销售相联系的成本”是指出口商或生产商保存的账簿是否恰当且充分地对应于或者复制了被调查出口商或出口商负担的与被调查特定产品生产和销售有着真实关系的那些成本。② 因此，只要被调查生产商或出口商记录的投入品成本是真实的，与被调查产品生产和销售有着密切联系，反倾销调查当局就必须使用此类成本，不得做出调整。由于“投入品特殊市场状况”条款并未详述替代性方法的具体内容，因此尚不能根据条文判定是否一定会使用替代国成本，从而涉嫌违反《反倾销协定》第 2. 2 条中的“使用原产国生产成本”之要求。

1930 年《关税法》第 773（f）（3）节规定的主要投入品规则也涉嫌违反《反倾销协定》第 2. 2. 1. 1 条。主要投入品规则要求反倾销调查当局在关联企业之间的主要投入品交易低于其生产成本时运用可获得信息确定该主要投入品的成本，涉嫌违反第 2. 2. 1. 1 条“通常应当使用被调查出口商或生产商记录的成本”的要求。

（二）美国“特殊市场状况”条款实践与 WTO 规则的一致性

美国商务部在对韩油井管反倾销行政复审中首次适用“特殊市场状况”条款处理投入品市场存在的扭曲问题，截至目前也是唯一的案例。美国商务部并未对“特殊市场状况”相关条款做出详细解释。这里初步分析美国商务部在本次行政复审中做出的“特殊市场状况”裁决与 WTO 规则的一致性。

关于“特殊市场状况”的解释，目前没有相关案例法。唯一的 GATT 专

① Report of the Appellate Body, EU-Biodiesel (Argentina), para. 6. 24.

② Ibid. , para. 6. 26.

家组也没有解释或者深入分析“特殊市场状况”概念，但强调了两个方面：(1)“只有具有导致销售本身不适于允许恰当比较的效果，‘特殊市场状况’才相关”。(2) 必须存在内生于销售本身的性质的因素导致这些销售无法允许恰当比较。有学者认为，市场状况（例如通过规章或者金融援助的政府干预）的存在本身不会构成《反倾销协定》意义上的特殊市场状况。相反，特殊市场状况认定必须基于对目标货物的国内销售价格与出口价格之间可比性的评估。如果声称的价格扭曲公正无偏地影响两种价格以至于并不妨碍两种价格之间的恰当比较，那么就不应该认定存在特殊市场状况。调查当局有责任调查此类价格的可比性。如果没有此类调查，特殊市场状况认定就没有正当理由，并且可能导致以违背《反倾销协定》第 2 条规定的“恰当比较”或“公平比较”标准的方式比较未被扭曲的正常价值与受到扭曲的出口价格。[①] 与 GATT 专家组一样，此种观点强调国内销售价格与出口价格之间的价格可比性，没有进一步界定什么是“特殊市场状况”。应当赋予“特殊市场状况”每一个词语含义，特别是“市场”一词。一是可以主张“市场”是指被调查产品的市场，不是指生产被调查产品所使用的投入品的市场；二是可以主张被调查产品市场出现了特殊状况，并且正如 GATT 专家组所认为的，是“内生于销售本身的性质的因素”导致出现了特殊状况，这就排除了政府干预导致的所谓“特殊市场状况”。此种解读符合 WTO 反倾销制度的目的和宗旨即打击被调查产品市场的倾销行为、救济国内产业，不会使反倾销制度被用于处理与企业行为无关的政府干预市场问题。

根据对“特殊市场状况”一词的前述理解，“投入品特殊市场状况”条款本身涉嫌违反《反倾销协定》第 2.2 条。因为根据美国商务部的解释，一旦认定存在“投入品特殊市场状况”，就会导致适用推算价值。这会导致在不满足第 2.2 条规定的相关条件的情况下就适用推算价值。美国商务部将韩

① Zhou & Percival (2016), pp. 1 – 30.

国政府补贴热轧钢卷、从中国低价进口热轧钢板、韩国电力市场扭曲、战略同盟等认定为特殊市场状况，不符合第 2. 2 条中的“特殊市场状况”定义。但是，由于对 NEXTEEL 公司适用推算价值方法的理由是该家公司的韩国销售和单个第三国销售都不足对美销售的 5%，美国商务部在该案中诉诸推算价值方法并不违反《反倾销协定》第 2. 2 条。

关于将投入品受到政府补贴作为认定特殊市场状况的一个理由，涉嫌违反《反倾销协定》和《补贴与反补贴措施协定》。有学者指出，考虑成本的适当性，实际上可能导致补贴与反倾销问题不恰当地混在一起。此种问题混合可能会违反 WTO《反倾销协定》第 18. 1 条以及《补贴与反补贴措施协定》第 32. 1 条。这些条款可能表明，法律上严格区分反倾销与反补贴工具是必要的。关于欧盟委员会对巴西、埃及和土耳其在表面上采取的反倾销措施，实际上委员会在反倾销调查背景下对上游补贴采取了行动。对此种行动是否合法尚存在争议，因为反倾销基本条例似乎预想，只能在提出一项反补贴申诉并且恰当发起一项反补贴税调查之后才能针对补贴采取行动。此外，反倾销基本条例并未包含任何条款抵消上游补贴。[①]

关于战略联盟主张，美国商务部主要基于推测得出了相关结论，降低了 PMS 备忘录暗示的高标准。此种做法涉嫌违反《反倾销协定》相关条款，因为《反倾销协定》要求调查当局以积极证据证实相关认定，而不是基于推测。

关于以“特殊市场状况”为由调整热轧钢卷的生产成本，则涉嫌违反《反倾销协定》第 2. 2. 1. 1 条，因为美国商务部没有使用被调查生产商 NEXTEEL 公司和 SeAH 公司记录的生产成本。

关于主要投入品规则的适用，美国商务部以 NEXTEEL 公司与一家热轧钢卷生产商存在关联关系为由适用了主要投入品规则，调整了一种特定等级的热轧钢卷产品的生产成本。这一举动涉嫌违反 ADA 第 2. 2. 1. 1 条，该条要

① Tietjie, Kluttig & Franke（2011）, p. 1092.

求调查当局使用被调查生产商报告的成本，除非此种报告的成本不符合普遍接受的会计准则，或者并未合理地反映出与被调查商品生产和销售相联系的成本。由于 NEXTEEL 报告的一种特定等级的热轧钢卷成本是生产和销售油井管的真实成本，商务部就不能做出调整。

五、美国“特殊市场状况方法”的影响及中国应采取的对策

（一）美国“特殊市场状况方法”的影响

1. 对反倾销法律与政策的影响

目前尚未有专家组和上诉机构直接解释和适用《反倾销协定》第 2. 2 条中的“特殊市场状况”一词。俄罗斯在诉欧盟的两个反倾销案件（DS474、DS494）中指控了欧盟涉及“特殊市场状况”的条款即《反倾销基本条例》第 2（3）条，但这两个案件尚未组建专家组。美国在韩国油井管反倾销行政复审中首次运用“特殊市场状况方法”处理包括政府补贴、全球产能过剩、电力市场扭曲等在内的诸多问题，引起了广泛关注。在 2017 年 4 月 27 日举行的 WTO 反倾销委员会会议上，中国、韩国和俄罗斯对美国商务部特殊市场状况裁决表达了强烈关注，质疑美国新方法与 WTO 规则的一致性。① 可能是因为韩国针对美国就相同产品采取的最初反倾销措施提起的 WTO 诉讼仍在进行过程中②，也可能是基于政治方面的考虑③，韩国目前尚未在 WTO 起诉美国商务部的该项反倾销行政复审裁决。但是，涉案的韩国钢铁生产商

---

① “U. S. ‘particular market situation’ ruling on Korean steel sparks concern at WTO”, Inside U. S. Trade, 05/05/2017.

② United States—Anti-Dumping Measures on Certain Oil Country Tubular Goods from Korea-Request for consultations by the Republic of Korea, WT/DS488/1, 5 January 2015.

③ 由于政治敏感问题，如美韩自由贸易谈判或者国家安全关注，韩国过去不太情愿与美国在 WTO 对簿公堂。“Korean steel producers file suit over ‘particular market situation’ ruling”, Inside U. S. Trade, 06/09/2017.

NEXTEEL 公司已于 4 月 28 日向美国国际贸易法院提起了诉讼，质疑美国商务部特殊市场状况认定以及后续计算调整的所有方面。[①] 如果韩国对美国油井管反倾销行政复审裁决提起 WTO 诉讼，将会推动专家组和上诉机构解释和适用《反倾销协定》第 2.2 条中的“特殊市场状况”一词，进一步厘清 WTO 反倾销制度的边界。美国“特殊市场状况方法”的新动向也可能进一步推动部分 WTO 成员在规则谈判中强烈要求澄清“特殊市场状况”一词的含义。目前澳大利亚和欧盟已经采取了特殊市场状况或成本调整方法等类似做法，美国“特殊市场状况方法”的新动向有可能进一步导致其他 WTO 成员效仿。

从反倾销政策的角度看，美国、欧盟、澳大利亚等少数 WTO 成员日益将反倾销制度作为一种贸易政策工具，将其用于处理 WTO 现行规则无法或不易处理的各种问题，特别是政府介入市场的行为或措施。例如，美国和欧盟反倾销法中的市场经济标准涵盖了与反倾销无关的诸多国内事项，实质是想通过反倾销措施实现一定的贸易政策目标。澳大利亚和欧盟针对市场经济国家采取的特殊市场状况或成本调整方法，也直接指向了出口成员政府采取的所谓市场扭曲措施，并且有愈演愈烈的趋势。例如，欧盟在给予中国“市场经济地位”背景下抛出的反倾销条例修改草案纳入了所谓的“市场扭曲”条款，进一步扩大了成本调整方法的适用范围。[②] 美国“特殊市场状况方法”的新动向表明，美国正在强化反倾销制度的贸易政策工具作用。正因为如此，中国在 WTO 反倾销做法委员会会议上较为含蓄地对美国贸易政策的总体“方向”表达了关注。[③] 但是，将反倾销措施作为贸易政策工具，违背了 WTO 反倾销制度打击企业倾销行为、救济国内产业的初衷。

---

① *Korean steel producers file suit over "particular market situation" ruling*, Inside U.S. Trade Sep 6, 2017.

② 胡建国、叶斌：“欧盟对华‘市场经济地位’立法草案：问题与对策”，载黄平、周弘、程卫东主编：《欧洲发展报告（2016－2017）》，社会科学文献出版社 2017 年版，第 204 页。

③ *U.S. "particular market situation" ruling on Korean steel sparks concern at WTO*, Inside U.S. Trade, May 5, 2017.

2. 间接和潜在影响中国出口利益

“美国”特殊市场状况方法对中国也造成以下几个方面影响。首先，间接影响我国出口利益。在应对全球产能过剩的背景下，美国商务部利用“特殊市场状况方法”，开辟了一条处理所谓的中国钢铁产能过剩问题的新途径。① 美国商务部将从中国廉价进口热轧钢产品作为认定“特殊市场状况”的一个因素，并以反倾销税予以回应，其结果是韩国油井管生产企业可能不愿从中国进口热轧钢产品，影响我国出口利益。

其次，潜在影响我国出口利益。TPEA 第 504 节及美国商务部正常价值计算新动向的背景是中国加入议定书中的所谓“非市场经济条款”在 2016 年 12 月 11 日到期。不论美国事实上是否以及何时在反倾销调查中给予中国“市场经济待遇”，美国在法律上都有义务废除针对中国的“非市场经济方法”。在此种背景下，美国希望通过“投入品特殊市场状况”条款保留继续沿用非市场经济方法或者其他替代性方法的政策空间，以便应对中国、越南等国家可能继续存在的政府干预，特别是投入品市场扭曲问题。尽管 TPEA 修正案并未宣布 2016 年之后针对中国的意图，但这些修正案的性质和时机、美国在一个 WTO 争端中支持欧盟利用的成本调整方法等事实表明，美国打算测试 WTO 法的外部边界，将当前的正常价值计算方法转变成实践中能够几乎仿照现有 NME 方法的东西。② 可以预料，美国不会轻易根据其国内法承认中国为“市场经济国家”，并据此在对华反倾销调查中放弃非市场经济方法。即使美国未来迫于无奈履行了中国加入议定书第 15 条义务，美国也会诉诸反倾销法中的“特殊市场状况”条款，继续以反倾销工具处理所谓的中国政府行为导致的市场扭曲问题。概言之，美国“特殊市场状况方法”未来会对我国出口利益造成不利影响。

---

① 2016 年以来，为了应对所谓的中国钢铁和铝业产能过剩问题，除寻求双边或多边解决办法外，美国几乎动用了所有可以利用的国内措施，如反倾销和反补贴调查（包括反规避调查）、第 201 节初级铝调查（保障措施）、第 337 节钢铁调查（反托拉斯、政府补贴与不公平定价、钢铁转运规避、窃取商业秘密等）、第 332 节铝业调查（事实收集）、第 232 节钢铁和铝业调查（国家安全）。

② Nicely & Gatta（2016）, p. 239.

（二）“一带一路”倡议背景下的中国对策

除对我国出口产品产生间接和潜在影响外，美国“特殊市场状况方法”的新动向也会对我国推进“一带一路”建设带来不利影响。“一带一路”沿线 65 个国家和地区绝大多数都是发展中国家，经济发展水平相对较低。中国企业如在这些国家投资制造业，利用当地廉价的投入品或者从中国进口投入品进行制造，将相关产品从这些国家和地区出口至美国、欧盟等发达国家和地区时，就很有可能遭遇反倾销调查。如果将这些国家和地区与投入品有关的政策视为“特殊市场状况”，或者将从中国或其他国家和地区进口投入品视为“特殊市场状况”，并据此调整被调查产品的生产成本，继而征收反倾销税，将非常不利于中国企业在“一带一路”沿线国家和地区投资兴业，也非常不利于我国产品（特别是产能过剩的钢铁、铝等）销往“一带一路”沿线国家和地区。

1. 密切关注美国反倾销相关法律与实践的发展

美国以反倾销措施应对所谓的出口成员政府干预导致的市场扭曲的主要手段包括非市场经济方法（针对非市场经济国家）以及“主要投入品规则”和“特殊市场状况条款”（针对市场经济国家）。除密切关注美国是否以及如何给予中国“市场经济地位”的新动向并妥善应对外，还应未雨绸缪，或者为了顺利推进“一带一路”建设，密切关注美国“特殊市场状况条款”和“主要投入品规则”法律与实践的新发展，妥善进行应对。

如美国给予中国“市场经济地位”，“特殊市场状况”未来有可能成为美国运用反倾销工具继续限制中国产品进入美国市场的主要方法。美国商务部可以根据 1930 年《关税法》第 773（a）（1）节认定存在“特殊市场状况”，然后忽略外国生产商的价格和成本。正如 SAA 所解释的，这是一个直接取决于国家干预市场水平的认定。SAA 提及的“特殊市场状况”的一个例子是“政府控制价格，以至于母国市场价格不被视为由竞争决定”。关于特殊市场状况条款，到目前为止美国对其适用保持沉默，本质上要求几乎完全缺乏影响价格或成本的任何显著竞争行为（如打折），这是一种高门槛。尽管根植于 SAA，但这一严格解释主要是一种美国商务部政策。一旦美国最终允许中国和越南从非市场经济地位“毕业”，就中国和越南而言对该项政策可以有不同的看法。①

美国商务部在油井管反倾销行政复审终裁中做出的“特殊市场状况”认定基于四大因素。单一因素未来是否会被认定为“特殊市场状况”并不清楚。美国商务部表示将会继续发展必要概念和分析手段，处理未来的特殊市场状况指控。美国商务部的“特殊市场状况方法”应当说尚未完全定型。此外，韩国被调查生产商已经向美国国际贸易法院提起的诉讼，同时不排除韩国未来向 WTO 提起诉讼。这意味着，美国“特殊市场状况”新方法仍然需要根据相关法律的发展做出调整。

TPEA 第 504 节及美国商务部正常价值计算新动向主要针对投入品市场存在的问题。被调查最终产品市场是否存在 PMS 的认定及其法律后果，美国商务部预计会沿用 TPEA 制定之前的已有做法。美国商务部是否会以及如何将适用于投入品市场“特殊市场状况”的案例法（如政府补贴或其他干预导致了投入品市场扭曲，从而认定存在“特殊市场状况”）适用于被调查最终产品，是个值得关注的问题。

此外，需要密切关注“主要投入品规则”法律实践的发展。美国在正常价值计算时可能运用“主要投入品规则”处理中国境内存在的显著市场扭曲。共同国家所有权或控制足以导致美国商务部认定关联关系，并据此援引 1930 年《关税法》第 773（f）（2）和（3）节中的市场经济“交易忽略”和“主要投入品”条款。尽管宽泛界定了关联关系，但到目前为止，美国商务部尚未广泛使用这一条款处理继续存在国家控制的从 NME 毕业的国家。鉴于中国经济中继续存在广泛的国家所有权，即便市场原则发挥了作用，共

① Matthew R. Nicely: Time to Eliminate Outdated Non-market Economy Methodologies, Global Trade and Customs Journal Vol. 9, 2014, p. 163.

同的国家所有权导致的关联关系可能涌现出来，这开启了市场经济体正常价值仍可不基于中国生产商实际价格和成本的大门。①

2. 旗帜鲜明地反对以反倾销措施应对政府干预

不论是中国自身的出口利益还是推进“一带一路”建设，都要求中国旗帜鲜明地反对美国适用“特殊市场状况”条款的这一最新动向，反对将反倾销措施作为一种贸易政策工具，用来应对其他WTO成员所谓的由政府干预导致的市场扭曲。就反倾销“特殊市场状况”问题而言，中国与“一带一路”国家和地区应该说有着共同的利益诉求。中国和俄罗斯在反倾销做法委员会会议上质疑美国适用“特殊市场状况”条款的最新做法就是明证。在WTO多边框架下，中国可联合具有共同利益诉求的“一带一路”国家和地区中的WTO成员，提出符合自身利益的诉求和主张。

WTO反倾销做法委员会每年至少召开两次会议。中国、俄罗斯和韩国已在2017年4月27日的会议上对美国在油井管反倾销行政复审中的“特殊市场状况”裁决表达了关注。在反倾销做法委员会下一次会议上，中国可以联合俄罗斯等“一带一路”国家和地区中的WTO成员，继续对美国、欧盟、澳大利亚等少数WTO成员采用的特殊市场状况或成本调整方法表达关注，或者提出关于反倾销政策或特殊市场状况的概念文件。

在WTO争端解决机制方面，在涉及“特殊市场状况”或者成本调整的WTO争端中，中国应当作为第三方积极参与专家组或上诉机构审理，提出中国的立场与主张。由于美国对韩国油井管采取的反倾销措施会极大限制中国钢铁产品出口至韩国②，中国甚至可以直接对美国反倾销措施提起WTO诉讼。③

① Matthew R. Nicely: Time to Eliminate Outdated Non-market Economy Methodologies, Global Trade and Customs Journal Vol. 9, 2014, p. 163.

② 美国商务部部长罗斯指出，韩国没有油井管市场。韩国制造的所有油井管都供出口。许多油井管都是使用中国倾销的钢铁产品制造出来的。“Autos, steel take spotlight in meetings between Trump and Korea's Moon”, Inside U. S. Trade, 06/30/2017.

③ 美国诉欧共体香蕉案表明，WTO成员的诉权并无法律利益的限制。根据法律规定，中国有权对美国提起WTO诉讼。

在WTO反倾销规则谈判方面，中国可在多哈规则谈判中继续要求限制“特殊市场状况”的范围。在多哈回合谈判中，加拿大和中国先后提出应当详述“特殊市场状况”一词的含义。加拿大提出，除第2.2.1条的价格原因外，ADA并未对什么没有构成“正常贸易过程”或者什么构成了“特殊市场状况”提供任何指南。各成员以不同方式解释和实施这些标准，例如，将其解释为涵盖对关联方的销售或者对国内市场单一消费者的销售。指出各成员运用这些标准的方式并就根据这些具体条款应予考虑的销售条件和情形达成一项协议是有益的。① 中国提出，应当进一步定义第2.2条中的“特殊市场状况”一词，限制调查机关在与出口价格进行比较时拒绝使用产品正常国内售价的裁量权。② 但是，修改反倾销协定的相关草案文本并没有纳入这些建议。

在双边渠道方面，如前所述，美国对韩国油井管采取的反倾销措施极大地影响到中国钢铁产品出口至韩国，中国可在双边渠道向美方表达立场和关注。

3. 吸收美国“特殊市场状况方法”的合理因素

WTO《反倾销协定》第2.2条允许各成员调查当局在“特殊市场状况”导致国内同类产品销售不允许恰当比较时诉诸推算价值或者第三国销售价格确定被调查产品的正常价值。我国《反倾销条例》没有此类规定。从国际层面来看，美国、欧盟、澳大利亚、加拿大等主要WTO成员在其反倾销立法都引入了“特殊市场状况”条款。尽管将政府干预导致的市场扭曲认定为“特殊市场状况”并不符合WTO反倾销制度打击企业倾销行为、救济国内产业的初衷，据此调整或者替代被调查出口商或生产商的生产成本已被专家组

---

① WTO, Negotiating Group on Rules—Submission form Canada Respecting the Agreement on Implementation of Art. VI of the GATT 1994 (the Anti-dumping Agreement), TN/RL/W/477, 28 January 2003.

② WTO, Negotiating Group on Rules—Proposal of the People's Republic of China on the Negotiation on Anti-dumping, TN/RL/W/66, 3 March 2003.

和上诉机构判定为与 WTO 规则不一致，但是，从美国早期实践来看，“特殊市场状况”条款仍然有其存在的价值。例如，“特殊市场状况”条款可被用来处理国内市场或者出口市场的唯一单笔销售超过 5% 的企业规避行为。因此，中国未来修改《反倾销条例》时可以纳入“特殊市场状况”条款，但在具体解释和适用时应当吸收美国实践中的合理因素。

有观点认为，特殊市场状况或成本调整条款并不专门针对中国，作为回应，我国亦可在反倾销条例中纳入类似条款，对美国、欧盟、澳大利亚的出口产品在反倾销调查中采取类似做法。此种观点是错误的，不仅会导致我国立场前后矛盾，而且也不符合中国推动建立更为公正合理的国际经济秩序的要求。

“一带一路”倡议下的知识产权国际规则构建

——对 TRIPS 的承继与发展

王　鸿*

摘要：“一带一路”倡议下的知识产权国际规则既是对 TRIPS 协定的承继又是对该协定的发展。在“一带一路”倡议背景下，基于“良性理论”和知识产权自然权利属性的思考，应当以平等原则、利益平衡原则和合作共赢原则作为承继与发展 TRIPS 协定的原则。对于 TRIPS 协定的目标与宗旨以及国民待遇与最惠国待遇应当承继与发展并重。对于 TRIPS 协定第二部分的内容应当发展重于承继。

关键词：“一带一路”；知识产权国际规则；承继与发展的原则；TRIPS；协定

一、问题的提出

在 2016 年北京“一带一路”国际合作高峰论坛中，中国政府向全球表明了将“一带一路”建设成为国际“开放型合作平台”而非局限为具体合作项目的雄心（见表 1）。开放型合作平台不同于合作项目，是一种常态化的客

* 王鸿，南京理工大学知识产权学院副教授，法学博士。

观存在，如果不想让“一带一路”倡议如同部分国外媒体所言只为短期获益、单方收益或者松散、无序、短暂的存在①，就需要以制度保障平台、以规则保障制度。②

表 1　开放型合作平台与合作项目对比

	开放型合作平台	合作项目
行为主体	政府与政府	企业与企业
行为客体	国际规则	具体的产品和服务
行为内容	合作方政府的国际法义务	合同债权与债务
存续时间	长期且不以项目为依托	因合同履行完毕而归于消灭

目前，中国学者已经关注到“一带一路”倡议下的国际经济规则问题，研究范围涵盖了从构建国际经济规则之初的国际话语权到“一带一路”倡议下的国际经济规则是对已有国际经济规则的创新与突破等具体内容③，提出了在“一带一路”倡议下重构国际经贸规则④、缔结“一带一路”沿线国家应共同接受和遵守的行为规则⑤、以“一带一路”建设为契机，不断推动全球性规则的转型升级⑥、推出区别于美国等发达国家版本的新型国际贸易规

---

① See One Belt, One Road, and One Debt Hangover. Phil's Stock World. June 6, 2017. What opportunities are there in China's Belt and Road Initiative for your business? And what would be the risks and pitfalls to be mindful of? Business Times（Singapore）. June 5, 2017. RPT-Silk Road hub or tax haven? China's new border trade zone may be less than it seems. Reuters News. June 5, 2017.

② 虽然国内有部分学者强调在“一带一路”中应当关系治理重于规则治理或者政策治理与规则治理并重，但这些学者最终还是认同“一带一路”不能缺失规则治理。王燕：“区域经贸法治的‘规则治理’与‘政策治理’模式探析”，载《法商研究》2016 年第 2 期；陈伟光、王燕：“共建‘一带一路’：基于关系治理与规则治理的分析框架”，载《世界经济与政治》2016 年第 6 期。

③ 计宏亮：“‘一带一路’国际话语权的建构刍论”，载《理论导刊》2015 年第 7 期；曾文革、党庶枫：“‘一带一路’战略下的国际经济规则创新”，载《国际商务研究》2016 年第 3 期；王群：“‘一带一路’战略下中国国际法话语权刍议”，载《理论探讨》2017 年第 2 期。

④ 张乃根：“‘一带一路’倡议下的国际经贸规则之重构”，载《法学》2016 年第 5 期。

⑤ 王刚：“‘一带一路’建设中的法律问题及法治机制构建”，载《法学杂志》2017 年第 2 期。

⑥ 肖金明、张晓明：“‘一带一路’与国际法治：机遇、新课题与互动之策”，载《理论探索》2017 年第 3 期。

则等建议[①]。可见，构建一套有别于已有国际经济规则的“一带一路”倡议下的国际经济规则已经成为中国学界共识。究其原因，在于中国自1840年鸦片战争时起就成为西方各国长期宰割的对象。在长达百年内，西方各国只想从中国“获取”而不想“付出”，战争、技术垄断、产品倾销等都成为了为此服务的手段，甚至于西方各国之间达成的国际经济规则也都成为它们的工具。西方各国在相互经济往来中或许还能“有取有舍”，但当中国成为“贸易对象”时，就只能被定位为被掠夺的对象。虽然，自中华人民共和国成立起，尤其是在改革开放后，中国开始复兴，国力增强，但当我们走出国门开展国际经济往来时，面对的仍然是这种以“掠夺与遏制中国并重”为基调的国际经济规则。这就是中国为什么在复关的道路上困顿不前、在“入世”谈判的过程中步履维艰、在市场经济地位的认定中被百般刁难。因此，中国若是想成为国际经济活动中的棋手而非棋子，打破这种国际经济规则的“封锁”就成为我们必然的选择。

然而，中国无法独自一人打破这种国际经济规则，甚至于在某种程度还要“尊重”这种国际经济规则。在2015年博鳌亚洲论坛开幕式上，习近平总书记在主旨演讲中就表示“一带一路”建设不是要替代现有地区的合作机制和倡议，而是要在已有基础上，推动沿线各国实现经济战略相互对接、优势互补。这是在向全球表明中国倡导的“一带一路”不是国际经济中的“暴力革命”。同样，“一带一路”倡议下的国际经济规则不是要将已有的国际经济规则推翻重来，而是对已有国际经济规则进行完善并发展出新的规则，即是对已有国际经济规则的承继与发展，就如《“一带一路”国际合作高峰论坛圆桌峰会联合公报》中所言“在公平竞争和尊重市场规律与国际准则基础上，大力促进经济增长、扩大贸易和投资”。

具体到“一带一路”倡议下的知识产权国际规则而言，如果“一带一

① 马学礼：“‘一带一路’倡议的规则型风险研究”，载《亚太经济》2015年第6期。

路”倡议下的知识产权国际规则只是直接沿用现行知识产权国际规则，这与中国“一带一路”倡议宗旨相违背；如果“一带一路”倡议下的知识产权国际规则完全是由中国“自说自话”，这又会举世皆敌，给一些虎视眈眈的国家提供发难的借口。唯有承继并发展已有知识产权国际规则，才能使“一带一路”倡议下的知识产权国际规则具有强大的生命力并且能够对实现“一带一路”倡议目标起到保障作用。目前，现行的知识产权国际规则主要是以《巴黎公约》《伯尔尼公约》和 TRIPS 协定等国际条约为基础。其中，作为 WTO 规则核心内容的 TRIPS 协定无疑最为重要。中国作为 WTO 成员，遵守 TRIPS 协定是我们必须履行的国际法义务，这也是我们在构建“一带一路”倡议下的知识产权国际规则时所必须正视的。当初，即使强横如美国，其在主导制定 TPP 协定知识产权内容时都是对 TRIPS 协定予以了必要的“尊敬”。

二、承继与发展的原则

在构建“一带一路”倡议下的知识产权国际规则过程中，我们应当辩证地对待现行知识产权国际规则，不仅需要从“一带一路”倡议目标出发进行识别，还要从法的一般性原理进行衡量。前者的要求正如《“一带一路”国际合作高峰论坛圆桌峰会联合公报》所言“秉持和平合作、开放包容、互学互鉴、互利共赢、平等透明、相互尊重的精神，在共商、共建、共享的基础上，本着法治、机会均等原则加强合作”；后者则是要求以“良法”作为承继与发展的对象，即唯有符合“良法”属性的知识产权国际规则才能被承继与发展。之所以如此，原因在于以下两点。其一，这是对国际经济法理论应为“良性理论”理念的回应①。作为在国际经济活动中与货物和服务并重的

① John H. Jackson, *Reflections on International Economic Law*, University of Pennsylvania Journal of International Economic Law (Spring 1996), pp. 17 – 28.

知识产权，其所对应的国际规则亦应遵从于“良性理论”。其实，“良性理论”是世界各国在“二战”之后对纳粹德国“恶法亦法”深刻反省所得，是对力压自然法学的纯粹法学等法哲学思想的反思所得，是构建当今国际政治规则和经济规则的基础理念而非国际经济法所独有。其二，这是对知识产权自然权利属性的回应。自然权利唯有在自然法中才能焕发出真正的生命力，也唯有自然法才能保证自然权利的自我独立性。至于自然法与“良法”的关系则是不言自喻。其实，在法律领域内，凡冠以“良”字者，往往是万变不离自然法①。在此，就现行知识产权国际规则而言，可以遵循以下原则进行衡量。

（一）平等原则

平等原则是法律的基本原则之一，其重要性是不容置疑的。凡良法者，必然遵循平等原则。反之，不奉守平等原则的规则，必然不为良法。虽然，平等原则是所有部门法都应当具备的基本原则之一，但在当前时期，强调知识产权国际规则的平等原则更加具有迫切性。自 WTO 多哈回合谈判起，WTO 成员之间的谈判就陷入僵局，主要原因就在于发展中国家与发达国家就知识产权产生重大分歧从而无法达成一致意见。简言之，发展中国家认为自己在与知识产权有关的国际贸易方面没有被发达国家平等对待从而希望后者做出让步，而发达国家却是认为业已平等对待前者因此无须让步。

就知识产权国际规则而言，判断其是否与平等原则相一致，考虑到知识产权的自然权利属性以及非物质性，可以从知识产权主体与智力成果两个方面共同进行评价：第一，相关规则是否承认智力活动主体在进行智力创作或创造活动时的平等性。在此，可以借用《世界人权宣言》所倡导的理念“人

① “良法”或者“良性理论”都是语义抽象的用语，解释具有多样性，但这种抽象性、多样性不能成为我们否认“良”之所在。虽然自然法因其内涵的不确定性和逻辑论证的非封闭性不断受到其他法哲学理论的挑战，但正是自然法的这种“缺陷”才能推动人类对于“公平”与“正义”的认知不会被禁锢并且不断向前发展。人类社会也才能不断地接近“世界大同”之理想。

不能因为种族、肤色、性别、语言、宗教、政治或其他见解、国籍或社会出身、财产、出生或其他身份等任何区别而被差异对待”；第二，相关规则是否承认同一类型智力成果之间的平等性。例如，字数不同的文字作品之间的平等性、创新性不同的技术方案之间的平等性。[①] 只要相关规则承认了上述两个平等性（缺一不可），即可认定该规则符合平等原则之要求。

需要指出，当前历史阶段是我国在知识产权国际规则乃至国际经济规则中实践平等原则的最佳时期。自“二战”结束后迄今为止，和平发展始终是世界的主旋律，在国际政治层面上，有联合国的存在；在国际贸易层面上，有WTO的存在。这都为不同实力的国家之间进行平等往来提供了历史上最好的平台。这些客观因素都是我们在构建“一带一路”倡议下的知识产权国际规则过程中适用平等原则的积极助力。

（二）利益平衡原则

之所以选择利益平衡原则，原因主要在于知识产权相较于其他自然权利在权利行使效能方面的特殊性。譬如，虽然知识产权、人身权、财产权同样都是自然权利属性，但知识产权的权利行使效能不同于人身权和财产权。人身权的权利行使效能在于承认“人身利益高于其他一切利益”、财产权的权利行使效能在于确认“公权力主体不得不当侵害私权主体的财产安全”，这些都是单一的效能。但是，知识产权的权利行使效能却是复合型，一方面是以知识产权激励不同的创作人或创造人积极进行智力活动以期得到更多的智力成果；另一方面是以知识产权保障社会整体科技水平不断向前发展。前者是以个体利益为保护对象，直接表现就是承认创造人或创作人对于智力成果享有专有权利；后者是以公共利益为保护对象，直接表现就是通过各种措施限制

① 此处同一类型智力成果的平等性是指在法律领域内的资格平等性。需要指出，虽然驰名商标保护力度强于普通商标，但这并没有违反平等原则。首先，驰名商标已非普通商标，两者已经成为相互平行的商标保护制度。其次，不同商品或服务的驰名商标之间仍然具有平等性；最后，不同商品或服务的普通商标转化为驰名商标的条件是相同的。

创造人或创作人的专有权利，典型代表就是知识产权限制与例外。这种矛盾如同专有性都是知识产权这一权利的“天性”，是无法被根除的，从而决定了知识产权规则（无论是国内规范还是国际规则）适用利益平衡原则的必要性。

利益平衡原则不仅要求利益平衡行为具有现实可行性也要求利益平衡行为效果应当合理。因此，知识产权国际规则是否与利益平衡原则相一致的识别问题，不仅需要从相关规则体系中是否存在着知识产权限制与例外属性的规则——此类规则为利益平衡行为提供了生存空间来判断，同时，也需要结合相关规则整体适用效果来进行判断。坦言之，利益平衡行为效果合理性的评估恰恰是适用利益平衡原则的难点之所在。因为，唯有在时间段上，才会存在私人利益与公共利益相平衡。在时间点上，利益平衡之后却是或者私人利益重于公共利益或者公共利益重于私人利益，此时如何取舍，只有仁者见仁智者见智。

（三）合作共赢原则

从古至今，人类社会所取得的经济成就都是以自然资源作为物质基础，但自然资源终究是有限的并且开发与利用自然资源总是与破坏环境相生相伴。如今的人类就面临着古人所没有面对过的困境，诸如环境过度污染、因人为因素致使气候变化等。这种变化对人类社会产生的影响是全面的，从经济、政治、卫生、科技、文化到法律等并无遗漏。具体到法律层面，现今的立法者已经将视线从传统的人与人的关系扩展到人与自然的关系，自然已经成为法律规制过程中不可回避的因素。在人与人的关系中，行为主体能够以行为来实现目的，一般是不需要关系以外的主体之辅助①，但在人与自然关系中，由于大气、水源等能够自由流动从而不受国境限制。因此，一国如果想要解

---

① 典型的例子如私法中的“合同相对性原则”。需要指出，即使是公法中的“行政处罚”或“刑罚”，也只是以行政机关的行政处罚行为或司法机关的司法行为即可实现法律制裁目的而不需要其他人的辅助。至于第三人利益合同中的第三人、配合行政处罚或司法裁判执行需要的有关部门等并非是与相应法律关系无任何关联的主体。在此，笔者是指不需要与法律关系无关主体的辅助。譬如，法益仅在中国境内的中国籍夫妻离婚是不需要任何一位美国公民的辅助。

决本国所面对的自然问题，仅凭自己也许不能从根本上解决问题而需要各国通力合作才能有效解决问题。譬如，东北亚的雾霾，需要中国、朝鲜、韩国、日本、俄罗斯以及蒙古共同合作解决。

其实，自第二次世界大战之后，世界各国不再以针锋相对的方式解决相互之间的冲突，而是通过集体行为这一合作方式来制订国际规则从而解决冲突。但是，全体成员合作制订的国际规则并非当然对每个成员都是有利的。[①] 近二十年来，这一点在与知识产权有关的国际贸易领域内尤为明显。WTO 多哈回合谈判中知识产权议题的谈判困境即从反面说明了确立合作共赢的必要性。

合作共赢原则，意味着参与各方能够通过合作共同获利。若以该原则来识别相应的知识产权国际规则，首先，就是观察在相应规则体系中是否存有各方能够实施有效合作的机制。这种机制应当包括允许各成员自由发表观点、允许各成员相互交流观点、各成员应对自己承诺负责等内容。其次，就是以相应规则的适用效果逆向衡量规则。虽然利益不会被均分，但各方都应当通过合作获取自己当初期望获得的利益。如果适用相应规则的结果只会使部分成员从中获益，那么这种规则就与该原则相悖。如今，中国政府已将合作共赢原则确立为“一带一路”倡议的基本原则。《推动共建丝绸之路经济带和21 世纪海上丝绸之路的愿景与行动》中的“坚持互利共赢，兼顾各方利益和关切，寻求利益契合点和合作最大公约数，体现各方智慧和创意，各施所长，各尽所能，把各方优势和潜力充分发挥出来”，《“一带一路”国际合作高峰论坛圆桌峰会联合公报》中的“将秉持和平合作、开放包容、互学互鉴、互利共赢、平等透明、相互尊重的精神，在共商、共建、共享的基础上，本着法治、机会均等原则加强合作”和“寻求利益契合点和合作最大公约数，兼

① Paul B. Stephan, *Accountability and International Lawmaking: Rules, Rents and Legitimacy*, Northwestern Journal of International Law and Business, Winter-Spring 1996 - 1997, Vol. 17, pp. 681 - 735.

顾各方立场”正是彰明较著。

三、承继与发展的内容

TRIPS 协定全文是由前言和七个部分组成，共有 74 个条款（2017 年 1 月起增添了第 31 条），我们可以依据上述原则，结合条款解释与争端案件实例，梳理 TRIPS 协定内容，阐明“一带一路”倡议下的知识产权国际规则能够承继与发展之处。在此，基于 TRIPS 协定各部分对于构建“一带一路”倡议下的知识产权国际规则的重要性不同，此处仅对该协定的第一部分“总则和基本原则”与第二部分“关于知识产权效力、范围和使用的标准”进行分析。[①] 当然，出于尊重之目的，该部分中的“要素量化”条款自是应当予以承继。譬如，TRIPS 协定第 12 条规定的“50 年”、第 18 条规定的“7 年”、第 33 条的“20 年”、第 38 条的“10 年”和“15 年”等。

（一）TRIPS 协定第一部分

纵观 TRIPS 协定的第一部分，其核心内容即为 TRIPS 协定目标与宗旨以及国民待遇与最惠国待遇两个部分。

首先，即为 TRIPS 协定的目标与宗旨。《礼记 · 檀弓下》书“师必有名”，数千年后的原 GATT 缔约方在构建相关知识产权国际规则时也选择了“师必有名”，TRIPS 协定就公开陈述了自己的目标与宗旨，内容如下。

TRIPS 协定第 7 条规定了 TRIPS 的目标，知识产权的保护和实施应有助于促进技术革新以及技术转让和传播，有助于技术知识的创造者和使用者的相互利益，并有助于社会和经济福利及权利与义务的平衡。

TRIPS 协定第 8 条规定了 TRIPS 的原则，在制订或修正其法律和规章时，

① 文中 TRIPS 协议文本内容是以对外贸易经济合作部国际经贸关系司译：《世界贸易组织乌拉圭回合多边贸易谈判结果法律文本》，法律出版社 2000 年版为准。

各成员可采用对保护公共健康和营养，促进对其社会经济和技术发展至关重要部门的公共利益所必需的措施，只要此类措施与本协定的规定相一致；只要与本协定的规定相一致，可能需要采取适当措施以防止知识产权权利持有人滥用知识产权或采取不合理地限制贸易或对国际技术转让造成不利影响的做法。

其中，第 7 条中的“有助于促进技术革新以及技术转让和传播”和“有助于技术知识的创造者和使用者的相互利益”表述说明技术革新并非比技术转让和传播更为重要、技术知识的生产者也并非地位高于技术知识的使用者，双方之间的重要性或者地位应为平等并且技术知识的创造者和使用者的利益并非相互排斥。由此，第 7 条的上述内容不仅符合构建“一带一路”倡议下的知识产权国际规则的平等原则之要求，也是与合作共赢原则相一致。至于第 7 条中的“有助于社会和经济福利及权利与义务的平衡”和第 8 条中的“对保护公共健康和营养，促进对其社会经济和技术发展至关重要部门的公共利益所必需的措施”以及“采取适当措施以防止知识产权权利持有人滥用知识产权或采取不合理地限制贸易或对国际技术转让造成不利影响的做法”正是与构建“一带一路”倡议下的知识产权国际规则的利益平衡原则相一致。

然而，不得不承认，由于 TRIPS 协定第 7 条和第 8 条内容复杂从而能够被多角度解释，所以，无论是发展中国家还是发达国家在有关知识产权争端案件和 TRIPS 协定理事会议题讨论中都会积极引用这些条款以证明自己观点的正当性。因此，我们在承继 TRIPS 协定目标和宗旨时，还是应当有所侧重。考虑到“一带一路”沿线的大多数国家都属于非发达国家，所以在阐明“一带一路”倡议下的知识产权国际规则的目标和宗旨，应当更多地对 TRIPS 协定中的“技术转让和传播”“技术知识使用者的利益”“社会和经济福利及权利与义务的平衡”“防止滥用知识产权”“不合理地限制贸易”和“对国际技术转让造成不利影响”等要素进行深化。

其次，就是国民待遇与最惠国待遇。TRIPS 协定第 3 条国民待遇和第 4 条最惠国待遇溯源于国际经济法中的非歧视原则。国民待遇与最惠国待遇是包括 TRIPS 协定在内的 WTO 法律体系中的核心内容，同时，国民待遇原则也是巴黎公约和伯尔尼公约的核心。① 根据 TRIPS 协定第 3 条和第 4 条，作为 WTO 成员，其应当给予其他成员国民的待遇不得低于给予本国国民的待遇；对任何其他国家国民给予的任何利益、优惠、特权或豁免，应立即无条件地给予所有其他成员的国民。

世界各国国土面积有大有小、人口数量有多有少、自然资源有盛有稀、经济实力有强有弱，但正是以国民待遇和最惠国待遇为依托，不同国家在国际经济活动中才能互为交易资格平等。国民待遇与最惠国待遇正是平等原则在国际经济规则中的直接演化。尤其自 WTO 成立后，国民待遇与最惠国待遇更是从以往的货物多边贸易领域延伸至知识产权和服务国际贸易领域内。

在“一带一路”倡议辐射的国家中，中国无疑是其中的大国，部分国力较弱的国家对于中国表示出担心是一种正常的表现。虽然各自获利有所不同，但大家应当平等往来。国民待遇与最惠国待遇是我们构建“一带一路”国际规则（包括知识产权国际规则）时必须遵守的基本原则，这一点不可动摇。然而，需要指出，目前以澳大利亚烟草产品平装措施为代表的某些知识产权措施正在冲击着 TRIPS 协定的国民待遇与最惠国待遇的规定。② 虽然，因为烟草平装措施被适用于在澳洲境内销售的所有的国外烟草产品，所以该措施没有违背最惠国待遇原则。同时，由于烟草平装措施既适用于国外烟草产品也适用于澳洲自产的烟草产品，因此该措施亦没有违背国民待遇原则，但是，平装措施确实是在商标权人权利行使领域内产生了差别待遇——烟草商品商标权人受到了其他商品商标权人所没有受到的限制。在此，如同多米尼加共

① UNCTAD-ICTSD, *Resource Book on TRIPS and Development*, Cambridge: Cambridge University Press, 2005, pp. 62.

② Notification, G/TBT/N/AUS/67 April 8, 2011.

和国表达出的类似平装措施可能适用于诸如含有糖、脂肪和酒精含量产品之担忧①，是不是今后在知识产权领域内基于对人体健康有害等理由就可以对相关产品实施差别待遇？对于这种新问题，中国可以考虑在“一带一路”倡议下的知识产权国际规则中大胆地予以回答从而掌握相应问题的国际话语权。

（二）TRIPS 协定第二部分

TRIPS 协定第二部分起于第 9 条止于第 41 条，条款语义往往抽象。其中，相关条款根据效力不同可以被分为两类：第一类是保护知识产权专有性之条款；第二类是限制知识产权专有性之条款。面对这些条款，发展高于承继，即“一带一路”倡议下的知识产权国际规则不仅是需要承继这些条款，更是要通过合理解释来发展这些条款。与其说根据上述原则来判断这些条款是否应当被承继，不如说根据上述原则来解释并且衍变这些条款。然而，“解释法律文字，就必须联系事实”②，相关条款的解释与发展，唯有以具体事实作为素材才能被有效实践。因此，本文在此仅就相关条款解释与发展进行初步说明。

首先，就保护知识产权专有性条款而言，在构建“一带一路”倡议下的知识产权国际规则时，可以事先考虑相关术语在遵循上述原则前提下的具体解释原则和方法。在此，需要注意的相关术语如下，但不局限于此。

第 9 条第 2 款“表达方式”（expression）；第 10 条第 2 款“其他形式”（other material）；第 11 条“广泛复制”（widespread copying）；第 14 条“固定”（fixation）、“间接复制”（indirect reproduction）、“实质性减损”（material impairment）；第 15 条“区别”（distinguish）、“原意使用”（intended use）、“障碍”（obstacle）；第 16 条“混淆的可能性”（likelihood of confusion）；

① WTO 网站：http：//www. wto. org/english/news_e/news11_e/trip_07jun11_e. htm. Dec，2014，2017 年 6 月 23 日访问。

② 张明楷：《刑法的私塾》，北京大学出版社 2014 年版，第 14 页。虽然此为刑法学者张明楷教授所述，但该书第一堂“实质解释论与形式解释论”对于其他部门法的法律解释可为借鉴。

第 19 条“正当理由”（valid reason）、“控制”（control）；第 22 条“特定质量、声誉或其他特性”（a given quality，reputation or other characteristic ）、“主要归因于”（essentially attributable to）；第 23 条“可行条件”（practical condition）、“公平对待”（equitable treatment）；第 25 条“显著区别”（significantly differ from）；第 27 条“歧视”（discrimination）、“公共秩序或道德”（ordre public or morality）；第 28 条“方法”（process）；第 37 条“合理的根据”（reasonable ground to）；第 39 条“精确”（precise）、“商业价值”（commercial value）；第 40 条“特定情况”（particularcases）。

其次，就是限制知识产权专有性条款，即 TRIPS 协定第 13、17、20、26.2、30、31 和 31 条。虽然 WTO 争端解决机构在美国诉印度尼西亚影响汽车工业措施 WT/DS59、欧共体诉加拿大药品专利保护 WT/DS114、欧共体诉美国版权法 WT/DS160、美国与澳大利亚诉欧共体农产品和食品商标与地理标志保护 WT/DS174 和 WT/DS290 中分别解释了“特殊要求”（special requirements）、“合法权益”（legitimate interests）、“无理损害”（unreasonably prejudice）、“正常利用”（normal exploitation）、“冲突”（conflict with）、“某些特殊情况”（certain special cases）、“有限例外”（limited exceptions）、“第三方”（third parties）、“考虑”（take account of）和“无理抵触”（unreasonably conflict with）这些术语①，但专家组受限于职权只能进行字义解释从而致使相关解释只能是“法律规范技术层面的解释”而非“WTO 成员理念层面的解释”，最终因 WTO 成员的理念分歧产生的语言歧义还是未能得到真正化解，矛盾依旧存在并且会被不断激化。鉴于此，我们在承继和发展相关条款内容时，应当利用制订规则的契机，积极地将“一带一路”倡议思想贯彻其中，将平等原则、利益平衡原则和合作共赢原则显化其中，以保证今后的条款解释能够与“一带一路”倡议目标相一致。

① See WT/DS59/R，WT/DS114/R，WT/DS160/R，WT/DS174/R，WT/DS290/R.

结 语

在以往的乌拉圭回合谈判中，中国对于 TRIPS 协定等 WTO 规则没有话语权，只能被动地接受 WTO 规则。但是，现在的中国已经具有在国际经济规则制订过程中行使话语权的实力，此时借助“一带一路”倡议得到广泛认可的契机，我们完全可以充分利用 GATT1994 第 24 条和《关于解释 1994 年关税与贸易总协定第 24 条的谅解》制定符合“一带一路”倡议目标的国际经济规则。

具体到知识产权领域，就是我们应当改变以往参与国际知识产权秩序构建的能力不足之弊病[①]，以平等、利益平衡和合作共赢为原则，在承继和发展 TRIPS 协定的基础上，积极构建“一带一路”倡议下的知识产权国际规则，从而构建起一个新型的知识产权国际规则体系。

① 徐元：“后 TRIPS 时代知识产权法律全球化的新特点及我国的对策”，载《国际贸易》2015 年第 6 期。

“一带一路”倡议和中国自贸区战略

卢先堃*

当前，全球经贸治理陷入重大危机。以 WTO 为代表的多边贸易谈判进程持续迟滞，近年来只能通过《贸易便利化协定》《信息技术产品协定》农业出口补贴取消等个别协议勉强维持局面，且短期之内难有转圜。与之相对应的是，虽然面临美国特朗普政府威胁退出“北美自由贸易协定”（NAFTA）等举动的冲击，自贸区等区域贸易协定（RTAs）进程仍持续成为各国的主要选项。2017 年上半年，WTO 成员通报的 RTAs 较以前仍呈上升趋势，共通报了 10 项新的 RTAs 和 3 项现有 RTAs 的加入协议，涵盖欧洲、东亚、南美和独联体，且多为这些区域之间的跨区域协议（WTO，2017 年）。

在此情况下，中国一方面需在 WTO 中发挥建设性的大国领导作用，维系多边谈判进程不破局，争取在多哈谈判传统议题及投资便利化、电子商务等新议题上有所突破，另一方面则要现实考虑当前国际形势现状，利用自贸区战略持续推进中国的贸易自由化进程。总体看来，在今后一定的期限内，以自贸区为主的 RTAs 将成为中国对外开放的主战场，而“一带一路”涵盖全球 64 个国家、29% 的 GDP 和 63% 的人口，已成为世界跨度最大、覆盖面最广的经济带，也将是中国推进自贸区战略的核心渠道。

---

* 卢先堃，中国常驻 WTO 原参赞，目前担任武汉大学“国家领土主权与海洋权益协同创新中心”高级研究员、日内瓦智库 IDEAS 中心副主任，同时在多个国内外大学担任兼职教授以及在国际机构、国际商协会和企业担任执行董事或战略顾问。

2015年12月，中国国务院发布了《关于加快实施自由贸易区战略的若干意见》，提出要积极推进“一带一路”沿线自贸区，形成“一带一路”大市场，将“一带一路”打造成畅通之路、商贸之路、开放之路。

一、“一带一路”已逐步被国际社会接受和认可，为中国自贸区战略提供了重要的平台

自2013年中国推出“一带一路”倡议以来，以其层次之高、内容之广、力度之大，迅速引起了国际社会的广泛关注。该倡议推出之际，正值国际治理开始重构、地缘政治日趋复杂，尤其是以美国为首的传统发达国家和以中国为主的新兴经济体之间的实力对比出现重大变化，大国博弈出现明显的“东升西降”，双方的战略疑虑有增无减。在此背景下，发达国家和部分发展中国家对“一带一路”倡议一开始也是心存疑虑、态度消极。

经过近4年的对外工作，尤其是中国主动放低身段，将“一带一路”倡议与相关国家的发展战略进行衔接，逐步改变了有关国家的疑虑思想和消极态度。2017年5月的“一带一路”峰会上，共有28个国家元首和政府首脑、92个国家的代表以及61个国际组织的负责人出席，并达成270多项成果，全面涵盖政策沟通、设施联通、贸易畅通、资金融通、民心相通各个方面[①]。

二、加强与“一带一路”沿线国家的自贸区建设，有助于实现该倡议的贸易畅通目标

目前中国在“一带一路”沿线的自贸区布局主要覆盖东南亚等沿海国家，其中通过与东盟的自贸区协议与东南亚各国基本都建立了自贸关系。但

① 根据中国新华社等媒体的报道整理。

是，相对于“海上丝绸之路”，中国与“丝绸之路经济带”沿线国家的自贸区相对少一些，需要加大谈判力度。

在“一带一路”的“五通”中，贸易畅通致力于推进投资贸易便利化，消除投资和贸易壁垒，营造良好的商业环境，是中国“一带一路”合作的优先领域（赵静，2017 年），以期在中国与相关国家之间“促进贸易增长”“振兴相互投资”、并“促进包容可持续发展”①。

自贸区覆盖内容广泛、自由化程度高，将是实现“一带一路”贸易畅通目标最为有效的路径。目前，中国已与 30 个国家签署了各类经贸合作协议，其中包括与格鲁吉亚的自贸区协议、与摩尔多瓦的结束自贸区可研的谅解备忘录以及与蒙古启动自贸区可研的谅解备忘录②。

三、无论是在量上还是在质上，中国自贸区战略本身也需要进一步提升

到目前为止，中国商签的自贸区只有 15 个，涵盖 23 个国家和地区③。从涵盖的贸易量来看，这些自贸区协议只涵盖了中国对外贸易总额的 38%④，如果去掉与中国香港、澳门和台湾地区的相关协议，则水平更低，远逊于其他主要经济体，例如，加拿大就高达 68%（截至 2010 年数据，张琳，2015）。

另外，中国的自贸区协议目前仍以关税减让为主，只有与冰岛和瑞士等个别国家的自贸区协议涉及知识产权、竞争政策等新议题，与《跨太平洋伙

---

① 中国商务部在“一带一路”国际合作高峰论坛上提出：《推进“一带一路”贸易畅通合作倡议》。

② 根据中国新华社等媒体的报道整理。

③ 根据中国商务部网站有关数据整理。

④ 中国商务部副部长王受文：《我国当前自贸区发展的几个问题》，载《行政管理改革》2016 年第 10 期。

伴关系协议》（TPP）、《跨大西洋贸易与投资伙伴关系》（TTIP）等高标准的自贸区协议还有很大差距（李志强，2014 年）。

其中，在关税减让上，中国商签的自贸区协议的最终零关税税目比例约在 90% 或 95% 以上，而美国、欧盟、澳大利亚等国家签署的自贸区协议的最终零关税产品税目和进口额比例都达到 99% 以上，接近完全自由化，且大部分产品在协定生效当日立即实施零关税；在服务贸易开放上，均基于 WTO 承诺，基本以锁定现有自主开放措施为主，开放程度有限；在投资方面，尚未引入准入前国民待遇和负面清单模式，只有正在进行的 RCEP 中采用了负面清单模式；在规则上，只有 2015 年新签的中韩、中澳自贸区协议在领域范围上就知识产权、竞争、电子商务和环境设立了独立章节（王受文，2016 年）[①]。

四、“一带一路”涉及国家众多，各方面情况大相径庭，需要区别对待，制定不同的策略

“一带一路”沿线国家遍布亚洲、非洲和欧洲，其发展水平、贸易实力、与中国的政经关系等大相径庭，因此，利用“一带一路”推进自贸区战略时不能“一刀切”，需对沿线国家区域对待，制定不同的策略。

（一）因各种原因尚不具备商签自贸区条件的国家

1. 欧盟成员国

分别是波兰、捷克、匈牙利、斯洛伐克、罗马尼亚、斯洛文尼亚、立陶宛、保加利亚、克罗地亚、爱沙尼亚、拉脱维亚。

这些国家受制于欧盟统一的贸易政策，不可能单独与中国商签自贸区协

① 2017 年新签的中国和格鲁吉亚的自贸区协议也就环境、竞争、知识产权单独设立了章节，同时在“合作领域”一节中就投资和电子商务的合作做出了专门的规定。

议。而欧盟从政治上考量，近几年对中国最高层一再发出的信号反应消极，短期内不大可能出现松动，而且强调应首先完成双边的投资协定（BIT）谈判。因此，中国可将重点放在当前正在进行的 BIT 谈判，争取早日完成，再徐图商签自贸区协议。

2. 不丹

不丹与中国尚未建交，且受印度影响。

3. 阿富汗、叙利亚、埃及、伊拉克、伊朗和也门

这些国家主要是因战乱和内政等导致安全和政经形势堪忧，且短期内难有改善[①]。而且伊朗、伊拉克尚未加入 WTO，其市场准入条件和服务贸易开放等方面距离 WTO 标准尚有较大差距，自贸区谈判难度较大。

（二）与中国正在谈判的国家

1. 海湾合作委员会

海湾合作委员会（以下简称海合会，GCC）包括沙特阿拉伯，科威特，阿拉伯联合酋长国，卡塔尔，阿曼，巴林。

海合会是中国继东盟之后商签自贸区的第二个区域性组织，对中国来说在地缘政治、资源安全等方面至关重要。其中，沙特目前是中国在阿拉伯国家中的第一大贸易伙伴、第一大原油进口来源国和第二大新签承包工程市场，是“一带一路”建设合作重点国家。

与海合会的谈判早在 2004 年就启动，但后来一波三折，并于 2009 年中止，其中既有海合会方面的原因，也是中国石化部门反对所导致的后果。该谈判已于 2016 年 1 月恢复，双方加速谈判并结束的愿望强烈，目前已实质性结束货物贸易的谈判。

---

① 中信保国别风险研究中心：《“一带一路”65 个国家风险状况分析》。该文从政治风险、经济风险、商业环境风险和法律风险 4 个角度来分析沿线国家的风险程度。考虑到本文重点仅为自贸区战略，因此，更多地考虑战乱、内政以及制裁等相关性更强的因素，忽略了商业环境和法律方面的因素。

目前，中国和海合会双方的自身状况及面临形势均与当年谈判时大相径庭。世界能源市场发生巨大变化，沙特等海合会国家的能源单一经济以及美元外汇储备大幅减少给其造成了较大困难。而中国经济实力和对外投资能力显著上长，对海合会等国家的吸引力大增。中国原本薄弱的化工产业的竞争能力也有所提升，同时产能过剩，是中国供给侧改革的重点部门，可以也应该做出更大的开放。

因此，中国应协调和克服国内化工等产业部门的保守立场，加大谈判力度，尽快结束与海合会的谈判。但是，最近卡塔尔与沙特等其他海合会国家的外交纷争将会影响海合会与其他国家的谈判。

2. 印度

出于各方面原因，印度对与中国商签自贸区态度消极，但印度是目前正在谈判的“区域全面经济伙伴关系协定”（RCEP）谈判的参与方。该谈判于2012 年 11 月启动，涉及东盟和中国、印度、日本、韩国、澳大利亚、新西兰，共 16 个国家。RCEP 约占全球总人口的 50% 以及 GDP、贸易额和吸引外资额的三分之一，是当前亚洲地区规模最大的自贸区谈判，也是中国参与的成员最多、规模最大的自贸区谈判，占中国对外货物贸易、服务贸易和对外投资总额的 31%、23% 和 11%①。

但是，由于各方谈判立场差异较大，RCEP 谈判的结束期限一拖再拖。尤其是莫迪政府上台后印度政策内倾严重，在贸易自由化上态度消极，尤其是在开放货物贸易方面，而印度强调的自然人流动等要价在当前难民危机情况下不可能为发达国家所接受②，再加上印度与中国的战略角力越发明显，因此短期内结束 RCEP 谈判仍存在较大变数。

近来，RCEP 内部有提法表示，可在除印度之外的其他 15 个国家之间先期

---

① 中国商务部 2015 年数据。

② 根据有关媒体报道，印度仅愿取消约 40% 税目的关税，而其他国家普遍希望达到 80% ~ 90%；而技能性工人自由流动是印度在谈判中的核心关注，由于最近的难民危机其他国家则难有实质性让步。

达成协议，然后继续与印度谈判，在谈判久拖不决的情况下，这或许是一个次优选择；或者，RCEP 参与方可采取分步走的策略，近期将一些业已达成的谈判内容“早期收获”，并继续就其他内容进行谈判并争取逐步达成协议。

3. 5 个亚洲中小国家

分别是正在谈判的斯里兰卡、马尔代夫和已经启动可行性研究的蒙古、尼泊尔和孟加拉国。这些国家均为中国周边的亚洲国家，与中国关系良好，是中国自贸区战略的重点国家，对中国进一步提升与这些国家的经贸合作、营造良好的周边环境十分重要。

但是，需要注意的是，这些国家经济实力有限。而且，除蒙古外，这些国家多与中国存在较大的贸易逆差，对华出口额和进口额的比例分别是孟加拉（90∶100）、斯里兰卡（55∶100）、尼泊尔（10∶100）、马尔代夫（7：100）①。而且，包括蒙古在内，这些国家对华贸易结构相对单一，主要以资源性产品和农产品为主②，自然会担心与中国的自贸区协议将导致逆差进一步扩大。

因此，与这些中小国家谈判时，中国应更多地考虑对方对贸易逆差的关注，在其重点产品上更多地开放市场，同时通过扩大对其投资和双边援助等，增强其产品供给能力，通过自贸区改善而非恶化其对华贸易逆差的问题。在谈判节奏上，中国可尽早结束与这些国家的谈判。从过去经验来看，中国与中小国家（如智利、新加坡、巴基斯坦等）的自贸区谈判均展现了较高的谈判效率，多数谈判均在 1 ~2 年内成功结束，而且实施情况良好，为双边贸易带来了切实的效益（只有巴基斯坦因贸易逆差扩大而对目前的自贸区协议不满）③。

4. 以色列

与以色列的自贸区谈判于 2016 年 3 月启动，迄今已举行 2 轮。以色列是“一带一路”沿线的重要国家，也是中国在中东地区主要的经贸合作伙伴之

① 中商产业研究院：《“一带一路”沿线国家在全球贸易合作中的总体格局分析》。

② 中国民营经济国际合作商会信息部：《“一带一路”沿线 65 个国家和地区名单及概况》。

③ 根据商务部“中国自由贸易区服务网”有关材料整理。

一。中以两国领导层在达成自贸区协议上均有较强的政治意愿，双方产业和贸易结构上互补性强，具备较好的谈判基础。以色列也有意通过与中国、印度、韩国和越南4个亚洲国家的自贸区谈判，扩大其与亚洲的贸易往来、提升其在亚洲的地位并巩固其重返亚洲的战略（Alon Levkowitz，2017年）。因此，中以谈判应会顺利进行，并尽早结束。

另外，迄今为止以色列已签署了11个自贸区协议，涉及44个国家，多为美国和欧盟等发达国家，相关协议包括了知识产权、竞争、政府采购等新议题①。因此，除货物贸易和服务贸易等传统议题外，中国也可尝试在中以自贸区谈判中纳入这些新议题，逐步积累经验并建立起中国在相关议题上的诉求标准。

5. 摩尔多瓦

中国和摩尔多瓦的自贸区联合可行性研究已于2017年5月结束，双方正在履行国内程序，将适时启动谈判。

摩尔多瓦自从独立以来经历了严重的经济衰退、经济体制的改变和原有经济联系的重组，且其产业基础薄弱，在目前欧盟给予的1.2万种“免关税、免配额”出口商品中，摩尔多瓦能够生产的只有不到1000种。因此，摩尔多瓦急切希望扩大对外经贸合作，增加其生产能力②。摩尔多瓦尤其注重对华合作，是主动向中国提出商签自贸区的国家。摩尔多瓦同时也向美国提出了同样的动议。

另外，摩尔多瓦同是独联体自贸区、中欧自贸区成员国和欧盟联系国，地位独特。如果中国与摩尔多瓦商签自贸区，既会对上述区域组织中的其他国家起到良好的示范作用，扩大中国与这些国家商签自贸区的概率，也有助于中国加大与这些国家的经贸合作，进一步开拓欧盟和独联体等区域组织的

---

① 有关议题并非在每个协议中均有所体现。

② 中国常驻摩尔多瓦经商处信息。http：//md. mofcom. gov. cn/article/about/201509/201509 01112345. shtml

市场。

因此，中国应加快与摩尔多瓦的谈判，并在谈判中适当照顾摩方利益，尽早结束谈判。

（三）尚未与中国商签自贸区的国家

1. 部分中东欧国家

主要包括乌克兰、塞尔维亚、波黑、阿尔巴尼亚、黑山和马其顿，多数在欧债危机爆发后曾经历了外资大幅、迅速撤出和经济衰退[①]。

此外，在这些国家中，马其顿为欧盟候选成员国，其他则为欧盟联系国，长期以来一直希望加入欧盟并从中受益。但是，近年来欧盟饱受经济危机、英国“脱欧”等内政的困扰，其东扩意愿受挫，一定时期内继续接受中东欧国家入盟的可能性不大。而近年来中国大力建设中国－中东欧“16＋1”机制，加强了中东欧国家把中国作为扩大市场、获得投资的重要来源的信心。

因此，较过去相比，中国与这些国家商签自贸区的政治和经济条件趋好，应抓住时机，有针对性地做些工作，争取这些国家启动与中国的自贸区谈判。如前所述，摩尔多瓦在中东欧国家中已经先行一步，率先与中国结束了自贸区可行性研究，中国应将该项谈判作为重点，争取尽早启动实质性谈判并成功结束，产生示范效用。

应注意的是，塞尔维亚、波黑尚未加入 WTO，在市场准入、非关税壁垒、服务贸易开放等方面距离 WTO 标准仍有较大差距，与其谈判自贸区的难度相对较大。

2. 欧亚经济联盟成员国

主要是俄罗斯、白俄罗斯、哈萨克斯坦、亚美尼亚、吉尔吉斯斯坦和塔

① 中信保国别风险研究中心：《“一带一路”65 个国家风险状况分析》。

吉克斯坦（其中塔吉克斯坦为欧亚经济联盟的观察员）。

在欧亚经济联盟中占主导地位的俄罗斯在经济规模、产业结构和贸易水平上与中国有较大差距，尤其是贸易不平衡问题突出，因此，俄罗斯各界对与中国商签自贸区态度消极。而欧亚经济联盟刚刚成立，内部尚未形成一体化，且盟内贸易额不升反降，其他一些盟内国家也认为今后的重点是加强盟内建设。近期，俄罗斯态度有所转变，中国与欧亚经济联盟开始启动经贸合作伙伴关系协定谈判，并探讨建立自贸区的长期目标。但在具体内容上，双方诉求差距较大，近来俄罗斯明确表示希望先开始谈判非关税壁垒，在关税减让上则强调应确保双方利益平衡①。

因此，中国与俄罗斯和欧亚经济联盟国家的自贸区谈判不可急于求成，可首先通过经贸合作伙伴关系协定的谈判，为双边经贸合作去异存同，逐步为今后自贸区谈判创造良好的外交氛围。另外，可考虑采取分步走的策略，先挑选一些敏感性较低的产品和议题入手，如货物贸易中的能源、矿产品、农产品的关税减让以及非关税壁垒、原产地规则等，服务贸易中的旅游、物流和仓储、交通运输，以及贸易便利化、投资便利化等，利用“早期收获”先行达成部分协议，然后再逐步扩展至其他议题。

3. 中亚的乌兹别克斯坦和土库曼斯坦

两国均位于中亚，属丝绸之路传统国家，均与中国政治关系良好、经贸合作密切，对“一带一路”倡议态度积极、合作意愿强烈。两国均政局稳定、经济稳健，其中土库曼斯坦在中亚地区经济实力仅次于哈萨克斯坦，但两国产业基础薄弱，对中国出口的主要是天然气和棉花。

据媒体报道，2013 年中国国家主席习近平访问乌兹别克斯坦时，已向乌方提出了商签自贸区的倡议，但似乎未获对方正面回应②。除俄罗斯、美国

---

① 有关媒体报道，如凤凰财经，http：//finance. ifeng. com/a/20160602/14451731_0. shtml。

② 新华社：http：//news. xinhuanet. com/politics/2013 - 09/09/c_117295536. htm，2018 年 9 月 26 日访问。

等大国因素外，包括乌兹别克斯坦、土耳其在内的中亚国家与中国的贸易不平衡较为关注，并担心成为“中国的原材料附庸”，这些应是两国对商签自贸区不积极的具体原因（刘志中，2014 年）。此外，乌兹别克斯坦尚未加入 WTO，其市场准入和服务贸易开放等方面距 WTO 标准仍有较大差距，不排除其希望首先完成 WTO，然后再和中国商签自贸区的可能。

对这两个国家，中国应继续稳步推进双边经贸合作，培养利益契合点，增强双方商签自贸区的正面因素，争取尽早启动可研。其中对于乌兹别克斯坦，也则可待其完成加入 WTO 进程之后再探讨商签自贸区的可能。

4. 西亚北非国家

主要包括土耳其、约旦、阿塞拜疆、黎巴嫩。

这些国家中，阿塞拜疆、黎巴嫩、尚未加入 WTO，其市场准入和服务贸易开放等方面距 WTO 标准尚有较大差距，自贸区的谈判难度较大，中国可待其完成加入 WTO 进程之后，再与其探讨商签自贸区的可能。约旦则国家较小，市场潜力有限，而且已经加入海合会，中国可首先完成与海合会的自贸区谈判，然后再探讨约旦加入该自贸区的途径和条件。

土耳其的情况比较复杂。土耳其自 20 世纪 60 年代以来就秉持“以欧为先”的政策，一直寻求加入欧盟。但是，近年来欧洲难民问题不断恶化，埃尔多安政府与欧盟之间的政治分歧突出，土耳其加入欧盟的进程完全停滞，德国政要更是公开表示反对土耳其入盟。在此情况下，土耳其开始疏欧亲亚，与新加坡、巴基斯坦、乌克兰等国家分别启动自贸区谈判，重启与海合会的自贸区谈判，并开始探讨与欧亚经济联盟及退欧的英国之间的自贸区协议。

上述情况也为中国和土耳其商签自贸区协议提供了更多的想象空间。土耳其经济部部长尼哈特·杰比克奇于 2016 年表示：“我们愿意作为中国的生产中心，建立中土自贸区”①。对此，中国可予以积极回应，并适时启动可行

① 《国际商报》：http：//finance. china. com. cn/roll/20160712/3808669. shtml，2018 年 9 月 26 日访问。

性研究。当然，中土双边关系面临诸多复杂因素，在商签自贸区协议上也会面临更多的困难，例如，战略互信、地缘政治风险、“东突”问题、土耳其国内政治的不确定性以及双边贸易的不平衡等（唐志超，2015 年）。

另外，上述国家中，俄罗斯和哈萨克斯坦、吉尔吉斯斯坦、塔吉克斯坦、乌兹别克斯坦、印度和巴基斯坦也是上合组织成员国，建立上合组织自贸区也是中国提出的一个长期目标，也是可以借用的一个平台，但协调各方利益的困难性不可低估。

（四）已经与中国签署自贸区协议的国家

1. 东盟 10 国

与东盟的自贸区协议是中国对外商谈的第一个也是最大的自贸区，2010 年全面建成，2002 ~ 2014 年双边贸易增长近 9 倍，双方累计相互投资超过 1500 亿美元。2014 年，双方启动升级谈判，并于 2015 年年底完成，目前已经开始实施[①]。

总体看来，中国与东盟的自贸区协议虽然已经升级，但在诸多方面仍有改进的机会。在货物贸易方面，零关税涵盖了 90% ~95% 的税目，虽然已是较高水平，但与其他更高水平的自贸区协议接近 100% 的自由化相比仍有进一步提升的空间；在服务贸易上，东盟开放的只有 8 个部门的约 70 个分部门，仍有较大改进空间；在投资等新议题上的规则内容可进一步丰富，在中小企业、电子商务、知识产权、标准一致化等方面的内容也可从目前的合作提升至规则层面。

因此，中国可继续寻求与东盟进行升级谈判，不断改进在货物贸易和服务贸易方面的自由化程度，并逐步探讨在新议题上提升双方的实质性承诺水平。

---

① 中国商务部数据。

2. 新加坡

中新自贸区协议于 2008 年 10 月签订，是中国与亚洲国家签署的第一个自贸协议，生效以来促进了中新双边经贸关系的快速发展。2015 年双方决定启动升级谈判，目前谈判仍在进行当中。

当前正在实施的中新自贸区协议由于签署时间较早，因此，主要涉及货物贸易和部分服务贸易的开放，无论在覆盖内容上还是承诺水平上，都处于较低的水平，几乎未涉及任何新议题。在升级谈判中，中新双方应顺应时代变化，进一步加大双边贸易自由化的水平，同时扩大协议的覆盖内容。尤其是在新议题上，双方应争取形成实质性承诺，并超过 2015 年分别签署的中国和韩国、澳大利亚自贸协议的水平①。

3. 巴基斯坦

中巴自贸区协议于 2006 年 11 月签署，并于 2011 年开始第二阶段的降税谈判。

第一阶段的中巴自贸区协议达成的自由化水平有限，只有 90% 的税目分两个阶段予以削减，其中只有 35% 的税目在 3 年内降至零。而且，协议生效后巴逆差不减反增，巴认为从中国进口产品对其相关产业冲击较大，中巴协定签署后中国签署的其他自贸区协议的优惠幅度超出中国给予巴方的优惠，因此，希望第二阶段的谈判基于“非完全互惠”原则，从中国获取更多的优惠待遇，但同时希望对巴关税减让设置过渡期②。另外，此项谈判也涉及服务贸易开放、投资开放、海关数据和检验检疫等议题，其中银行业服务议定书已于 2015 年签署。

中国可在第二阶段谈判中一方面尽可能提升双边自贸区协议的自由化水

① 中韩自贸协定是中国迄今对外签署的覆盖议题范围最广、涉及国别贸易额最大的自贸协定；今年 6 月中旬签署的中澳自贸协定在内容上是中国与其他国家目前已商签的贸易投资自由化整体水平最高的自贸协定之一。参见 http：//fta. mofcom. gov. cn/article/singaporetwo/singaporetwogfguandian/201705/35079_1. html，2018 年 9 月 26 日访问

② 根据中国商务部“中国自由贸易区服务网”有关信息整理。

平，另一方面则要切实照顾巴基斯坦在逆差问题上的关注，对巴基斯坦优势产品予以更多的开放，同时通过过渡期、逐步减让以及例外产品等照顾巴基斯坦在一些敏感产品上的开放难度。在覆盖内容上，双方可加大服务贸易开放的力度，同时将投资便利化、投资便利化、知识产权等新议题上纳入协议范围。

此外，巴基斯坦近年来电子商务市场发展迅速，虽然目前市场规模不大，但作为人口 1.9 亿且 65% 为 35 岁以下年轻人的国家，市场潜力可观，双方可将电子商务作为一个重点议题。

4. 格鲁吉亚

2017 年 5 月，中国与格鲁吉亚的自贸区协议正式签署。这是中国在欧亚地区达成的第一个自贸协定。

总体看来，中格自贸区协议处于较高水平。在货物贸易方面，协议对中国 96.5% 的产品立即实施零关税，覆盖格方自中国进口总额的 99.6%；中国对格方 93.9% 的产品分期实施零关税，覆盖中国自格方进口总额的 93.8%。在服务贸易方面，双方对诸多服务部门做出了开放承诺，其中，格方在金融、运输、自然人移动、中医药服务等领域满足了中方重点关注，中方在旅游、海运、法律等领域满足了格方重点关注。在新议题上，协议涉及了环境、竞争、知识产权等议题，同时也承诺在投资和电子商务方面开展合作。此外，值得注意的是，协议还在中方关注的反倾销调查中的“非市场经济”问题上做出了约束，规定双方在进行反倾销调查时不得使用第三方替代价格①。

中格自贸区协议是中国在欧亚地区签署的首个自贸区协议，也是与欧盟联系国签署的首个自贸区协议，具有良好的示范作用，为中国与欧亚地区其他国家及其他欧盟联系国商谈自贸区协议积累了丰富的经验。下一步，中国应与格方共同努力，抓紧履行国内程序，力争协议尽早生效，并确保其成功

① 根据中国商务部“中国自由贸易区服务网”有关信息整理。

实施。

除上述协议外，中国还在亚太自贸协定项下与印度、斯里兰卡、孟加拉国和老挝四个“一带一路”沿线国家结束了第四轮关税减让谈判，目前正在抓紧准备实施。

五、结论和建议

（1）在当前多边贸易谈判受阻、全球贸易保护主义阴影浓重的情况下，自贸区可为中国进一步贸易和投资自由化的战略提供“突围”途径，而“一带一路”为中国推进自贸区战略提供了重要抓手。中国应加紧利用“一带一路”倡议，推动与沿线国家的自贸区谈判。

（2）“一带一路”沿线国家千差万别，而且大部分参与经济全球化的程度还不深，贸易和投资水平相对有限。因此，中国在“一带一路”推进自贸区战略应避免“一刀切”和全线开花，而应综合考虑相关国家的政治和经济形势以及双边贸易和投资潜力等各方面因素，区别对待、有主有次，制定不同的策略。

①针对“一带一路”已有的自贸区协议，尤其是和东盟的自贸区协议，中国应通过不断的升级谈判，提升货物贸易和服务贸易的开放水平，同时增加环境、投资和电子商务等新议题，打造有中国特色的高水平自贸区协议。另外，中国应高度重视刚刚结束谈判的与格鲁吉亚的自贸区协议的实施，确保双方从中切实受益，为中国与其他欧亚国家和欧盟联系国之间可能的自贸区谈判提供良好的示范作用。

②针对已经启动的“一带一路”自贸区谈判（包括已经启动可行性研究的），中国应将重点放在可形成示范作用或对中国对外贸易和投资的较大潜力的国家，例如，海合会、RCEP（印度）、以色列和摩尔多瓦，尤其是海合会的谈判。

③针对尚未启动自贸区谈判的“一带一路”国家，中国可将重点放在有关中东欧国家、中亚国家和土耳其，适度做俄罗斯和欧亚经济联盟及与西亚北非国家的工作，争取尽早启动与这些国家的自贸区谈判可行性研究。

④在尚不具备条件与中国商签自贸区协议的国家中，欧盟应是重点，中国可加紧推进当前的 BIT 谈判，争取早日完成，再徐图商签自贸区协议。

（3）在谈判内容上，中国应大力推进其自贸区协议的自由化水平，尤其是积极主动地开放自己的农业、化工以及服务业中的金融、保险等传统上的保护市场，另外应增加环境、电子商务等新议题，提升中国参与的自贸区协议的整体层次。但是，中国应妥善考虑相关国家的不同关注，例如，俄罗斯等欧亚经济联盟国家和印度在货物贸易开放上的畏难情绪，巴基斯坦等亚洲中小国家在贸易逆差上的抱怨和担忧，必要时可采取“早期收获”的方式，分步推进相关自贸区谈判。

WTO与国际贸易法律问题

The Culture-Trade Problem in the WTO Regime

— A Critical Review of Existing Rules

Yanting Lee *

Abstract: The culture-trade problem has a long history in the WTO regime. The existing WTO rules connected with cultural products are divided into two parts: one is the GATT and other agreements covering cultural goods, the other is the GATS covering cultural services. However, the dilemma of classification with regard to cultural products makes the difficulties during the application of rules in the culture-trade disputes. Besides, the prominent goals of the WTO regime and the lack of cooperation between WTO and the UN or other international organizations which pay more attention on protecting and promoting cultural diversity also makes the fair and equitable treatment of cultural products inside the WTO regime extremely hard. Recognizing the dual nature of cultural products, especially calling for more attention on the cultural value of cultural products, it is a negative finding that the Panel and Appellate Body always lean to

* Yanting Lee, Ph. D student, Faculty of Law, Macau University of Science and Technology.

the trade liberalization in the prior disputes. The evaluation on the existing WTO rules of cultural products will be critical and disappointed. Thus, if we need a fairer and more equitable treatment to the cultural products, it may not be established at the existing WTO rules basis, a regime outside the WTO may be a more possible way.

Keywords: culture-trade; WTO rules; cultural products cultural goods cultural services

1. Introduction

The culture-trade issue is an extremely sensitive and complicated issue in international trade. It involves a lot of issues such as the role of cultural diversity, the function of free trade, the relationship between cultural diversity and trade liberalization. The WTO, as the major regime covering international trade should be recalled when we discuss the culture-trade problem. The substantial controversy on trade and culture occurred at the end of the Second World War. The Havana Charter confirmed screen quotas as effective method of protecting European cinematographic film industries against the US competition. Unfortunately, the Havana Charter never became a reality.

The predecessor of WTO—the GATT 1947, provides the exception for cinematographic films by the modes of screen quotas. This exception should only be read as a limited exception on the import of cinematographic films and nothing more, being consistent with the GATT's treatment of other media products and the tradition of GATT in having broad prohibitions against any trade restraint whatsoever. However, many debates on whether Article IV of GATT 1947 could extensively be applied to other cultural products, such like television and other medias of spreading information, was very intense and was merged into the Uruguay Round negotiations on services afterwards.

During the Uruguay Round, Parties had a very heated debate on cultural products, especially on cultural services. They tried to get further liberalization of cultural trade, or different trade restrictions applied to audiovisual sector either. Ultimately, the negotiation resulted with "agreement to disagreement" between the US and the EC. Parties got a temporary legal standstill, that is audiovisual sector is governed under the GATS and, WTO members could either limit their commitment for market access and national treatment or exempt from the most-favoured-nation treatment (hereinafter, the MFN for short) clause in order to protect their audiovisual sector. That means the Uruguay Round did not settle the culture-trade problem very well.

This article will take a close look at the existing WTO rules related with cultural products, including cultural goods and cultural services, discuss the possibility to apply these rules to promote cultural industries as well as rethink the obstacles and useless of these rules in the purpose of protecting and promoting cultural diversity. Some meaningful disputes settled by the DSB will also be recalled.

2. The existing WTO rules referred to culture-trade

International trade links with culture mainly through the cultural products. How to classify cultural products in the WTO regime is the premise of the discussion of culturetrade problem. If cultural products are defined as goods, they should fall into the scope of the General Agreement on Tariffs and Trade (GATT). If cultural products are defined as services, they should be covered by the General Agreement on Services (GATS) . Moreover, other provisions and agreement, such as subsidies, safeguard measures may be in connection with cultural products.

2.1 The General Agreement on Tariffs and Trade (GATT 1994)

Since GATT 1947 was moved into the Marrakech Agreement, Article IV GATT 1947 was maintained in the GATT 1994. Even if Article XI GATT prohibits quantitative restrictions of imports including import quotas, Article III Paragraph 10 GATT provides an exception for cinematographic films—if cinematographic films satisfy the conditions in Article IV GATT, they could except from the obligation of National Treatment. ①

Article IV GATT allows screen quotas as the only means for protecting domestic film industries. The first sentence of Paragraph 1 states that "internal quantitative regulations relating to exposed cinematographic film... shall take the form of screen quotas". ② This shows that import restrictions are not allowed. Further requirements are stated in Letters a) to d): According to Letter a), screen quotas for domestic cinematographic films have to be "computed on the basis of screen time per theatre per year" ③ "in the commercial exhibition of all films of whatever origin". ④ For example, if a theatre exhibits movies during 1500 hours a year, a screen quota of 50 percent means that 750 hours are reserved for national films. According to Letter b), "screen time reserved for films of

① Christoph Beat Graber, *Audiovisual Media and the Law of the WTO*, in Christoph Beat Graber & Michael Girsberger & Mira Nenova (ed.), *Free Trade versus Cultural Diversity*, Schulthess: Zürich, 2004, p. 47.

② The GATT 1994, Article IV, para. 1.

③ The GATT 1994, Article IV, Letter a).

④ The GATT 1994, Article IV, Letter a).

national origin under a screen quota...shall not be allocated formally or in effect among sources of supply". [①] It provides that screen quotas may only discriminate between foreign and national films but prohibited to accord preferential treatment to certain foreign films. [②] That means Members operate screen quota may violate the national treatment (hereinafter, NT for short) obligation but not the MFN obligation. Letter c) states an exception to b) in the sense of a grandfather clause, and finally Letter d) requests the Contracting Parties to envisage negotiations for the limitation, liberalization or elimination of screen quotas. However, negotiations to this effect have not started until today. [③]

Indeed, Article IV provides a special and unique exception for cinematic films to GATT national treatment rules. This was the only case where the application of quantitative restrictions was allowed under the GATT MFN provision and was recognized in terms of national treatment under GATT Article III (10).

As regard to screen quotas, there are four points worth noting: First, screen quota is the restriction on cinematographic films in the exhibition in the domestic market, but not the import restriction. Since Article XI GATT does not exempt cinematographic films from import quantitative restrictions, import quotas are not allowed in cinematographic film trade. Second, Article IV provides an exception to NT principle so that domestic films may get more exhibition time in the domestic market. Furthermore, to ensure the transparency, it states the screen quotas should be computed on the basis of screen time per theatre per year. And it neither prohibits the operation of Members' governments

① The GATT 1994, Article IV, Letter b).

② Christoph Beat Graber, *Audiovisual Media and the Law of the WTO*, *supra* note 1, p. 48.

③ Ibid.

to exhibit only the domestic films, nor authorizes that screen quotas could offset any other measures violating NT principle (such as the excessive taxation). Thirdly, according to Article IV, though discriminatory treatment would happen between domestic films and foreign films, it would not happen between foreign films. That means non-discriminatory treatment should still be insisted between foreign films. Hence, screen quotas are still subject to MFN. Preferential treatment given to domestic films only could not be extended to foreign films. Fourthly, the obligation to negotiate for the limitation, liberalization or elimination of screen quotas stated by Letter d) is consistent with the principle of gradual liberalization of WTO.

From the position of Article IV GATT, which is right after the basic principles (MFN and NT), it suggests the culture-trade problem is very sensitive in the GATT regime. Meantime, it is very strict on the trade measures which could be used by parties. It has also limits the cultural sensitivity of the trading regime only to the field of cinematographic films. ① Screen quotas are a costly instrument for achieving either cultural objectives or fostering the growth of an efficient domestic industry. However, negotiations on Article IV for liberalization are difficult to get consensus. The reason, as mentioned by John H. Jackson in his book World Trade and the Law of GATT, is that the closer connection of films to domestic cultural policies rather than to economic and trade. ②

However, from early history until the present days, technological revolution

---

① Rostam J. Neuwirth, *The Cultural Industries in International Trade Law—Insights from the NAFTA, the WTO and the EU*, Hamburg: Verlag Dr. Kovac, 2006, p. 130.

② John H. Jackson, *World Trade and the Law of GATT*, Indianapolis: The Bobbs Merril Company, 1969, pp. 293, quoted from Rostam J. Neuwirth, *The Cultural Industries in International Trade Law—Insights from the NAFTA, the WTO and the EU*, *supra* note 8, p. 112.

has always created new problems and consequently aroused strong controversy over the appropriate regulatory approach. Article IV GATT can not escape from this trend also. As technology advanced in the past years, communication mediums advanced. Not only the cinematographic films are used as a medium to spread information, life styles, cultures, but also more and more new communication mediums open new ways for perception. Such as broadcast, television programmes through satellites, tapes, CDs, DVDs, even today's internet are used to spread cultures. These actually promote our cultural diversity, but meanwhile arouse debates on the treatment of cultural goods in international trade—whether these mediums could be treated as same as cinematographic films according to Article IV GATT. The beginning of the debate can be traced back to the early debate whether Article IV GATT can be extended to the sphere of television programmes in 1960s. With the lack of international consensus, further attempts at finding a solution to the problem of whether television must be regarded as a good or service were postponed. During the Uruguay Round negotiations, this issue emerged vividly again. ①

Some scholars suggested a more extensive reading of Article IV GATT. Such extension would entail that Article IV GATT not only covers cinematographic films but also extends to trade in television programmes and other cultural goods and services. That means various cultural goods and services can be exempted from the NT obligation but not generally become subject to import restriction, such as licenses, import quotas or import prohibitions. They also seek theoretical support from the recent trend of the WTO Appellate Body to apply the principle of

① Rostam J. Neuwirth, *The Cultural Industries in International Trade Law—Insights from the NAFTA, the WTO and the EU*, *supra* note 8, p. 124.

evolutionary interpretation as formulated by the ICJ. ① They argued it possible to take the view that the term "cinematograph films" is by definition "evolutionary" and to read the provision in a way to comprise of the cultural industries as a whole. ②

Though this suggestion may suffice for the maintenance of domestic cultural policies and promotion of global cultural diversity, it will create a problem that the stability of the WTO regime will be weakened. And it is dangerous that a more confusion classification of cultural goods and services may increase the overlap of the application of GATT and GATS, for it is possible that Article IV GATT including television programmes would have to extend the scope of Article IV to the GATS regime. Therefore, in the author's view, in order to keep the stability of the WTO regime, this GATT exception should be applied only to cinematic film quotas but not to extend to television, radio and other segments of the audiovisual services sector.

2.2 Other agreements on goods in connection with cultural products

For the purpose of supporting domestic cultural industries, states may take measures inside a specific territory. Screen quotas provided by Article IV GATT is one but not the most efficient measure taken inside because of its limited scope with cinematograph films. In addition, subsidies, anti-dumping and safeguards

① For instance, in *US—Shrimp*, the Appellate Body stated: Where concepts embodied in a treaty are "by definition, evolutionary", their "interpretation cannot remain unaffected by the subsequent development of law...Moreover, an international instrument has to be interpreted and applied within the framework of the entire legal system prevailing at the time of the interpretation." Appellate Body Report, *United Sates—Import Prohibition of Certain Shrimp and Shrimp Products*, WT/DS58/AB/R, 12 October, 1998, para. 130.

② Rostam J. Neuwirth, *The Cultural Industries in International Trade Law, Insights from the NAFTA, the WTO and the EU*, *supra* note 8, p. 131.

measures are possible to be taken.

2. 2. 1 Agreement on Subsidies and Countervailing Measures

Agreement on Subsidies and Countervailing Measures (SCM Agreement) emerged during the Uruguay Round negotiations as an admission to Article VI GATT 1994 "Anti-dumping and Countervailing Duties" and Article XVI GATT 1994 "Subsidies". It provides explicit regulations and procedures applied to subsidies under GATT 1994. Even a subsidy measure is consistent with Article III GATT 1994 "National Treatment", it should still be examined by the SCM Agreement.

Article 1 of the SCM Agreement defines "subsidy" as follows: "First, there is a financial contribution by a government or any public body within the territory of a WTO member. Second, the kind of financial contribution including the direct transfer of funds (e. g. grants, loans, and equity infusion), the potential direct transfers of funds or liabilities, (e. g. loan guarantees), foregone or not collected government revenues (e. g. fiscal incentives such as tax credits), the government provision of goods or services other than general infrastructure, the governmental purchase of goods and the payments to a funding mechanism or entrustment of a private body with functions, which would normally be vested in the government, as well as any form of income or price support. Thirdly, a benefit has been conferred by the financial contribution."[①][②] Article 2 provides the definition of "specific subsidy" as "a subsidy is to certain enterprise or industry or group of enterprises or industries within the jurisdiction of the granting authority either in law or in fact".[③]According to Part II to Part IV of the SCM

---

① SCM Agreement, Article 1, para. 1.

② Rostam J. Neuwirth, *The Cultural Industries in International Trade Law—Insights from the NAFTA, the WTO and the EU*, *supra* note 8, p. 136.

③ SCM Agreement, Article 2.

Agreement, subsidies are divided into three parts: prohibited subsidies, actionable subsidies and non-actionable subsidies.[①] These categories are sometimes referred to as the "traffic light" ("red", "amber", "green" subsidies) approach.[②] The final part of the agreement provides the conditions and procedures applicable to the imposition of countervailing measures.

Subsidies are the most important governmental financial measures on cultural products, explicitly in the audiovisual area. Especially in Europe, also in Canada, the local audiovisual industry is, to a great extent, supported by public funds.[③] Theoretically speaking, subsidies to domestic cultural products are possibly to be sued under the SCM Agreement and Article XVI GATT 1994. However, there has not been any case law with regard to subsidies in the

---

① Article 3.1 of SCM Agreement provides "prohibited subsidies" as (a) subsidies contingent, in law or in fact, whether solely or as one of several other conditions, upon export performance; or (b) subsidies contingent, whether solely or as one of several other conditions, upon the use of domestic over imported goods. Thus, prohibited subsidies mainly include import subsidies and export subsidies.

Article 5 of SCM Agreement states that "No Member should cause...adverse effects to the interests of other Members...through the use of any subsidy". These adverse effects refer to (a) injury to the domestic industry of another Member; or (b) nullification or impairment of benefits accruing directly or indirectly to other Members under GATT 1994 in particular the benefits of concessions bound under Article II of GATT 1994; or (c) serious prejudice to the interests of another Member. If these adverse effects are caused by any subsidy, the subsidy is actionable.

Article 8 of SCM Agreement provides the subsidies which are not specific within the meaning of Article 2 "specific subsidies" or subsidies which are specific within the meaning of Article 2 but which meet all of the conditions provided for in paragraphs 2 (a), 2 (b) or 2 (c) below are non-actionable. Notwithstanding the provision of "specific subsidies" or the provision of "actionable subsidies", some subsidies meets the requirements listed from 8.2 (a) to 8.2 (c) shall be non-actionable.

② WTO Secretariat, Guide to the Uruguay Round Agreement, The Hague: Kluwer Law international, 1999, p.92, quoted from Rostam J. Neuwirth, *The Cultural Industries in International Trade Law—Insights from the NAFTA, the WTO and the EU*, *supra* note 8, p.137.

③ Christoph Beat Graber, *Audiovisual Media and the Law of the WTO*, *supra* note 1, p.24.

sphere of the cultural products.[①] The reasons of this condition, perhaps, even though subsidies exist in the sphere of cultural products, they are regarded as "non-specific" rather than "specific", or even the subsidies are specific, they are not sufficient to cause adverse effects to the interests of other Members. Hence, the existing subsidies to cultural products are non-actionable on one hand.[②] On the other hand, the debate on whether cultural products are goods or services makes it difficult to sue the subsidies under the SCM Agreement,[③] for the SCM Agreement is applied to subsidies for goods exclusively. With regard to subsidies for services, the obligations are limited to specific GATS commitments accepted by Members in their respective lists and general obligations such as MFN. Furthermore, even if the cultural products are regards as goods uncontested, the question of "like-products" is still a problem.[④]

2.2.2 Agreement on Implementation of Article VI of the General Agreement on Tariffs and Trade 1994

Agreement on Implementation of Article VI of the General Agreement on Tariffs and Trade 1994 (hereafter the AD Agreement) aims at facilitating the interpretation and application of Article VI of GATT 1994 (Anti-dumping and

---

① Maybe there are cases related to subsidies in the sphere of cultural products: the Canada—Periodical case and the Turkey—Taxation case. But the "funded" postal rates in the former one was justified by Article Ⅲ: 8 (b) of the GATT, and in the latter one, the twenty-five percent municipality tax on box office receipts which is less favorable than its taxation of revenues generated from the showing of domestic-origin films was primarily examined by the national treatment principle of Article Ⅲ GATT.

② Ma Ran, *The Conflict and Reconcilement between Trade Liberalization and Cultural Diversity in the WTO System (in Chinese)*, Thesis Ph. D., Wuhan University, China, 2007, p. 44.

③ Ibid, p. 45. See also Rostam J. Neuwirth, *The Cultural Industries in International Trade Law—Insights from the NAFTA, the WTO and the EU*, *supra* note 8, p. 147.

④ Ma Ran, *The Conflict and Reconcilement between Trade Liberalization and Cultural Diversity in the WTO System (in Chinese)*, *supra* note 20, p. 46.

Countervailing Duties) and establishing the anti-dumping legislation or regulations. ①

"Dumping is not per se prohibited in WTO law. However, Members are allowed to take countermeasures to protect their domestic industries injured by the dumping. Antidumping measure means imposing extra anti-dumping duties on the dumped products from the particular exporting country in order to bring its price closer to the 'normal value' or to remove the injury to domestic industry in the importing country."② Thus, theoretically speaking, anti-dumping measure could be applied to cultural industries. However, there has been no case alleged under anti-dumping measures to cultural industries. For the reason, maybe the special characteristics of cultural products make the application of anti-dumping measures more difficult than any other products.

The first problem is that the feature of cultural goods makes the determination for the normal value of cultural goods difficultly. (Since the AD Agreement mainly covers the trade on goods, here we limit the cultural products in the scope of

---

① Article 2.1 of the AD Agreement provides the definition of dumping as follows: "a product is to be considered as being dumped, i.e. introduced into the commerce of another country at less than its normal value, if the export price of the product exported from one country to another is less than the comparable price, in the ordinary course of trade, for the like product when destined for consumption in the exporting country." Article 2.2 states that if "there are no sales of the like product in the ordinary course of trade in the domestic market of the exporting country, ...the margin of dumping shall be determined by comparison with a comparable price of the like product when exported to an appropriate third country, provided that this price is representative, or with the cost of production in the country of origin plus a reasonable amount for administrative, selling and general costs and for profits". The AD Agreement also provides rules for the determination of injury (Article 3), the definition of domestic industry (Article 4), the initiation and subsequent investigation (Article 5) and other relevant element, etc. The most important factors for the launch of anti-dumping measures are the determination of the normal value of the product, the cost of production, the comparable price for the like product, the definition of domestic industry and the determination of injury.

② Understanding the WTO, WTO (ed.), Geneva: WTO, third edition, p. 48, quoted from Tsai-Yu Lin, *Exploring the Link between Trade and Cultural Protection in the Context of Anti-dumping*, Journal of World Trade, Vol. 42 (3), 2008, p. 568.

cultural goods but not cultural services. The same approach will be presented in the next section of the Agreement on Safeguards.) We should not just put attention on economic elements when we determinate the normal value of a cultural good, but we should also pay attention on its cultural content. "Like a Van Gogh painting's value is not in the canvas and paint, but in the accumulation of historical, aesthetic, symbolical or other forms of value, the ultimate determinant for a film's value lies in the intellectual, artistic and cultural content. "① Additionally, to determine the intellectual, artistic and cultural content depends on personal criterion, for example, different persons may judge a same cultural good from different angles based on their different backgrounds, intellect and aesthetic. Some may judge it much valuable, the others may hold a contrary opinion.

The second problem is the determination of whether there exists price discrimination in a trade of cultural goods. The GATT defines dumping as the sale of products for export at a price less than normal value, where normal value means roughly the price for which those same products are sold for consumption in the exporting country. ② "Where the margin of the domestic price over the export sale price is greater than zero, dumping has occurred. "③ However, the calculation of dumping margins is not as simply as the letters expressed, especially as regard to cultural goods. The reference price in determination of dumping in cultural goods does not cover the cost of production only. Take audiovisual products as an example, its price generally must cover at least the combined cost of production and transportation. Because the cost of reproduction

① Rostam J. Neuwirth, *The Cultural Industries in International Trade Law—Insights from the NAFTA, the WTO and the EU*, *supra* note 8, p. 143.

② The GATT 1994, Article VI (1).

③ W. Ming Shao, *Is There No Business Like Show Business? Free Trade and Cultural Protectionism*, Yale Journal of International Law, Winter, 1995, p. 122.

and distribution of an audiovisual product is nothing compared to the cost of production of the first copy, producers are willing to sell their products outside the domestic market through the non-barriers international trade. It's general that the price of a film in the domestic market is higher than the price in another country's market, because "rational producers consider the entire potential market—domestic and foreign—in making production decisions".① For example, in 1993, the average ticket price in the United States was around $6 to $7, while it was $3 to $3.50 in Mexico.②

The third problem is the determination of "like products", which is defined as a product identical or similar to exported products. This is very similar with "like products" predicament in the SCM Agreement. In the context of anti-dumping, only the impact on the domestic industry of the "like product" must be examined. "'Like products' ...would not only determine which product will fall within the scope of the injury analysis, and therefore determine the domestic industry to be investigated allegedly suffering injury, but it would also be relevant in determining the dumping margin calculations."③

"Like product" is defined in Article 2.6 of the AD Agreement as follows:

"...a product which is identical, i.e. alike in all respects to the product under consideration, or in the absence of such a product, another product which, although not alike in all respects, has characteristics closely resembling those of the product under consideration."

---

① W. Ming Shao, *Is There No Business Like Show Business? Free Trade and Cultural Protectionism*, Yale Journal of International Law, Winter, 1995, pp. 121 – 122.

② Ibid., p. 121.

③ Judith Czako & Johann Human & Jorge Miranda, *A Handbook on Anti-Dumping Investigations*, Cambridge: Cambridge University Press, 2003, p. 11, quoted from Tsai-Yu Lin, *Exploring the Link between Trade and Cultural Protection in the Context of Anti-dumping*, *supra* note 24, p. 571.

However, this vague definition does little help in practice. To give a more practical guidance about "like products", we should trace back to the cases under the DSB of the WTO, which have established a case-by-case approach.

In Indonesia—Automobiles, which involved in the SCM Agreement, the panel interpreted "like product" as that similar physical characteristics is one criterion, but tariff classification principles, whether the products are substitutable, and brand loyalty and reputation may also be used as factors to be taken into account.① *In Japan—Alcohol*, the Appellate Body stated that the definition of "like products" should be construed narrowly on a case-by-case basis, in light of factors such as product end-uses in a given market, consumer tastes and habits, and product properties, nature and quality.②

In *Canada—Periodicals*, Canada argued that the imported split-run periodicals and domestic non-split-run periodicals cannot be like products, as the content developed for and aimed at the Canadian market cannot be the same as foreign content which is developed for and aimed at a non-Canadian market.③ While the Panel followed the approach set forth by the Appellate Body in Japan—Alcohol, found that both the Canadian edition and the US edition of Harrowsmith Country Life would be "like" as they "would have common end uses, very similar physical properties natures and qualities," and would have been "designed for the same readership with the same tastes and habits". Therefore the Panel regarded the imported split-run periodicals and domestic non-split-run periodicals

① Panel Report, *Indonesia—Certain Measures Affecting the Automobile Industry*, WT/DS59/R, WT/DS64/R, 23 July 1998, paras. 14.210 – 14.222.

② Appellate Body Report, *Japan—Taxes on Alcoholic Beverages*, WT/DS8/AB/R, WT/DS10/AB/R, WT/DS11/AB/R, October 4, 1996, p. 20.

③ Appellate Body Report, *Canada—Certain Measures Concerning Periodicals*, WT/DS31/AB/R, June 30, 1997, pp. 6 – 7.

are like products under GATT Article III: 2, first sentence.① However, the Appellate Body overturned this finding on appeal. It stated that "the panel failed to analyze the relation to imported split-run periodicals and domestic non-split-run periodicals."② "The panel based its findings...on a single hypothetical example constructed using a Canadian-owned magazine, Harrowsmith Country Life. However, this example involves a comparison between two editions of the same magazine, both imported products, which could not have been in the Canadian market at the same time."③ The Appellate Body then stated that it was not possible for it to make determination regarding whether the products are "like". Instead, the Appellate Body concluded that news magazines, like TIME, TIME Canada and Maclean's are "directly competitive and substitutable" under Article III: 2, second sentence. It emphasized that "imported split-run periodicals and domestic non-split-run periodicals are 'directly competitive or substitutable' does not mean that all periodicals belong to the same relevant market, whatever their editorial content. A periodical containing mainly current news is not directly competitive or substitutable with a periodical dedicated to gardening, chess, sports, music or cuisine. But newsmagazines, like TIME, TIME Canada and Maclean's, are directly competitive or substitutable in spite of the 'Canadian' content of Maclean's."④

From *Canada—Periodicals*, we may find that the WTO jurisprudence failed to acknowledge a cultural distinction between goods. The panel has demonstrated that the cultural products are not accorded different status compared to other

---

① Panel Report, *Canada—Certain Measures Concerning Periodicals*, WT/DS31/R, 14 March 1997, paras. 5.25 – 5.26.

② Appellate Body Report, *Canada—Periodicals*, *supra* note 33, p. 21.

③ Ibid.

④ Ibid., p. 28.

commercial products under the WTO by applying the conventional approach in like product analysis—that is: (i) the product's end-uses in a given market; (ii) consumers' tastes and habits; and (iii) the product's properties, nature and quality. The result seems to suggest that the primary consideration in the like product analysis in future decisions are physical properties natures and qualities of the product. ① It is worth noting that the Appellate Body's decision seems to open a door for the possibility of considering the content of products separately. From this perspective, maybe the content of cultural goods could be considered separately, detach its physical carriers such as books, CDs or DVDs.

In the author's view, "content" plays an irreplaceable role in the case of cultural products. If putting content difference aside, then all films, CDs or paintings of any kind in the market would be seen as exactly the same due to the same physical properties from the narrow perspective of like product analysis. ② Why we consume the cultural goods? For the disk carrying the pictures and sounds, or for the wood painting the pictures? Of course not. We pay for the cultural goods for the content it carries, but not for the material carrier! Cultural goods are content-oriented in character. That is the various content rooted in different cultural expressions and distinct cultural origins attracts us to appreciate, to perceive. Cultural diversity requires us treat cultural products distinctly. Any cultural content expressing its own cultural information is individual and irreplaceable! On the other hand, we consume cultural products according to our distinctive preferences. Even the same cultural product, we may get different understanding from its content. It is undeniable that the consumer perception is another important

---

① Tsai-Yu Lin, *Exploring the Link between Trade and Cultural Protection in the Context of Anti-dumping*, *supra* note 24, p. 573.

② Ibid., p. 574.

element in the trade of cultural products. Therefore, the author believes it will be fairer and more appropriate to take the "cultural content" and "consumer perception" into account in the case of cultural products. Unfortunately, the DSB failed to do so. But in *EC—Asbestos*, the Appellate Body recognized the "health risks" to the public, which is not related to market-based or economic factors, can be considered in the determination of likeness. ① We may wonder if "health risk" to the public can be considered, theoretically, why the "cultural difference" or "cultural effects" to the public cannot be?②

Moreover, deeper problems may be caused if we take "cultural difference" into account in the text of anti-dumping. First and foremost, the determination of like product is the basis of the determination of what the involved domestic industry is and whether there is a resulting injury. It shall be conducted as soon as possible in order to decrease the cost of time in investigation, then to guarantee the efficiency of anti-dumping measure after the determination of dumping. Take "cultural difference" into account will increase the cost of the time in investigation. If the anti-dumping measures cannot be taken timely, even after the finish of the dumping act, it will be useless for protecting domestic industries. Other problems, such as the assessment of the content of cultural product would have no uniform tariff criteria to apply, the difficulty for the investigating authorities to compare the respective contents in each one piece of a product when there are hundreds of cultural products entering into the importing countries in a period, etc.. ③

---

① Appellate Body Report, *European Communities – Measures Affecting Asbestos and Asbestos-Containing Products*, WT/DS135/AB/R, March 12, 2001.

② Tsai-Yu Lin*Exploring the Link between Trade and Cultural Protection in the Context of Anti-dumping*, *supra* note 24, pp. 575 – 576.

③ Ibid., pp. 576 – 577.

Therefore, the author insists that treating cultural products *per se* "unlike" according to their cultural content is the requirement of the character of cultural products, but the problems caused by this assumption leads to the conclusion that cultural products are not suitable for the application of the anti-dumping measure.

2.2.3 Agreement on Safeguards

Safeguard measures aim at promising the flexibility of obligations undertaken by Members in the treaty to exempt them from liability in exceptional circumstances, in order to remedy the caused injury to domestic industries or prevent the consequence which may caused by serious injury. ①

The Agreement on Safeguards establishes rules for the application of safeguard measures and measures provided in Article XIX of GATT 1994. Article 2 provides the conditions of applying the safeguard measures includes: the increased quantities of imported product, the injury or potential injury to domestic industries, the causation between the increased quantities and the injury or potential injury to domestic industries. ②

Although there is the possibility to apply safeguard measures to cultural products, problems such like the classification of cultural goods and services, the determination of "like products" mentioned on the section of the subsidies and anti-dumping measures also exists.

2.3 The General Agreement on Services (GATS)

Cultural services fall into the scope of services covered by the GATS. ③ There is no doubt that this contains the audiovisual sector as well. Even though the MFN

① Zeng Lingliang, *Law of the World Trade Organization (in Chinese)*, Wuhan: Wuhan University Press, 1996, p. 228.

② The Agreement on Safeguards, Article 2.

③ According to GATS Article I, all international traded services are covered by GATS.

Treatment obligation, the National Treatment obligation and market access are the basic principles of the GATS, there are still spaces for Members.

Unlike trade in goods, to which the market access is limited through custom tariffs, services are naturally without frontiers. There is no possibility to regulate imports of services by means of customs tariffs. Thus, the market access and the National Treatment in GATS are listed in commitments to give governments an appropriate instrument for tuning market access of foreign services and service suppliers.

Another peculiarity of GATS is the possibility provided in Article II: 2 to maintain all MFN inconsistent measures. However, the important requirement is that the WTO Members must list the inconsistent measures at the end of the Uruguay Round or, if later, the date of accession. There is no possibility for WTO members to seek new exemptions under this Article, not even for existing measures that had escaped their attention during the Uruguay Round or , in case of recent WTO members, the accession process. ①

2.3.1 Specific commitments

According to Article XVII GATS, a Member is only obliged to apply the principle of National Treatment to those sub-sectors and divisions of sub-sectors which are listed in its individual list. It means that market access and National treatment are only granted if a member enters into commitments. A commitment means that an individual state commits to open its market in a specific sector. At the same time, the individual state will indicate how open the market will be. ② If a Member doesn't enter into such commitments, it is free to discriminate foreign

① Toshiyuki Kono, *The UNESCO Convention for the Protection and Promotion of the Diversity of Cultural Expressions*, in K. Alexander and M. Andenas (ed.), *The World Trade Organization and Trade in Services*, Netherlands: Koninklijke Brill NV., 2008, p. 874.

② Ibid.

services and service providers.

Only 30 members have made commitments with regard to popular cultural service products, in particular audio-visual products.[①] States have limited the scope of the commitments. Only Albania, the Central African Republic and the United States have entered commitments with regard to all six sectors of audio-visual services ("Motion Picture and Video Tape Production and Distribution Services, Motion Picture Projection Service, Radio and Television Services, Radio and Television Transmission Services, Sound Recording, Other") . Twenty-one other states have entered some commitments, including some major film producers such as India (Motion Picture and Video Tape Production and Distribution Services), Hong Kong (Motion Picture and Video Tape Production and Distribution Services, Sound Recording, Other) . New Zealand entered five service sectors. It's not surprised that the EU Member States, Canada and Australia would not accept any commitments.

Members are flexible to choose their national policies and measures according to their domestic conditions in audio-visual services. However, once a Member has committed, it could not change or violate the commitments arbitrarily. The Member should always be consistent with its commitment if any measure and policy will be adopted to regulate audio-visual services in the territory.

2. 3. 2 MFN exemptions

The GATS states the MFN Treatment as " each Member shall accord immediately and unconditionally to services and service suppliers of any other Member treatment no less favourable than that it accords to like services and

---

① Current Commitments and Exemptions of Audiovisual Services, available at http: //www. wto. org/english/tratop_e/serv_e/audiovisual_e/audiovisual_e. htm#current_commitments, last visited on July 28, 2017.

service suppliers of any other country” .[①] The MFN Treatment applies in general to all international trade of services, but there exists exemptions. If a Member has listed such differential treatment in the Annex on Article II Exceptions when it accedes to the WTO or, at the end of the Uruguay Round, the discrimination between other members may be legal. As states in Article II: 2, “a Member may maintain a measure inconsistent with paragraph 1 providing that such a measure is listed in, and meets the conditions of, the Annex on Article II Exemptions.”

Many active states in the international cultural services market have listed the MFN exemption, such as the European Community and its Member States, Canada and Australia. However, some WTO members such as the Republic of Korea, Japan, Hong Kong, have not done so.

2.4 The general exceptions of Article XX GATT and Article XIV GATS

Article XX GATT and Article XIV GATS provide for an exception to the nondiscrimination obligations. Justifying a measure under Article XX GATT or Article XIV GATS, the Appellate Body has ruled the appropriate way as: first, to determine whether the nature of the measure brings it within one of the listed exceptions in paragraphs of the Article, then, if it does, to determine whether the measure is applied consistently with the “chapeau” (the opening paragraph of the Article). The burden of proof at both stages falls upon the respondent.[②]

The only provision referring to cultural protection directly is Article XX Letter f) of the GATT 1994, which opens the door to except national treasures of artistic, historic or archaeological value from the nondiscrimination

① The GATS, Article II: 1.

② Appellate Body Report, *United Sates—Import Prohibition of Certain Shrimp and Shrimp Product*, *supra* note 11, para. 118.

obligations. However, the author would like to make a deeper discussion on 1) whether the other general exception provisions could be applied in the condition of protecting and promoting cultural industries? 2) If any, which provision (s)? 3) Is there any restriction or condition should be sufficed?

2.4.1 The protection of national treasures of artistic, historic or archaeological value

Article XX Letter f) of the GATT 1994 applies to measures "imposed for the protection of national treasures of artistic, historic or archaeological value". However, it is difficult to define the concept of national treasures. This is due to the fact that neither the text of the GATT provides any information on it, nor does there exist a panel ruling on that matter. Unlike some of the other Letters of the Article XX, Letter f) requires the measure to be "imposed for" the purpose specified, rather than "necessary" for that purpose. It suggests that this article is flexible for cultural products, but there are still some limitations.

First, the item in question must be not only a "treasure" but also "national". This could arouse a problem that if a treasure overlaps national boundaries or a treasure is less than national, it may not be protected.① Second, the exception only refers to "artistic, historic or archaeological value", which is different from "cultural value". That means, only cultural property with artistic, historic or archaeological value could be protected under the exception. The "current" cultural products are not covered by this narrow scope. Thirdly, the artistic, historic or archaeological requirement is so subjective that the exception provided by Article XX Letter f) cannot be alleged when trade in audiovisual products or other "current" cultural products is concerned. Thus, the "national

① Tania Voon, *Cultural Products and the World Trade Organization*, New York: Cambridge University Press, 2007, p. 105.

treasure" which may not cover all the cultural products[①] has little effect in the case of cultural trade.

2.4.2 The protection of public morals or public order

Except the "national treasures" provision, the most possible provisions applied to cultural products in the general exceptions are the Article XX Letter a) of GATT and Article XIV Letter a) of GATS.

Article XX (a) of GATT reads as:

"Subject to the requirement that such measures are not applied in a manner which would constitute a means of arbitrary or unjustifiable discrimination between countries where the same conditions prevail, or a disguised restriction on international trade, nothing in this Agreement shall be construed to prevent the adoption or enforcement by any contracting party of measures:

(a) necessary to protect public morals."

Article XIV (a) of GATS reads very equivalent as:

"Subject to the requirement that such measures are not applied in a manner which would constitute a means of arbitrary or unjustifiable discrimination between countries where like conditions prevail, or a disguised restriction on trade in services, nothing in this Agreement shall be construed to prevent the adoption or enforcement by any Member of measures:

(b) necessary to protect public morals or to maintain public order."[②]

The author titles these two provisions "public morals" or "public order" clause. From the author's view, it is possible to allege the "public morals" or "public order" clause in the case of cultural products. Supposing a Member aims at

---

① The condition in the GATS is very different. Actually, cultural services are not belong to the "national treasures".

② The public order exception may be invoked only where a genuine and sufficiently serious threat is posed to one of the fundamental interests of society. GATS Footnote 5.

protecting cultural industries in its territory by the means of restricting the import of cultural products and it has been challenged under the non-discrimination obligation. If the defendant could allege the "public morals" or "public order" clause successfully—by proving the measures are in order to protecting public morals or maintaining public order, and the measures are necessary to get this goal, it would except from the non-discrimination obligation.

However, alleging the "public morals" or "public order" clause successfully is not so easy, due to the two key points: first, the recognition of the concept of "public morals" or "public order"; second, the recognition of the "necessity" of the measure.

As regard to the notion of "public morals", none definition has been given by the Panel or the Appellate Body in any case. Here, we need to trace back to the *US—Gambling* dispute, which provides little guidance on the meaning of public morals or public order. In the case, the United States prevented the society from the threaten of money laundering, fraud, compulsive gambling and underage gambling that accompany online gambling by means of restricting gambling service suppliers located outside its territory. The measures were claimed to be a violation of the obligations of the US under the GATS by Antigua and Barbuda. The Panel eventually found that the US measures did violate Article XVI GATS and that the United States had not been able to demonstrate that its measures were justified under the General Exceptions provision of Article XIV (a) GATS.[①] The Panel did, however, exhibit a desire not to restrict the diversity of Members' values and regulatory objectives,[②] stating:

① Panel Report, *United States—Measures Affecting the Cross-Border Supply of Gambling and Betting Services*, WT/DS285/R, 10 November 2004, para. 7. 2.

② Tania Voon, *Cultural Products and the World Trade Organization*, *supra* note 51, p. 108.

“We are well aware that there may be sensitivities associated with the interpretation of the terms ‘public morals’ and ‘public order’ in the context of Article XIV. In the Panel’s view, the content of these concepts for Members can vary in time and space, depending upon a range of factors, including prevailing social, cultural, ethical and religious values. Further, the Appellate Body has stated on several occasions that Members, in applying similar societal concepts, have the right to determine the level of protection that they consider appropriate. Although these Appellate Body statements were made in the context of Article XX of the GATT 1994, it is our view that such statements are also valid with respect to the protection of public morals and public order under Article XVI of the GATS. More particularly, Members should be given some scope to define and apply for themselves the concepts of ‘public morals’ and ‘public order’ in their respective territories, according to their own systems and scales of values.”①

Then, The Panel provided the term “public morals” and “public order” as follows:

“ ‘public morals’ denotes standards of right and wrong conduct maintained by or on behalf of a community or nation. ②

‘public order’ refers to the preservation of the fundamental interests of a society, as reflected in public policy and law. These fundamental interests can relate, inter alia, to standards of law, security and morality.”③

According to the approach adopted by the Panel in *US-Gambling*, it is not difficult to get the conclusion that the Members have the right to define and apply

① Panel Reports, *United States—Measures Affecting the Cross-Border Supply of Gambling and Betting Services*, *supra* note 54, para. 6. 461.

② Ibid., para. 6. 465.

③ Ibid., papa. 6. 467.

for the "public morals" or "public order" in their respective territories, according to their own systems and scales of values. Thus, a Member could decide to take measures to maintain public morals or public order in its respective territories with regard to cultural products if the Member recognizes the import or export of the cultural products would threat its public morals or public order. Besides, the issue whether the "cultural diversity" would be accepted by most of the Members of WTO as universal "public moral" is something to be further confirmed.

However, the Appellate Body reversed the Panel's finding on Article XIV (a) concluding that the US measure was justified on grounds of public morals protection under subparagraph (a) of Article XIV GATS. This is due to the different approach towards the "necessity" test.

The central point under "public morals" or "public order" provision is whether the challenged measure itself is "necessary" to protect public morals or public order. Since the Appellate Body in *Korea-Beef* interpreted for the first time the word "necessary" in Article XX GATT, the "necessity" test has generally been referred to as a process of weighing and balancing a series of factors which prominently include "a) the contribution made by the measure under review to the achievement of a specified goal, b) the importance of the common interests or values protected by that measure, and c) the accompanying impact of the measures on imports or exports". ① According to the Appellate Body, the more vital or important the common interests or values pursued, the easier it is to fulfill the element of necessity. ② Especially for the GATT "public morals" exception,

① Appellate Body Report, *Korea-Measures Affecting Imports of Fresh Chilled and Frozen Beef*, WT/DS161/AB/R, 10 January 2001, para. 164.

② Ibid., para. 162.

the Appellate Body had established a two-tiered approach to examining any measure under GATT Article XX. ① That is: first, does the measure arise under one of the listed exceptions, such as public morals? Second, is the measure "necessary"?

*In China—Publications and Audiovisual Products*②, China argued that the GATT Article XX (a) stating that "adoption or enforcement by any Member of measures: ...necessary to protect public morals" constituted an exception to its trading rights obligations under the GATT and the Accession Protocol. China emphasized the nature of the products at issue—reading materials, AVHE (audiovisual home entertainment products), and sound recordings are cultural goods. For the impact of cultural goods on societal and individual morals, "China has adopted a regulatory regime under which the importation of reading materials, audiovisual products, and films for theatrical release containing specific types of prohibited content is no permitted. "③ In order to avoid the content which have a negative impact on public morals importing into China, it has established a mechanism for "content review" of relevant cultural products that is based upon the selection of import entities. ④ China then argued that strict regulation of trade in cultural goods was necessary.

The Panel followed the two-tiered approach established in the *Brazil-*

① Appellate Body Report, *Brazil-Measures Affecting Imports of Retreaded Tyres*, WT/DS332/AB/R, December 3, 2007, para. 139.

② *China-Measures Affecting Trading Rights and Distribution Services for Certain Publications and Audiovisual Entertainment Products*, WT/DS363.

③ Appellate Body Report, *China-Measures Affecting Trading Rights and Distribution Services for Certain Publications and Audiovisual Entertainment Products*, WT/DS/363/AB/R, 21 December 2009, para. 141.

④ Ibid.

Measures Affecting Imports of Retreaded Tyres, [1] rejected China's contention that measures violating its trading rights obligations under the GATT and the Accession Protocol were justified under the "public morals" exception. [2] The Panel found that none of the provisions of China's measures which may be inconsistent with China's trading rights commitments under the Accession Protocol is "necessary" within the meaning of Article XX (a) of the GATT. [3] In the light of this conclusion, the Panel thought there was no need to go on to examine whether the relevant measures satisfied the requirements of the chapeau. [4] Therefore, the Panel came to the overall conclusion that these measures are not justified under the provisions of Article XX (a). [5] According to this route, since China has failed to establish that the measures at issue satisfy the "necessity" requirements of Article XX (a) in any event, there is no need to concern on the issue whether Article XX (a) is in fact applicable as a direct defence to breaches of China's trading rights commitments. [6] However, the Panel used an arguendo assumption that the Article XX (a) defense was available to China at the very beginning. [7]

The Appellate Body rejected the Panel's arguendo assumption by addressing that the use of an arguendo assumption could be unhelpful in clarifying the legal uncertainty with respect to China's implementation obligations. By recalling the

---

① Panel Report, *China-Measures Affecting Trading Rights and Distribution Services for Certain Publications and Audiovisual Entertainment Products*, WT/DS363/R, August 12, 2009, para. 7.746.

② Ibid., para. 7.913.

③ Ibid., para. 7.911.

④ Ibid., para. 7.912.

⑤ Ibid., para. 7.913.

⑥ Ibid., para. 7.914.

⑦ Ibid., para. 7.745.

introductory clause of paragraph 5.1 of China's Accession Protocol,[①][②] the Appellate Body concluded that China may rely upon the introductory clause of paragraph 5.1 of its Accession Protocol and invoke Article XX (a) "public morals" as a defense to a breach of China's trading rights commitments under the Accession Protocol. Then the Appellate Body moved on the "necessity" test. By having reviewed the US proposal about a less restrictive measure which is available to China as an alternative means for its objective of protecting public morals,[③] as well as the Panel's analysis,[④] the Appellate Body addressed that the Panel did not err in finding that the measures at issue could not be consider "necessary". As a result, the Appellate Body concluded that China did not establish that the measures were justified under Article XX (a).[⑤]

Hence, the "two-tiered" approach is very strict, the satisfaction of the "necessity" test may be the primary obstacle for a Member to apply "public

---

① Paragraph 5.1 of China's Accession Protocol reads: "Without prejudice to China's right to regulate trade in a manner consistent with the WTO agreement..."

② The Appellate Body interpreted Paragraph 5.1 as follows: "Any exercise of China's right to regulate trade will be protected under the introductory clause of paragraph 5.1 only if it is consistent with the WTO Agreement. This will be the case when China's measures regulating trade are of a type that the WTO Agreement recognizes that Members may take when they satisfy prescribed disciplines and meet specified conditions." See Appellate Body Report, *China-Measures Affecting Trading Rights and Distribution Services for Certain Publications and Audiovisual Entertainment Products*, *supra* note 63, para. 230.

③ On the availability of alternative measures, the United States had proposed that the Chinese Government assume the sole responsibility for conducting content review as a less trade-restrictive alternative. Panel Report, *China-Measures Affecting Trading Rights and Distribution Services for Certain Publications and Audiovisual Entertainment Products*, supra note 65, paras. 7.882, 7.883, 7.887.

④ The Panel had determined that the US proposal is an alternative that would have no restrictive impact on those wishing to engage in importing the relevant products. It would also make a material contribution to the achievement of its desired high level of protection of public morals in China that is at least equivalent to the contribution made by the suitable organization and qualified personnel requirement and the State plan requirement introduced by China. Ibid., para. 894 – 908.

⑤ Appellate Body Report, *China-Measures Affecting Trading Rights and Distribution Services for Certain Publications and Audiovisual Entertainment Products*, *supra* note 63, para. 415 (e).

morals" or "public order" for cultural exception. Fortunately, In *China-Publications and Audiovisual Products*, the Panel did not adjudicate whether the measures providing for the content review of "cultural goods" in the form of certain publications and audiovisual products was relevant with "public morals" in the territory of China within the meaning of GATT Article XX (a). This may leave a considerable scope for individual Member to determine the term of "public moral"

2.4.3 Compliance with laws or regulations

Article XX (d) GATT and Article XIV (c) GATS provide exceptions in order to secure compliance with national laws or regulations. It means that any measure to secure compliance with a law or a regulation, which is consistent with the GATT or GATS can be justified under the exception. Thus, measures protecting cultural industries or promoting cultural diversity taken to secure compliance with such a law or a regulation may be justified under the exception. But the "necessity" test is also required.

Unfortunately, in *Canada—Periodicals*, where Canada asked the Panel to find that Tariff Code 9958 is based on broader cultural policy considerations and thus justifiable under Article XX (d) GATT, the Panel, however, dismissed the Canadian claim by the excluding cultural identity concerns from its analysis. ① From this lesson, it is quite difficult for a Member to apply the exception under Article XX (d) GATT and Article XIV (c) GATS for cultural products.

3. Critical evaluation of the existing WTO rules

Having reviewed the existing WTO rules relevant with cultural products, we

---

① Panel Report, *Canada-Certain Measures Concerning Periodicals*, *supra* note 34, paras. 3.2 and 3.5.

need to answer a question whether the existing WTO rules is enough to cover cultural products in the world trade? In other words, can the existing WTO law provide a fair and reasonable treatment for cultural products? Although many rules discussed before suggest that the WTO does pay attention to the treatment of cultural products, the author will not fail to emphasize the nature of cultural products, as well as the dilemma of classification of cultural products within current WTO framework. Then the author will argue that the treatment of cultural products under existing WTO law is not enough, especially for the purpose of protecting and promoting cultural diversity.

3.1 Dual nature of cultural products

Cultural products are distinct from other commodities because of their dual nature—both the economic value and the cultural value. The economic value of cultural products is what people are willing to pay for it. It can be shown by any form of cultural expressions. At a certain moment and during a certain period, the economic value is the center of attention. It is really a truth that the gross of domestic cultural industries is an important index of the GDP. Hence, everything appears to revolve around "profit", "wealth", "income", "economic growth" and so on. "It's all for the money" seduces most people into acquiescence.

Cultural values are those that evoke qualities above the economic level. Cultural consumption (capital used on cultural consumes, paid for a cultural commodities, such as paying for a concert, buying a piece of CD, watching a film at a cinema) leads us to a more meaningful and quality life. If we want to possess a cultural product, we pay for it. Then it becomes a cultural commodity. However, a piece of music CD may have cultural value because it connects with a religious—evoking the religious and spiritual values of that tradition. A Cultural product may relate to culture as identity because it is historical, symbolic, by restoring the memory of something of grave significance to a group.

The economic value and the cultural value are interactive. Theoretically, whether a cultural commodity has the economic value depends on the labor producing it, but how much does it cost after all may not only depend on this matter but also the quality—the cultural meaning it embodies. The more cultural meaning a cultural good contains, the more cultural valuable it is, as well as the more economic valuable it is. But in practice, a cultural commodity with more cultural meaning may be cheaper than that one with less cultural meaning.

The problem is hidden behind the process of trade in the modern world. For example, An African culture which is valuable to the group and the local society embodies some precious value to the whole human society. But its value has not been realized by other people because the lack of communication. The lack of communication is because this group doesn't know much about modern communicating techniques and world trade rules. So a piece of CD singing a traditional song belonging to this African group may much cheaper than another rock and roll CD (in the author's mind, rock and roll is a less useful cultural form in inspiriting and leading people to discover beauty, so it has less cultural value than traditional music) which is traded applying with the WTO rules, spreading from the US to all over the world and protected by IP law. The African music is not so competitive compared with rock and roll both in national cultural market and international market. Hence, the rock and roll is more popular than the African traditional song. Even the local African young people never heard their own song. As a result, this African culture may face a danger of extinction.

Hereby, the author is calling for more attention on cultural products, for their cultural value. We should not neglect the economic value of cultural products, but we should notice that the cultural value is more important for cultural products. For the requirement of protecting and promoting cultural diversity, cultural products should be traded seriously.

3.2 Dilemma of classification with regard to cultural products

Cultural products can be defined as "the output of cultural and creative industries"①, "comprising both goods and services"②. Cultural goods are defined as "consumer goods which convey ideas, symbols and ways of life, such as books, magazines, multimedia products, software, recordings, films, videos, audiovisual programmes, crafts and fashion designs"③. Cultural services are "those activities aimed at satisfying cultural interests or needs"④. Typically consisting of licensing activities and other copyright-related services, audiovisual distribution activities, the promotion of performing art and cultural events, as well as cultural information and preservation of books, recordings and artefacts, cultural services facilitate the production and distribution of cultural goods. ⑤

However, it's really a blurring line between cultural goods and services, especially with technological development and the coming of digital age. For example, if music takes physical forms such as CDs, it seems like ordinary goods for its tangible hard-copy. If the CDs are delivered via satellite or the Internet, it

① UNESCO Institute for Statistics and UNESCO Sector for Culture, *International Flows of Selected Cultural Goods and Services*, 1994 - 2003—*Defining and Capturing the Flows of Global Cultural Trade*, *Montreal*, 2005, p. 14.

② Ibid.

③ Ibid.

④ Ibid.

⑤ Ibid.

may be more like a service.[①] Hence, certain cultural products may involve elements of both goods and service; certain cultural products are difficult to be classified exclusively as goods or services. This has important consequences in the application of law. Goods are objected to the GATT 1994, however, services are objected to the GATS.

As Goods rules are more stringent than that of services, it can be supposed that a complaint may prefer to allege a violation of the GATT in order to challenge another Member's measures involving cultural products. But in the condition of certain products involving both goods and services, there would be the overlap between GATT 1994 and GATS. To resolve the problem of application of law, the DSB has given its answer—GATT 1994 and GATS may both apply to a particular measure and that, in principle, neither takes precedence.[②] However, the problem of interpreting the relationship between GATT 1994 and GATS when they overlap is still there. The general interpretative note to annex 1A of the "Marrakesh Agreement" only provides the approach to resolving the conflict between GATT 1994 and the other multilateral agreements on trade in goods, but not the approach to resolving the conflict between GATT 1994 and GATS. "Thus, a screen quota exempted under GATT Article IV might appear to violate GATS Article XVI. In that case, it might be argued that the parties clearly intended to exclude these measures from their agreements and therefore that no

---

① Until now, the classification of certain cultural products as goods or services, such as digital or digitized products, remains unresolved. Examples can be found through the case of television programmes. also Tania Voon, *A New Approach to Audiovisual Products in the WTO: Rebalancing GATT and GATS*, UCLA Entertainment Law Review, Winter 2007, pp. 6 – 10.

② Appellate Body Report, Canada-Certain Measures Concerning Periodicals, *supra* note 33, p. 19. Appellate Body Report, *European Communities-Regime for the Importation, Sale and Distribution of Bananas*, WT/DS27/AB/R, 9 September 1997, para. 221. This route has been continued in the case of *China-Certain Measures Affecting Trading Rights and Distribution Services for Certain Publications and Audiovisual Entertainment Products.*

GATS violation should be found. On the other hand, if a Member has made a specific commitment to provide market access in relation to audiovisual services and has not listed a limitation for the quota, one might conclude that the Member has waived any agreed exclusion implied by GATT Article IV."①

The dilemma of classification regarding to cultural products and the negative consequence of the overlap between GATT 1994 and GATS show the difficulties of treating cultural products fair and equitable in the WTO regime.

3.3 Shortcomings of the characteristic of the WTO

Examining from the text of the WTO "Charter", the text of its predecessor—GATT 1947, and the preamble of the ITO "Havana Charter", we can conclude the prominent goals of the WTO system as "keep the peace, promote world economic development and welfare, work towards sustainable development and environmental protection, reduce the poverty of the poorest part of the world, and manage economic crises that might erupt partly due to the circumstances of globalization and interdependence".② If the WTO is viewed as an essential and central element of the institutional structure for the "world market", as more and more issues be faced during the development, the question of "what is likely to be the future the WTO may need to covers an extraordinarily diverse and wide-ranging list of subjects".③ However, the legal instruments of the WTO have not expressed appropriate scope of competence of the WTO. A number of issues, such as labor regulation and rights, the environment,

---

① Tania Voon, *A New Approach to Audiovisual Products in the WTO: Rebalancing GATT and GATS*, *supra* note 83, p. 11.

② John H. Jackson, Sovereignty, *the WTO and Changing Fundamentals of International Law*, New York: Cambridge University Press, 2006, pp. 85-86.

③ Ibid., pp. 131-132.

competition policy, and investment, have been examined at the Ministerial Conference. ① Maybe in the future the issue of culture will also be examined at the Ministerial Conference.

The WTO is an international organization separated from the United Nation. It has independent legal personality. But the lack of cooperation between the WTO and the United Nation, have made negative effect on the world economic activities. The goals and functions are such different between the WTO and other international organizations, such as the UNESCO. In consist with its goals, the WTO takes the world economic development and welfare first. Hence, it may not treat the protection and promotion of cultural diversity so carefully. We may neither hope the WTO take much care of the issues like "culture", nor hope the WTO promote the treatment of cultural products under its regime, which respects "economies of scale", "comparative advantage", etc.. The decisions of the DSB in the precedents have suggested that the WTO leans toward "trade" in the circumstance where trade versus other issues.

4. Conclusion

In the existing WTO agreements, several agreements may relate with cultural products. The GATT 1994 Article IV which succeeds the GATT 1947, provides screen quota as a special and unique exception for cinematic films to GATT national treatment rules. Although advanced technology has brought more cultural media, this Article IV should only be applied to cinematic film quotas and not to extend to television, radio and other segments of the audiovisual services sector in

① John H. Jackson, Sovereignty, *the WTO and Changing Fundamentals of International Law*, New York: Cambridge University Press, 2006, pp. 129 - 130.

order to keep the stability of the WTO regime.

Theoretically speaking, subsidies, anti-dumping measures and safeguard measures are possibly applied for the purpose of protecting and promoting cultural products, but many problems could be aroused. For subsidies, the existing subsidies to cultural products are always non-actionable and the classification of cultural goods and services is not clear. For anti-dumping measures, the special characteristics of cultural products, the determination of normal value, the reference price in calculating dumping margins and the determination of "like products" are very difficult. For safeguard measures, the problems are the classification of cultural goods and services, the determination of "like products".

Cultural services fall into the scope of trade in services covered by the GATS. The market access and the National Treatment in GATS are listed in commitments to give governments an appropriate instrument for tuning market access of foreign cultural services and service suppliers. Members are also allowed to list the inconsistent measures with MFN treatment with regard to cultural services for the exemption of MFN obligation.

The general exceptions of Articles XX GATT and Article XIV GATS are the most possible defenses in a case of dispute of cultural products. However, Article XX Letter f) of the GATT 1994 applies to measures "imposed for the protection of national treasures of artistic, historic or archaeological value" may only supply a very restricting application in contemporary cultural trade for its text of "national treasures". The protection of "public morals" or "public order" stipulated in Article XX Letter a) of GATT and Article XIV Letter a) of GATS is more possible for the Members to apply as a defense of breaches of WTO obligations. Members usually have the right to define and apply for the "public morals" or "public order" in their respective territories, according to their own systems and scales of values. Article XX d) GATT and Article XIV c) GATS provide exceptions in order to secure compliance with national laws or regulations. Measures protecting cultural industries or promoting cultural diversity taken to secure compliance with such a law or a regulation may be justified under the exception. However, no Member has relied on this exception successfully in the past. Although the general exceptions provide possibilities for Members to apply for the purpose of protecting cultural products and promoting cultural diversity, Members are still hard to rely on them because many strict limitations, such as the strict "two-tiered" approach and the "necessity" test.

Recognizing the neglect of the dual nature of cultural products, the dilemma of classification of cultural products in the WTO system, the lack of unified recognition of cultural products between the Members, as well as the characteristic of the WTO system itself, the author would like to express the critical view and disappointment on the existing WTO culture-trade rules. The WTO may not provide a satisfied environment for cultural products. As cultural products have been the most important target of the protection and promotion of cultural diversity in the modern world, as cultural diversity is the source of creation and development of our human beings, under the background of the dominant international cultural marketplace controlled by few cultural empires, we need a fairer and more equitable treatment to cultural products. However, this may hardly be found within the WTO regime.

美国对华301调查的法律问题与应对建议

余敏友 管 健*

2017年8月14日，美国总统特朗普签署总统备忘录，指令美国贸易代表（USTR）决定是否就中国有关法律、政策、实践或做法可能不合理或歧视性地损害美国知识产权、创新或技术发展展开调查。8月18日，USTR发布立案公告，决定根据《1974年贸易法》第302（b）（1）（A）节自主对中国发起301调查。

本文首先概要介绍本次301调查立案公告的内容，并将其与USTR于2010年10月对华新能源补贴发起的301调查进行比较；然后对美国贸易法"301条款"的主要内容进行介绍，对与301条款相关的WTO案例进行总结；最后本文对本次美国对301调查可能涉及的相关法律问题进行分析，并提出相应的对策建议。

一、美国"301条款"简介

广义上，"301条款"包括一般"301条款"、特殊"301条款"和超级"301条款"。一般"301条款"即指经《1988年综合贸易与竞争法》修改后

* 余敏友，武汉大学教授、博士研究生导师，边界与海洋研究院院长、国际问题研究院院长。管建，武汉大学法学院国际法研究研博士研究生。

的《1974 年贸易法》第 301 至 310 节（《美国法典》第 19 卷第 2411 至 2420 节）的全部内容，授权美国总统采取包括报复在内的一切适当措施，以消除任何违反国际贸易协定、限制美国商业活动的他国法律、政策或做法。

特殊“301 条款”以一般“301 条款”为基础，其特有内容规定在《1974 年贸易法》的第 182 节（《美国法典》第 19 卷第 2242 节），旨在有效保护美国的知识产权以及美国知识产权产业在他国的市场准入。原超级“301 条款”则主要针对贸易自由化问题，这一条款已到期并于 2016 年全面修订。本次美国对华 301 调查是基于一般“301 条款”，因此，本部分也围绕一般“301 条款”进行介绍。

（一）“301 条款”实体法规定

1. 强制性措施

根据《1974 年贸易法》第 301 节（a）项［《美国法典》第 19 卷第 2411 节（a）项］的规定，如若 USTR 裁定他国属于下列情况，则必须采取强制性制裁措施：

（1）他国否定了美国根据贸易协定所应享有的权利；

（2）他国的法律、政策或做法违反了贸易协定的规定或剥夺了美国贸易协定所应获得的利益，或不符合贸易协定的规定；

（3）他国的法律、政策或做法是“不正当的”，并对美国商业造成负担或限制。

USTR 实施的强制措施受到美国总统具体指示的约束，同时需要在总统的权限范围内采取其他适当的实际可行的行动，以协助总统消除他国政府的法律、政策或做法。

根据第 301 节（a）（2）项，在下列情况下 USTR 不能对有关国家采取强制性制裁措施：

（1）争端解决机构的报告裁定美国根据贸易协定所应享有的权利未被否

定，或有关的法律、政策或做法并未否定或削弱美国的权利或美国在贸易协定项下的权利。

（2）USTR 裁定他国政府正在采取合理措施以承认美国的贸易权利；或该他国政府已同意消除有关的法律、政策或做法，或者同意立即采取措施以解决美国商业所遭受的负担或限制；或虽然他国不能承认美国的贸易权利或不能消除有关的法律、政策和做法，但它同意对美国的贸易利益提供满意的补偿。

（3）采取强制措施对美国而言得不偿失，或制裁措施可能严重危及美国的国家安全。

2. 任意性措施

根据《1974 年贸易法》第 301 节（b）项［《美国法典》第 19 卷第 2411 节（b）项］的规定，除了在上述条件下必须采取强制措施外，在出现下列情形时，USTR 可以自由决定是否采取制裁措施：

（1）USTR 认定他国的法律、政策或做法是“不合理的”或“歧视性的”，并对美国的商业造成负担或限制；并且

（2）美国采取的措施是适当的。

3. 制裁措施的类别

根据《1974 年贸易法》第 301 节（c）项［《美国法典》第 19 卷第 2411 节（c）项］的规定，USTR 可以在“授权范围”内采取下列制裁措施：

（1）中止、撤回或不适用与有关国家订立的贸易协定；

（2）对来自有关国家的进口货物提高关税或采取其他进口限制，或对有关国家的服务征税或进行限制；

（3）如果有关他国的法律、政策和做法不符合某些法定的免税待遇，撤回、限制或中止这类待遇。

（4）USTR 有权与有关国家达成具有约束力的协定，让他国政府承诺取消有关的法律、政策和做法，取消这类法律、政策或做法对美国商业造成的负担与限制，或对美国的贸易利益提供满意的补偿。

（5）限制或拒绝给予“服务市场准入授权”。

USTR 在实施限制他国商品输入美国的制裁措施时，相较于其他进口限制措施，USTR 应优先考虑征收关税。

（二）“301 条款”程序法规定

1. 发起调查

根据《1974 年贸易法》第 302 节（a）项和（b）项（《美国法典》第 19 卷第 2412 节（a）项和（b）项）的规定，有关“301 条款”的调查可由利害关系人提出申请发起，也可由 USTR 依职权自主发起。

第 302 节（a）项规定了利害关系人申请调查的程序。利害关系人向 USTR 提出申请后，USTR 必须审查申请调查的理由，并在接到申请后的 45 天内决定是否发起调查。如果 USTR 决定不发起调查，应将有关的理由通报申请人，并在《联邦公报》上公布有关的决定和理由。如果 USTR 经过审查决定发起调查，则必须在《联邦公报》上公布申请案的摘要，并尽快提供机会给申请人和其他利害关系人发表意见。

第 302 节（b）项则规定了 USTR 自行发起调查的程序。如果 USTR 自行决定发起调查，它应在《联邦公报》上公布有关决定。在做出自主发起调查的决定之前，USTR 必须与相关咨询委员会进行磋商，以确定有关的调查是否适当。

2. 磋商

根据《1974 年贸易法》第 303 节（a）项［《美国法典》第 19 卷第 2413 节（a）项］的规定，无论是因利害关系人提出申请而发起的调查，还是 USTR 自行决定发起的调查，在发起调查的当天，USTR 应代表美国，要求与有关国家就调查案有关事宜展开磋商。第 303 节（b）项规定，在特殊情况下，为了查实有关的情况或改进有关的调查申请，USTR 还可以延迟 90 天再向他国提出磋商的要求。

3. 调查决定和期限

根据《1974 年贸易法》第 304 节（a）（1）项［《美国法典》第 19 卷第 2414 节（a）（1）项］的规定，调查结束后，USTR 必须决定美国贸易协定下的权利是否被否定，或是否存在否定美国贸易权利的法律、政策或做法。在确定存在以上情况后，USTR 需要明确采取何种制裁措施。

根据案件的不同情况，USTR 做出决定的期限主要有以下四种情况：

（1）第 304 节（a）（2）（A）规定，当调查案涉及贸易协定（不包括 TRIPS 协定）时，做出决定的时间是争端解决程序结束后的 30 天内，或调查发起后的 18 个月内，二者以较早者为准。

（2）第 304 节（a）（3）（A）（i）项规定，当调查案涉及知识产权，同时与 TRIPS、GATT 等贸易协定相关时，做出决定的时间是争端解决程序结束后的 30 天内。

（3）第 304 节（a）（3）（A）（ii）项规定，当调查案涉及知识产权，同时又不涉及贸易协定时，做出决定的时间为调查发起后的 6 个月，特殊情况下还可延长至 9 个月。

（4）第 304 节（a）（2）（B）项规定，当调查案既不涉及贸易协定，也不涉及知识产权时，做出决定的时间为调查发起后的 12 个月。

4. 制裁措施的实施

根据《1974 年贸易法》第 305 节（a）项［《美国法典》第 19 卷第 2415 节（a）项］的规定，如果 USTR 确定了制裁对象并确定了制裁措施，就必须在做出决定的 30 天之内实施有关的制裁措施。在特殊情况下，USTR 可以延迟实施制裁措施，但最晚不得超过 180 天。此外，在涉及知识产权的调查案中，如果确定了制裁对象和制裁措施，一般不得延期实施，只有在特殊情况下才能推迟，但最晚也不得超过 90 天。

根据《1974 年贸易法》第 306 节（a）项与（b）项［《美国法典》第 19 卷第 2415 节（a）项与（b）项］的规定，当他国同意采取相关措施或与美国达成协定，以解决调查案所涉问题或贸易争端时，USTR 应监督该国有关措施或协定的实施。如果在监督实施的过程中，USTR 认定该国有关措施或协定的实施不令人满意，则必须根据“301 条款”的规定，采取进一步的制裁措施。

5. 制裁措施的修正、终止及复审

根据《1974 年贸易法》第 307 节（a）（1）项［《美国法典》第 19 卷第 2417 节（a）（1）项］的规定，在出现以下三种情况时，USTR 可以修正或终止有关的制裁措施：

（1）存在强制性制裁措施的例外情形；

（2）有关法律、政策和做法对美国商业造成的负担或限制有所增加或减少；

（3）任意性制裁措施已经不再适当。

第 307 节（c）（1）项规定，如果一项制裁措施已实施了四年，而且在四年期满前的 60 天内，相关申请人和相关国内产业的代表都没有向 USTR 提出延续制裁措施的请求，则该制裁措施在四年期满时即告终止。

第 307 节（c）（3）项规定，如果 USTR 收到延续或重启制裁措施的请求，USTR 则应当开展复审，审查这项制裁措施和其他可实施措施的效果，以及这项制裁措施对美国经济的影响。

二、本次对华 301 调查立案公告概要①

（一）法律依据

USTR 本次对华 301 调查是依据《1974 年贸易法》第 302 节（b）（1）（A）项自主对中国发起 301 调查，并无美国国内产业提出申请。本次调查将

① “本次对华 301 调查立案公告”，https：//ustr. gov/sites/default/files/enforcement/301 Investigations/FRN% 20China301. pdf，2018 年 9 月 25 日访问。

决定中国政府在技术转让、知识产权和创新方面的法律、政策和做法是否存在不合理或歧视性并对美国商业造成阻碍和限制，即是否属于第 301 节（b）（1）项下可采取行动的行为（actionable conduct）。

（二）调查程序

根据第 302 节（b）（1）（B）项，USTR 已经和相关咨询委员会进行磋商，并已经和“301 条款”委员会的成员展开磋商。在调查发起之日，USTR 向中国政府就此次调查涉案事项发起磋商请求。

“301 条款”委员会将于 2017 年 10 月 10 日组织一次公开听证会并听取与此次调查相关的意见。为确保得到委员会的充分考虑，书面意见和听证会参与请求必须在 2017 年 9 月 28 日 23 点 59 分之前提交。听证会参与请求应包括证言摘要和参与意图说明。

根据第 304 节（a）（2）（B）项，USTR 必须在调查发起之日起 12 个月内决定“301 条款”下可采取行动的法律、政策和做法是否存在以及在存在的情况下应采取何种措施。

（三）调查事项

USTR 认为，中国政府在技术与知识产权转让领域针对美国和其他国家的法律、政策和做法是中国计划成为众多行业领导者（包括先进技术行业）的战略要点之一。为此，本次调查将首先针对下列事项展开：

第一，据称中国政府使用了不透明和自由裁量的行政审批程序、合资企业要求、外资参股限制、采购和其他机制，通过管制或干预美国企业在中国的业务，向美国企业施压以要求它们向中国企业转让技术和知识产权。此外，许多美国企业表示面临着模糊、非书面的规则，以及与国家政策不同的地方规则，中国政府官员通过选择性和不透明的方式适用这些规则以对技术转让施加压力。

第二，据称中国政府的法律、政策和做法剥夺了美国企业在与中国企业的许可和其他技术相关的谈判中设定市场条件的能力，并削弱了美国企业在中国对其技术的控制。例如，《技术进出口管理条例》对进口技术改进的赔偿和所有权规定了特定条件，其他措施也对许可和技术合同中强加了非市场条件。

第三，据称中国政府指示和/或不公平地促进中国企业对美国企业与资产的系统性投资和/或收购，以获得先进技术和知识产权，并在中国政府产业计划认为的重要产业领域促成大规模技术转让。

第四，此次将调查中国政府是否正在进行或支持对美国商业计算机网络未经授权的入侵或盗取知识产权、商业秘密或机密商业信息，以及这一行为是否对美国企业造成损害或是否为中国企业或商业部门提供竞争优势。

（四）与 2010 年对华新能源补贴 301 调查的异同①

值得注意的是，此次调查已不是中国“入世”后美国对华发起的首次 301 调查，2010 年 10 月 15 日，应美国钢铁工人联合会的申请，USTR 发布公告对中国的清洁能源贸易投资政策展开调查。2010 年对华新能源补贴 301 调查与此次对华技术转让及知识产权调查相比存在程序性和实体性方面的两点区别：

在调查程序方面，两次调查的发起方式存在区别。此次 301 调查依据的是《1974 年贸易法》第 302 节（b）项，即由 USTR 自行发起调查，因此，USTR 在调查决定做出前与相关咨询委员会进行了磋商。2010 年对华新能源补贴 301 调查则是依据《1974 年贸易法》第 302 节（a）项由利害关系人申请发起，因而 USTR 对调查申请理由进行了审查并最终做出调查决定。

在实体性规定方面，两者分别属于任意性制裁情形和强制性制裁情形。

① “2010 年对华新能源补贴调查立案公告”，https：//www. gpo. gov/fdsys/pkg/FR-2010 - 10 - 20/pdf/2010 - 26401. pdf，2018 年 9 月 25 日访问。

此次301调查的实体性依据为《1974年贸易法》第301节（b）项，调查发起后由USTR评估中国的相关法律、政策或做法是否合理或具有歧视性以对美国商业造成不利影响，并自由决定是否采取制裁措施。因此，具备任意性的特征。2010年对华新能源补贴301调查则依据的是《1974年贸易法》第301节（a）项，当USTR裁定中国在清洁能源方面的法律、政策或做法违反了GATT 1994、《补贴协定》以及《中国入世议定书》时，必须采取强制性制裁措施以消除不利影响。

值得注意的是，在2010年对华新能源补贴发起的301调查中，USTR于2010年12月22日将中国对风电设备提供的补贴诉诸WTO争端解决机构，①最后双方通过WTO磋商机制达成和解。

三、欧共体诉美国“301条款”案概要

1999年1月26日，欧共体根据《争端解决谅解》（DSU）第6条向WTO争端解决机构请求设立专家组，要求专家组裁定美国贸易法“301条款”违反WTO有关规则。2000年1月27日，DSU通过了专家组报告（WT/DS152/R）。本案中，虽然专家组驳回了欧共体的主张，但这一裁定立足于美国《行政行动声明》（SAA）和美国向专家组所做的承诺声明，即美国承诺将遵守WTO义务以实施“301条款”。

（一）争议问题

本案的主要争议问题是美国《1974年贸易法》第301~310节（《美国法典》第19卷第2411－2420节）是否违反DSU和GATT 1994的有关规定。欧共体提出以下主张。

① WTO，https：//www.wto.org/english/tratop_e/dispu_e/cases_e/ds419_e.htm.

1. 第 304 节（a）（2）（A）项与 DSU 第 23.2 条（a）项不符

第 304 节（a）（2）（A）项授权 USTR 在磋商请求提出后 18 个月内单方面确定另一 WTO 成员是否否定了美国的 WTO 权利，而 WTO 争端解决程序一般需要 19 个半月。因此，在最终报告尚未得到 DSB 通过之前，USTR 就可能会单方面做出决定，从而违反了 DSU 第 23.2 条（a）项，这一条款要求 WTO 成员必须通过 WTO 争端解决程序解决相关争端并保证所做决定与 WTO 争端解决报告相一致。[①]

2. 第 306 节（b）项与 DSU 第 23.2 条（a）项不符

第 306 节（b）项授权 USTR 在败诉方实施 DSB 裁决的合理期限结束后的 30 天内“考虑”另一成员是否实施了 DSB 裁决，而依据 DSU 第 21.5 条，执行争端需要在 90 天内提交原专家组解决。因此，欧共体认为这一“考虑”可能在 DSU 第 21.5 条程序完成前发生，违反了 DSU 第 23.2 条（a）项的相关要求。

3. 第 306 节（b）项和第 305 节（a）项与 DSU 第 23.2 条（c）项不符

第 306 节（b）项授权 USTR 在合理期限结束后的 30 天内针对未履行 DSB 裁决的情况做出中止减让等行动的决定；第 305 节（a）项可能允许 USTR 在美国收到 DSB 授权前实施中止减让。而 DSU 第 23.2 条（c）项规定 WTO 成员必须遵循第 22 条程序决定中止减让的水平且实施中止减让前必须获得 DSB 授权。因此，欧共体认为第 306 节（b）项和第 305 节（a）项违反了 DSU 第 23.2 条（c）项。

4. 第 306 节（b）项与 GATT 1994 第 1 条、第 2 条、第 3 条、第 8 条或第 11 条不符

欧共体主张，在未依据 DSU 获得批准的情况下，第 306 节单方面提出的贸易措施实施授权必然违反了 GATT 1994 第 1 条、第 2 条、第 3 条、第 8 条和第 11 条。

---

① Panel Report, *United States-Sections* 301 – 310 *of the Trade Act of* 1974, WT/DS152/R, adopted on January 27, 2000, para. 7.29.

（二）专家组裁决理由

1. 第 304 节（a）（2）（A）项是否与 DSU 第 23.2 条（a）项不符

专家组首先做出以下事实性裁定：其一，美国贸易法要求 USTR 在磋商请求提出后 18 个月内做出决定；其二，DSU 程序下的争端解决经常耗时超过 18 个月；其三，USTR 具有自由裁量权以决定美国依 WTO 所享有的权利"未"遭损害，但 USTR 也有权依据第 304 节决定某一 WTO 成员的行为与 WTO 协定不相一致。①

对于美国提出的抗辩意见，即只有强制性法律才可能"本身"（as such）违反 GATT 规则②，专家组表示，强制性/任意性的问题并不是本案的核心问题，第 304 节是否违反 DSU 第 23 条首先取决于第 23 条如何规定，如果第 23 条禁止某种法律上的任意性，那么第 304 节法律用语中的任意性规定就将违反 WTO 规则。③

因此，专家组开始审查 DSU 第 23 条是否禁止第 304 节所规定的行为。根据《维也纳条约法公约》第 31 条所规定的条约解释规则，专家组依次依据"条款通常含义、善意解释规则、条约目的和上下文联系"对第 23 条进行解释。

首先，根据条款通常含义，第 23.1 条禁止 WTO 成员在 DSU 程序未用尽之前单方面确定不一致的行为。因此，在 DSU 程序尚未用尽的情况下，USTR 根据第 304 节拥有的单方面决定权将对其他 WTO 成员造成危险，而这种危险正是第 23 条所要消除的。④

---

① Panel Report, *United States-Sections* 301 – 310 *of the Trade Act of* 1974, WT/DS152/R, adopted on January 27, 2000, para. 7.31.

② Ibid., para. 7.51.

③ Ibid., paras. 7.53 – 54.

④ Ibid., paras. 7.59 – 61.

其次，根据善意解释规则，专家组认为一方保留自由裁量权以实施其承诺不做的行为（即单方面确定不一致的行为），不符合善意解释的要求。[①]

再次，专家组认为与解释第 23 条相关的条约目的，是“在国内和全球市场上创设有助于个人经济活动的市场条件，并提供一个安全、可预见的多边贸易体制”。[②] 对于本案而言，如果某一法律允许政府实施与 DSU 相悖的单边措施，这将对其他 WTO 成员和市场本身“造成持续的威胁并产生一种损害严重的‘寒蝉效应’”，[③] 个体经济参与者也可能受其威胁而不敢继续从事相关产品贸易。

最后，联系上下文来看，WTO 有效的争端解决体制是乌拉圭回合协议中的重要成就，而 DSU 第 23 条规定的这项义务（禁止单方面做出决定），“用意在于向 WTO 成员、经济市场和个体经济参与者保证：不会在 WTO 权利和义务方面出现单方面的决定”。[④]

因此，基于以上分析，专家组做出初步法律结论：《1974 年贸易法》第 304 节构成了对 DSU 第 23. 2 条（a）项的初步违反。[⑤]

在做出初步违反的结论后，专家组认为需要进一步考虑非法定要素，即其他机构要素和行政要素。一方面，专家组注意到美国行政办公室已做出《行政行动声明》，承诺遵守 WTO 义务以实施《1974 年贸易法》第 304 节，且这一声明已与美国实施乌拉圭回合协议的立法一同由总统提交国会并得到批准。因此，专家组认为这一声明表达了美国行政机关的立场观点且具有权威性，能够撤销先前做出的初步违反裁定。[⑥] 另一方面，美国也在本案专家

---

① Panel Report, *United States-Sections* 301 – 310 *of the Trade Act of* 1974, WT/DS152/R, adopted on January 27, 2000, paras. 7. 67 – 68.

② Ibid. , para. 7. 71.

③ Ibid. , para. 7. 88.

④ Ibid. , paras. 7. 94 – 95.

⑤ Ibid. , para. 7. 97.

⑥ Ibid. , paras. 7. 109 – 113.

组面前“明确地、正式地、反复地和无条件地确认”其声明中的承诺，即“USTR 将只会依据 DSB 裁决做出第 301/304 节下的决定”。[①] 专家组认可了美国的承诺声明。

通过以上分析，专家组裁定认为，虽然第 304 节的法律用语构成了一种严重威胁，使 USTR 可能做出有悖于 DSU 第 23. 2 条（a）项的决定，但由于“《行政行动声明》和美国对专家组的承诺声明的综合作用”，[②] 专家组认为这一威胁已得到排除，因而裁定第 304 节不违反美国在 DSU 第 23. 2 条（a）项下的义务。但专家组同时警告，如果美国否认或撤销了《行政行动声明》或承诺声明中的承诺，专家组的上述裁决将不再得到保证。[③]

2. 第 306 节（b）项是否与 DSU 第 23. 2 条（a）项不符

专家组首先对第 306 节（b）项做出以下事实性裁定：美国贸易法授权 USTR 在合理期限（败诉方实施 DSB 裁决的合理期限）结束后的 30 天内“考虑”另一成员是否实施了 DSB 裁决，且这一“考虑”可能在 DSU 第 21. 5 条程序完成前发生。[④]

专家组进而开始审查第 306 节是否符合 DSU 第 23. 2 条（a）项。

本案中，美国与欧共体在 DSU 第 21. 5 条和第 22 条的关系以及中止减让请求提出的时限方面存在争议。美国认为根据 DSU 第 22 条，中止减让的建议需要在合理期限结束后 30 天内提交 DSB 以适用反向一致规则，而欧共体认为 DSU 第 22 条只有在第 21. 5 条程序完成后才可援用。对此，专家组表示 DSU 第 21. 5 条和第 22 条的关系争议并不属于其职权范围，因而专家组决定通过假定的方法审查第 306 节是否符合 DSU 第 23. 2 条（a）项。[⑤]

---

① Panel Report, *United States-Sections* 301 – 310 *of the Trade Act of* 1974, WT/DS152/R, adopted on January 27, 2000, para. 7. 114.

② Ibid., para. 7. 131.

③ Ibid., para. 7. 126.

④ Ibid., para. 7. 138.

⑤ Ibid., para. 7. 154.

首先，专家组假定美国对DSU条款的理解是正确的，即WTO成员必须在合理期限结束后30天内决定是否依据第22条采取进一步措施。在这一情况下，专家组认为第306节符合DSU第23.2条（a）项，因为USTR必须依据DSU第22条在30天的时限内做出“考虑”以决定是否请求中止减让。①

随后，专家组假定欧共体对DSU条款的理解是正确的，即DSU第22条只有在第21.5条程序完成后才可援用。在这种情况下，专家组认为第306节授权USTR在第21.5条规定的程序结束前做出决定，将构成对DSU第23.2条（a）项的初步违反。但如同上文专家组对第304节的裁定情形，《行政行动声明》和美国对专家组的承诺声明将消除第306节的初步违反。②

因此，专家组裁定，无论根据何种假定，第306节都不违反美国在DSU第23.2条（a）项下的义务。但专家组同样提出了警告，如果美国否认或撤销了《行政行动声明》或承诺声明中的承诺，专家组的上述裁决将不再得到保证。

3. 第306节（b）项和第305节是否与DSU第23.2条（c）项不符

专家组认为，第23.2条（c）项包括有两个累计义务：一是“美国必须遵循第22条所规定的程序决定中止减让或其他义务的水平”；二是“美国在实施中止减让或其他义务前必须获得DSB授权”。③

对于第306节（b）项，上文已分析USTR根据第306节“考虑”另一成员是否实施了DSB裁决的合法性问题，而此处将分析USTR在“考虑”后作出进一步决定或行动的合法性问题。对此，专家组同样采取了假定的分析方式。在假定美国观点正确的情况下，专家组认为美国有权依据第22条在合理期限结束后的30天内决定中止减让或其他义务的水平，因而第306节符合DSU第23.2条（c）项。同样，在假定欧共体观点正确的情况下，专家组认

① Panel Report, *United States-Sections* 301 – 310 *of the Trade Act of 1974*, WT/DS152/R, adopted on January 27, 2000, paras. 7.159 – 163.

② Ibid., paras. 7.164 – 167.

③ Ibid., para. 7.173.

为第306节（b）项所涉及的任何初步违反已由于《行政行动声明》和承诺声明的存在而得到消除。因此，专家组裁定第306节未违反美国在DSU第23.2条（c）项下的义务。①

对于第305节，专家组首先表示同意欧共体的观点，即第305节（a）（1）项可能允许USTR在美国收到DSB授权前实施中止减让。但基于上文同样的理由，尽管USTR在DSB尚未授权情况下的行为可能构成对DSU第23.2条（c）项的初步违反，但美国的《行政行动声明》和承诺声明消除这一初步违反。因此，专家组裁定第305节未违反美国在DSU第23.2条（c）项下的义务。同样，专家组提出警告，如果美国否认或撤销了《行政行动声明》或承诺声明中的承诺，专家组的上述裁决将不再得到保证。②

4. 欧共体关于GATT 1994的主张

专家组认为，欧共体关于GATT 1994的主张是基于欧共体依据DSU的主张而提出，由于专家组已经确定第306节未违反DSU第23条，因此专家组否定了欧共体关于GATT 1994的主张。③

（三）专家组裁决结论

基于法律分析以及对非法定要素的分析，专家组做出以下裁定：

（1）第304节（a）（2）（A）项并非与DSU第23.2条（a）项不符；

（2）第306节（b）项并非与DSU第23.2条（a）项、（c）项或GATT 1994第1条、第2条、第3条、第8条或第11条不符；

（3）第305节（a）项并非与DSU第23.2条（c）项不符；

（4）如果美国否认或撤销了《行政行动声明》或承诺声明中的承诺，专家组的上述裁决将不再得到保证。

---

① Panel Report, *United States-Sections* 301 – 310 *of the Trade Act of* 1974, WT/DS152/R, adopted on January 27, 2000, para. 7.179.

② Ibid., para. 7.185.

③ Ibid., paras. 7.187 – 189.

四、美国本次对华 301 调查的法律问题

（一）本次调查的法律依据是《1974 年贸易法》第 301 节（b）（1）项，可能并不涉及美国在 WTO 协定项下的权利或利益

美国《1974 年贸易法》第 301 节总共有（a）（b）（c）（d）四个小节构成。（a）小节和（b）小节规定了 USTR 采取报复性措施的两种不同情形。

（a）小节规定 USTR 必须采取强制性报复措施（retaliatory measures）的情形，即美国贸易协定下的权利、利益受损或他国的法律、政策或做法是“不正当的”且对美国商业造成负担或限制。

（d）（4）（A）小节则将“不正当的”（unjustifiable）定义为：

（A）一国的法律、政策或做法是“不正当的”，如果一国的法律、政策或做法违反或与美国的国际法权利不一致。

（B）法律、政策或做法是“不正当的”包括但不限于任何拒绝给予国民待遇或最惠国待遇或设立或保护知识产权的权利的（A）子段所述法律、政策或做法。

也就是说，USTR 可以依据第 301 节（a）项采取报复性措施的都是一国违反相关贸易协定或侵害美国国际法上权利的行为。

（b）小节规定 USTR 在裁定下述情况存在时可以自由裁量是否采取报复性措施：

（1）他国的法律、政策或做法是“不合理的”（unreasonable）或“歧视性的”（discriminatory），并对美国的商业造成负担或限制；

对于什么是“歧视性的”，（d）（5）小节规定为拒绝给予美国的货物、服务和投资国民待遇和最惠国待遇。

对于什么是“不合理的”，（d）（3）（A）小节规定为：

（3）（A）一国的法律、政策或做法是“不合理的”，如果一国的法律、政策或做法虽然并不必然违反或与美国的国际法权利不一致，但是它是不公平和不公正的。

（d）（3）（B）小节列举了“不合理的”情形，包括：

i. 不公平和不公正的行为，比如设立企业的公平和公正的机会；即使一国符合 TRIPS 的规定，但是仍然未能对知识产权进行充分和有效的保护；拒绝基于知识产权保护给予美国人的非歧视性的市场准入机会；容忍反竞争行为；

ii. 构成“出口目标”，即政府的规划和方案让某一个企业、产业或集团在出口某一个类或某一种产品上更具有竞争力；

iii. 构成持续性的行为模式，拒绝工人的结社权、拒绝工人集体组织和谈判的权利、允许强迫劳动、没有雇用儿童的最低年龄的规定、未能提供最低工资、工作小时、职业安全和工人健康等标准；

iv. 未能履行一国与美国是共同成员方的相关协定中的承诺。也就是说，USTR 可以依据第 301 节（b）项采取报复性措施并不必然以一国违反相关贸易协定或侵害美国国际法上权利的行为为前提。

就本次美国对华 301 调查而言，USTR 在立案公告中非常明确地指出本次调查的法律依据是 301 节（b）（1）项。具体而言，调查将涉及技术转让相关的中国行政审批程序及合资企业要求等政策规定、中国政府削弱美国企业技术控制力的相关措施及规定、中国政府对系统性并购和技术转移的推动以及中国政府在知识产权、商业秘密获取等方面的黑客行为。虽然具体会涉及哪些细节目前还不确定，但是似乎可以初步判断，这四个方面的内容与中国在 WTO 协定项下的具体承诺没有太大的关系。

虽然根据中国“入世”议定书第 7.3 条的规定，中国政府承诺在“进口许可证、配额、关税配额的分配或对进口、进口权或投资权的任何其他批准方式”等方面不得与技术转让相挂钩。[①] 但是，根据本案的立案公告，USTR并没有明确是否将对中国政府是否违反该条款进行调查。

另外，根据立案公告的规定，USTR 将依据第 304 节（a）（2）（B）项，在调查发起之日起 12 个月内做出调查的决定。如前文所述，第 304 节（a）（2）（B）项所规定的 12 个期限适用于既不涉及贸易协定，也不涉及知识产权的调查。因此，这也从侧面证明了 USTR 在发起本次对华 301 调查的初衷可能并不是针对美国在 WTO 协定项下的权利或利益。

总而言之，如果中国政府在本次 301 调查中声明其并没有违反 WTO 协定项下的承诺，可能并不能达到法律抗辩的效果。因为美国本次对华 301 调查的内容可能本来就不涉及中国是否违反了 WTO 协定。另外，USTR 在本次调查中与中国政府磋商后，或调查结束后，也可能不会在 WTO 争端解决机制下提起诉讼，因为本次调查所指控的内容可能根本不是《关于争端解决规则与程序的谅解》（DSU）所列明的“适用协定”（covered agreements）的一部分。当然也不排除 USTR 通过 301 调查获取了更多的资料和信息，并认定中国政府在其他事由方面可能违反了 WTO 协定中的义务或相关承诺，并进而在 WTO 争端解决机制下提起诉讼。

（二）欧共体诉美国 301 条款案专家组的裁决和美国《行政行动声明》的内容可能并不适用于本次美国对华 301 调查

如前文所述，欧共体在诉美国“301 条款案”（DS152）中提出了四个方

① 中国“入世”议定书第 7.3 条规定：自加入时起，中国应遵守《TRIMs 协定》，但不援用《TRIMs 协定》第 5 条的规定。中国应取消并停止执行通过法律、法规或其他措施实施的贸易平衡要求和外汇平衡要求、当地含量要求和出口实绩要求。此外，中国将不执行设置此类要求的合同条款。在不损害本议定书有关规定的情况下，中国应保证国家和地方各级主管机关对进口许可证、配额、关税配额的分配或对进口、进口权或投资权的任何其他批准方式，不以下列内容为条件：此类产品是否存在与之竞争的国内供应者；任何类型的实绩要求，例如，当地含量、补偿、技术转让、出口实绩或在中国进行研究与开发等。该条里有关于技术转让的规定，可能与 USTR 立案公告里的调查事项相关，但是似乎 USTR 并没有准备使用这一条。如下文所述，如果美国选择使用这一条，可能将不得不面对其在《行政行动声明》中所做出在对与违反 WTO 协定相关的行为进行 301 调查时将遵守相关 WTO 规定的义务的承诺。

面的诉请[①]：第 304 节（a）（2）（A）项下 USTR 单方面确定美国 WTO 权利的程序是否减损与 WTO 争端解决程序不符；第 306 节（b）（2）（A）项下 USTR 确认其他成员方 DSB 裁决执行情况的程序与 WTO 争端解决程序不符；第 306 节（b）项和第 305 节（a）（2）项下 USTR 实施中止减让的行为与《争端解决谅解》的规定不符；第 306 节（b）项单方面提出的贸易措施实施授权与 GATT 1994 的相关规定不符。

针对欧共体提出的各项诉请，根据《维也纳条约法公约》第 31 条所规定的条约解释规则，专家组初步认为美国的“301 条款”的相关内容违反了 WTO 协定。但在考虑非法定要素时，专家组注意到美国行政办公室已做出具有权威性《行政行动声明》，承诺遵守 WTO 义务以实施《1974 年贸易法》第 304/306 节,[②] 且美国也在本案专家组面前“明确地、正式地、反复地和无条件地确认”其声明中的承诺。[③] 因此，专家组裁定认为，虽然第 304/306 节的法律用语构成了一种严重的违法性威胁，但“《行政行动声明》和美国对专家组的承诺声明的综合作用”[④] 使这一威胁得以排除，因而裁定美国未违法 DSU 第 23.2 条（a）项下的义务。但专家组同时警告，如果美国否认或撤销了《行政行动声明》或承诺声明中的承诺，专家组的上述裁决将不再得到保证。[⑤]

如果仔细分析欧共体在 DS152 案中提出的涉及违反 DSU 相关条款的内容，可以看出这些争议的 301 条款的内容都比较明确地指向与依据第 301 节（a）项所发起的 301 调查，在 DS152 案中实际上是特指某 WTO 成员在违反了 WTO 协定的情况下所发起的 301 调查。例如，第 304（a）（2）（A）节要求 USTR 在涉及贸易协定的情况下，在发起调查后的 18 个月内做出裁定；而

---

① Panel Report, *United States-Sections* 301 – 310 *of the Trade Act of 1974*, WT/DS152/R, adopted on January 27, 2000.

② Ibid., paras. 7.109 – 113.

③ Ibid., para. 7.114.

④ Ibid., para. 7.131.

⑤ Ibid., para. 7.126.

第306（b）（2）（A）节授权USTR在败诉方实施DSB裁决的合理期限结束后的30天内“考虑”另一成员是否实施了DSB裁决。

如果再仔细分析《行政行动声明》的内容，可以发现所谓USTR承诺将以遵守WTO协定义务的方式进行301调查，也仅限于与违反WTO协定相关的调查。

“虽说《争端解决谅解》将增强301条款的效力，但《争端解决谅解》并不要求针对有关违反乌拉圭回合协定指控或在这类协定下美国利益受损的调查，对301条款进行任何重大修改。在这种情况下，贸易代表将：

• 如当前法律要求，援引《争端解决谅解》争端解决程序；

• 立足于争端解决机构通过的专家组或上诉机构报告，做出美国相关协定下权利遭受违反和否定的301调查裁定；

• 在采纳一个有利的专家组或上诉机构报告后，允许辩护方有一段合理的时间来执行报告的建议，且

• 如果在此合理期间内问题不能得以解决，寻求争端解决机构授权以进行报复。”①

美国在本次对华301调查所依据的是301节（b）（1）项，可能并不涉及中国违反了在WTO协定项下的承诺或美国在WTO协定项下的利益受到减损。因此，欧共体诉美国301条款案专家组的裁决并不适用于本次美国对华301调查，而且USTR本次对华301调查由于可能不涉及违反WTO协定，因此，USTR可能也不受《行政行动声明》中相关承诺的约束。

（三）美国本次301调查中采取任何单边贸易报复措施都将损害中国在WTO协定项下的合法利益

美国《1974年贸易法》第301节（c）项列举了USTR被授权采取报复

① SAA, pp. 365 – 366.

性措施种类，包括贸易协定优惠措施中止与撤回、关税提高与进口限制、免税待遇中止与撤回、签订协定以消除不利影响以及服务市场限制等方式。

就本次美国对华 301 调查而言，可能对中国的产品或服务产生比较大影响的提高关税、限制进口或限制服务市场的准入等，而提高关税可能是美国总统所特别青睐或期待的措施。如果本次 301 调查结束后，美国总统批准采取此类措施，那么将直接损害中国在 WTO 协定项下的应该获得的利益。但是，美国采取此类措施并不是因为美国认为中国违反了 WTO 协定而是美国认为中国侵害了其单方面主张的非 WTO 项下的权利。

简而言之，美国的本次对华 301 调查就是：依据非 WTO 项下的所谓“权利”或“利益”，要求中国履行 WTO 之外的义务，否则就要采取单方面报复措施来损害中国在 WTO 项下的利益。

如果 USTR 经调查后，决定采取措施对中国产品加征关税，或对中国产品进口进行限制，或对中国的服务和服务提供者进行限制，那么可能违反 GATT 1994 第 II. 1 条关于关税减让的承诺，第 XI 条关于取消数量限制的规定，以及 GATS 项下关于服务市场准入的承诺，以及《争端解决谅解》第 23 条对关于禁止采取单边报复措施的规定。

比如，在日本诉美国的汽车零部件案（DS6）中，USTR 于 1995 年 5 月 10 日发布 301 调查裁定，认定日本限制汽车部件市场开放的某些法律、政策和做法是不合理且歧视性的，对美国的商贸造成了阻碍和限制，并根据第 301 节（b）项决定对产自日本的豪车征收 100% 的从价关税。①

与本次美国对华 301 调查相似，USTR 并没有认定日本违反其在 WTO 协定项下的承诺，而是依据第 301 节（b）项认定日本的相关汽车零部件政策措施损害了美国的利益因此采取了单边的报复性措施。

日本政府于 1995 年 5 月 22 日通过 WTO 争端解决机构向美国政府提出磋

① Available at https：//www. gpo. gov/fdsys/pkg/FR-1995 – 05 – 18/pdf/95 – 12344. pdf.

商请求，认为美国301调查裁定违反了《争端解决谅解》第23条对关于禁止采取单边报复措施的规定，并且100%从价关税这一单边报复措施违反了GATT 1994的最惠国待遇原则（第Ⅰ条）和关税减让表（第Ⅱ条）。[①] 最终，美日双方通过两轮磋商达成了框架协议：美国撤回100%从价关税裁定，而日本政府保证采取有效措施以开放日本汽车相关市场。

虽然本案不涉及第301节（b）项的合规性，也没有最终形成专家组报告裁定美国的单边措施是否合规，但是显然美国的单边制裁措施直接违反了美国在WTO协定下的承诺，除非美国可以引用GATT 1994第XX条或GATS第XIV条中关于一般例外的规定，证明其单边措施的正当性。

（四）如果本次301调查最终未能认定中国违反了WTO协定义务或承诺，美国或许可能向WTO争端解决机构提起非违反之诉

基于本次调查不涉及中国WTO协定下的承诺或义务，美国在本次调查结束后要诉诸WTO争端解决机制的话，可能只能提起GATT 1994第XXIII.1（b）项下的非违反之诉。

例如，1995年7月2日，应美国伊士曼柯达公司的申请，USTR根据第302节（a）项发起301调查，调查日本拒绝胶片、胶纸市场开放的某些法律、政策和做法是否不合理、歧视性且是否可以在301条款下被采取措施。[②] 1996年6月13日，USTR根据第304节（a）（1）（A）项裁定认为，日本政府关于在日本市场销售和分销摄影材料的某些法律、政策和做法是不合理的，且对美国的商贸造成了阻碍和限制。[③] 由于可能涉及日本违反了WTO项下的承诺，USTR在调查裁定中表示将根据《1974年贸易法》和《争端解决谅

① Available at https：//docs. wto. org/dol2fe/Pages/FE_Search/FE_S_S009 - DP. aspx? language = E&CatalogueIdList = 101404，45469，11964，15169，7237，27510&CurrentCatalogueIdIndex = 5&FullTextHash = &HasEnglish Record = True&HasFrenchRecord = True&HasSpanishRecord = True.

② Available at https：//www. gpo. gov/fdsys/pkg/FR-1995 - 07 - 07/pdf/95 - 16742. pdf.

③ Available at https：//www. gpo. gov/fdsys/pkg/FR-1996 - 06 - 18/pdf/96 - 15436. pdf.

解》诉诸 WTO 争端解决机制。1998 年 4 月 22 日，争端解决机构通过了专家组报告，裁定认为美国未能证明日本的相关措施违反了 GATT 1994 第 III：4 条，也未能证明涉案措施与美国利益减损间存在因果关系，从而驳回了美国的“非违反之诉”。①

就本次对华 301 调查而言，如果 USTR 最终认定中国可能违反了中国“入世”议定书第 7.3 条，那么根据美国在《行政行动声明》中的承诺，美国必须以遵守 WTO 协定义务的方式进行 301 调查，即与美国 2010 年对华新能源补贴 301 调查类似，通过 WTO 争端解决机制与中国磋商并寻求该机制下的满意解决方案。如果是这样的话，实际上美国本次对华 301 调查可能对中国在 WTO 协定下贸易利益的影响将被降至最低程度。

如果 USTR 最终认定中国可能没有违反 WTO 的协定，但是仍然决定提起 WTO 争端解决机制下的非违反之诉，那么美国会面临非违反之诉的非常高的法律上的证明义务，如涉案措施与美国利益减损间存在因果关系等，其主张获得专家组或上诉机构支持的难度较大。

五、美国对华 301 调查的应对建议

（一）本次 301 调查程序本身的合规性与单边贸易报复性措施的合规性应该区别对待

国家主权原则是国际法的基本原则，每个国家都可以在不侵害其他主权国家的前提下，独立自主地在自己领土范围制定法律。② 监管权（right to

① Panel Report, *Japan-Measures Affecting Consumer Photographic Film and Paper*, WT/DS44/R, adopted April 22, 1998.

② Panel Report, *China-Measures Related to the Exportation of Various Raw Materials*, WT/DS394/R, WT/DS395/R, WT/DS398/R, adopted July 5, 2011, para. 7.378.

regulate）是每个 WTO 成员政府固有的权力，而不是 WTO 协定所授予的权利。[①] 但是，就贸易而言，WTO 协定及其附件要求成员在行使其固有的监管权时必须与其在 WTO 协定下所承担的义务相一致。[②]

本次 301 调查立案公告中公布的拟调查事项包括强制技术转移、削弱美国企业对技术的控制力、通过对外投资获取技术和中国政府的黑客行为等。姑且不论这四个方面的事实是否存在，可能 WTO 协定并没有对这些问题进行规定或约束。[③]

那么 WTO 协定没有规定的或约定的事项，WTO 成员是否可以进行调查和采取措施呢？答案是肯定的。因为 WTO 协定没有规定的内容可能都属于 WTO 成员主权范围内的监管权。如 WTO 成员可以自主就反竞争行为进行调查，比如反垄断，相应的被调查主体可能要承担一定的民事、行政甚至刑事责任；再比如 1997 年欧盟以缅甸强迫劳动为由暂时中止了缅甸享受的关税优惠待遇。

总体而言，这些调查应该属于 WTO 成员主权范围内的监管权力的行使，只要这些调查本身并不违反 WTO 的一些基本原则，如国民待遇或最惠国待遇原则，并且其最终所采取的措施并没有对其他 WTO 成员本来在 WTO 协定项下应该获得的利益造成减损。

但是，如果某 WTO 成员以环境保护、劳工权益、技术转移或黑客行为，或其他事由对另一成员中止关税减让或限制服务准入，那么就可能违反 WTO 协定的义务或承诺，除非该 WTO 成员可以引用 GATT 1994 第 XX 条或 GATS 第 XIV 条的一般例外规则证明其正当性。

---

① Appellate Body Report, *China-Measures Affecting Trading Rights and Distribution Services for Certain Publications and Audiovisual Entertainment Products*, WT/DS363/AB/R, adopted December 21 2009, para. 222.

② Ibid.

③ 姑且不论美国 USTR 会不会去挑战中国“入世”议定书第 7.3 条中有关于技术转让的规定。实际上如果 USTR 指控中国政府违反了“入世”议定书第 7.3 条，那么中国政府可以要求美国履行其在《行政行动声明》中所做出的承诺，以遵守 WTO 义务的方式来进行本次 301 调查。

最后，值得注意的是，如果 USTR 在调查过程中最终认定中国政府存在违反 WTO 协定义务或承诺的行为，那么 USTR 应当依据专家组在欧共体诉美国 301 条款案中的裁定和美国政府在《行政行动声明》中已经做出的承诺，以严格遵守 WTO 协定义务的方式进行 301 调查并采取相应的措施。

（二）通过磋商和解或将争议问题诉诸 WTO 争端解决机制可能是比较理想的解决方案

美国本次对华发起的 301 调查的解决方案可能包括四种，一是美国采取单方面的报复措施，二是诉诸 WTO 争端解决机制，三是双方和解，四是美国单方面终止调查。其中第一种和第四种是解决方案的两个极端，第一种不是中国希望出现的，第四种需要美国主动让步，可能会让美国人丢面子，所以折中的方案可能是双方进行磋商谈判后和解，或者在无法达成和解的情况下诉诸 WTO 争端解决机制。

就磋商和解而言，中国政府当务之急是需要对本次 301 调查立案公告中指控的可能进行调查的内容进行事实梳理，哪些行为可能有，哪些可能是莫须有的指控，哪些政策法规还在实施，哪些政策法规可能已经过时。只有在事实梳理的基础上，中国政府才能够有效地制订出谈判的策略和让步的空间。

谈判策略上值得注意的一点是在目前美方指控并不是特别明确的情况下，中国政府在向美国披露的信息和资料的详细程度以及 WTO 合规则性上要有所把握，以免给美方在可能的后续 WTO 争端解决程序中留下把柄。

让步空间可以分两个方面，一是对于那些过时的确实需要修改或清理的法规政策，中国政府也不妨借机进行修改，以达到双赢的目的；二是让步的底线是不得损害中国在 WTO 协定下应该享有的权利和利益，即美国通过 WTO 争端解决机制下拿不到的东西，中国政府也没有必要在谈判桌上做出让步。

就诉诸 WTO 争端解决机制而言，目前可以预见到的可能被美国提起

WTO 争端解决的理由包括两个方面，一是中国“入世”议定书第 7.3 条关于技术转让的相关承诺，二是美国可能提起的非违反之诉。如果 USTR 在进行调查后认为相关被指控事项可能违反了 WTO 协定，并决定诉诸 WTO 争端解决机制，这对中国来说可以算是成功地将美国从单边主义拽回了可控性和可预见性更强的多边法律框架下解决问题。因此，在 USTR 的调查过程中，如何积极地引导和促使美国回到多边框架下，可能是需要中国政府特别注意的问题。

预裁定制度研究
——以《贸易便利化协定》为基础

刘 瑛 黎 萌*

摘要：贸易便利化越来越成为国际社会讨论的热点话题，而通关便利化是贸易便利化中最重点的部分。预裁定制度涉及商品归类、原产地确定、海关估价等一系列海关行政行为，对这些行为进行通关前预先裁定，将会大大加速通关时间，减少通关滞延。本文在《贸易便利化协定》生效后对预裁定制度进行研究，并通过对比美国、欧盟、日本等成员的相关实施状况，汲取一些国际经验，希望能够对我国的海关行政裁定制度提供有益的借鉴，实现海关行政裁定制度在理论与实践上的统一。

关键词：《贸易便利化协定》；预裁定；预规定；预确定

"乌拉圭回合谈判"完成后，WTO成员的关税得到了大幅度的降低，但是各国之间仍然存在的烦琐的货物跨境手续以及繁多的单证要求使得谈判达成的关税全面降低的效果大打折扣。由于历史、地理、国情等各方面因素不同，WTO成员的贸易法规存在较大的差异，贸易法规的不公开、不

* 刘瑛，武汉大学国际法研究所、法学院教授；黎萌，武汉大学国际法研究所、法学院国际经济法专业硕士研究生。

透明无形地增加了贸易成本。特别是海关通关程序的复杂性及贸易政策的变动性常常造成贸易障碍，也给贸易商及消费者造成迟延及额外的消耗。加之海关官员的自由裁量权较大，各口岸的海关就相同的事实所作出的管理决定差异也较大，如果未建立起完善的上诉复审机制，贸易商面临的通关阻碍势必大大增加且告诉无门。为帮助贸易业者了解海关法规与措施，许多国家设立了相应的咨询机制，但这种咨询机制并不具有普遍适用性和法律约束力，只是一种指导意见。而预裁定制度则以法律的形式将该种咨询制度确定为一种标准的有拘束力的事先裁定程序，从而极大地约束了海关行政裁量权的滥用，缩短了货物清关时间，增强了国际贸易的稳定性和确定性。

预裁定制度起源于美国①，之后在贸易便利化谈判的浪潮推动下为各国所借鉴并推行，成为通关便利化制度之一。预裁定的名称也呈现多样化存在，在 WTO、世界海关组织（WCO）、亚太经合组织（APEC）等国际组织的相关提案中一般将其翻译为“预裁定”（advance ruling），在美国其同样也被称为“预裁定”（advance ruling），在欧盟则被称为“约束性裁定”（binding ruling），而在我国一般称该制度为海关行政裁定。同时预裁定制度存在国别差异，因具体程序不同而难以统一运行。《贸易便利化协定》的生效，为预裁定制度建立统一的国际法律规制提供了契机，也为我国海关行政裁定制度的进一步发展指明了方向。

一、贸易便利化协定中的预裁定制度

自 1996 年“新加坡议题”提出《贸易便利化协定》谈判，共有 11 个国家和地区共计 48 次提交了关于预裁定的提案，其中主要的提案来自于与我国

① 刘芳：“贸易便利化下的海关行政裁定制度研究”，复旦大学 2011 年硕士学位论文，第 4 页。

贸易排名前十的国家或地区[①]。加拿大[②]在 2005 年提出有关预裁定的建议，它对预裁定的范围进行了限制，对预裁定的程序做了规定，对预裁定的公开、特殊与差别待遇问题也进行了规定，最后它认为预裁定可以降低行政成本；2005 年我国台湾等地区[③]也提出了关于预裁定的提案，但只建议了对商品关税分类的预裁定制度；同年美国也提出了预裁定的建议草案，规定了预裁定的适用范围[④]，并介绍了自己的国内程序以供各成员国参考；之后澳大利亚提出了一份非常具体的建议，它提出建议预裁定机制的目的[⑤]，概述了本国所采用的程序、经验和澳大利亚海关提供约束力的预裁定有关估值和分类问题，与各成员分享了澳大利亚的预裁定制度和系统的基本原则。中美两国在

---

① 主要的国家和地区是：日本、中国台北、东盟、美国、加拿大、澳大利亚。

② 加拿大建议预裁定应该适用于货物的关税分类和原产地确定的问题；程序上预裁定将按关税分类发布（包括任何适用于进口税的税率或税额），在国内进口商或外国出口商或生产者的书面请求后，在受利害关系方提交充分信息后的规定期限内做出。由 WTO 成员的海关总署规定可以拒绝发出裁定的情形，例如，当该申请已经过审查或上诉的程序。参见世界贸易组织贸易便利化谈判组秘书处文件：List of Document，TN/TF/W/9，https：//docs. wto. org/dol2fe/Pages/FE _ Browse/FE _ B _ S005. aspx？MeetingId = 30833&Language = 1&StartDate = 02% 2f01% 2f2000&EndDate = 30% 2f06% 2f2017&SubjectId = －2&SearchPage = FE_B _003&CatIdsHash = －1987291414&languageUIChanged = true，2018 年 9 月 24 日访问。

③ 参见世界贸易组织贸易便利化谈判组秘书处文件，List of Document，TN/TF/W/10，https：//docs. wto. org/dol2fe/Pages/FE_Browse/FE_B_S005. aspx？MeetingId = 30833&Language = 1&StartDate = 02% 2f01% 2f2000&EndDate = 30% 2f06% 2f2017&SubjectId = －2&SearchPage = FE_B_003&CatIdsHash = －1987291414&languageUIChanged = true，2018 年 9 月 24 日访问。

④ 美国建议裁定范围包括税则归类、海关估价、递延税等。参见世界贸易组织贸易便利化谈判组秘书处文件：List of Document，TN/TF/W/11，https：//docs. wto. org/dol2fe/Pages/FE_Browse/FE _B_S005. aspx？MeetingId = 31076&Language = 1&StartDate = 01% 2f06% 2f2001&EndDate = 30% 2f06% 2f2017&SubjectId = －2&SearchPage = FE_B _003&CatIdsHash = 1315065843&languageUIChanged = true#，2018 年 9 月 24 日访问。

⑤ 澳大利亚认为建立预裁定的目的是建立明确的程序；建立海关与交易者之间的信心，促进公平性和一致性；鼓励其遵守并减少延误，投诉和申诉。参见世界贸易组织贸易便利化谈判组秘书处文件：List of Document，TN/TF/W/12。https：//docs. wto. org/dol2fe/Pages/FE _ Browse/FE _ B _ S005. aspx？MeetingId = 31076&Language = 1&StartDate = 01% 2f06% 2f2001&EndDate = 30% 2f06% 2f2017&SubjectId = －2&SearchPage = FE_B _003&CatIdsHash = 1315065843&languageUIChanged = true#，2018 年 9 月 24 日访问。

预裁定条款的申请人资格上产生了分歧，中国[①]认为应当限定申请人为“在海关注册的人”，而美国则坚持只要“存在合理理由”即可，要求比较宽松。2008 年，澳大利亚、加拿大、土耳其、美国[②]共同递交了一份有关预裁定的提案，总结了关于预裁定的几点必备要素，包括裁定程序、撤销程序以及应该公开的信息等。这些提案的内容经过磋商和谈判最终确立在《贸易便利化协定》的生效文本之中，对各成员预裁定制度的完善和发展提供了国际标准。

（一）《贸易便利化协定》中的预裁定规则

《贸易便利化协定》（以下简称《协定》）在第一部分的第 3 条对预裁定作了规定，主要内容包括以下几个方面。

（1）预裁定的定义。《协定》将预裁定定义为一成员在申请所涵盖的货物进口之前向申请人提供的书面决定。

（2）预裁定的范围。《协定》要求预裁定必须包括货物的税则归类及货物的原产地确定两项内容，并鼓励在申请人提出申请的情况下，就确定完税价格的适当方法、关税减免的适用、配额要求的适用以及成员认为适合做出预裁定的任何事项做出预裁定。协定对申请人的资格做了妥协性的规定[③]，即原则上规定了申请人有合理理由即可，但又给予各成员以国内法限定申请人范围的权利[④]。

---

① 世界贸易组织贸易便利化谈判组秘书处文件：List of Document，TN/TF/W/26，https：//docs. wto. org/dol2fe/Pages/FE_Browse/FE_B_S005. aspx？MeetingId = 30833&Language = 1&StartDate = 01/06/2001&EndDate = 30/06/2017&SubjectId = - 2&SearchPage = FE _ B _ 003&CatIdsHash = - 1987291414&languageUIChanged = true#，2018 年 9 月 24 日访问。

② 世界贸易组织贸易便利化谈判组秘书处文件：List of Document，TN/TF/W/66，https：//docs. wto. org/dol2fe/Pages/FE_Browse/FE_B_S005. aspx？MeetingId = 34643&Language = 1&StartDate = 01/06/2001&EndDate = 30/06/2017&SubjectId = - 2&SearchPage = FE _ B _ 003&CatIdsHash = - 1062560142&languageUIChanged = true#，2018 年 9 月 24 日访问。

③ 详见上文：“中国对预裁定条款的申请人资格提出了要求，要求限定于‘在海关注册的人’，而美国则坚持‘存在合理理由’即可。”

④ 黄志瑾“WTO《贸易便利化协定》评述——多哈回合的突破?”，载《上海对外经贸大学学报》2014 年第 5 期，第 5 ~ 12 页。

（3）预裁定申请要求公布的信息。《协定》规定每个成员应该公布有关预裁定申请的相关要求，包括应提供的信息和格式、做出预裁定的时限以及预裁定的有效期。

（4）预裁定及拒绝做出预裁定。在申请人按照要求提出预裁定的申请后，每一成员应以合理的方式并在规定时限内向符合要求的申请人做出预裁定。拒绝做出裁定时应当给出理由并通知当事人。《协定》规定拒绝做出预裁定的理由包括所提问题已包含在申请人提请任何政府部门、上诉法庭或法院审理的案件中，或所提问题已由任何上诉法庭或法院做出裁决。

（5）预裁定的效力。预裁定做出后应该在一段合理时间内有效，且具有约束力，除非支持预裁定的法律、事实或情形已改变。如果该成员撤销、修改或废止预裁定，应书面通知申请人，列出相关事实和做出决定的依据。对于具有追溯效力的预裁定，该成员仅可在预裁定依据不完整、不正确、错误或误导性信息做出的情况下撤销、修改或废止预裁定。

（6）法律救济。《协定》明确规定了应当提供对预裁定或对撤销、修改或废止预裁定的复审及司法程序。《协定》否定预裁定的终局性，赋予申请人申请复议和司法审查的权利。复审可以由做出裁定的官员、机构或主管机关进行，也可以由做出裁定的官员、机构或主管机关的上一级机关进行，还可以由独立的行政机关进行，且申请人在裁定执行前或执行后都可以提出复审。《协定》对司法程序方面未做具体规定。

（7）保密要求。《协定》规定了对预裁定相关信息的保密要求，每一成员应努力公布其认为对其他利益相关方具有实质利益的预裁定的任何信息，同时考虑保护商业机密信息的需要。

应该说，《协定》的预裁定规则是比较完备的，但其也为 WTO 成员保留了一些灵活空间，例如，前文介绍的预裁定复审规则就为成员提供了若干选择。之所以作此设置，主要是考虑到各国行政司法制度的差异，现实中主要的贸易大国都已建立起预裁定及救济制度，难以讨论形成一个统一又具体的救济制度，为了拯救多哈回合谈判，尽早地签订《协定》并使之生效，不得不进行一定程度的妥协和模糊化处理。

另一方面，关于预裁定制度的适用特征依然存在争议，主要分歧就在于预裁定是具有反复适用性还是普遍适用性。反复适用指预裁定的效力只及于申请人本人，普遍适用指预裁定的效力除了申请人，还及于所有具有相同情形①的国际贸易经营者，《协定》和《京都公约》持反复适用论，美国和中国则持普遍适用论。对普遍适用性问题的讨论引申到 WTO 规则本身则涉及的 GATT1994 第 10 条第 1 款的透明度原则，该款规定“任何缔约方实施的关于下列内容的普遍适用的法律、法规、司法判决和行政裁定应当迅速公布……”。根据对该条款的解读，如果认定预裁定具有普遍适用性则必须公布其相关文件。因为预裁定是针对具体申请人根据其所填报各项商业信息而做出，其内容必然会涉及申请方的商业秘密，所以透明度原则与商业信息保护成为两个对立的价值。笔者认为这也是《贸易便利化协定》未将预裁定赋予普遍适用性的原因，它将如何在这两者之间寻求平衡的问题留待给各国的国内立法去讨论和解决。

(二)《协定》预裁定规则与 WTO 其他多边协定的关系

《协定》是 WTO 在多哈回合谈判以来达成的唯一一部完整的多边协定。在《协定》之前，预裁定在 WTO 现行条约文本中虽没有体系完整的规定，但也零星地散落于各项附件中作为程序性规范存在。《协定》与这些规则之间是否存在冲突，在适用上是否会产生重复，以及会否因此对通关便利化造成阻碍都是值得我们思考的。

---

① 《贸易便利化协定》并未赋予预裁定具有普遍性效力，所以没有“具有相同情形”的统一审查标准，各成员根据其国内法审查。例如，美国认为“具有相同情形”是指已经公布的海关行政裁定自生效日开始适用于海关尚未采取最终行动或尚未清关的所有相同进口行为；中国认为“具有相同情形”是指进口或者出口相同情形货物的行为。

（1）与 GATT 第 10 条的关系。2004 年 7 月 WTO 总理事会通过的“多哈工作计划”中表明贸易便利化的目的之一是澄清和改进 GATT 第 10 条有关贸易法规的公布和实施的相关内容，《协定》的预裁定制度无疑是作为对应 GATT 第 10 条改进内容中重要的一项制度，它是对 GATT 第 10 条的重要补充和改进，不存在冲突之处。

（2）与《原产地规则协定》的关系。WTO《原产地规则协定》规定缔约方应当做出原产地预评定（advance assessment），就功能上而言即为原产地领域的预裁定制度，《原产地规则协定》第 2 条的 h 款及第 3 条的 f 款[①]规定了各 WTO 成员应该遵守的预裁定规则，这些规则包括申请人的资格、申请的时间、预裁定有效期、裁定的上诉和复审程序、保密要求等。从规则本身而言，《原产地规则协定》中预裁定的规则大致符合《贸易便利化协定》中预裁定制度的要求，两者之间不会存在冲突，但《原产地规则协定》的预裁定规则相对来说更抽象粗糙。首先《原产地规则协定》并没有规定各成员国需要公布预裁定申请的相关要求，对海关当局有权拒绝做出预裁定的理由和情形也只字未提。《原产地规则协定》虽规定了可以对预裁定进行复审，但并未对复审机构做出限定和说明。而且自 1994 年《原产地规则协定》生效以来，围绕这一协议发生的案件争议并没有涉及预裁定的相关问题，预裁定制度在《原产地规则协定》中没有得到真正的适用，所以我们很难认为《原产地规则协定》在原产地领域建立起了完整可行的预裁定制度。而《贸易便利化协定》的预裁定范围明确包括货物的税则归类及货物的原产地确定，且其规则更加具体可操作，所以笔者建议各成员在将《原产地规则协定》和《贸易便利化协定》的预裁定制度转换为国内法时分而置之：在原产地领域中有关原产地确定问题上适用《贸易便利化协定》中更为严格具体的预裁定制度，这样也不会违反其在《原产地规则协定》项下的义务；而在原产地领

---

① 其中第 2 条是过渡期内，即乌拉圭回合结束后到协调性原产地规则完成之前各国应当遵守的规则，第 3 条是过渡期后各国应当遵守的规则，这两条在预裁定条款的规定上并无差别。

域中的其他问题还是继续适用《原产地规则协定》预裁定的规则。

（三）《贸易便利化协定》预裁定规则与 WCO 的关系

贸易便利化最初并不是出现在 WTO 的谈判框架中，而是出现在 WCO（世界海关组织）对海关制度的讨论中。WCO 组织制定了一系列海关公约及建议书，在促进贸易便利化和协调各国海关制度方面起到了举足轻重的作用，其中最重要的当属《京都公约》[①]，它是当今世界非常全面地规定海关基本手续标准、集世界各国海关先进管理制度之大成的海关技术性国际法律文件之一[②]。

在贸易便利化协定谈判之初，《京都公约》便是各国提案所参考的主要文件，关于预裁定的各项提案，也基本上依据《京都公约》总附约第 9.4 条和第 9.9 条进行编辑和提交，所以《协定》最终的预裁定文本与《京都公约》在很大程度上是一致的，无论是裁定范围、普遍适用性、法律救济等制度上都保持着高度的统一。尽管《京都公约》制定在先，但 WTO 项下的《贸易便利化协定》对预裁定的规定仍然是不可缺少的。一方面 WCO 作为海关技术领域的专业组织，可以通过制定《京都公约》等条约文本为 WTO 规则提供具体技术上的支持；另一方面《京都公约》只能有各国自主选择加入，且其义务的遵守仅靠成员国自身，没有任何制裁措施，没有强制执行力，所以需要制定《协定》，依靠 WTO 强有力的保障机制，确保预裁定制度的实施[③]。只有两者互相协作优势互补，才能促进海关领域各项制度的协调发展，推动国际贸易便利化不断前进。

---

① 《关于简化与协调海关制度的国际公约》1973 年 5 月 18 日签署于日本京都，故通常将其称为《京都公约》。

② 严波："WTO 体制中世界海关组织的角色和作用研究"，复旦大学 2010 年硕士学位论文，第 46 页。

③ 严波："世界海关组织与 WTO 在贸易便利化中的角色分析"，载《世界贸易组织动态与研究》2007 年第 11 期，第 16～21 页。

二、美、欧、日预裁定制度介评

根据国家海关总署2016年的数据，美国、欧盟、东盟、中国香港和日本分别是与我国内地贸易量最大的五个国家和地区①，研究并利用这些国家的预裁定制度可以减少货物放行和清关的不确定性，降低国际贸易成本，也可以借鉴它们的经验完善中国的预裁定制度。因为东盟分散性较强，没有形成统一的行政组织体系，并没有太多可借鉴性，所以笔者选举比较有代表性的美国进行具体介绍，同时对欧盟和日本相对应制度的特别之处进行选择介绍。虽然欧盟和日本并不使用预裁定这一表述，但为了表述简洁，本文有时以预裁定统一指代它们的类似制度。

（一）美国的预裁定制度

美国的预裁定制度形成于20世纪60年代，经过几十年的发展，其预裁定制度已经发展得比较成熟和完善了②，目前见于美国《海关法》第一百七十七部分第二节b条ii款③。

（1）范围。其预裁定的范围几乎涵盖了美国海关及边境保护局（CBP）所有的执法事项，包括商品归类、估价、原产地认定、海关估价、退税、延期缴税、关税配额申请资格认定、过境运输、引航及沿海运输法律界定等事项，这个范围已经超过《贸易便利化协定》所鼓励达到的领域，其涉及范围之广泛已经领先于世界各国。预裁定具有普遍适用性，不仅对申请人有约束力，对申请人以外的所有具有完全相同情形的进出口商及相关人都有效力。

---

① 全球经济数据统计网，http://www.qqjjsj.com/zglssj/151559.html，2018年9月25日访问。

② 据美国海关及边境保护局（CBP）介绍，目前大部分行政预裁定申请已可通过美国海关裁定在线搜索系统（Customs Rulings On-line Search System，简称“CROSS系统”）完成，累计存储了18万余条包含修改、撤销决定在内的行政预裁定信息。

③ 19. C. F. R. Part 177. Section 2（b）（ii）。

（2）机构设置。美国预裁定机构的设置比较合理高效，在商品归类方面的预裁定可以向国家商品专家处及地方海关港务局提出申请，海关委员会法规及裁定司则保留了最终决定权。关于原产地领域的预裁定申请可以向设在华盛顿的海关委员会法规及裁定司或向位于纽约的国家商品专家处提交。而海关估价由于其过程非常复杂和漫长，需要海关当局具备非常高的技术能力，所以海关估价领域的预裁定只能交给海关委员会法规及裁定司。美国根据各项预裁定的内容分配不同机构职责，根据不同机构能力范围设定权力大小，裁定机构之间权责明晰，分工合理。

（3）有效期。美国预裁定在下达后即刻生效，除非被修改或撤销，否则裁定一直有效。如果海关修改和撤销已发出的预裁定，需要提前通知与裁定相关的贸易商，且会给其留足必要的时间以便进行调整。相关贸易商在收到更改或者撤销先前作出的预裁定决定时有权提出异议，给出自己的合理建议，争取其合法权利。

（4）流程。申请人首次向相关机构提交在线申请，一般而言相关机构收到申请之后的 30 日内会做出具有法律效力的裁定书，如情况复杂则时间相应延长，但直接由海关委员会法规及裁定司做出的裁定则需要 90 天。裁定做出后申请人只需要将裁定书的编号提交口岸海关即可进行通关申报。各个步骤都做到了简便快捷，整体流程紧凑协调。申请预裁定的整个过程都不需要缴纳任何费用，减轻了申请人的贸易成本。

（5）法律救济。美国规定了预裁定的相对人可以在 30 日内向海关委员会法规及裁定司提起行政复议，也可以依照程序直接提出司法救济。法律也限定了行政复议的裁定时间和对复议结果不满的当事人向美国国家贸易法院诉讼的时间，规定具体明确。

美国的预裁定制度自建立发展至今，对美国的国际贸易发展和海关行政效率的提高起到了非常关键的作用，形成了“关企”共赢的局面。对美国海关而言，该制度将烦琐分散的货物进出口事项集中统一处理，让海关的执法难度大大降低，提高了行政效率；预裁定尽可能地减少了海关官员和贸易商之间因海关法规条文理解差异而产生的摩擦，显著地加快了通关速度；预裁定的公开透明使得海关执法一致性和权责的确定性得到增强，贸易商失去了贿赂海关关员以获得通关便利的机会，减少了行政腐败行为。对贸易商而言，预裁定制度给予了他们明确的通关要求、公平便捷的通关流程、完备的救济手段，最大限度地帮助贸易商们降低了贸易成本。

（二）欧盟有约束力的认定书制度①

欧盟与预裁定对应的制度安排是有约束力的认定书（binding information）制度。有约束力的认定书规定在《欧洲共同体海关法典》中，这部海关法典如同国内法一样，在欧盟所有的成员境内适用，是欧盟成员国与非成员国之间进行贸易所需遵守的所有海关法规的汇编。

欧盟对预裁定的范围规定较小，只涉及商品归类和原产地领域。欧盟对预裁定的有效期进行了规定，商品归类认定书和原产地认定书的有效期分别是6 年和3 年，而且详细规定了预裁定停止生效的情形②和停止生效之后对相关人的救济问题。

欧盟预裁定的数据库检索制度比较新颖，它规定为了确保执法的一致性，欧盟海关当局在签发认定书之前，会在欧盟范围内进行数据库检索，以确保当下所做的认定书不与之前已签发的相冲突。

---

① Regulation（EC）No. 450/2008。

② 停止生效的情形包括：①商品分类目录某条注释发生修改；②认定书不再符合法律规定，即在共同体层面，共同体对综合税则目录的修改或者欧共体法院做出的某项裁决在国际层面，世界海关组织通过的某项归类一件或对商品分类编码协调制度注释的某项修改。适用共同体措施时，有约束力的商品归类认定书自共同体措施实施之日起停止生效适用国际性措施时，该认定书于共同体委员会在《欧洲共同体官方公报》“C”栏中通告之日起停止有效。③已经通知其持有人该有约束力的认定书已按本法第9 条规定撤销或已修改。

（三）日本的事前教示回答制度①

预裁定在日语中被称为“事前教示回答”②，是由 1983 年颁布的《关税法基本通达》开始正式确立③，其相关规则基本参照美国而制定，所以具体内容上与美国具有一定的相似性，但也有不同和创新之处。

“事前教示回答”的范围大致与美国预裁定范围重合，但日本的海关组织机构与美国有较大的差异，一般由中央财务省关税局地方上的 9 个海关进行受理和预裁定。与欧盟相同，日本也规定了有效期，但统一为三年。特别的是，日本海关特别注重当事人的信息保密，为了维护申请人的商业秘密，裁定的内容需要在海关网页上对当事人进行匿名之后才予以公布，且裁定做出 180 天后才可以公开。

三、我国的海关行政裁定制度及其完善

自 2000 年修订的《中华人民共和国海关法》（以下简称《海关法》）正式确定海关行政裁定制度④以来，经过十几年的发展和改善，中国的海关行政裁定制度已经基本上符合《贸易便利化协定》中对预裁定制度的要求。但与美国、欧洲、日本等发达国家和地区相比，我国海关行政裁定制度起步较晚，制度研究也相对落后，而一个良好的海关行政裁定制度将有利于提高我国海关行政效率、缩短通关时间、减少海关与进出口商的摩擦，促进我国国际贸易发展。

---

① 日本海关：http：//www. customs. go. jp/cgi-bin/issearch. cgi。

② 何力：《日本海关法——原理与制度》，法律出版社 2010 年版，第 63 页。

③ 同上，第 90 页。

④ 《贸易便利化协定》中的预裁定制度，在我国一般称为海关行政裁定制度。

（一）海关行政裁定制度介绍

总体而言，我国海关行政裁定制度立法比较复杂，制度之间存在重合。不仅包括由《海关法》确立的所有领域都适用的海关行政裁定，还包括由《中华人民共和国海关进出口商品归类暂行办法》（以下简称《海关进出口商品归类暂行办法》）确立的适用于商品归类领域的预归类制度和由《中华人民共和国进出口货物原产地条例》（以下简称《原产地条例》）确立的适用于原产地领域的预确定制度。这三项制度都是平等适用，没有先后次序，也没有等级分别，都对接《贸易便利化协定》中的预裁定制度（详见表 1）。

表 1　海关行政裁定制度关系示意

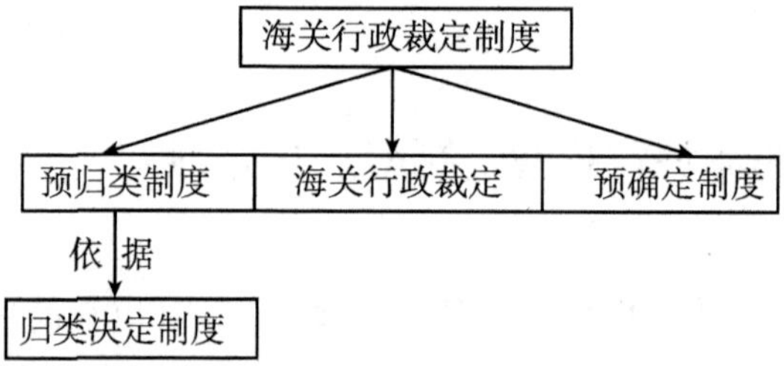

1.《海关法》确立的海关行政裁定

2000 年修订的《海关法》确定了我国海关行政裁定。《海关法》第 43 条规定，海关可以根据对外贸易经营者提出的书面申请，对拟进口或者出口的货物预先做出商品归类等行政裁定。进口或出口相同货物，应当予以公布。因为《海关法》只规定了商品归类领域的行政裁定事项，且都是原则性的规定，缺乏实施细则，所以 2001 年 12 月 24 日海关总署发布了《中华人民共和国海关行政裁定管理暂行办法》（以下简称《海关行政裁定办法》），对行政裁定的实施作了具体规定。

（1）定义和性质。《海关行政裁定办法》将海关行政裁定定义为海关在货物实际进出口前，应对外贸易经营者的申请，依据有关海关法律、行政法规和规章，对与实际进出口活动有关的海关事务做出的具有普遍约束力的决定，并规定海关行政裁定具有海关规章的同等效力[①]。这一条款将行政裁定认定为具有普遍约束力的决定，且效力与规章相同，也就意味着在我国现有的行政法框架下，行政裁定被视为一种抽象行政行为，不属于行政复议和行政诉讼的范围，缺少必要的救济途径。但《贸易便利化协定》并不认定预裁定具有普遍约束力，而且还赋予了申请人复审和司法救济的权利，在这一点上，我国的海关行政裁定不符合《协定》的要求。

（2）适用范围。《海关行政裁定办法》规定了行政裁定的适用范围包括进出口商品的归类、进出口货物原产地的确定、禁止进出口措施和许可证件的适用、海关总署决定适用本办法的其他海关事务。而且《海关行政裁定办法》将申请人的资格仅限定为在海关注册登记的进出口货物经营单位，资格要求相对严格。可见我国海关行政裁定符合《协定》规定预裁定的适用范围，在申请人资格上我国的要求更为严格。

（3）申请条件及流程。申请人需要在拟作进口或出口的 3 个月前向海关总署或者直属海关按要求提交行政裁定申请书及足以说明申请事项的资料，直属海关进行初审，海关总署或总署授权机构应当自受理申请之日起 60 日内作出行政裁定。我国海关行政裁定对申请条件及流程的规定比《协定》更加具体和细化。

（4）裁定及公布机构。行政裁定由海关总署或总署授权机构[②]做出，由海关总署统一对外公布。可见我国海关行政裁定机构设置的级别是比较高的。而《协定》对机构设置并没有具体的要求。

（5）效力期限及效力范围。行政裁定自做出之日起一直生效，除非其所依据的法律、行政法规及规章中的相关规定发生变化，其效力范围是我国关境内统一适用。《协定》只规定了效力期限并没有要求列明效力范围，而我国的效力范围是比较广泛的，更有利于申请人。

---

① 《中华人民共和国海关行政裁定管理暂行办法》第 2 条第 1 款和第 3 款。

② 经海关总署授权，全国海关进出口商品归类中心上海分中心可以应上海自由贸易试验区内注册登记企业的申请，就《中华人民共和国进出口税则》第 84 章至第 90 章所涉商品做出归类行政裁定，并由海关总署统一对外公布。

（6）保密要求。《海关行政裁定办法》规定申请人对所提供资料的保密要求，应当书面向海关提出，并具体列明需要保密的内容。这也符合《协定》对于预裁定保密的要求。

综上所述，我国的海关行政裁定除了在救济问题上不符合《协定》的规定，其他方面的要求都满足甚至高于《协定》的要求。而除了上述介绍的单行规章的系统规定外，我国海关行政裁定制度相关规定还散见于商品归类领域、原产地领域的规章及规范性法律文件中。

2. 商品归类领域的预归类制度和归类决定制度

因为商品的税则归类是通关的基础，所以对于商品归类领域的法律规范繁多，制度设计比较复杂，笔者主要介绍两个与行政裁定相关的最重要的制度——预归类制度和归类决定制度，其中预归类制度是属于我国海关行政裁定制度的一部分，与《海关行政裁定办法》规定的海关行政裁定属于并列的地位，而归类决定制度是一项商品归类制度，是做出预归类的依据和基础，与预归类制度紧密相连。

预归类制度[①]与海关行政裁定比较相似，但在具体制度内容、裁定机构、申请流程等方面与海关行政裁定具有较大的差别。

（1）适用范围。根据《归类管理规定》规定，申请人自愿提出申请，只有经审核认为申请预归类的商品归类事项属于《中华人民共和国进出口税则》《进出口税则商品及品目注释》《中华人民共和国进出口税则本国子目注释》以及海关总署发布的关于商品归类的行政裁定、商品归类决定有明确规定的，直属海关才予以受理。而对于没有明确规定的事项，贸易商则只能申请行政裁定来确定商品归类。因此，预归类制度的适用范围相较于海关行政裁定而言狭窄许多。

① 预归类制度由中华人民共和国海关总署于2000年2月24日发布实施的《中华人民共和国海关进出口商品预归类暂行办法》确立，2007年5月，海关总署在吸收《暂行办法》内容的基础上，海关总署颁布实施《归类管理规定》，改革约束性预归类制度，对海关预归类进行了重新定义，对预归类的范围、程序、预归类决定书的效力进行了重新构建。上述《暂行办法》随之废止。

（2）申请条件及流程。在海关注册登记的进出口货物经营单位，可以在货物实际进出口的45日前，向直属海关按要求提交申请表，直属海关应当在接受申请之日起15个工作日内制发《中华人民共和国海关商品预归类决定书》（以下简称预归类决定书）。相较于海关行政裁定必须3个月前申请、裁定机构60天内进行裁定的流程而言，预归类制度相对简便快捷，操作方便。

（3）裁定及公布机构。预归类的受理及裁定机构都为拟实际进出口货物所在地的直属海关，但预归类决定书不予公布。可见，预归类的裁定机构层级比海关行政裁定机构低，便于贸易商进行申请。

（4）效力范围和救济途径。预归类决定书的效力仅对申请人和做出决定的直属海关具有效力，只在做出预归类决定的直属海关关内有效。预归类决定是根据申请人本人的申请所作裁定，不具有普遍适用性，因此可以将其定性为具体行政行为，属于行政复议和行政诉讼的范围，可根据《行政法》进行复议和司法救济，预归类制度在这一点上与海关行政裁定具有很大的不同，但是符合《贸易便利化协定》的要求。

归类决定制度是2007年颁布的《归类管理规定》新确立的一项商品归类制度。它是指在《商品名称及编码协调制度公约》商品分类目录体系下，以《中华人民共和国进出口税则》为基础，海关按照《进出口税则商品及品目注释》《中华人民共和国进出口税则本国子目注释》以及海关总署发布的关于商品归类的行政裁定、商品归类决定的要求，确定进出口货物商品编码的活动，是直属海关做出预归类决定的法律依据之一。因为商品种类不断更新，法律法规存在滞后性，如果无法及时准确地对出现的新兴商品进行归类与区分，就不利于及时通关，在此情形下，归类决定应运而生，以动态的公告方式将商品进行精确和详细的分类，当商品的属性不再适合某一类归类时，也可以做到及时的更改和废止。正因为归类决定是海关自发地根据现实情况应对各类商品的现实发展变化而做出的商品税则归类，并不是针对某一申请人的制度，所以它具有普遍适用性。它作为预归类决定的法律依据之一，归类决定属于抽象行政行为，也不属于复议和诉讼的范围。

这两个制度是中国在考察美国预裁定制度①的基础上所确立的②，在商品归类领域具有本土化特质。如果没有归类决定将商品归类细化统一，海关在做出预裁定时没有统一的标准，加之预归类决定书的不公开性，海关就可能对相同商品做出不同的裁定，缺失可预见性的同时也在进出口商间造成不公平，且容易发生腐败现象。这两个制度相结合，使得海关行政有了统一的根据，有助于减少海关当局的自由裁量权和相应的寻租空间，是我国商品归类领域极具特色的制度组合。在实践中，因为预归类程序相对于海关行政裁定简便快捷，而且预归类制度早于海关行政裁定一年制定，贸易商往往更习惯、更愿意选择相对更成熟的预归类制度。虽然海关行政裁定适用范围是全关境内，但对于申请人的权利而言并没有增益，更何况区域通关一体化改革后，预裁定实现区域海关互认③，所以行政裁定在商品归类领域并没有实现其应有价值和作用④。

3. 原产地领域的预确定制度

我国加入 WTO 之后，为了满足 WTO《原产地规则协议》的要求，我国在 2004 年颁布了《中华人民共和国进出口货物原产地条例》，该条例确定了在原产地领域存在原产地预确定和海关行政裁定两项并行但择一的制度。预

① 虽然美国不存在归类决定制度，但美国赋予预裁定制度普遍适用性和可救济性。我国在参照美国制度的基础上，在商品归类领域，将可救济性赋予了预归类制度，将普遍适用性赋予了归类决定制度，建立起了比较完善的商品归类制度。

② 万曙春："中国海关行政裁定制度介绍"，载《理论导报》2006 年第 1 期，第 32～34 页。

③ 中华人民共和国西安海关："区域通关一体化改革后，预归类、预审价、原产地预确定区域海关互认如何实现？" http：//www.customs.gov.cn/publish/portal133/tab69620/info843481.htm。

④ 笔者在中华人民共和国海关总署网站进行查询得知，截止到 2017 年 6 月关于商品归类领域的海关行政裁定总共只有 7 件（其中 2015 年有 1 件、2016 年有 5 件，2017 年有 1 件）。

确定制度[①]的具体内容规定在《进口货物原产地预确定暂行规定》中，根据该规定的内容，我们对原产地预确定的相关制度进行介绍。

（1）定义及范围。原产地预确定是指在货物实际进口前，应申请人书面申请，货物进口地直属海关对有关货物的原产地预先进行确定的活动。申请人为进口货物的收货人或者其代理人，或者与进口货物直接相关的其他当事人。

（2）申请条件及流程。申请人应在货物实际进出口的3个月前向直属海关提交原产地预确定申请，如实完整填写申请书并提供真实信息。收到申请的海关在5个工作日内决定是否受理，如受理则自受理之日起150天内做出原产地预确定决定，然后通过原产地管理系统的原产地预确定备案系统向海关总署关税征管司进行报备。相对于海关行政裁定必须3个月前申请、裁定机构60天内进行裁定的流程而言，原产地预确定制度的耗时较长。

（3）裁定及公布机构。全部由直属海关关税职能部门负责。相对于海关行政裁定而言，预确定的裁定及公布机构层级较低。

（4）效力范围和救济途径。预确定决定书自制发之日起三年内有效，其效力及于直属海关关区内，只对申请人有效，不具有普遍适用性，属于具体行政行为，是行政复议和行政诉讼的受案范围。这一点与海关行政裁定有很大的不同，但是符合《贸易便利化协定》的要求。

（5）各关执法统一性。各直属海关关税职能部门在做出原产地预确定决定前，应当通过原产地预确定备案系统就拟进行原产地预确定的商品信息进行查询。其他直属海关已就同一厂商使用相同材料生产的同一型号产品做出原产地认定的，受理海关不得自行做出与之不同的预确定决定，并应当及时向海关总署关税征管司请示。而海关行政裁定并没有这样的规定。

---

① 预确定制度最初是由海关总署2001年公告第17号关于对进口货物的原产地预确定制度的规范性文件所确定的，该文件比较详细地规定了原产地预确定制度的相关细节，而为了提高该规范性文件相关内容的法律地位，海关总署2002年颁布《进口货物原产地预确定暂行规定》取代了该规范性文件。

通过客观比较原产地预确定制度和行政裁定制度，笔者发现两者之间的区别是明显的。首先预确定制度的适用范围较小，申请人仅能就原产地确定事项进行申请，而行政裁定的适用范围还涉及原产地领域的其他事项。其次预确定制度的决定期限较长为150天，而行政裁定制度仅为60天，从时间效率来说海关行政裁定更胜一筹。但相反地，预确定制度开始较早，贸易商更愿意选相对成熟的预确定制度，加之预确定的受理层级低于行政裁定，因此在使用中更加简便。而且预确定制度可救济，其具体行政行为的属性让其拥有天然优势，也正因此行政裁定在原产地领域至今还未有零的突破[①]。

（二）思考和建议

对于我国现有的海关行政裁定制度，前文已经做了介绍和分析，其中依然存在一些可待进一步改进的方面。

1. 我国海关行政裁定制度法律框架的统一性问题

诚如前文所述，我国不仅存在适用于所有领域的行政裁定，还有适用于不同领域的单独制度。这些制度的功能和作用有重合，具体内容方面存在着差异，令我国的海关行政裁定制度繁复累赘，而这些制度所依托的法律规范也显得杂乱无章，彼此之间有大量重复、交叉又存在差异，很容易混淆，难以辨别选择。这一现状给贸易商的裁定形式的选择，特别是本国并没有海关行政裁定制度的外国贸易商的选择造成较大困难，对通关造成不必要的延迟，不利于贸易便利化。

纵观预裁定制度发展比较成熟的美国、欧洲、日本等国家和地区，其预裁定制度都是具有统一的体系和程序，美国、欧盟和日本更是由统一的法典来规定相关制度。我国也应该规定一个统一的海关行政裁定制度。鉴于重新制定法律的成本太高，笔者建议在原有的《中华人民共和国海关行政裁定管理暂行办法》框架内进行修订，将商品归类领域的预归类制度和原产地领域

① 笔者在中华人民共和国海关总署网站没有查询到原产地领域的行政裁定。

的预确定制度中符合我国国情、体现贸易商利益诉求又与《协定》相符的特别规定纳入现有的行政裁定内。现实中绝大多数争议都发生在商品归类和原产地领域，虽然处理这两类申请的过程和难易程度具有差异，但是我们可以在商品归类领域和原产地领域的海关行政裁定具体规则上稍作区分，以条款正文和注解的形式加以说明，统一规定在《海关行政裁定管理办法》中。进而，将完成前述整合的《海关行政裁定管理办法》由暂行办法变为稳定有效的部门规章，作为中国海关行政裁定的统一基础法律文件。

2. 我国海关行政裁定机构的统一性问题

表2　海关行政裁定机构设置

	预归类制度	预确定制度	海关行政裁定
受理机构	直属海关	直属海关	海关总署或者直属海关
行政机关	拟实际进出口货物所在地的直属海关	直属海关	海关总署或总署授权机构
公布机关	不公开	直属海关	海关总署

如果我国海关行政裁定制度实现了法律和制度统一，那么相关机构设置也需要实现统一。如前所述我国在海关行政裁定、预归类制度、预确定制度上的行政机构设置都不同（见表2）。《协定》中本身有对单一窗口制度的要求，我国为了履行《协定》项下的义务也势必需要设置单一窗口统一管理海关事务。我国的海关行政裁定也可以趁此机会，统一行政裁定的受理机构，统一由单一窗口接受申请，方便国内外贸易商。

受理机构统一之后，我国也需要对裁定机构进行规定。由于商品归类是所有通关事项的基础，所以我国可以效仿美国，由层级最高的海关机构进行裁定，即由海关总署进行裁定；在原产地领域的海关行政裁定的机构设置上，由直属海关直接裁定；而在其他较少发生的特殊事项的行政裁定上则由海关总署进行裁定。在裁定做出之前，我国应该效仿欧盟要求裁定主体进行数据库检索，以确保当下所做的裁定书不与之前已签发的相冲突。

海关行政裁定书应该公开，统一由单一窗口公布。但同时也宜借鉴日本对事前教示回答制度中的保密规则，要求海关机构对当事人的商业信息进行保密。我国目前规定只有在当事人书面向海关提出保密要求的情况下才进行信息保密，而笔者认为对当事人信息的自动保密将使得更多的贸易商愿意主动进行海关行政裁定申请，从而大大地减少之后货物通关的时间。所以我国应该主动公开海关行政裁定，并且效仿日本在做出裁定一段时间后才可以公开，且必须在海关网页上对当事人进行匿名。

3. 我国海关行政裁定的重新定义问题

如前文所述，如果我国实现了海关行政裁定制度法律框架内的统一，那我们必须审慎思考海关行政裁定的重新定义问题。依据我国《海关行政裁定管理暂行办法》的规定，海关行政裁定是指海关在货物实际进出口前，应对外贸易经营者的申请，依据有关海关法律、行政法规和规章，对与实际进出口活动有关的海关事务做出的具有普遍约束力的决定，且认定行政裁定具有海关规章的同等效力。我国法律之所以这样规定，在很大程度上是效仿美国①，笔者认为这种做法严重忽视了我国与美国法律体系的巨大差异。美国是判例法系国家，其预裁定可以同时具备普遍适用性和救济性，而在我国的行政法律框架内，具有普遍适用性的抽象行政行为是很难获得法律救济的，这两者无法兼得。而在国际法层面，无论是《贸易便利化协定》还是 WTO 项下的其他附件，抑或是 WCO 所制定的海关文件中，并没有规定预裁定制度具有普遍适用性，反而规定预裁定只对具体申请人具有反复适用性。由此可见，普遍适用性并非实践必备的要素之一，我国不应该盲目照搬美国预裁定制度的所有特征和内容，特别是如果在行政裁定制度进行统一化规定后，在纳入了预归类和预确定的行政裁定制度的框架内更应该重新定性我国的海关行政裁定，赋予申请人充分的法律救济权利。

---

① 1999 年 4 月，为借鉴发达国家海关法律制度中的先进部分，完善我国海关法的修订，海关总署在上海召开了中美海关法律制度研讨会，其中做出了如此表述。

无论是出于《贸易便利化协定》项下对预裁定设定救济制度的义务需要遵守的目的，还是受国际大环境下所有国家对法律救济的重视程度的推动，我国都不得不考虑对海关行政裁定的重新定性问题。考虑到我国暂时无法改变行政法律框架内普遍适用性与法律救济性相互冲突的问题，又鉴于普遍适用性并不是《协定》所要求预裁定的必要性质，所以笔者建议将海关行政裁定认定为针对某一申请人做出的具体行政行为，只对该申请人具有反复适用性，在此基础上赋予海关行政裁定法律救济途径，完善法律监督体系，使我国海关行政裁定尽快符合《协定》的基本要求。

互联网规制适用 WTO 公共道德与秩序例外问题研究

孙南翔*

摘要：21 世纪以来，互联网贸易逐渐兴起。由于自由的互联网贸易体系却并非总是安全的、有序的、理性的，为保护公共秩序和集体利益，几乎所有的国家都对互联网施行规制措施。虽然互联网规制措施对贸易造成特定的障碍，但是互联网规制可构成 WTO 协定许可的合法管制范畴，只要该互联网规制措施符合 WTO 协定的公共道德或公共秩序例外条款。总体而言，在贸易领域，互联网规制措施应以实现合法性目标为目的，符合必要的规制程度，并满足程序正义。作为负责任的大国，我国应以符合一般例外条款的方式规制与贸易有关的互联网措施，并从实体法和程序法层面着手，打造一套系统的、合理的、负责任的互联网规制体系。

关键词：WTO 协定；互联网规制；公共道德与秩序例外

一、问题的提出

21 世纪以来，随着互联网、云计算等通讯和网络技术的发展，网络空间

* 孙南翔，中国社会科学院国际法研究所助理研究员、法学博士。

成为了人类生存的第五空间。2015 年欧盟委员会报告指出，在未来的 10 年内，大多数经济活动将会依赖电子生态系统（digital ecosystems）、一体化电子基础设施、硬件和软件、应用程序与数据。[①] 网络贸易模式逐渐在全球达到广泛适用。然而，自由的互联网贸易体系却并非总是安全的、有序的、理性的。实体空间面临的威胁也体现在网络空间中，甚至通过网络媒介的传输功能，其损害国家利益与公共利益的能力与范围大为拓展。由此，各国政府纷纷采取互联网规制措施保障本国合法利益。正如 Findlay 所言，虽然某些重要通信设备及服务正面临"去规制化"（deregulation）的改革进程，但是更多情况下，国家并非选择是否进行规制，而是探寻对互联网规制的程度如何做到更为恰当。[②]

虽然互联网规制措施对贸易造成障碍，但是互联网规制可构成 WTO 协定许可的合法管制措施。WTO 协定的核心在于寻求对贸易自由化和监管自主性（regulatory autonomy）之间的适当平衡。在实践中，除了贸易保护主义的目的外，国内规制措施也可能服务于一系列重要的价值，例如，国家安全、公共道德、环境保护等。[③] 成员方的合法监管权不应被忽视。正如"美国虾案"上诉机构指出，GATT1994 第 20 条第 a 段到第 j 段是对抗 GATT1994 实体性义务（substantive obligations）的例外条款，其体现为相关国内政策是至关重要的，且具备合法性。[④]

在乌拉圭回合谈判过程中，WTO 成员方并没有对 GATT1947 第 20 条进

---

① European Commission, *Communication from the Commission to the European Parliament, the Council, the European Economic and Social Committee and the Committee of the Regions, A digital single market strategy for Europe*, Brussels, 6.5.2015, COM (2015) 192 final, p. 13.

② C Findlay, *Introduction to the Regulation of Services* , in Productivity Commission/Austrilian National University, Achieving Better Regulation of Services, 2000, p. 11.

③ Gabrielle Marceau, Joel P. Trachtman, *A Map of the World Trade Organization Law of Domestic Regulation of Goods: The Technical Barriers to Trade Agreement, the Sanitary and Phytosanitary Measures Agreement, and the General Agreement on Tariffs and Trade*, Journal of World Trade, Vol. 48, no. 2, 2014, pp. 351 – 352.

④ Appellate Body Report, US-Shrimp, WT/DS58/AB/R, para. 121.

行修改。同时，GATT1994 的一般例外条款的主要内容也转移至 GATS 第 14 条中。这反映出如下信号：WTO 成员方认为 GATT1994 第 20 条规则是合适的，其足以应付乌拉圭回合谈判时的客观实践。① 毋庸置疑，缔约方具有将该条款适用于未来情势的共同意图。由此，一般例外条款能够适用于网络空间。

关于一般例外条款的适用，其理论争议主要包括三个层面：其一，为争议措施是否以合法性目标为导向；其二，措施是否满足必要性；其三，措施是否满足序言要求。由此，本文以 WTO 协定的一般例外义务条款分析为切入，探讨互联网规制措施的合规性及其应满足的条件。由于 WTO 裁决一般具有先例作用力，下文将通过回顾争端解决实践，探索一般例外条款的解释和适用方法。

二、公共道德、公共秩序与互联网规制的目标

合法性目标是贸易措施所预期保护的目的。互联网规制措施的合规性应体现为符合一般例外条款的合法性目标。对于合法性目标而言，上诉机构指出其并不需要确定政策目标的必要性，而是考察实现目标的措施的必要性。② 在“美国金枪鱼第二案”中，上诉机构将“合法性目标”（legitimate objectives）定义为“那些合法的、正当的和适当的目的或目标”。③ 在“美国博彩案”中，对合法性目标的考察结合了措施的立法历史及其运行的事实证据。当然，专家组和上诉机构并不依赖于成员方所提出的目标，而是根据客观证据做出独立的、客观的评估。④

---

① Stefan Zleptnig, *Non-Economic Objectives in WTO Law: Justification Provisions of GATT, GATS, SPS and TBT Agreement*, Leiden: Martinus Nijhoff Publishers, 2010, p. 105.

② Appellate Body Report, US-Gasoline, WT/DS2/AB/R, p. 28.

③ Appellate Body Report, US-Tuna II (Mexico), WT/DS381/AB/R, para. 313.

④ Appellate Body Report, US-Gambling, WT/DS285/AB/R, para. 304.

（一）对“公共道德”的解释

“公共道德”例外适用须分割为以下三个部分：首先，需要阐明什么类型的道德目标可以被视为是 GATT1994 和 GATS 一般例外条款项下的非贸易关切；其次，到底何种范围的道德能够在 WTO 协定下被合法保护？是一成员方地域范围内的公共道德，还是其他成员方，或者是全球性的普遍的公共道德标准？最后，实现公共道德目标的具体措施是否符合 GATT1994 和 GATS 的实体性和程序性条件。

“美国博彩案”专家组使用了 2002 年《牛津英语词典（简编版）》的“公共（public）”定义。“公共”的含义为“全体人民所有的或属于全体人民的；属于、影响到或关于集体或国家的。”基于此，专家组得出结论，若是一项措施符合 GATS 第 14（a）条规定，那么其“必须旨在保护作为集体或国家的人民的利益”。[①] 相应的，关于“道德（morals）”的定义为“关于正确或错误行为的生活习惯”。[②] 由此，专家组认为 GATS 第 14（a）条“公共道德”含义为“由集体或国家所支持的是非对错行为标准（standards of right and wrong conduct），或者是能够代表集体或国家的是非对错标准”。[③]

当然，“公共道德”概念不存在固定的、僵化的定义。在实践中，专家组承认了并不存在对“公共道德”和“公共秩序”的单一性解释，上述概念能够随时空变化而变化，并且受到包括现有的社会、文化、道德和宗教价值的一系列因素的影响。[④] 基于此，专家组指出：某种程度上，根据其自身的体系和价值观念，成员方应具有在其管辖的领域内，定义和适用其“公共道德”和“公共秩序”概念的权利。[⑤] 当然，该权利也并非是绝对的，成员方具有将该条款进行善意解释的义务。[⑥]

---

① Panel Report, US-Gambling, WT/DS285/R, para. 6. 463.

② Ibid, para. 6. 464.

③ Ibid, para. 6. 465.

④ Ibid, para. 6. 461.

⑤ Ibid, para. 6. 461.

⑥ Ibid, para. 6. 461.

例如，在“欧共体海豹产品案”中，公共道德的内涵有了新的拓展。该案中，争议的措施不仅涉及保护动物的生命和健康，而且还涉及种族信仰，以及不人道的消费方式。[①] 上诉机构认为对当地利益的保护构成了歧视的合法性理由，其与公共道德目标相关联。

实践中，为了实现公共道德的目标，成员方一般会对特定经济活动施加行政性限制。公共道德主要包括宗教、社会道德等因素。例如，基于宗教原因对特定产品的进口和销售的禁止，包括特定伊斯兰国家对肉类与肉制品的限制措施、对酒精的限制措施等。在贸易政策评审中，以色列禁止非洁净肉类（kosher meat）进口，并且对出口此类产品到以色列的外国公司施加了严格的认证程序。[②]

除宗教因素外，因为与社会的基本道德价值相违背，成员方通常对“不道德产品”（immoral products）施加进口禁止，如涉及色情、毒品等的产品。[③] 当然，对纳粹相关的产品在德国、奥地利是被禁止的，但在美国则被许可销售。由此可见，对公共道德认定上，各成员方并不完全相同。归纳而言，“公共道德”体现成员方的是非对错标准，同时，不同的成员方和不同的时空内，对“公共道德”的认定并不完全相同。

（二）对“公共秩序”的解释

GATS 第 14 条（a）项规定了允许“保护公共道德所必要的，或者是维持公共秩序（public order）所必要的”的措施。然而，GATT1994 第 20（a）

---

① Robert Howse, Joanna Langille, *Permitting Pluralism: The Seal Products Dispute and Why the WTO Should Accept Trade Restrictions Justified by Noninstrumental Moral Values*, Yale Journal of International Law, Vol. 37, 2012, p. 368.

② Report by the Secretariat, Trade Policy Review of Israel, WT/TPR/S/157, 22 December 2005, p. 30.

③ Stefan Zleptnig, *Non-Economic Objectives in WTO Law: Justification Provisions of GATT, GATS, SPS and TBT Agreement*, Martinus Nijhoff Publishers, 2010, p. 128.

条并没有规定相同的“公共秩序”。[①] 根据有效解释原则，“公共道德”与“公共秩序”应具有各自独立的含义。当然，由于解决目标的相似性，道德与秩序的重合可能也无法避免。[②]

GATS 的起草者在第 14（a）条脚注 5 中规定了公共秩序例外的范围：公共秩序例外只能在对社会的基本价值形成实质性的（genuine）和足够严重的（sufficiently serious）威胁情况下才可能被援用。该脚注构成了解释公共秩序术语概念的不可或缺的组成部分。综合而言，对“公共秩序”的认定应该满足两个条件：其一，威胁的严重性；其二，该攸关的利益对整体社会的重要性。[③]

实践中，“美国博彩案”专家组考察了“公共秩序”的概念，根据《牛津英语词典（简编版）》的记载，“秩序”表示“调整集体中的公共行为的法律被保持且可被确认；遵循法治或形成权威；不存在暴力或暴力犯罪”。[④] 基于此，“美国博彩案”专家组得出结论：公共秩序涉及对社会基本价值的保护，其反映为公共政策（public policy）和法律。这些基本型价值可能于法律标准、安全和道德相关。[⑤] 该定义与劳特派特在国际法院“荷兰诉瑞典案”发布的独立意见的观点相似。[⑥] 欧盟法院对“公共政策”例外也做出过相关规定和裁决，具体体现在汤普森等案中。[⑦]

在互联网规制语境下，美国试图通过 GATS 第 14（a）条例外规定将其

---

① GATS 缔结历史并没有反映出为何需要在“公共道德”之外规定“公共秩序”例外。Stefan Zleptnig：Non-Economic Objectives in WTO Law：Justification Provisions of GATT，GATS，SPS and TBT Agreement，Leiden：Martinus Nijhoff Publishers，2010，p. 143.

② Panel Report，US-Gambling，WT/DS285/R，para. 6. 468.

③ Nicolas F. Diebold，*The Morals and Order Exceptions in WTO Law：Balancing the Toothless Tiger and the Undermining Mole*，Journal of International Economic Law，Vol. 1，no. 1，2007，p. 62.

④ Panel Report，US-Gambling，WT/DS285/R，para. 6. 466.

⑤ Ibid，para. 6. 470.

⑥ Ibid，para. 6. 470.

⑦ Stefan Zleptnig，*Non-Economic Objectives in WTO Law：Justification Provisions of GATT，GATS，SPS and TBT Agreement*，Leiden：Martinus Nijhoff Publishers，2010，pp. 145 – 149.

限制网络赌博的国内措施正当化。[①] 具体而言，美国主张互联网赌博的实践为有组织的犯罪行为，其对公共秩序和道德产生威胁，也对经济稳定、美国人民安全和福利等造成负面影响，并可能产生腐败等严重问题。[②] 该案专家组认同了美国的主张。

（三）互联网规制中的合法性目标

美国对网络赌博的规制措施曾引发关于合法性目标的探讨。在“美国博彩案”中，美国主张援引公共道德例外抗辩其违反赌博服务市场准入承诺义务。美国主张其限制远程赌博服务的可获得性的措施是必要的，因为这些服务对保护美国领土内的公共道德和维持公共秩序是至关重要的。[③] 基于文本与目的相似性，GATT1994 第 20 条的解释思路对于 GATS 第 14 条是相关的。进而，专家组指出 GATS 第 14（a）条和 GATT 第 20（a）条中并没有定义“公共道德”，但是相关概念已被先前的专家组和上诉机构报告所解释。[④] 遗憾的是，上诉机构并没有考察专家组对此的认定，其争议点仅限于被成员方申诉的事项。

在“美国博彩案”专家组裁决中，其指出：“我们知晓在第 14 条项下对‘公共道德’和‘公共秩序’术语的解释具有强相关性。在专家组看来，该概念的内容可以在时间和空间上有区别，其取决于一系列因素，包括普遍性的社会、文化、民族和宗教价值。进一步的，成员方具有决定它们认为合适的保护公共道德与秩序的水平。具体而言，根据其自身体系和价值观念，成员方应被给予在其领土内定义和适用‘公共道德’和‘公共秩序’概念的权利。”[⑤] 换言之，“公共道德”和“公共秩序”在不同成员方之间可能是不同的，同时，上述概念在不同的时空下也是不同的。

---

① Panel Report，US-Gambling，WT/DS285/R，para. 6. 465.

② Ibid，para. 3. 279.

③ Ibid，para. 3. 279.

④ Ibid，para. 6. 460.

⑤ Ibid，para. 6. 461.

在此案中，另一个主要内容是专家组对非贸易关切目标的保护水平（level of protection）做出了阐述。专家组证实了先前上诉机构认可的法理，其认为在一定的情况下，WTO 成员方具有决定其合适的保护水平的权利。①在先前的“韩国牛肉案”中，上诉机构裁定 WTO 成员方可以自主地决定应对人类健康和生命风险的合适的保护水平，或者是对符合 WTO 法规的合适的执行水准。② 相应的，在公共道德事项的认定上，WTO 成员方也能够自由地认定其保护公共道德的水平。换言之，只有给定保护水平的执行措施才是 WTO 争端解决机构考察的事项。③

当然，该案专家组也援引欧盟法院裁决中的公共道德法理，以及以色列与菲律宾的贸易政策评审内容。基于公共道德或公共健康的原因，以色列和菲律宾都对赌博行为进行限制。④“美国博彩案”专家组认为关于赌博服务的事项（例如，对未成年人赌博的预防或对赌博成瘾者的保护）都构成 GATS 第 14（a）条公共道德例外的范围。⑤ 由此可见，成员方在网络空间也有权保护其公共道德与公共秩序。如上，WTO 专家组和上诉机构并没有严格区分线上与线下的交易方式，换言之，其采用一视同仁的方式将贸易规则适用于实体贸易与互联网贸易。同时，公共道德与公共秩序概念具有演化的特征，更能够适用于网络领域。⑥

在实践中，只要与集体的是非对错标准相关，或者对其社会利益具有根

---

① Panel Report, US-Gambling, WT/DS285/R, para. 6. 461.

② Appellate Body Report, Korea-Measures Affecting Imports of Fresh, Chilled and Frozen Beef, WT/DS161/AB/R, 10 January 2001, para. 176; Appellate Body Report, EC-Asbestos, para. 168.

③ Stefan Zleptnig, *Non-Economic Objectives in WTO Law: Justification Provisions of GATT, GATS, SPS and TBT Agreement*, Leiden: Martinus Nijhoff Publishers, 2010, p. 134.

④ Panel Report, US-Gambling, WT/DS285/R, para. 6. 471, para. 6. 487.

⑤ Panel Report, US-Gambling, WT/DS285/R, para. 6. 469.

⑥ 近期，在欧共体海豹产品案中，公共道德的内涵有了新的拓展。该案中，其不仅涉及保护动物的健康和服务里，而且还涉及种族的信仰，以及不人道的消费方式。Robert Howse, Joanna Langille, *Permitting Pluralism: The Seal Products Dispute and Why the WTO Should Accept Trade Restrictions Justified by Noninstrumental Moral Values*, Yale Journal of International Law, Vol. 37, 2012, p. 368.

本性影响的互联网规制措施就被视为符合公共道德或公共秩序的目标。例如，在“美国博彩案”中，在网络赌博语境下，专家组认为保护“公共道德”包括对防止未成年人赌博，或保护病理性赌博人员；同时，“公共秩序”包含阻止有组织犯罪。当然，对洗钱和欺诈性行为的预防则可能同时包括在“公共道德”和“公共秩序”范围内。① 换言之，本质上，现实空间中的合法性目标也能够在网络空间中得到佐证，只要其满足公共道德和公共秩序的定义，即互联网规制的措施与社会集体的是非对错标准相关，或者对其社会利益具有根本性影响。实践中，WTO 争端解决机构时常将对合法性目标的认定权赋予成员。

三、互联网规制措施的必要性测试

（一）关于贸易规制措施的必要性

为引用一般例外条款，贸易规制措施应该符合必要性测试。“韩国牛肉案”上诉机构认为在确定措施的必要性上，应考察下述三个因素，第一，必要性概念反映出目标的重要性。必要性分析关注共同利益或价值的相对重要性。如果共同的利益或价值（common interests or values）越重要，该措施就越发容易被视为是“必要的”；② 第二，必要性测试需要考察措施能够实现目标的程度。若措施能够更大程度地实现既定目标，那么措施将更容易地被视为是“必要的”；③ 第三，必要性测试与措施对国际贸易限制程度有关。若措施对进口产品的影响较为轻微，那么其比更具有贸易限制性的措施更容易被视为是“必要的”。④ 该案上诉机构裁定必要性测试涉及对上述三层面的“衡量过程（a process of weighing and balancing）”。⑤

---

① Panel Report，US-Gambling，WT/DS285/R，para. 6. 469.

② Appellate Body Report，Korea-Beef，para. 162.

③ Ibid，para. 163.

④ Ibid，para. 163.

⑤ Ibid，para. 164.

其后，在“巴西轮胎案”中，上诉机构采纳了“韩国牛肉案”的分析方式，其认为对 GATT1994 第 20（b）条的适用，专家组应考虑相关因素，特别是争议中的利益或价值的重要性、措施实现目标的贡献程度，以及措施的贸易限制性。如果上述分析得出结论为措施是必要的，那么其必须与其他潜在的可替代措施进行比较，并最终证实争议措施的必要性。① GATS 一般例外条款的适用也涉及考量上述相似的因素。例如，“美国博彩案”专家组指出，在考察必要性时，我们应该衡量价值的重要性、措施对目标的贡献程度和争议措施的贸易限制性。其中，在考察贸易限制性时，还应该将其他与 WTO 义务相符合的可替代性措施一并考虑。② 相关的实践包括以下几个方面。

1. 价值或利益的重要性

一般而言，专家组和上诉机构倾向于认定成员方提出的价值或利益的重要性。例如，“美国博彩案”专家组认定美国阻止有组织犯罪等的利益合法。同时，在“欧共体海豹产品案”，上诉机构也认可捕获海豹将会对欧盟社会成员产生心理上的痛苦，这构成成员方的价值或利益。③

2. 定量或定性分析的贡献程度

“多米尼加香烟案”专家组和上诉机构都延续了先前案件的分析思路。④ 随后，“巴西轮胎案”上诉机构进一步阐述措施对非经济目标的贡献程度。本质上，当存在一个手段与目标之间的实质性联系时，该贡献即存在。⑤ 根据该上诉机构观点，该贡献并非必然需要在定量条件（quantitative terms）下进行评估；其也可能是依据定性条件（qualitative terms）决定该贡献。⑥ “巴西轮胎案”上诉机构并未过多关注争议措施的即期效果（immediate effects）。

① Appellate Body Report, Brazil-Retreaded Tyres, para. 178.

② Panel Report, US-Gambling, para. 6. 477.

③ Appellate Body Report, EC-Seal Products, WT/DS400/AB/R, Jun. 18, 2014, para. 5. 520.

④ Appellate Body Report, Dominican-Cigarettes, para. 71.

⑤ Appellate Body Report, Brazil-Retreaded Tyres, para. 145.

⑥ Ibid, para. 147.

上诉机构指出："我们认识到特定的、复杂的公共健康或环境问题可能通过一个全面的、系统的政策方案得到解决，然而，该政策是由相互交叉的措施共同组成。在短期内，成员方可能难以从该政策方案中，孤立出某一特定措施对公共健康或环境目标的贡献。同时，特定行为的结果可能需要一段时间才能被明确，例如，避免全球温室变化或特定的降低疾病发生的预防性行为的贡献程度难以在短期内确定。"

为成功适用 GATT1994 第 20（b）条项下的进口禁止，专家组必须认定相关措施对既定目标具有实质性贡献（material contribution）。该贡献可以通过过去或当前的证据或数据得到证明。然而，定量分析并非是唯一的证明方式，其也可以由未来的定量预测（quantitative projections）进行确认，或者由存在假设前提的定性推理（qualitative reasoning）方式而获知，当然，该推理必须具有足够的证据支持。① 本质上，"巴西轮胎案"采用与"韩国牛肉案"的不可分割性标准相同的实质性贡献标准。最终，该案上诉机构裁定争议措施满足实现非经济性目标的必要性测试。②

3. 可替代性措施的合理获得性

识别可替代性措施的目的在于确认是否存在更小贸易限制性的政策或措施。其主要涉及两个问题，第一，是否存在可供利用的更小的贸易限制性或更温和的措施；第二，可替代性措施是否能够同等有效地实现既定目标。③

"欧共体石棉案"专家组和上诉机构进一步完善了必要性测试。该案专家组对"合理且可获得的（reasonably available）"概念进行了分析，其认为"合理的"不应该被过于宽泛或狭窄地解释。"在行政上，一项措施可能比其他措施更容易执行的事实并不意味着其他措施就并非是不可合理地获得。对可合理获得的措施的认定必须考察成员方所面临的经济和行政现状（the

---

① Appellate Body Report, Brazil-Retreaded Tyres, para. 151.

② Ibid, para. 182.

③ Gilles Muller, *The Necessity Test and Trade in Services: Unfinished Business?*, Journal of World Trade, Vol. 49, no. 6, 2015, p. 963.

economic and administrative realities)，同时，也需考察成员方执行政策的方式。"[①] 在此案中，专家组考虑了法国的客观实际情况。法国具有先进的劳工立法和专业化的行政服务，进而能够调动行政资源向公共健康目标的调配，并且政府也能承当必要的开支。[②] 正基于此，该案专家组和上诉机构认定法国完全禁止石棉产品零风险的政策（zero-risk policy）对实现公共健康是必要的，对石棉产品的"有控制地使用"（the controlled use）不能构成适当的可替代性措施。[③] 由此，该案反映出保护水平与措施之间的关系。若是成员方设定高标准的措施保护水平，相应的，可供采用的可替代性措施就会更少，相关措施则更可能通过必要性测试。[④]

"美国博彩案"也涉及必要性测试，该案针对国内措施的使用问题。"美国博彩案"专家组须认定美国对远程赌博的禁止是否构成保护公共道德或维持公共秩序所必要的措施。该案专家组认为美国所主张的社会利益和价值属于"具有最高等级的重大性和重要性（vital and importance in the highest degree)"。[⑤] 关键问题在于除对远程赌博禁令外，美国是否有其他合理的可替代性措施。专家组转而指出，在确定可替代性措施的相同保护程度上，美国没有与安地瓜进行磋商和讨论。鉴于拒绝安地瓜参与双边或多边讨论的事实，美国并未善意地寻找其他合理可替代性措施。[⑥] 在专家组看来，因为拒绝了安地瓜磋商请求，美国未能满足必要性测试。然而，该错误的观点在该案上诉机构报告中得到纠正。

"美国博彩案"上诉机构指出，争议措施和可替代性措施之间对比确有必要进行，并且这些对比应考察争议中的利益的重要性。一个可替代性措施

---

① Panel Report, EC-Asbestos, para. 8. 207.

② Ibid, para. 8. 207.

③ Ibid, para. 8. 217.

④ Stefan Zleptnig, *Non-Economic Objectives in WTO Law: Justification Provisions of GATT, GATS, SPS and TBT Agreement*, Leiden: Martinus Nijhoff Publishers, 2010, p. 237.

⑤ Panel Report, US-Gambling, WT/DS285/R, para. 6. 492.

⑥ Ibid, para. 6. 531; Appellate Body Report, US-Shrimp (Art 21. 5), para. 124.

可能不被视为是“合理可获得的”。例如，当其仅在理论上可行，但是，被申诉方无法将该措施执行，或者这些措施对成员方施加了不合理的负担（undue burden）。进一步的，在 GATS 第14（a）条项下，一个合理可获得的可替代性措施应能维护被申诉方实现其所追求的保护水平的措施。① 进而，该案上诉机构指出专家组的缺陷在于其没有分析实现既定保护水平的措施的合理可获得性。与安地瓜磋商并非构成对争议措施的可替代性措施。在定义上，磋商只是一个程序，其结果具有不确定性，因此不构成争议措施与可替代性措施的对比行为。②

需要注意的是，正如“欧共体海豹产品案”表明的，措施的贡献程度仅是必要性分析的某一项内容，必要性测试不应仅依赖单纯的贡献程度，而是应综合考察和衡量三个因素。③ 由此，上述三个因素的考察不应有失偏颇。

（二）互联网规制措施应通过必要性测试

针对互联网规制问题，必要性分析的难点体现在对可替代性措施的分析上。多种形式的互联网规制都对公共道德或公共秩序具有贡献，然而，由于政治体制与文化背景的差异，成员方对互联网规制措施的选择的偏好并非完全相同。在实践中，如迪特·厄恩斯特所言，在解决公共政策问题上，美国总是认为“自愿体系”更合适，④ 而欧盟等其他国家强调更积极主动地保护公共利益。⑤

“中国视听产品案”也涉及必要性分析。该案上诉机构认为，要求进口

---

① Appellate Body Report, US-Gambling, WT/DS285/AB/R, para. 307.

② Ibid, para. 317.

③ Appellate Body Report, EC-Seal Products, WT/DS400/AB/R, para. 5. 215.

④ Dieter Ernst, *Indigenous Innovation and Globalization: The Challenge for China's Standardization Strategy*, East-West Centre Report, 2011, pp. 33 – 34.

⑤ 欧盟与美国之间还存在数据隐私权保护权上的分歧。Gregory Shaffer: *Globalization and Social Protection: The Impact of EU and International Rules in the Ratcheting Up of U. S. Privacy Standards*, Yale Journal of International Law, Vol. 25, 2000, pp. 1 – 88.

出版物的企业具备国有资质的政策对中国的公共道德保护具有一定的贡献程度,[①] 然而，中国提出的内容审查的成本事项、外国企业对公共道德的认识偏差等主张，无法证明国有企业垄断出版物进口的必要性。[②] 对于可替代措施上，美国认为中国政府可被视为唯一有权进行内容审查的部门，该可替代措施具有更小的贸易限制性。该案上诉机构认为美国主张的可替代措施可能增加一定的成本，但是其并非技术不可能，因此，其可以被视为是合理的、具有更小贸易限制性的可替代措施。[③] 虽然该案上诉机构强调其分析并没有决定中国政府是否应该独立进行内容审查，而仅是认同美国提出的措施具有可替代性。[④] 本质上，专家组与上诉机构均认可中国对内容进行审查的权利，但也要求对内容审查的措施只能在实现合法性目标所必要的范围内。该观点对网络信息的内容审查同样具有适用性。WTO 协定并没有否认成员方依据文化偏好对国内互联网贸易自由进行规制的权利，但是其制度设计应在考虑措施的目标贡献程度前提下，实现相对较小的贸易限制性。

以互联网服务规制为例，如上所述，互联网服务规制可区分为网络屏蔽（blocking）、网址屏蔽与特定信息屏蔽三种不同的方式。例如，泰国仅屏蔽电子商务网站——亚马逊上的某些书籍的网址链接，而其他页面可以正常访问。泰国措施为特定信息屏蔽。

上述三种屏蔽方式的贸易限制性并不完全等同，相应的，其也具有不同类型的必要性要求，对网络屏蔽的必要性更严格于对网址屏蔽的必要性要求，而对网址屏蔽的必要性要求更严格于对特定信息屏蔽的要求。例如，对电信服务的禁止的要求远高于对特定服务的阻止。《电信附件》第 5（e）条规定对公共电信传输网络及服务的接入与使用添加附加条件，具体的例外情况包括：维护公共电信传输网络及服务者的公共服务责任；保护公共电信传输网

① Appellate Body Report, China-Audiovisual Products, para. 262.

② Ibid, paras. 263, 273 and 299.

③ Ibid, paras. 325 and 330.

④ Ibid, para. 335.

络或服务的技术完整性；或确保其他成员方的服务提供者不提供承诺表许可之外的服务。只有符合上述规定，成员方才可以对公共电信传输网络与服务的接入与使用添加如下条件：限制该项服务的转售或共享；规定使用特定技术接口；在必要时，规定服务的交互运作能力；规定连接网络的终端设备或其他设备的技术规范；通知、登记或许可等。①

当然，以特定信息屏蔽为代表的选择性过滤的互联网规制措施无法消除风险。虽然厄恩斯特等曾提出对于网站内容的选择性过滤的方式是符合公共利益的一种方式，成员方不应全面屏蔽网站，② 但是在考察选择性过滤是否可构成一项合理可获得的可替代性措施时，必须明确当前的实时网络媒体方式对国家审查机制产生了严峻的挑战。用户可以迅速替换被审查的内容，因而用户与审查机构之间陷入一场猫与老鼠的游戏。然而，在选择性过滤上，由于来自一个国家的访问者的来源地可以被识别，在实践中，基于地理位置阻止访问者对单个网页或内容的访问，这被称为是地理阻拦（geographic blocking）。③ 毋庸置疑，在满足特定的合法性目标的前提下，地理阻拦具有其必要性。

四、互联网规制的程序性要求

为防止例外条款被滥用，以英国为代表的缔约方主张以引入序言的方式限制例外条款的可适用性，序言的目的在于限制滥用例外条款。互联网规制措施的程序正义体现在满足 GATT1994 第 20 条的序言要求上。

（一）关于序言的要求

一般例外序言规定了三项不同的要求，分别为：不构成在相同或相似情

---

① 《电信附件》第 5（f）条。

② Fredrik Erixon, Brian Hindley, Hosuk Lee-Makiyama, *Protectionism Online: Internet Censorship and International Trade Law*, ECIPE Working Paper, No. 12/2009, p. 6.

③ Ibid, p. 14.

形下的恣意歧视；不构成在相同或相似情形下的不合理歧视；不构成对国际贸易的变相限制。虽然上述要求可能具有重合，但是其必须以逐项审查的方式进行适用。① 同时，这三项标准本质上是累积适用的。②

1. 恣意的歧视

在实践中，“美国虾案”上诉机构裁定美国措施的适用构成了在情况相同的成员方之间的“恣意的歧视”。主要理由是美国施加的单一的、严格的和硬性的措施对其他成员方实施以美国体系实质性相同的行为产生恣意歧视的效果。③ 更进一步的，关于相关行政机构对不同国家的认证也缺乏弹性。总而言之，上诉机构最终认定，美国认证程序的严格性和非弹性构成了序言中的“恣意的歧视”。④

在“欧共体海豹产品案”中，上诉机构认为，由于欧盟捕获海豹的例外规定的标准具有模糊性，并且在适用上具有宽泛的自由裁量权，事实上，在特定情况下，来源于商业性捕获的海豹产品也可通过本土捕获例外机制而进入欧盟市场。因此，根据该措施的设计，欧盟海豹产品体系的适用在相同情形国家间形成恣意的或不合理的歧视。⑤

2. 不合理的歧视

在“美国虾案”中，上诉机构裁定美国措施是以不合理歧视的方式进行适用。其认为美国对经认证国家和非认证国家给予不同的市场准入权利，该事实构成了不合理的歧视。本质上，美国措施要求所有 WTO 成员方采用与美国相同的政策，以期获得市场准入的机会 。⑥ 根据上诉机构而言，该认定

---

① Appellate Body Report, US-Gasoline, WT/DS2/AB/R, p. 25.

② Panagiotis Delimatsis: “Protecting Public Morals in a Digital Age: Revisiting The WTO Rulings On US-Gambling and China-Publications and Audiovisual Products”, *Journal of International Economic Law*, Vol. 14, no. 2, 2011, p. 266.

③ Appellate Body Report, US-Shrimp, WT/DS58/AB/R, paras. 177 and 184.

④ Ibid, para. 177.

⑤ Appellate Body Report, EC-Seal Products, WT/DS400/AB/R, para. 5. 328.

⑥ Appellate Body Report, US-Shrimp, WT/DS58/AB/R, para. 161.

并不决定该措施是否合法，而是针对通过行政程序对该措施的实际执行情形进行分析。该措施的适用体现了一个严格的、硬性的标准，其中，美国行政官员可决定其他国家是否被给予证书，进而可以赋予或拒绝其他国家出口虾类产品的权利。[①] 该案上诉机构阐明："在国际贸易关系中，一个 WTO 成员方使用经济禁运（economic embargo）以要求其他成员方采用与其本质上相同的全面监管体制，进而实现在其他成员方领土内的特定政策目标，而不考虑其他成员方的不同情形，该方式是不可被接受的。"[②] 此类措施构成不合理的歧视。

"欧共体海豹产品案"专家组认为作为例外，欧盟允许某些当地捕猎的海豹产品的进口明显与该措施的目标与宗旨相背离。[③] 该案上诉机构提炼了"巴西轮胎案"的观点，其认为措施的目标的歧视性是一个最重要的因素之一，但是并非是评估恣意的或不公正歧视的唯一方法。换言之，基于争议措施的本质，结合本案中的具体情形，其他额外的因素对于整体性评价是相关的。[④] 上诉机构承认了措施支持因纽特集体的捕猎生活方法，然而，其也认为欧盟不能够提供足够的证据证明欧盟海豹体系将当地捕猎和商业性捕猎之间进行区分的措施如何与欧盟公共道德的政策目标相协调或相关联。[⑤]

3. 国际贸易的变相限制

国际贸易的变相限制可能会涉及多个目的，相关措施以合法目的为掩盖，行使保护主义的实际目标。"美国石油案"上诉机构首次分析了"国际贸易的变相限制"概念。上诉机构裁定该要求被视为避免第 20 条的实体性规则例外的滥用或非法使用（abuse or illegitimate use）的工具。[⑥] 虽然"中国稀土案"专家组认定歧视的情形并不构成对贸易的变相限制，[⑦] 但是理论上，恣意和不

---

① Appellate Body Report, US-Shrimp, WT/DS58/AB/R, para. 163.

② Ibid, para. 164.

③ Panel Report, EC-Seal Products, para. 7. 275.

④ Appellate Body Report, EC-Seal Products, paras. 5. 321 – 5. 326.

⑤ Ibid, paras. 5. 320 and 5. 338.

⑥ Appellate Body Report, US-Gasoline, WT/DS2/AB/R, p. 25.

⑦ Panel Report, China-Rare Earths, para. 7. 625.

合理歧视与变相限制具有重合性。“变相限制”的含义并非是可穷尽的,[①] 其并不限于那些“隐瞒的或未公布的”限制。[②] 在实践中,“欧共体石棉案”专家组认为一项未公布的措施不能够满足第 20 条序言的变相贸易限制的要求。[③]

除与歧视性义务重合的内容外,变相限制措施也具备独有的特征。“欧共体石棉案”专家组指出“变相的(disguised)”概念表明其掩盖某种事情的意图(intention)。“变相限制”术语进而包括了那些符合 GATT1994 第 20 条要求的措施,但是事实上,其仅为掩盖贸易限制目标的手段。[④] 当然,措施的保护主义目标可能符合例外条款的要求。该类型的保护主义目标难以衡量。“欧共体石棉案”专家组指出措施的保护性目标可以基于该措施的“设计、架构和暗含的结构”得以确认。[⑤]

基于 WTO 争端解决实践,至少有三种类型的措施可被视为是非法的变相限制措施:未经国际行政机构公布或发布的措施;构成变相的歧视的措施;以及那些设计、架构和暗含结构表明本质上为保护主义的措施。[⑥]

(二)互联网规制措施应满足序言要求

如前所述,援引 GATT1994 与 GATS 一般例外条款应满足该条款序言要求。本质上,GATT1994 第 20 条序言是平衡成员方援引第 20 条例外权利与其他成员方实体性权利的方式。[⑦] 实践中,“美国博彩案”上诉机构认可成员方基于公共道德的理由对网络赌博服务进行限制的权利,但是其必须满足非歧视的适用要求。[⑧]

---

① Appellate Body Report, US-Gasoline, WT/DS2/AB/R, p. 25.

② Ibid, p. 24.

③ Panel Report, EC-Asbestos, para. 8. 236.

④ Panel Report, US-Gasoline, WT/DS2/R, para. 8. 236.

⑤ Panel Report, EC-Asbestos, paras. 8. 236 – 8. 237.

⑥ WTO Secretariat, GATT Article XX, 26.

⑦ Appellate Body Report, US-Shrimp, WT/DS58/AB/R, para. 156.

⑧ Panel Report, US-Gambling-Recourse to Article 21. 5 of the DSU by Antigua and Barbuda, WT/DS285/RW, Mar. 30 2007.

针对序言的适用，“美国石油案”上诉机构指出，本序言仅考察“措施适用的方式”，而不涉及措施的具体内容；同时，序言的目的和宗旨在于阻止对一般例外条款的滥用。① 序言规定了三项不同的要求，分别为：不构成在相同或相似情形下的恣意歧视；不构成在相同或相似情形下的不合理歧视；不构成对国际贸易的变相限制。前两项为非歧视性要求。虽然上述要求可能重合，但是其必须以逐项审查的方式进行适用。② 由此，这三项标准本质上是累积适用的。③ 以下将对这一问题进行具体分析。

第一，针对恣意的和不合理的歧视而言，该条款分析的重点在于明确争议措施是否以歧视的方式进行适用。实践中，该序言要求避免争议措施造成国内产品与外国产品，或者国内贸易商与外国贸易商的差别待遇。例如，在“美国博彩案”中，专家组认定美国没有证明其对远程赌博的禁止是以一致的方式在外国和本国服务者之间适用。该案上诉机构进一步认定对远程赌博的一般禁止存在仅对国内服务提供者的豁免，因此其违反了序言的非歧视要求。④ 在“美国虾案”中，因为美国行政部门对某些出国成员方颁发了进口证书，而不给予其他成员方证书的事实，争议措施构成了歧视性的适用。⑤ 综合而言，非歧视要求要避免在相同条件下的成员方被区别对待。⑥

其二，针对变相的国际贸易限制而言，基于 WTO 争端解决实践，至少有三种类型的措施可被视为是非法的变相限制措施：未经国际行政机构公布或发布的措施；构成变相的歧视的措施；以及那些设计、架构和内在结构表

---

① Appellate Body Report, US-Gasoline, WT/DS2/AB/R, p. 22.

② Ibid, p. 25.

③ Panagiotis Delimatsis, *Protecting Public Morals in a Digital Age: Revisiting The WTO Rulings On US-Gambling and China-Publications and Audiovisual Products*, Journal of International Economic Law, Vol. 14, no. 2, 2011, p. 266.

④ Appellate Body Report, US-Gambling, WT/DS285/AB/R, para. 369.

⑤ Panel Report, US-Shrimp, WT/DS58/R, para. 7. 33.

⑥ Appellate Body Report, US-Shrimp, WT/DS58/AB/R, para. 165.

明实质构成保护主义的措施。[①] 当然，“变相的国际贸易限制”的含义未能穷尽的。[②] 其并不限于那些“隐瞒的或未公布的”限制。“欧共体石棉案”专家组指出“变相的”表明掩盖某种事情的意图。“变相限制”术语包括那些符合 GATT 第 20 条要求的措施，但是事实上，其仅为了掩盖贸易限制目标的手段。[③]

归纳而言，满足一般例外条款序言要求的措施应该体现措施的非歧视适用。在“美国博彩案”中，由于美国并没有控告特定的国内远程赌博的服务提供者，并且《美国洲际赛马法》实际上也允许美国的远程赛马赌博服务，基于此，上诉机构认为专家组关于美国争议措施构成歧视性的认定没有错误。[④] 在“欧盟海豹产品案”中，欧盟海豹产品体系禁止对商业性捕获的海豹产品的进口，然而其同时允许满足特定条件的捕获的海豹产品的进口，该特定条件包括捕获者的属性、捕获的目的与捕获副产品的使用。[⑤] 然而，由于给予特殊许可的标准过于宽泛和模糊，该案上诉机构认为欧盟并没有证明其措施不构成恣意的和不合理的歧视。[⑥]

由此，在明确互联网规制的合法目标及其必要性后，成员方还应该确保措施的实施不构成歧视或变相贸易限制。例如，针对禁止危害公共道德的信息技术产品与网络赌博、色情等服务，成员方应确保一视同仁的对待本国与外国的产品、服务与服务提供者，并且应该将相同的禁止或限制措施同等地适用于所有类型的分销渠道。当然，序言要求并非禁止所有形式的歧视，其允许

---

① WTO Secretariat, WTO Analytical Index: GATT 1994, available at https://www.wto.org/english/res_e/booksp_e/analytic_index_e/gatt1994_e.htm#article20, last visited on Nov. 6, 2015.

② Appellate Body Report, US-Gasoline, WT/DS2/AB/R, p. 25.

③ Panel Report, US-Gasoline, WT/DS2/R, para. 8.236.

④ Appellate Body Report, US-Gambling, WT/DS285/AB/R, para. 351. 进一步的，美国主张其实际上已经禁止国内赌博服务，但是由于仅具有有限的证据证明美国主张，该案上诉机构认为美国不能证明其措施符合序言要求。Appellate Body Report, US-Gambling, WT/DS285/AB/R, para. 357.

⑤ Appellate Body Report, European Communities-Measures Prohibiting the Importation and Marketing of Seal Products, WT/DS400/AB/R, 22 May 2014, para. 5.319.

⑥ Ibid, paras. 5.326 – 5.339.

非恣意的与合理的歧视，但是该合理的歧视适用方式应具有明确性与限定性。

五、结　语

互联网规制措施可对货物贸易和服务贸易造成障碍，然而，WTO 协定并非阻止所有形式的互联网规制措施。WTO 一般例外条款允许成员方将违反 WTO 协定义务的措施正当化。正如专家组和上诉机构反复强调的，对例外条款不应做过宽或过窄的解释。“例外条款”应在上下文和条约的目的和宗旨下，以惯常含义进行解释。在实践中，对例外条款的适用，争端解决机构确定了确认争议措施的合法目标、措施必要性和序言要求的分析框架。

在互联网语境中，公共道德与公共秩序在互联网空间已然存在，且持续发挥重要的作用。在技术上，网络空间存在边界，因此，对公共道德与公共秩序的定义权应交予成员方。为成功援引一般例外条款，在互联网规制中，成员方的规制措施应具有必要性，在实现既定目标下，措施应尽可能具有较小的贸易限制性。同时，互联网措施的实施方式应满足需要的非歧视和不构成变相贸易限制的要求。

当然，公共道德和公共秩序例外为国家互联网规制自主性提供了可能性，其至少包含两个方面：其一，国家规制应该反映国内的文化偏好（cultural preferences），并且回应国内需求；其二，国内规制目标的实现应该反映在对产品的规制措施上，尽管其存在负面贸易影响，但是该规制应该得到尊重。[①]不同社会公民的文化和经验自然地导致对特定类型规制的不同见解和偏好。即使一般的观念或不同的见解可能将影响到国际贸易，强制 WTO 成员方更改偏好的认定也是不合适的。正如迈克尔所言，不同社会的公民的文化和经验自然导致对特定类型规制的不同见解和偏好，强制 WTO 成员方更改偏好

① Michael Ming Du, *Domestic Regulatory Autonomy under the TBT Agreement: From Non-discrimination to Harmonization*, Chinese Journal of International Law, Vol. 6, No. 2, 2007, p. 274.

是不合理的。[①] 综合而言，在互联网信息自由的限制上，成员方具有基于公共道德等合法理由对互联网信息进行审查的权利，但是互联网规制对贸易的负面影响不应超过必要性的范围。在必要性问题上，国际裁决机构应重视国家对规制措施的选择权，特别是认可国家以符合其国情的方式保障本国的国家安全、公共道德和公共秩序。

WTO 协定能够平衡互联网贸易自由与互联网规制需求之间的冲突。当前，中国正大力推进“互联网 +”战略，然而我国的互联网规制政策在符合中国的国情和现实需要的情况下，也应该符合 WTO 协定的要求，即以符合一般例外的条件规制与贸易有关的互联网措施，尽快打造起一套系统的、完整的、分层次的互联网规制的法律体系。

---

① Michael Ming Du, *Domestic Regulatory Autonomy under the TBT Agreement: From Non-discrimination to Harmonization*, Chinese Journal of International Law, Vol. 6, No. 2, 2007, p. 274.

基于可持续发展视角的 IUU 渔业补贴研究

陈盼盼*

摘要：在世界许多海洋区域，非法渔业作业已经造成鱼类种群资源的大规模衰竭，为实现渔业资源的可持续发展，可持续发展目标 14.6 要求在 2020 年以前禁止有害的渔业补贴，包括消除导致 IUU 捕捞活动的渔业补贴。在此目标指导下，世界贸易组织（WTO）积极努力试图达成一份渔业补贴协议，以控制渔业捕捞，消除非法渔业。鉴于此，本文基于可持续发展的视角分析了 WTO 谈判中有关 IUU 渔业补贴的相关规则，基于 WTO 关于 IUU 渔业补贴谈判的现状及前景，对我国渔业如何实现可持续发展进行了总结。

关键词：可持续发展；渔业资源；IUU 渔业补贴

目前，世界上的鱼类种群资源不仅面临高强度的合法作业活动的威胁，而且面临非法、不报告和无管制［illegal，unreported，and unregulated（IUU）fishing］① 的风险。全球范围内 IUU 捕捞占总捕捞量的 13% ~ 31%，有地区甚至高达 50% 以上，每年 IUU 捕捞对全球造成的损失共 100 亿至 235 亿美元②。据估

* 陈盼盼，现于武汉大学中国边界与海洋研究院攻读国际法博士学位。

① 联合国粮食与农业组织定义：非法系指外国渔船在没有获得许可时在其他国家管辖的水域从事的渔业，或以某种方式违犯渔业法规；不报告系指渔船不向国家相关机构报告渔业捕捞活动，或作出错报或谎报；无管制系指在没有适用管理措施管理捕捞量的水域进行渔业捕捞活动。

② ［德］Maribus gGmbH：《全球海洋评论Ⅱ》，海洋出版社 2016 年版。

计，每年 IUU 捕捞对发展中国家造成的经济损失达 90 亿美元，其中非洲国家的损失为 10 亿美元，在亚太地区，IUU 捕捞每年造成的损失达 58 亿美元，IUU 渔获产量计 350 万 ~ 810 万吨，占总产量 8 万 ~ 16%。仅印度尼西亚，其每年因 IUU 捕捞造成的损失就达 40 亿美元，而菲律宾的经济损失为每年 8.94 亿美元①。据联合国粮食及农业组织（本文中简称 FAO）的报告显示，全球 52% 的主要渔业资源处于完全开发状态，17% 处于过度开发状态，6% 处于衰竭状态，而 IUU 捕捞是造成这种困境的主要因素②。

当下，相关法律的漏洞是 IUU 捕捞活动存在的前提，可观的经济效益是 IUU 捕捞的根本动力，而政府层面的补贴是 IUU 捕捞持续存在并规模化的重要助力。IUU 捕捞除造成经济损失外，此类行为还会威胁很多国家的当地生物多样性和粮食安全。海洋和内陆水域在为当代和子孙后代提供食物、营养和就业机会方面以及在实现可持续发展目标以及《2030 年可持续发展议程》相关承诺方面发挥着关键作用。IUU 捕捞是实现 2030 年可持续发展议程的核心挑战，尤其是对于目标 14③ 的实现。可持续发展目标 14.4 具体确认了对于渔业资源的获取以及过度捕捞、IUU 捕捞和渔业资源衰退进行有效管理的需要，以及实施科学的管理计划以解决渔业资源在短期的减少。目标 14.6④ 要求在 2020 年以前禁止有害的渔业补贴，包括消除导致 IUU 的渔业补贴⑤。渔业补贴与其他类型的补贴一样，只有通过涵盖所有世贸组织成员的多边协定

---

① 徐文欣，黄硕琳："从供应链角度分析俄罗斯 IUU 鱼获从我国进入美国市场的原因"，载《上海海洋大学学报》2017 年 1 月。

② 徐文欣：《打击 IUU 捕捞国际管理制度和对策研究》，上海海洋大学 2016 年硕士学位论文。

③ 2015 年 9 月 25 日，各国将有机会通过一套全球目标，将消除贫困，保护地球和确保繁荣作为新的可持续发展议程的一部分。每个目标都设立了未来 15 年的具体任务。目标 14 是有关水下生物的，保护和可持续利用海洋和海洋资源以促进可持续发展。

④ 可持续发展目标 14.6：到 2020 年，禁止某些助长产能过剩和捕捞过度的渔业补贴，取消助长非法、未报告和无管制捕捞活动的各种补贴，不出台新的这类补贴，同时承认让发展中国家和最不发达国家享有适当和有效的特殊和差别待遇应是世界贸易组织渔业补贴谈判的一个组成部分。

⑤ FAO（2016），The State of World Fisheries and Aquaculture 2016，Contributing to food security and nutrition for all，Rome.

才能有效解决。全球渔业的可持续性岌岌可危，这一事实进一步加强了多边行动的必要性。

一、可持续发展目标（sustainable development goals，本文中简称 SDGs）14.6 与渔业补贴

IUU 捕捞加剧了过度捕捞问题，使得鱼类种群资源面临巨大压力。为了更好地发展蓝色经济，可持续的养管海洋生物资源，2012 年联合国可持续发展大会成果文件 173 段“我们希望的未来”① 和 2015 年联合国 2030 可持续发展议程中均提出要保障健康的海洋，实现渔业绿色的未来。国家元首和政府首脑合意通过了可持续发展目标（SDGs）14.6②。2015 年 7 月联合国贸易和发展会议第 14 次会议，联合国 91 个成员加入由联合国粮农组织、联合国环境规划署和联合国贸发会议的共同声明③：已准备好支持实现可持续发展的国际努力，争取达成最低限度的结果以有助于成员达成目标 14.6。此外，呼吁成员国和国际组织为实现 SDGs 而努力。在渔业补贴方面实现这些目标将是世贸组织（WTO）对贸易和环境的最重要贡献，同时也对粮食安全和发展做出重要贡献。

---

① “The Future we want”. Outcome document of the 2012 United Nations Conference on Sustainable Development. A/RES/66/288. http://www.un.org/ga/search/view_doc.asp? symbol = A/RES/66/288&Lang = E.

② SDGs14.6:“By 2020, prohibit certain forms of fisheries subsidies which contribute to overcapacity and overfishing, eliminate subsidies that contribute to illegal, unreported and unregulated fishing (IUU) and refrain from introducing new such subsidies, recognizing that appropriate and effective special and differential treatment for developing and least developed countries should be an integral part of the World Trade Organization fisheries subsidies negotiation.”

③ UNCTAD, UNEP, FAO Joint Statement, *Regulating Fisheries Subsidies must be an integral part of the implementation of the 2030 Sustainable Development Agenda*, Nairobi, July 2016. http://unctad.org/meetings/en/SessionalDocuments/U14ditc_d16_FishSub_Statement_en.pdf.

（一）SDGs14.6[①] 与 IUU 渔业补贴的关系

SDGs14.6 为 IUU 渔业补贴描绘了整体框架。在 14.6 项下规定了具体有关渔业补贴方面的目标要求：到 2020 年，禁止某些助长产能过剩和捕捞过度的渔业补贴，取消助长 IUU 的各种补贴，不出台新的这类补贴，同时承认让发展中国家和最不发达国家享有适当和有效的特殊和差别待遇应是世界贸易组织渔业补贴谈判的一个组成部分[②]。可持续发展目标 14.6 对 IUU 渔业补贴给出了具体说明。

总体原则：对于导致、有助于 IUU 捕捞活动的渔业补贴必须要禁止；

时间：截至 2020 年，并不是要求各方立即无条件的取消 IUU 渔业补贴，而是顾及到了发展中国家特别是最不发达国家和小岛屿发展中国家的发展和生计需要，并考虑到传统渔业社区的利益和需求，给出了一定的过渡期；

范围：聚焦在现有渔业补贴领域，导致和助长 IUU 捕捞行为的渔业补贴，同时禁止在该领域内以直接或间接方式出台新的补贴；

特殊和差别待遇：在 WTO 渔业补贴谈判中，针对 IUU 补贴的规则对于发展中国家以及最不发达国家要适用特殊和差别待遇。

（二）SDGs14.6 对 IUU 补贴的影响

取消导致 IUU 捕捞行为的补贴，是 WTO 对贸易和环境的最重要贡献，同时也是对粮食安全和发展的重要贡献。可持续发展目标确立以后，联合国环境规划署公布了《2017～2020 年区域海洋战略指南》旨在将区域海洋公约

---

① 2015 年 9 月 25 日，联合国可持续发展峰会在纽约总部召开，193 个成员方将在峰会上正式通过 17 个可持续发展目标。其中目标 14 是关于保护和可持续利用海洋及海洋资源以促进可持续发展。联合国可持续发展目标（Sustainable Development Goals）是一系列新的发展目标，是继千年发展目标到期之后继续指导 2015～2030 年的全球发展工作。

② http：//www. fao. org/sustainable-development-goals/goals/goal-14/zh/联合国粮食及农业组织可持续发展目标。

和行动计划与全球进程包括《2030 年议程》结合起来。2017 年 6 月 5 ~ 9 日在联合国总部纽约召开了全球首届海洋法会议支持落实可持续发展目标 14 即保护和可持续利用海洋和海洋资源以促进可持续发展①。与会代表一致认为 IUU 捕捞行为是导致渔业资源枯竭的重要因素，当下应加强打击 IUU 行为的国际合作。此外，强化区域和全球合作解决针对渔船监督和追踪 IUU 鱼获进入市场监管能力方面的差距。FAO《港口国措施协定》是打击 IUU 行为斗争中的一个里程碑，但是需国家广泛的批准加入才能实现其目标②。印度尼西亚、日本、美国、欧盟等也已采取诸如国家行动计划、立法措施等，加强对 IUU 行为的处罚。对如何解决 IUU 捕捞行为，代表们强烈要求禁止导致过度捕捞、产能过剩以及 IUU 捕捞的渔业补贴。要求 WTO 在 2017 年 12 月第 11 届部长级会议上达成渔业补贴谈判合意③。消除导致 IUU 捕捞行为的补贴以及引入此种类型的新的补贴④。在小组讨论中，加拿大渔业和海洋部海岸警卫副主席 Dominic LeBlanc 强调渔业的可持续发展是实现包括目标 14 在内的很多目标的关键所在。而渔业资源面临的问题大家均有共识，真切的需要各方更加努力解决如 IUU 捕捞以及导致过度捕捞的有害补贴。WTO 提供了达成有效和富有执行力的渔业补贴规则的场所和途径⑤。WTO 副总干事 Brauner 先生认为新兴融合的重要领域，最主要的是禁止 IUU 补贴以及导致过度捕捞有害的补贴⑥。

---

① 此次会议共 178 个国家和欧盟、政府间组织以及实体、区域组织以及联合国专门机构等参与。会议代表们强调目标 14 是全球对于确保海洋和海洋资源可持续发展，认识到需采取合作行动起来以实现该目标的承诺。

② Report of the United Nations Conference to Support the Implementation of Sustainable Development Goal 14: Conserve and sustainably use the oceans, seas and marine resources for sustainable development. United Nations Headquarters 5 – 9 June 2017, paras. 55 – 58.

③ Ibid, para. 142.

④ Ibid, para. 148.

⑤ Ibid, para. 142.

⑥ Ibid, para. 146.

二、当前 IUU 补贴规则解读

2002 年渔业补贴谈判正式启动，2007 年 12 月 4 日渔业补贴谈判主席案文出台，标志着谈判进入实质性阶段。至今，谈判经历了渔业补贴规范是否要单独规制、补贴整体框架和具体规则的激烈争论以及谈判路线图公布后的胶着三个阶段[①]。各谈判代表一致主张禁止导致 IUU 捕捞活动的补贴，就禁止 IUU 补贴的特殊和差别待遇、判定依据以及如何实施尚处于谈判中。2016 年谈判各方提交的案文主要表达了谈判要根据 SDGs14. 6 的内容要求开展，禁止向导致、加剧 IUU 捕捞活动的行为提供补贴[②]。进入 2017 年以后，随着距 12 月召开的第十一届部长级会议日期的临近，各方寄希望在 MC11 会议上达成渔业补贴协议，谈判步调开始加快，各方的态度也逐渐积极。

（一）IUU 捕捞行为的认定

界定 IUU 捕捞行为是渔业补贴谈判的焦点。各谈判代表对 IUU 捕捞行为概念采用《预防、制止和消除非法、不报告和不管制捕捞的国际行动计划》（International Plan of Action to Prevent，Deter，and Eliminate Illegal，Unreported and Unregulated Fishing，本文中简称 IPOA-IUU）中对 IUU 行为的定义[③]。各谈判方在提交 WTO 规则谈判小组的提案中均表示“IUU 捕捞行为与 IPOA-

---

① 陈述平、蔡春林等：《渔业补贴研究》，对外经济贸易大学出版社 2010 年版，第 114 ~ 125 页。

② 2016 年 5 月 24 日哥伦比亚、冰岛、新西兰、挪威以及乌拉圭提案（TN/RL/W/272）；2016 年 5 月 27 日哥伦比亚、冰岛、新西兰、挪威、巴基斯坦以及乌拉圭提案（TN/RL/W/272/REV. 1）；2016 年 10 月欧盟提案（TN/RL/GEN/181）；2016 年 11 月 16 日 ACP 小组提案（TN/RL/GEN/181）；2016 年 11 月 29 日阿根廷、巴拿马、秘鲁以及乌拉圭等提案（TN/RL/GEN/183）；2016 年 12 月 22 日 LDC 小组提案（TN/RL/GEN/184）。

③ 如欧盟、印度尼西亚等，在禁止对 IUU 捕捞行为提供补贴时，均明确了 IUU 捕捞行为的界定应与 IPOA-IUU 中的定义保持一致。

IUU 中第 3 段对 IUU 的认定相同"①。仅非洲、加勒比海和太平洋小组②和 LDC 小组③的提案略有不同。但就 IUU 捕捞行为的概念的界定方面，各谈判方意见出入并不大。补贴的认定，则适用《补贴与反补贴措施协议》（本文中简称 SCM）第 1 条第 1 款的表述④。

具体 IUU 捕捞行为判定方面，赋予补贴给予国及区域渔业管理组织决定权。IPOA-IUU 定义了 IUU 捕捞行为的概念，沿海国、船旗国、区域渔业管理组织等如何据其认定该行为则交由其国内法律、法规及行政管理程序以及组织规则等予以决定。⑤ 补贴提供国、沿海国以及区域渔业管理组织等也可建立 IUU 捕捞活动的清单，据此拒绝或禁止向清单内的渔船或经营者提供补贴。若非区域渔业管理组织的成员方，则应保有正当的程序和透明度，遵守非歧视原则，并对所有 WTO 成员方开放以及与 FAO 国际行动计划保持一致。⑥ 因此，在 IUU 捕捞行为认定方面，国家或区域渔业管理组织是拥有自主权的。其对 IUU 行为认定的结果，是予以认可和承认的。

---

① 原文表述为"The term IUU fishing stands for 'illegal, unreported, and unregulated fishing' as defined in paragraph 3 of the International Plan of Action to Prevent, Deter and Eliminate Illegal, Unreported and Unregulated Fishing of the United Nations Food and Agricultural Organization (FAO)". 欧盟、印度尼西亚、ACP 小组、拉美六国、LDC 小组以及冰岛、巴基斯坦、新西兰等均采用了相同或相似的表达。

② Negotiating Group on Rules, ACP GROUP TEXT PROPOSAL FISHERIES SUBSIDIES DISCIPLINES, SUBMISSION BY GUYANA ON BEHALF OF THE ACP GROUP, 14 July 2017, TN/RL/GEN/192. 以附件的形式对 IUU 行为进行了界定，其含义基本与 IPOA-IUU 中的界定相同，仅是增加了"无管制的捕捞活动也可能在不违反所使用的国际法"原文表述为：Notwithstanding paragraph C, certain unregulated fishing may take place in a manner which is not in violation of applicable international law.

③ Negotiation Group on Rules, LDC Group Submission on Elements for WTO Fisheries Subsidies Disciplines, Submission by Benin on Behalf of the LDC Group, December 22 2016, TN/RL/GEN/184：对于海洋中的非法转运补贴也应予以禁止。原文表达为："the prohibition should also apply to illegal transshipment at sea"。

④ "subsidies within the meaning of Article 1. 1 of the SCM agreement…. "

⑤ TN/RL/GEN/186, 2017 年 4 月 27 日；TN/RL/GEN/187, 2017 年 5 月 29 日；TN/RL/GEN/189, 2017 年 6 月 6 日；TN/RL/GEN/191, 2017 年 6 月 26 日；TN/RL/GEN/193, 2017 年 7 月 17 日；TN/RL/GEN/187/REV. 1, 2017 年 7 月 17 日；TN/RL/GEN/193, 2017 年 7 月 17 日；TN/RL/GEN/187/Rev. 2, 2017 年 7 月 25 日；TN/RL/GEN/195, 2017 年 11 月 1 日。

⑥ TN/RL/GEN/195, 2017 年 11 月 1 日；JOB/GC/148. JOB/CTG/10, 2017 年 10 月 30 日。

（二）IUU 渔业补贴针对的对象：渔船、经营者

IUU 渔业补贴规则实施的对象主要针对渔船或其经营者。谈判各方均主张将 IUU 渔业补贴纳入禁止的范围，但就如何实施该项禁止规则，一直是各成员代表谈判的关键所在。就当下提交 WTO 的建议来看，主要是针对补贴的接受对象，即一国给予从事 IUU 捕捞或相关活动的渔船或者经营者或者所有者所提供的补贴。同时就渔船、经营者、所有者的范围以及如何判断给予了标准：渔船即任何船只、轮船或者其他类型的船用于、配备用于或意图用于商业捕捞或者捕捞活动以及/或者一国国内法对于渔船的定义[①]；运营者即任何参与经营、管理的个人或者实体或者对从事捕捞的渔船的所有人[②]。

对于渔船和运营者应当如何界定，拉美六国提议有两种方式：（1）若该国为区域渔业管理组织的成员国，则按照该组织的规则和程序，与国际法以及该国的国内法相一致；或者（2）依据每一成员的国内立法[③]；并且就依据国内立法给出了限制：当发现这些渔船在一国国家管辖的水域内从事 IUU 捕捞活动，一国做出有关渔船从事 IUU 捕捞活动的决定时，应包括船旗国的渔船以及/或者第三国船旗的渔船；如果以成员不是区域渔业管理组织的成员

---

① Negotiating Group on Rules, ACP Group Text Proposal Fisheries Subsidies Disciplines, Submission by Guyana on Behalf of the ACP Group, 14 July 2017, TN/RL/GEN/192 "Fishing vessel" means any vessel, ship or other type of boat used for, equipped to be used for, or intended to be used for commercial fishing or fishing activities and/or the definition for fishing vessel as applied in a Member's national laws；拉美六国、欧盟等均持相同主张。

② Negotiating Group on Rules, ACP GROUP TEXT PROPOSAL FISHERIES SUBSIDIES DISCIPLINES, SUBMISSION BY GUYANA ON BEHALF OF THE ACP GROUP, 14 July 2017, TN/RL/GEN/192 " 'Operator' includes any person or enterprise involved in the operation, management or ownership of a vessel involved in fishing"。欧盟、拉美六国，冰岛、新西兰以及巴基斯坦等持相同观点。

③ Negotiation Group on Rules, *Proposal for Disciplines on Fisheries Subsidies*, *Communication from Argentina*, *Colombia*, *Costa Rica*, *Panama*, *Peru*, *and Uruguay*, July 17, 2017, TN/RL/GEN/187/Rev. 1, "Such fishing vessels or operators shall be determined by: a. a Regional Fisheries Management Organization (RFMO), which the Member is Party to; in accordance with the rules and procedures of that organization and; in conformity with international and domestic law of the concerned Member; or, b. each Member in accordance to its national legislation".

方，其公布的有关渔船或者经营者的名单，可以通过成员国的认可①。如果运营者拥有多艘渔船，仅禁止从事 IUU 捕捞行为的渔船补贴②。LDC 小组成员也主张对运营者提供的补贴应当禁止，但是没有给出运营者的具体界定③。ACP 小组则主张，只要从事了 IUU 捕捞行为，则不考虑船旗以及原产地的问题。但是，该规则不适用于存有争议的水域④。

（三）IUU 渔业补贴规则的实施途径：清单导向

IUU 渔业补贴规则落地主要依据沿海国、船旗国、补贴给予国或渔业管理组织所制定的 IUU 清单列表。确定了 IUU 捕捞行为、IUU 渔业补贴对象以后，就实践中的实施途径，各谈判代表似乎普遍接受了“清单模式”，即在审查补贴对象时看该渔船或者运营者是否在区域渔业管理组织或者安排或相关国家所公布的 IUU 捕捞行为的名单中。拉美六国⑤、冰岛、新西兰、巴基斯坦、欧盟、LDC 小组等均持此种主张。但挪威在 2017 年 6 月 26 日的“一页纸”提案中表示，此种做法包含了区域渔业管理组织以及相关国家对于从事 IUU 捕捞行为公布的清单，由于区域渔业管理组织间的宗旨和目标的差异

---

① Ibid. “The determination made by a Member of a fishing vessel or operator having engaged on IUU fishing activities may include vessels of such flag State and/or vessels of a third country flag State when those fishing vessels have been found on IUU fishing activities within waters under the national jurisdiction of the Member making the determination; Lists of fishing vessels or operators issued by RFMOs which a Member is not Party to, may be recognized by such a Member.”

② 欧盟、拉美六国、ACP 小组等均同意该主张。

③ Negotiation Group on Rules, *LDC Group Submission on Elements for WTO Fisheries Subsidies Disciplines Submission by Benin on Behalf of the LDC Group*, 22 December 2016, TN/RL/GEN/184 “Subsidies provided to vessels or operators engaged in illegal, unreported and unregulated fishing (the prohibition should also apply to illegal transshipment at sea)”.

④ TN/RL/GEN/182: Negotiation Group on Rules, Principles and Elements for concluding Negotiations on Fisheries Subsidies Rules in the WTO, Submission by Rwanda on Behalf of the ACP Group, 16 November 2016., TN/RL/GEN/182 “The scope of prohibited subsidies would only be attributable to Members granting the subsidies regardless of the flag (s) of the vessels (s) involved or the application of rules of origin of the fish involved, and would not be attributed to Members granting access in their territorial waters or EEZ to foreign subsidized vessels including those involved in multi-species catch”.

⑤ 阿根廷、巴拿马、哥斯达黎加、乌拉圭、秘鲁、哥伦比亚。

以及国家利益的不同，其对 IUU 捕捞行为的打击力度和侧重点必然也会存在出入，如此无疑加剧了矛盾。挪威认为，提供补贴的成员方应确保给予捕捞以及捕捞相关活动补贴时，应对其进行检查判断是否是 IUU 船只，该检查同样也包括对运营者或所有者的检查以及对渔船有控制权的实体。同时，相关的沿海国家应确保接受补贴的渔船近 5 年内均不在 IUU 捕捞名单上或者在一国管辖水域未经许可从事捕捞活动。如此，就涉及相关沿海国家的检查程序和规则透明度问题。

区域渔业管理组织（Regional Fisheries Management Organizations，本文中简称 RFMOs）有其自己的针对 IUU 捕捞渔船、运营者名单的程序和规则，有关对于相关沿海国家信息的监测，挪威建议主管当局应检查近 5 年的信息。与此同时，挪威指出，为了确保上述规则的有效执行，谈判小组应讨论每一成员方是否有将该程序予以通知的义务①。

（四）后 MC11 时期 IUU 渔业补贴规则走向

渔业资源的可持续发展对减贫、生计、整个渔业产业价值链以及发展中国家粮食安全问题至关重要。2030 可持续发展议程要求：截止到 2020 禁止导致产能过剩和过度捕捞的某些形式，消除导致非法补贴，未报告和无管制捕捞和禁止引入新的补贴使得 WTO 渔业补贴规则谈判达成合意迫在眉睫。2017 年 12 月 10 日至 13 日举行的 WTO 第十一届布宜诺斯艾利斯部长级会议的传统谈判议题上，仅渔业补贴规则谈判达成一份部长决定，授权各方继续开展谈判，消除导致 IUU 捕捞活动的补贴。目标是 2019 年之前达成全面协定，并加强透明度相关工作②。后 MC11 时期 IUU 渔业补贴接下来的谈判将聚焦以下问题。

① Negotiation Group on Rules, *Discipline and Prohibition on Subsidies to IUU-Fishing*, Communication by Norway, June 26, 2017, TN/RL/GEN/191.

② WT/MIN (17) /W/5. Ministerial Conference Eleventh Session Buenos Aires, December 10 – 13, 2017.

IUU 补贴的认定：谈判中的核心问题是如何在不同的司法管辖区确定 IUU 捕捞和由此所需的补贴准则。关于禁止 IUU 捕捞行为的判定，从规则谈判组 2017 年 12 月 5 日公布的工作文件来看，将其赋予成员方自行决定①。当船旗国与补贴给予国为同一国家时，可自行确定 IUU 捕捞行为的标准，核实、确认 IUU 清单列表②；区别在于当船旗国与补贴提供国分别为两个国家时，是否应“主动”对 IUU 行为或 IUU 清单进行核实确认。此种情况下，当一成员国发现悬挂外国国旗的渔船在其水域捕鱼，谈判成员认为补贴提供国应基于该国的要求或者主动对 IUU 行为进行辨别、核实、确认，替代方案则直接主张补贴提供国及时对 IUU 行为或其 IUU 清单进行甄别、确认③。二者的区别实际上是对补贴提供国调查确认权的限制。关于区域渔业管理组织方面，谈判的分歧主要在于区域渔业管理组织或者安排的范围，3. 1（d）款将区域渔业管理组织或安排的范围扩展到 WTO 成员方尚未参与的区域渔业

---

① Negotiating Group on Rules, TN/RL/W/274/Rev. 2, 5 December 2017: “each Member maintains the right to determine what constitutes such [identification,] determination, or listing of IUU fishing [based on paragraph 3 of IPOA-IUU]” footnote1.

② Negotiating Group on Rules, 5 December 2017: 3. 1 (a) “a Member in respect of vessels flying its flag [in accordance with its law] [in accordance with its domestic laws, regulations and administrative procedures]. [When the flag Member and the subsidizing Member are not the same, the fishing vessel concerned shall be notified to the subsidizing Member], and [the determination shall be] verified by the subsidizing Member [in accordance with its law.] [in accordance with its domestic laws, regulations and administrative procedures.]” TN/RL/W/274/Rev. 2.

③ Negotiating Group on Rules, 5 December 2017: 3. 1 (c) a Member in respect of foreign-flagged vessels found fishing in waters under its jurisdiction. In this case, a subsidizing Member shall, upon request by that Member [or on its own initiative,] [recognize] [take into account, as appropriate] this determination provided that the subsidizing Member promptly [verifies] [the determination] [determines], [in accordance with its law] [in accordance with its domestic laws, regulations and administrative procedures], [and] that the [relevant] international law and principles of non-discrimination, due process, [including a procedure for appeal or review,] and transparency were respected in making that determination. TN/RL/W/274/Rev. 2.

ALT: a Member in respect of foreign-flagged vessels fishing in its waters, provided that the subsidizing Member promptly [verifies] [determines], [in accordance with its law] [in accordance with its domestic laws, regulations and administrative procedures], that the Member followed fair, transparent, and non-discriminatory procedures and acted in conformity with [international law] in making its determination [based on positive evidence].

管理组织或安排[①]。但在脚注部分，则对区域渔业管理组织做出了限定，该协议中所指区域渔业管理组织要获得 FAO 的承认[②]；而其替代方案则限定在了现存的渔业管理组织，并未就区域渔业组织的性质进行界定。

IUU 补贴确认依据：关于在认定 IUU 捕捞行为以及 IUU 清单列表时，区域渔业管理组织依据其组织规则和程序即可。船旗国/补贴提供国、沿海国，在认定过程中的法律依据则有不同的主张：其一是基于其法律（in accordance with its law）；其二是依据其国内法律、法规及行政程序（in accordance with its domestic laws，regulations and administrative procedures）。目前二者均处于括号内，成员方还在讨论中。两者的不同之处在于认定 IUU 行为过程中标准的严格程度。WTO 成员方内部由于法律体系的不同，在立法程序、立法内容、立法体系等环节必然有所差异，但在一国主权范围内，法律的制定显然要比法规、行政程序要更为严格。前者的主张则更加倾向与固定且统一的 IUU 认定标准；后者纳入法规以及行政程序，虽具有一定的灵活性，更加符合实际状况，但在标准的统一上则难以把握。

IUU 渔业补贴的解决：现阶段文本包含了如何解决 IUU 渔业补贴的一些替代性措辞，这些是可能的实质性成果中较为成熟的文本。第一个替代措施

---

① Ibid.，d）a Regional Fisheries Management Organization [or Arrangement] [including those organizations (or arrangements) of which Members are not Party], provided that the subsidizing Member promptly [investigates and] [verifies] [determines], [in accordance with its law] [in accordance with its domestic laws, regulations and administrative procedures], that the [vessel/operator] concerned has been listed [based on positive evidence] in accordance with the rules and procedures of that organization [or arrangement] [including a procedure for appeal or review] and in conformity with international law applicable to the subsidizing Member and those organizations [or arrangements] are in conformity with [FAO IPOA-IUU,] principles of non-discrimination, openness to all WTO Members, due process and transparency. [Provided, however, that in the case of fishing in waters under the national jurisdiction of a subsidizing Member, such determinations shall be made by the national authority of the subsidizing Member.].

② Ibid. [For the purpose of this Agreement, Regional Fisheries Management Organizations shall be recognized by the FAO before XX - XX - 201X, and incorporated as Annex 1 of this Agreement.], footnote 2.

是成员们同意“不提供或维持那些导致”IUU 渔业的补贴。另一个替代措辞包括不同的公式，有一些包括努力，或者说同意，取消 IPOA-IUU“第三条中列出的”IUU 捕鱼的补贴①，包括一些变动。同时含有一个关于发展中国家的条款，即如果发展中国家缺乏必要的能力，他们履行承诺的情况取决于获得的能力建设或技术援助的情况。

三、我国的应对策略

2015 年 9 月，联合国发展峰会成功举行。峰会展示了各国追求合作共赢、实现共同发展的美好愿景，通过了 2030 年可持续发展议程，成为全球发展进程中的里程碑事件。中国作为世界上最大的发展中国家，和第二大经济体，随即发表了《落实 2030 年可持续发展议程中方立场文件》（下简称《立场文件》）。《立场文件》阐述了中国落实可持续发展议程的总体原则、重点领域和优先方向、落实路径以及中国政策。鲜明了表达了中国对可持续发展议程的支持以及即将采取的措施。随后，分别于 2016 年 10 月 12 日和 2017 年 4 月 14 日公布了《中国落实 2030 年可持续发展议程国方案》，阐述了每个具体目标的落实方案。对于 IUU 补贴表表态：到 2020 年，保持对 IUU 捕捞活动打击力度，严禁一切对上述 IUU 捕捞活动的补贴，并积极参与世贸组织渔业补贴谈判。

（一）有法可依是打击 IUU 捕捞行为的前提

渔业领域法律制度完善是有效打击 IUU 捕捞行为前提。立法部门应加快中国渔业发展的法制化进程，依法治渔、从严管理，特别在远洋渔业方面，要树立负责任渔业大国的形象。同时要积极加入和引进国际渔业法律制度。近年来对我国 IUU 捕捞行为的管制的研究认为中国在立法和执法上均存在疏漏②；在

① IPOA-IUU 对非法、未报告、无管制捕捞行为活动的定义。

② 李良才：“管制 IUU 捕捞的国家措施研究——挪威经验及借鉴”，载《渔业经济研究》2010 年第 1 期，第 17 ~ 20 页。

打击 IUU 捕捞行为过程中所开展的国际合作欠缺以及对渔获物转船运输监管也不到位①。因此主张中国从立法、执法、强化国际合作等视角管控 IUU 捕捞问题②。此种途径固然可以在短期内解决我国对 IUU 捕捞行为的管理缺陷，但是在长远来看仅是“治标”之策。随着经济的全球化不断深入，国际规则对于国内的影响越发广泛和深入。针对 IUU 捕捞行为全球一级③的措施、区域一级④的措施以及各个国家所采取的专门措施⑤相互交错，互相影响。因此，我国在开展渔业立法时要在当下国际管制 IUU 捕捞行为的规则基础之上，结合我国渔业产业发展现状进行立法。全球首部具有法律效力打击 IUU 捕捞行为的《港口国措施协议》截至 2017 年 5 月 19 日，已经签字和加入的有 58 个国家⑥，正式加入该协议的有 35 个国家⑦。我国尚未签署该协议，当下随着 WTO 对渔业补贴规则谈判的深入，对 IUU 补贴的态度已经十分明朗：禁止。因此，我国可以考虑加入该协议，以在国际规则谈判中处于主动地位。

（二）执法必严是打击 IUU 行为的关键

渔业政策贯彻落实是中国渔业绿色发展的关键。渔业主管部门应完善渔业资源开发和利用的各项制度措施，保障贯彻落实，控制渔业资源的捕捞总

① 许浩：“管制 IUU 捕捞的渔业法对策”，载《海洋开发与管理》2009 年第 26 卷第 8 期，第 26～29 页。

② 戴瑛、李新宇：“浅忆 IUU 捕捞及我国规制措施”，载《河北渔业》2016 年第 7 期。陈思行：“IUU 捕捞的问题与对策”，载《中国渔业经济》2002 年第 1 期。

③ FAO 针对 IUU 捕捞活动开展的一系列措施：IPOA-IUU、《港口国措施》《行为守则》《遵守措施》等。

④ 2001 年南太平洋地区针对违犯区域渔业规则时间和起诉案件资料库信息系统的建设。

⑤ 修订国家渔业法律法规，消除 IUU 捕捞做法的“漏洞”；更改发放公海捕鱼许可证的条件为必须遵守可适用的养护和管理措施；对渔船安装监测系统；港口国对停靠其港口或近岸码头的控制以及对于渔获量和努力量等资料的收集。

⑥ Agreement on Port State Measures to Prevent, Deter and Eliminate Illegal, Unreported and Unregulated Fishing.

⑦ 周边国家正式加入的有泰国（2016 年 5 月 6 日）、韩国（2016 年 1 月 14 日）、日本（2017 年 5 月 19 日）；印度尼西亚于 2009 年 11 月 22 日签署，2016 年 1 月 23 日批准，尚未正式加入该协议；美国、欧盟于 2009 年 11 月 22 日签署，均尚未正式加入该协议。

量。针对违反我国加入和参与的国际以及区域渔业养护和管理组织制定的渔业资源的养护和管理措施，以及我国渔业法律法规规定的渔业养护规则，要严格执法，明确态度决不姑息。近年进入休渔期以来，大连市海陆联动，重拳出击，严厉打击各类违规出海偷捕和非法运输渔品行为，确保全市休渔秩序稳定。截至目前，全市共查扣涉嫌违规渔船 496 艘，对各类违法违规行为形成持续有力震慑。近期更是连续查获两起违捕违运大案，查扣违规作业渔船 10 艘，查获违规渔获物约 18 万公斤①。主管当局对现有法律法规的严格执行，是打击 IUU 捕捞活动的关键所在。

（三）资金支持是打击 IUU 行为的保障

金融体系支持是打击 IUU 捕捞行为的坚实物质保障。渔业养管部门应敦促与推动金融机构在渔业资源开发、保护等相关领域有所作为。例如，政府部门可以引导与推动保险机构推出诸如海上养殖灾害保险等相关金融产品，保障水产养殖从业人员利益。同时，相关生态补偿基金或机制也应当建立与完善，从而更好地完成渔民上岸转产的帮扶、渔船减船转产的后续安置工作，切实保障渔民的根本利益。此外，渔业养护及监管部门要对渔业资源的勘测、养护等制定专项基金，保障休渔制度以及资源开发政策制定的科学性。

（四）强化海洋合作是打击 IUU 行为的重要依托

2014 年中国的水产养殖产量占世界总量的 60% 以上。就海洋渔业产量而言，中国依然是产量大国。同时，中国也是水产品生产和出口大国，也是进口大国②。地理上，中国临靠两个半闭海：东海和南海，渔业资源丰富。但是由于中国与沿岸国家存在领域主权以及海洋划界方面的争议，使得渔业资

① 中国海洋在线，http：//www. oceanol. com/zhifa/201707/21/c66414. html，2017 年 12 月 28 日访问。

② 参见 FAO《2016 年世界渔业和水产养殖状况》。

源处于“管辖权重叠”或“无管制”状态。频发的渔业纠纷给渔业资源的养护和管理带了极大的消极影响。当下搁置领土主权问题，寻求如何对各方分歧进行合理管控，以实现渔业资源的可持续发展应是各方的共同利益所在。日本、韩国以及东盟国家对于 IUU 捕捞行为均表示了高度的关注，并且已经采取了相关措施对 IUU 捕捞行为进行管制①。韩国和日本以及印度尼西亚三国已签字加入了《港口国措施协定》，在此背景下，我国可从 IUU 活动这个各方给予高度利益关注的领域入手，开展区域合作，共同实现对渔业资源的养护和管理。

① 如印度尼西亚进行的渔业政策改革，此外印度尼西亚政府已经通过了一些法律法规，如禁止破坏性捕鱼工具的适用，最小可捕鱼类大小以及为 11 个渔业管理区域制定渔业管理计划等。

WTO 金融服务自由化视野下的中国－南非金融合作

薛志华[*]

摘要：WTO 体系下金融服务自由化的逐步实现需要处理好自由化与国内管制之间的协调问题、金融监管问题。这两个问题的妥善对于促进缔约国金融市场开放、维护金融体系稳定具有重要意义。中国－南非金融合作在银行业、保险。证券市场等领域稳步推进。伴随合作的有序推进，处理好金融市场开放与国内管制之间的关系、加强金融监管合作是深化两国金融合作有序推进的要求，也是“一带一路”倡议背景下推进资金融通、基础设施互联互通的客观需要。

关键词：金融合作；金融服务自由化；国内规制；金融监管

依托中非合作论坛等多边合作平台，中国对非洲投资、对南非投资不断增长，中国已经连续第 8 年成为南非最大贸易伙伴、出口市场和进口来源地。[①] 围绕银行、保险、证券市场等领域，中国－南非金融合作稳步推进。金融服务贸易已经成为中国－南非贸易往来中的重要组成部分。与货物贸易

---

* 薛志华，武汉大学国际问题研究院博士研究生，研究方向：国际组织法、国际金融法。

① 商务部：“南非贸易投资环境报告”，http://www.csc.mofcom.gov.cn/article/csaczcfg/200709/62345_1.html，2018 年 9 月 26 日访问。

相比，两国金融服务贸易仍旧有广阔的合作空间。在“一带一路”倡议稳步推进，资金融通、基础设施互联互通蓬勃发展的背景下，深化中国－南非金融服务贸易合作，对于促进两国金融领域发展，提升两国协作应对金融风险的能力具有积极意义。WTO体系下的金融服务协议为中国－南非金融合作提供了法律依据。考虑到两国国内金融业发展水平的差异以及国家利益的不同考量，推进金融服务自由化与国家的国内管制之间存在着明显的协调问题，如何在现行WTO体系下，妥善处理二者之间的协调问题，同时应对金融合作中的监管问题，是本文重点探讨的议题。

一、WTO体系下金融服务自由化的法律意涵与边界

（一）WTO体系下金融服务自由化的法律意涵

20世纪70年代美国经济学家罗纳德·麦金农和爱德华·肖针对发展中国家存在的金融管制，提出了“金融自由化”的理论，主张改革政府对于金融领域的过度干预，放松对金融机构和金融市场的管制，放松对汇率、利率的管制使之市场化。[①] 金融自由化包括金融部门、股票市场和资本账户的自由化。

金融服务自由化的理念也被纳入乌拉圭回合金融服务贸易谈判中，以推动金融服务的全球自由化进程。经过美国、欧盟同发展中国家之间的反复博弈，《服务贸易总协定第五议定书》（以下简称《第五议定书》）以及《关于金融服务的附件》最终得以达成。《关于金融服务的附件》中规定的金融服务包括两大类：一类是保险及相关业务，另一类是银行及其他金融服务。《第五议定书》中的各缔约方承诺消除对当地金融机构的国外所有权限制、

① ［美］罗纳德·麦金农：《经济发展中的货币与资本》，陈昕译，上海人民出版社1997年版，第6页。

消除对有关商业存在法律形式的限制、消除对有关现存经营扩展的限制。通过《第五议定书》的签署，绝大多数世贸组织成员方对开放其金融服务市场和保证非歧视经营条件做出承诺，使金融服务贸易依照多边贸易规则进行，从而建立起一个具有预见性和透明度的贸易环境。[①] 在世贸组织成员就金融服务贸易的市场准入达成一致以后，解决贸易壁垒的焦点开始转向如何在开放的市场上采取恰当的措施保障公平竞争，即各国政府管理的透明度以及管制措施是否涉及非歧视的问题。WTO 体系下的金融服务自由化问题不仅包括市场准入以及国民待遇的内容，还包括准入后的公平竞争保障以及透明度的内容。

（二）金融服务自由化的法律边界

WTO 体系下并没有实现金融服务的全面自由化。考虑到各国之间金融发展水平以及金融体系的差异，实现全面自由化也是不现实的。GATS 第 19 条界定了自由化的进程应是逐步实现的，应适当尊重各成员的国家政策目标及其总体和各部门的发展水平，并通过后续的协商谈判，实现更高水平的自由化。[②] 由于各国发展水平的差异，金融服务水平高的国家（以发达国家为主）极力推动其他国家（以发展中国家为主）金融业的放开。而这也引发了发展中国家对于金融业放开所引发金融风险的担忧。为提升发展中国家达成金融服务协议的积极性，保护其金融业的长远发展，为金融服务自由化设定法律边界显得尤为重要。

金融服务自由化的法律边界主要体现在 GATS、WTO 的相关协议之中以及经济主权的国际经济法基本原则。GATS 金融附录中关于“审慎例外”的规定成员国有权采取措施维护金融业的稳定、统一和保护存款人。这一规定意味着审慎措施不必列入金融承诺表中，不受金融承诺的限制，从而明确了

① 韩龙：《WTO 金融服务贸易的法律问题研究》，湖南人民出版社 2001 年版，第 40 页。
② 《服务贸易总协定》第 19 条。

政府对本国金融市场的管理权，允许政府采取一切必要的强制性措施以保障市场的整体性，赋予了政府足够的监管自主权和灵活。① GATS 还赋予各国针对各种具体领域和国家的豁免权，允许成员按四种贸易方式，选择实行市场准入或国民待遇的行业和程度，并在实行最惠国待遇时做出豁免，只对部分国家给予优惠待遇，但豁免期限最长不得超过十年，同时允许成员在严重的国际收支和对外金融困难的情况下，对国际收支和资本转移采取“暂时的非歧视性的”限制。WTO 的基本原则中的“允许例外和保障措施原则”允许成员国在特殊条件下，可以不履行已承诺的义务对进口采取一些紧急的保障措施。“发展中国优惠待遇原则”允许发展中国家可以承诺较低的自由化水平，有较长的过渡期，并在履行义务时有较大的灵活性。经济主权原则决定了各国有权自由选择本国的经济制度，对本国境内的自然资源和一切经济活动享有完整、永久的主权。② 这一原则也为各国在履行条约义务的前提下，制定相应法律规则规制金融活动提供了合法性。

（三）中国与南非关于金融服务自由化的法律立场

全面的金融服务自由化需要成熟的金融体系和金融法律制度作为基础。为防范国外金融服务对于本国金融业的冲击，中国与南非均依据本国的实际情况对于《服务贸易具体承诺减让表》做出了保护性的规定。

在金融业的“入世”开放上，中国主张保险业的开放处于第一顺位，银行业的开发处于第二顺位，证券业开放处于第三顺位。不同的开放顺位体现出国内不同行业的实力水平。中国在加入 WTO 议定书之后，自然受到议定书中有关金融服务贸易规则原则的规制。同时，作为发展中国家，中国也可以在市场准入、国民待遇等方面依据本国的国情做出调整。中国在加入 WTO

---

① 韩龙、周茂荣：“论 WTO 框架下金融自由化与金融监管之间的关系”，载《世界经济》2002 年第 4 期，第 48 页。

② 陈安：《国际经济法学刍言》，北京大学出版社 2005 年版，第 104 页。

时对于金融服务放开做出了以下承诺：放开银行服务中关于接收公众存款和其他应付公众资金、所有类型贷款包括消费信贷、抵押信贷等、金融租赁、其他金融服务涉及由其他金融服务提供者提供和转让金融信息、金融数据处理以及有关软件等业务。[①] 对于保险业务，允许外国寿险、非寿险、保险经纪公司在中国设立合资公司，允许外国公司在中国开展寿险和非寿险以及再保险业务，并通过逐步放开的形式扩大保险业务的地理区域和范围。

南非对于金融服务自由化持开放态度，但结合本国的实际，也对特定金融领域实施管制。在其做出的承诺减让包括保险业务和银行业务两大类。对于保险业务，南非放开寿险业务，对于再保险、转分保、保险附属服务等实行管制。要求从事再保险和转分保业务的公司需要同南非的国有企业建立合资公司，并需要在监管当局登记注册。对于银行业务，南非放开银行存款业务，但对于消费信贷、抵押信贷、商业交易的代理和融资进行外汇管制。当涉及外汇交易时，需要由南非储备银行授权的交易商来完成交易。授权交易商需要满足南非法律中关于注册地和注册资本的要求。[②] 对于金融业开放保留性的规定，体现了南非政府对于维护本国金融业发展、加强对于金融监管的决心。在GATS 协定下，自由化并非意味着去监管，而是意味着在自由化进程中需要实现更为合理的强健的监管模式。GATS 赋予了各缔约国做出承诺保留的权利，也为各国在维护本国金融产业发展与应对外来冲击之间留下了空间。

二、中国—南非金融合作与金融服务自由化

（一）中国—南非金融合作现状

中国与南非两国领导人就鼓励双方金融机构开展务实合作，为双方企业

① 黄东梁、杨国华：《世界贸易组织法》，社会科学文献出版社 2013 年版，第 726 页。

② GATS/EL/78，https：//docsonline. wto. org/dol2fe/Pages/FE_ Search/FE _ S _ S001. aspx? language = 1.

提供融资支持达成了共识。[①] 中国－南非金融合作主要体现在银行业务、证券市场等领域以及金砖合作机制框架下的合作。

在银行业务领域，中国－南非银行业合作的对公业务主要包括存款、汇款、贷款、国际结算与贸易融资、代课外汇买卖等所有商业银行业务以及金融咨询服务。[②] 以中国工商银行、中国建设银行、中国银行为代表的中国银行业，积极拓展同南非银行业的合作，不仅在南非设立代表处，还积极加强在零售业务、银行卡业务领域的合作。同时，中国－南非银行业合作也体现在对于企业投资、融资的支持领域，为企业从事投资开发活动、南非企业购买中国服务提供资金支持。[③]

在证券市场领域，中国与南非积极推动双边证券金融机构合作，稳步推进贸易、信贷结算机制建设，建立定期交流机制，分享资本市场建设中的新产品、新做法。同时，两国的证券交易所（上海证券交易所与约翰内斯堡证券交易所）积极通过开办"南非－中国资本市场论坛"的形式，推进资本市场合作。[④] 借助这一论坛，两国证券交易所就发行跨境 ETF（交易型开放式指数基金）达成了一致，同时对于加强两国对于对方资本市场的了解具有重要作用。

在金砖合作机制框架下，中国与南非积极推进本币互换合作，并与其他金砖国家一道建立起金砖开发银行、金砖应急储备机制。2011 年三亚峰会、2012 年新德里峰会，金砖五国分别签署了《金砖国家银行合作机制金融合作协议》以及《金砖国家银行合作机制多边本币授信总协议》，为本币互换奠

① 新华网："中华人民共和国和南非共和国联合公报"，http：//news. xinhuanet. com/politics/2013－03/26/c_ 115168334. htm，2018 年 9 月 26 日访问。

② 张小峰："南非金融发展新动态与中南金融合作"，载《国际观察》2015 年第 3 期，第 154 页。

③ 新华网："中国南非金融机构携手助力中国企业赴非投资"，http：//news. xinhuanet. com/fortune/2015－07/17/c_1115955867. htm，2018 年 9 月 26 日访问。

④ 凤凰网："中国南非探索金融合作新途径"，http：//finance. ifeng. com/a/20130810/10399978_0. shtml，2018 年 9 月 26 日访问。

定了良好的法律基础。金砖国家开发银行与金砖应急储备机制的建立则为中国与南非在金融合作中应对汇率波动、防范金融风险提供了制度保障。

（二）中国—南非金融合作语境下的金融服务自由化

金融服务自由化是强化中国－南非金融合作的重要手段。通过金融服务自由化的逐步推进，可以促进两国以 WTO 体系下的金融服务规则为依据，有效地推动两国金融服务贸易的发展，强化两国在金融监管领域的合作。

以推动金融服务贸易的发展为基本目标。无论是《服务贸易协定》，还是《金融服务协定》，其签署的宗旨便是建立一个服务贸易原则和规则的多边框架，以期在逐步自由化和透明的条件下扩大此类贸易，进而促进所有贸易伙伴和经济增长和发展中国家经济的发展。中国－南非推进金融服务自由化也是将 WTO 体系的多边协定转化为指引双边金融合作不断深化的过程。在这一过程中，推进金融服务贸易的发展是两国所追求的最为核心的目标。在《金融服务协定》的指引下，中国与南非积极围绕加入 WTO 议定书时做出的承诺进行金融业务合作，就银行业开放、跨境金融服务、证券市场开放等议题展开合作。

以 WTO 体系下的金融服务规则为依据。基于《服务贸易协定》和《金融服务协定》的规定，缔约方可以依据本国的国内实际对于协定的条款做出灵活性的规定。缔约方可以选择做出承诺的部门、分部门以及具体业务活动。对于承诺的服务，缔约方可以实施限制，规定其所需要的市场准入水平和国民待遇程度。为使缔约国能够为其贸易伙伴提供更优惠的待遇，在 10 年内可以对最惠国待遇实行例外性免除。在中国－南非金融合作的进程中，双方需要遵循其加入 WTO 议定书时所做的承诺，并根据善意履行条约义务的原则，遵守其做出的承诺。

以加强金融监管为保障。根据《服务贸易协定》的规定，缔约方采取的金融监管的审慎措施不受 GATS 约束，也不必列入金融服务承诺表。依据金融附件的规定，不应阻止成员方为审慎原因而采取措施，包括为保护投资者、存款人、投保人或金融服务提供者对其负有诚信义务的人而采取的措施，或为确保金融体系的统一和稳定而采取的措施。防范金融风险、维持金融稳定是各国加强金融监管的直接目的。在推进金融服务自由化的进程中，系统性、流动性风险可能会加剧，由此给金融体系造成的冲击也会增强，金融监管的强化显得尤为必要。中国－南非就在推进银行业合作的进程中，中国银监会与南非储备银行就双边监管合作问题达成了谅解备忘录，以协调两国监管合作。

（三）金融服务自由化对于中国—南非金融合作的意义

金融服务自由化可以带来承诺效益、竞争效益、制度效益,① 为中国－南非深化金融合作创造条件。

承诺效益是指在合作双方做出金融服务自由化的承诺后，会通过扩大市场准入、增强政策透明度、创造公平竞争环境等方式为外国金融服务创造便利，由此来推进自由化的过程。在国际经济法的框架内，国家承诺的做出会产生禁止反言的效果。国家出于自身声誉以及提升合作效率、降低日后合作成本的考虑，也会积极采取各种方式推进承诺的兑现。在对于金融服务自由化做出承诺后，各国也有动力践行 WTO 体系下的基本原则与规则，践行最惠国待遇、透明度等原则以及相关的条约规定。

竞争效益是指通过引入外来金融服务企业，可以增加本国金融企业的压力，促使本国金融企业创新工作能力和方式，提升效率，推进金融创新。国家出于维护本国国家经济安全、扶植本国金融业发展的考虑，可能会通过国内立法、执法等手段采取保护本国金融服务业发展，进而违背《WTO 金融

① 朱孟楠、李江华："金融服务贸易自由化与金融有效保护"，载《国际金融研究》2003 年第 2 期，第 19 页。

服务协议》中有关市场准入和国民待遇的规定。在国家对于金融服务自由化的效益达成共识后，可以有效地缓解国家对于提升本国金融业开放程度的担忧，促进金融自由化的实现。

制度效益是指随着金融服务自由化的深入，与自由化相伴相生的金融产品、服务创新也将增多，从而促进金融创新监管制度的日趋完善，同时也助于促进社会信用体系的建立。合作的收益是决定合作双方能否长期合作的重要影响因素。在中国－南非金融合作的进程中，如果两国充分认识到金融服务自由化的重要意义，其完全有动力通过法律制度、金融制度的行使将二者的合作固定下来，而固定化合作制度的建立同时可以提升金融服务自由化的制度效益。

三、中国—南非金融合作中制约金融服务自由化的因素

（一）国际经济形势与金融服务贸易发展水平的制约

世界经济形势虽然总体向好，但是受到美联储加息、大宗物品价格疲软等因素的影响。中国与南非两国资本外流的态势都较为明显，这使得本币贬值的压力不断增大，金融体系缓解流动性风险的能力降低。WTO 体系下的金融自由化包括银行、保险、证券等部门的逐步开放，在中国与南非两国深化金融合作，推进在前述领域服务自由化的进程中，规避金融风险问题尤为重要。考虑到保护主义势力抬头、逆全球化态势加剧、一些国家宏观经济政策的溢出效应等因素，防范金融服务自由化的风险问题值得重视。目前的中国－南非金融合作尤其是银行业合作仍以支持项目融资为主要形式，涉及项目包括电信、能源、机械等行业。这些项目的发展与运营受到国际经济形势的影响较大。在世界经济形势缓慢发展的当下，可能会增加投资的风险。

中国与南非在金融服务贸易的进出口贸易额上存在较大差异。依据 WTO 公布的数据，2012 年，中国的金融服务出口占服务贸易的总出口比重仅为

1%，而南非的比重为 5.9%。中国金融服务进口占服务贸易总进口额的 0.7%，南非所占的比重同为 0.7%。通过前述的数据可以看出，南非的金融服务贸易在国际竞争力上比中国更有优势，其对外出口已经初具规模。而与南非相比，中国的金融服务贸易仍存在广阔的发展空间。中国与南非在金融服务贸易上存在的差距，代表了贸易背后所依存的金融体系、监管制度、金融创新能力与水平的差异。依据规模经济贸易的理论，企业参与国际贸易，获得更为广阔的市场空间，可以扩大生产规模，随着生产规模的扩大，单位产品的成本呈下降趋势，规模经济的效益得以凸显出来。中国 - 南非推进金融服务贸易自由化的过程，即是发挥规模经济效益的过程中。这一过程必然伴随着金融服务产业规模的扩大。值得注意的是，在两国金融体系、金融开放程度、金融发展水平仍然存在一定差距的当下，金融服务贸易的规模化发展可能会对两国金融体系的稳定性产生冲击。

（二）金融服务自由化与国家管制之间的协调问题

GATS 在序言中承认成员方为了满足国家政策目标有权对其领土内的服务提供进行规制，同时，鉴于不同国家对于服务规制水平的差异，承认发展中国家尤其需要行使这一权利。[①] GATS 为推进服务贸易自由化，意图构建起一个围绕服务贸易的多边规则框架，其同时赋予成员方的规制自由，则有可能引发二者之间的协调问题。在这一体系下，缔约国需要接受在国际政治、经济秩序中的共同的成员关系，而这些关系则会影响其国内政策。[②] 规制纪律与规制自由之间的协调问题实际上反映了 GATS 所希望构建的经济秩序与各国国家主权之间的关系处理问题。如果这一问题不能得到妥善处理，可能会影响到服务贸易的有序开展。

GATS 对于缔约方的规制纪律包括两部分内容：一是第 16 条、第 17 条

---

① 韩龙：《WTO 金融服务贸易的法律问题研究》，湖南人民出版社 2001 年版，第 87 页。

② Ayesha Malik, *Why "Trade" in Financial Service: An Assessment of the Agreement on Trade in Financial Services under the GATS*, Journal of World Investment & Trade, Vol. 2, No. 1, 2000, p. 356.

的规定；二是第 6 条关于国内规制的一般性规定。这两部分规定是 GATS 对于缔约方的国内规制进行的规定。同时，这种国内规制应符合必要性的标准，确保与资格要求和程序、技术标准和许可程序有关的措施不构成对服务贸易不必要的障碍。尽管 GATS 对于国内规制做出了规定，但是兼具模糊性与灵活性的条文也为缔约国的规避行为留下了广阔的空间。对于服务贸易的国内规制本身属于国家主权的事项，GATS 协议对于这一规制进行限制，可以看作是全球多边服务贸易秩序与缔约方国家主权之间的协调。在中国 - 南非金融合作的进程中，推进金融服务贸易自由化是两国的共识。但是由于两国各自的国情不同，金融体系、法律制度的差异，其为了本国金融业的发展和经济安全，也会通过法律制度、行政手段等措施支持本国产业的发展。如果这些措施本身违反了 GATS 协议的多边规制纪律，则可以视为违反 WTO 项下规则的行为。但是，由于 GATS 条文的灵活性以及实践的复杂性，确认其违反 WTO 项下规则的过程需要大量的时间、资金成本，这对于金融合作的深入开展也是不利的。同时，行政手段的过度干预也可能会降低金融效率，影响金融体系竞争力的提升。

（三）金融监管合作尚处于起步阶段

金融服务贸易自由化对于金融监管形成挑战。一方面，金融服务贸易具有跨国性的特点，至少涉及两个国家。实现对于金融服务贸易的监管、维持金融体系的稳定需要国家之间的协调和配合。国家的自利性特点可能会成为影响国家金融监管合作的重要因素。出于维护本国金融产业的目的，国家之间监管信息的交流合作存在障碍。东道国需要母国提供必要的金融机构的运营状况、母国监管状况等信息，但是这些信息的传递的准确性、及时性仍需要相应机制予以保障。另一方面，各国金融监管能力水平差异大。在监管水平不到位甚至监管缺失的情况下，放开金融服务的市场准入可能会加剧金融全球化“不完全、不公正”的特点。即拥有更高服务水平、资金实力的外国银行选择最值得的信贷市场和客户，而留给国内银行的通常是风险较高的客户，由此暴露甚至加剧东道国面临的金融风险。[①] 中国 - 南非的金融业尤其是银行业合作不断拓展。为维持金融稳定、保障金融体系安全，两国银行监管机构已经达成了关于银行业监管活动的备忘录。但是仅仅通过备忘录的形式指引两国的监管合作是不够的。伴随着中国的银行业机构开始持有南非银行的股份，或者在南非地区开展经营业务，由此可能产生的金融服务竞争值得关注。基于服务竞争可能会弱化银行业本身的垄断地位，使得南非银行业为追求更高的利润而投资高风险的经营活动。此外，中国的金融服务开放水平低于南非，在中国资本大举进入南非银行业的情况下，如何防范由此引发的中国“威胁”论以及南非政府对于企业活动的审查均是值得重视的问题。两国监管合作的深化无疑可以起到增进两国信任、减少猜疑的效果。

四、中国—南非金融合作中推进金融服务自由化的路径

（一）加强国际协作，防范国际金融风险

由于全部或部分金融体系崩溃而引发的金融服务中断的风险可能会对实体经济产生严重的影响。[②] 2016 年 IMF 发布《全球金融稳定报告》指出：“全球经济增长放缓使得金融市场可能将长期处于低通胀、低利率的环境，国际金融体系的短期风险下降，但是中期风险不断上升。”[③] 为使金融体系在面对系统性风险时更具韧性，加强国家之间宏观经济政策的协调，防范经济

① ［法］弗朗索瓦·沙奈：《金融全球化》，齐建华、胡振良译，中央编译出版社 2001 年版，第 260 页。

② IMF-FSB-BIS, 2016, Elements of effective macro-prudential policies: Lessons from International Experience, August 2016. https: //www. imf. org/external/np/g20/pdf/2016/083116. pdf.

③ Global Financial Stability Report, http: //www. imf. org/en/publications/gfsr.

政策溢出风险显得尤为迫切。中国与南非作为新兴经济体，其经济结构与发展水平决定了其抵御外部风险的能力相对较低，对外依赖程度相对较高。由此，在中国－南非双边合作中，两国应积极加强在金融机构联合、金融产品创新、金融市场开放等方面的合作，提升双边金融合作实力和水平，通过发挥金融体系分散风险的作用应对外来冲击。作为新兴经济体的代表，中国与南非还应加强在金砖国家机制框架下的金融合作。经过多年的发展，金砖国家合作机制在推进金融危机后的国际监管合作、推进国际金融治理体系变革、建立新的多边开发机构、完善全球金融网方面发挥着重要的作用。中国与南非在这一框架下也展开了积极有效地合作。依托这一国际合作机制，中国与南非应与其他金砖国家一道继续提升合作的能力和水平。具体分为三点：首先，以加强金融基础设施建设为抓手，打牢金融合作的根基；[①] 其次，以银行业、保险业的深入合作为切入点，加强国家之间金融政策的协调，逐步推进资本市场的开放进程；最后，加强在 G20 框架内同发达经济体的对话谈判，推进国际金融架构向体现公平、公正原则的方向发展，防范由于一些国家的经济政策调整所产生的溢出效应。

（二）依据必要性标准，平衡自由化与国内管制之间的关系

金融合作的目的在于通过相互协调的金融政策、互利互惠的金融行为实现对金融风险的防范、提高投资效益和贸易利益。中国—南非金融合作的推进过程中仍存在金融政策协调力度不足、互利互惠推进程度不足等问题。这些问题的应对需要依托现有的 WTO 服务贸易规则。GATS 为推进服务贸易自由化，规定了市场准入原则以及国民待遇原则。同时，考虑到各国金融发展水平的差异，其也有对前述原则的适用进行了限制，赋予了缔约国出于实现合法目标的目的实施的限制性行为。如何判定一国是在 GATS 贸易规则允

① 交通银行金融中心课题组：“金砖国家金融合作研究”，载《新金融》2016 年第 1 期，第 14 页。

许下采取的措施还是对于他国服务贸易构成必要的限制，便成为核心问题。必要性标准是判断国内规制措施对金融服务贸易是否具有限制的基本依据。必要性标准包含两方面的内容：一是确定有关规制措施是否符合合法性目标；二是判断追求合法目标所采取的措施是否对金融服务贸易构成了最低限度的限制。GATS 第 14 条规定了合法目标的类型，包括维护公共道德或者公共秩序所必要的措施；维护人类、动物或植物的生命或健康所采取的必要措施；为确保遵守与本协定的规定没有不相符法律或条例所必要的措施。为实现前述的合法目标，国家可以制定有关资格和要求、技术标准和许可要求的措施。但是这些措施应依据客观透明的标准、不得比保证服务质量所必需的限度更难负担，不能形成新的贸易壁垒。在确立了合法性目标后，实施有关措施是否必要便成为第二个判断依据。在采取措施的缔约国可以合理地获得满意和有效地其他方法的条件下，一项措施不能被认为是必要。在中国 - 南非金融合作中，为了防范可能出现的设置市场准入壁垒，违反国民待遇原则的措施或者行为，是否符合必要性标准应作为加速双边金融服务开放的基本依据。

（三）深化金融监管合作，维护金融稳定

伴随中国 - 南非两国的银行金融机构合作日趋频繁，由于信息不对称可能引发的流动性问题、业务监管问题值得关注。加强两国金融机关部门之间的合作势在必行。具体而言，中国—南非金融监管部门应加强在银行业务信息交换、监管经验交流等方面的合作。在中国、南非均面临高债务问题的当下，通过金融服务自由化的推进，促进银行金融机构的联合与重组，推进经营方式的发展，均可以视为金融服务自由化带来的收益。同时，资本的跨国流动，银行在信贷市场等领域的竞争，也成为监管部门必须要关注的问题。中国与南非需要严格按照《巴塞尔协议Ⅲ》有关资本充足率的规定，保障银

行资本的充实性，防范由于盲目进行市场竞争而引发的流动性风险问题。① 同时，中国与南非可在三个领域开展监管工作，防范跨国金融风险。一是迅速透明地识别不良贷款，加强破产框架和破产企业法律制度的完善；二是改革宏观审核和监督框架，提高监督核应对能力；三是加强有助于降低风险感知的监管制度，确保经济能够长期获得国际融资服务。② 对于逐步进行的中国－南非证券市场合作，两国应通过建立对话工作机制的形式加深对于各自资本市场的认知，提升应对风险的能力。在 2017 年 7 月召开的全国金融工作会议释放了扩大金融对外开放的信息，包括深化人民币汇率形成机制改革、积极稳妥推动金融业对外开放、推进“一带一路”倡议金融创新等内容。③ 扩大金融对外开放对于深化中国－南非金融合作无疑是利好消息。在党中央强调金融对外开放的同时，也强调了加强金融监管、防控金融风险的重要性。中国－南非金融合作在推进金融服务自由化的同时也应致力于增强监管合作。

五、结　语

中国—南非金融合作的实质是追求双边金融服务自由化、维护各自金融体系稳定的实践历程。而在这一历程中，WTO 体系下金融服务自由化的规定既为两国合作提供了规则指引，也埋下了合作的隐患。WTO 体系下的金融服务自由化涉及自由化与国家主权、金融监管两大议题。为促成各国就金融服务贸易达成一致，GATS 与金融服务贸易议定书在自由化与缔约方的国内规制之间寻求平衡。在通过市场准入、国民待遇原则设定了金融服务自由化的

① ［英］休亨瑞·乔德里：《银行流动性风险与资产负债表管理概论》，于东智译，中国金融出版社 2012 年版，第 322 页。

② 同上，第 324 页。

③ 新华网：“从全国金融工作会议看金融发展新动向”，http：//news. xinhuanet. com/2017－07/16/c_1121324933. htm，2018 年 8 月 25 日访问。

基本标准后，又为各国根据本国实际或者发生特殊情势采取限制措施提供了空间。在实现自由化的过程中，金融监管问题同样值得重视，这是防止跨国金融风险发生、维护金融稳定的重要保障。中国－南非金融合作在追求自由化的进程之中，同时应将监管合作摆放在重要的位置，防范可能引发的跨国金融风险。

《环境产品协定》谈判法律问题探究

师　华*

摘要：WTO《环境产品协定》谈判的法律问题包括环境产品的确定、关税、非关税和关键多数问题。目前环境产品的确定主要基于 APEC 的清单。关税和非关税壁垒的削减，会减少环境产品跨境流通的阻碍，有利于环境产品的广泛使用和环境技术的推广。关键多数是在最惠国待遇原则基础上，用于确定关税削减适用于所有 WTO 成员的一个判定标准。中国的环境产品进口关税平均水平较高，进口关税将面临大幅度的削减。中国作为环境产品贸易利益攸关方，应积极参与环境产品贸易自由化谈判；坚持发展中成员与发达成员的差别待遇，要求给予发展中成员一定时间的过渡期逐步削减关税；并呼吁建立环境技术的转移制度。

关键词：环境产品；清单法关税；非关税；关键多数

按照经济合作与发展组织（Organisation for Economic Cooperation and Development，以下简称 OECD）与欧盟统计局（Statistical Office of the European Communities，以下简称 Eurostat）的非正式工作组（Informal Working Group）在 1995 年的环境产品清单中的定义，“环境产品和服务产业

---

* 师华，同济大学法学院教授。

包括提供测量、预防、限制、最小化或改善对水体、空气和土壤的环境损害的产品和服务，也包括与污染、噪声和生态系统有关的问题。这也包括能减少环境风险和降低污染和资源使用的清洁技术、产品和服务"[①]，并基于该定义在 1999 年提出了环境产品清单。

环境产品（Environmental Goods，EGs）贸易自由化的讨论具有较长的历史，由于各方利益诉求的冲突，导致该议题没有取得实质的进展。2012 年亚太经济合作组织（以下简称 APEC）会议上通过的一份环境产品清单（APEC List），以及 2014 年 7 月 8 日，美国、欧盟和中国等 14 个 WTO 成员在日内瓦宣布启动《环境产品协定》（Environmental Goods Agreement，EGA）的诸边贸易谈判，将这一问题重新带回国际社会视野。

一、《环境产品协定》各轮谈判内容

2014 年 7 月 8 日，14 个 WTO 成员方在日内瓦发表联合声明，[②] 宣布启动基于 APEC 环境产品清单的《环境产品协定》（EGA）的谈判，致力于实现环境产品自由贸易的共同目标。其最终愿景是通过谈判来减少或消除环境产品的关税和非关税壁垒，创造一个贸易便利、环境受益和发展获益的"三者共赢"的局面。[③]

截至 2017 年 3 月 4 日，《环境产品协定》谈判已进行 18 轮，目前共有 18 个 WTO 成员参与谈判，各轮谈判的主要内容如表 1 所示。[④]

---

① Steenblik，R.："Environmental Goods：A Comparison of the APEC and OECD Lists"，OECD Trade and Environment Working Papers，2005/04，OECD Publishing. http：//dx. doi. org/10. 1787/274615168441.

② Joint Statement Regarding The Lanuch of the Environmental Goods AgreementNegotiations，July 8 2014 at Geneva，Switzerland.

③ WTO：Eliminating trade barriers on environmental goods and services，available at：https：//www. wto. org/english/tratop_e/envir_e/envir_neg_serv_e. htm，accessed on Oct. 26，2016.

④ Global Affairs Canada，WTO Environmental Goods Agreement（EGA），http：//www. dfait-maeci. gc. ca/trade-agreements-accords-commerciaux/topics-domaines/env/plurilateral. aspx?lang =eng，accessed on Oct. 26，2016.

表 1 《环境产品协定》各轮谈判的主要内容

轮次	时间	主要内容
第一轮	2014. 7. 9 ~ 10	在这一轮中，参与者讨论谈判的结构，包括构建基于APEC 列表方式，确保提名产品的环境可信度。并同意每一个初始轮谈判将专注于特定类别的环保产品，意味着将围绕应对特定的环境问题或挑战的产品进行讨论。另外，还考虑到产品提名相关的技术问题。
第二轮	2014. 9. 22 ~ 26	讨论环境产品的类别，关注空气污染控制和固体产品和危险废物管理。
第三轮	2014. 12. 1 ~ 5	专注于废水管理、水处理、环境整治和清理，减少噪音和振动的产品。
第四轮	2015. 1. 26 ~ 30	讨论清洁、可再生能源和能源效率产品。以色列第一次参与谈判，以色列于 2015 年 1 月正式加入 EGA 谈判。
第五轮	2015. 3. 16 ~ 20	专注于环境监测，分析和评估环保产品和资源效率产品，是最初几轮参与者最后一次产品提名机会。这一轮也添加两个新的参与方土耳其和冰岛。
第六轮	2015. 5. 4 ~ 8	参与方回顾了整个前五轮谈判发展的实质性的产品列表提名，并开始表明他们支持环保产品的兴趣。且技术性地讨论各种提名产品的环境可信度以及海关实施的可行性。
第七轮	2015. 6. 15 ~ 22	谈判方继续讨论前五轮提名的大约 650 组产品的列表，该列表由世界海关组织的 HS 编码定义的子类。谈判方的观点越来越集中在某些产品领域，在其他领域仍然需要进一步考虑。谈判方将努力确保最终环境产品列表的环境可信度，海关易实现，及对产品的消费者和生产者有意，作为一般原则。
第八轮	2015. 7. 27 ~ 31	预期发展出一个更集中并受广泛支持的产品列表，谈判代表对所有提名产品进行了最后的详细审查和加强努力来识别共同利益的产品。该轮也初步讨论了《环境产品协定》的草案。

续表

轮次	时间	主要内容
第九轮	2015. 9. 16 ~ 22	该轮继续在第 8 轮和第 9 轮更集中的商品列表中识别支持的优先级产品，涵盖大约 450 个 HS 编码子类。《环境产品协定》草案也进一步研究讨论。
第十轮	2015. 10. 29 ~ 11. 4	谈判方讨论了仍在考虑纳入环境产品列表中的产品的各自立场，还研究了解决敏感问题的方法。该轮同意在下一轮谈判中讨论更集中的产品列表。
第十一轮	2015. 11. 30 ~ 12. 4	谈判代表们继续讨论更专注环保商品列表。谈判方还探索不同的方式来确定具有共识的环境产品最终清单。海关专家和谈判代表通过额外的技术工作来帮助确保潜在的环境产品能被海关官员在边境容易地识别。由于本轮谈判没能就环保产品的最终清单达成共识，谈判方同意在 2016 年继续谈判。该轮谈判后，修改后的环保产品清单分发给谈判各方，反映了本轮的技术工作并删除了对一些参与方敏感的产品。
第十二轮	2016. 3. 2 ~ 4	谈判方提出了 2016 年先前推进的关键路径并讨论了实施模式的建议。海关官员、技术专家和谈判代表继续研究修改清单中特定环保产品的描述问题。
第十三轮	2016. 4. 18 ~ 22	谈判方以透明方式交换他们认为可纳入最终协议的产品清单。谈判方通过各种配置，试图尽可能多地在提名环境产品中寻找共同点。
第十四轮	2016. 6. 20 ~ 24	本轮谈判前，7 个谈判方①在 2016 年 6 月 2 日于巴黎会谈，承诺于 2016 年 9 月二十国集团（本文中简称 G20）领导人峰会前合作以达成谈判方通过双边及小组形式会谈，以加速谈判努力达成最终的环境产品清单。

① 7 个谈判方包括加拿大、澳大利亚、欧盟、日本、韩国、新西兰和美国。

续表

轮次	时间	主要内容
第十五轮	2016. 7. 24～29	2016 年 7 月 10 日，10 个谈判方①的贸易部长和高级官员在上海召开 G20 贸易部长级会议发表部长声明，各方同意《环境产品协定》应该在 2016 年 9 月 4 日至 5 日 G20 领导人峰会实现“着陆区”，并争取 2016 年底结束谈判。本轮谈判根据 G20 贸易部长的声明，谈判方紧密围绕《环境产品协定》“着陆区”努力。谈判主席在与各方分别讨论后，向各方分发更集中的产品清单，以期提供 2016 年底结论谈判的进一步讨论基础。本轮还全面讨论了《环境产品协定》草案。
第十六轮	2016. 9. 19～23	在 2016 年 9 月 4 日至 5 日杭州 G20 领导人峰会上，谈判方的领导人对谈判取得的进展表示欢迎，重申了 2016 年底达成期望的、面向未来的《环境产品协定》的目标。本轮谈判建立在 G20 领导人发布的公报和谈判主席于第 15 轮分发的更集中的产品清单之上，各方致力于缩小差异的环境产品清单的分歧并对《环境产品协定》草案进行了讨论。
第十七轮	2016. 10. 16～20	与之前的双边或全体会议不同，本轮谈判特色是通过一系列小组会议形式，参与方侧重讨论了由谈判主席确定为相对有争议的环境产品的类别，各方进一步精确描述清单中“单列产品（ex-out）”，进而剔除包含在更广贸易关税分类中的环境产品。②
第十八轮	2016. 11. 26～12. 2	参与者讨论了环境产品的范围和各种 EGA 文本。在最敏感的产品的全体审查，EGA 谈判主席调整了“着陆区”列表，将产品分为两大类：有坚实的机会获得广泛同意的产品和仍然存在显著差异的产品。

① 10 个谈判方包括加拿大、澳大利亚、中国、欧盟、日本、韩国、新西兰、新加坡、土耳其和美国。

② ICTSD：Environmental Goods Agreement Negotiators Prepare for December Deadline，available at http：//www. ictsd. org/bridges-news/bridges/news/environmental-goods-agreement-negotiators-prepare-for-december-deadline，Last visited on October 31，2016.

EGA 谈判过程中值得注意的是，在 2016 年 10 月 21 日至 22 日于挪威奥斯陆举行的“小型部长会议”上，根据确定的谈判计划，各方确认该项谈判将于 2016 年 12 月结束，并且该目标已得到 9 月举行的杭州 G20 领导人会议的支持，非 G20 国家也同意该目标。① 然而，由于第 18 轮谈判各方分歧依然巨大，该轮谈判结束后立即举行的贸易部长和高级官员会议仍无法解决现有的分歧。部长和高级官员承认，进一步的工作是必要的且重申了他们关于尽早结束谈判的承诺，并期待尽快启动下一轮谈判，争取在 2017 年达成协议。②

EGA 实际谈判的进展过程表明发达国家与发展中国家的国情及利益诉求不同，各国在谈判过程中分歧巨大，致使该谈判进展缓慢，遭遇诸多现实困境。

二、《环境产品协定》谈判的法律问题

2012 年 9 月在俄罗斯符拉迪沃斯托克召开的第 20 届 APEC 会议，通过了《APEC 领导人宣言》，该宣言附件 C③ 涵盖了一份 54 种产品的环境产品清单，并宣称“环境产品贸易和投资的自由化能够帮助 APEC 的商业和公民以最低价格获取能够促进使用和有益环境的重要环境技术”，并承诺 2015 年底将该附件所列的环境产品削减关税至 5% 或以下。该宣言中的 54

---

① ICTSD：Environmental Goods Agreement Negotiators Prepare for December Deadline，available at http：//www. ictsd. org/bridges-news/bridges/news/environmental-goods-agreement-negotiators-prepare-for-december-deadline，Last visited on Oct. 31，2016.

② WTO Environmental Goods Agreement （EGA）：available at http：//www. dfait-maeci. gc. ca/trade-agreements-accords-commerciaux/topics-domaines/env/plurilateral. aspx？lang =eng，Last visited on March 4，2017；商务部：世贸组织《环境产品协定》谈判部长级会议在日内瓦举行，http：//sms. mofcom. gov. cn/article/hjtp/201612/20161202065632. shtml，2016 年 12 月 19 日访问。

③ 20th APEC Economic Leaders’ Declaration，Vladivostok，Russia，ANNEX C：APEC List of Environmental Goods.

种环境产品清单发布之后，极为有效地推动了 WTO 多哈回合关于环境产品自由贸易的谈判。

2014 年 7 月 8 日，WTO 的 14 个成员的代表在瑞士日内瓦发布《启动环境产品协定谈判的联合声明》中强调为应对全球的环境保护和气候变化挑战，需要共同采取紧急的行动，因此，各方将在日内瓦定期会面协商包括产品范围的协定内容。声明中还提到，在谈判过程中，欢迎其他同样致力于环境产品自由化的 WTO 成员加入共同努力当中，加强基于规则的多边贸易体制，推动多哈发展议程的谈判，并且在关键多数（Critical Mass）成员参加的情况下适用最惠国待遇原则（principle of Most Favoured Nation）。

根据《联合声明》可以看出，《环境产品协定》的谈判建立在 APEC 环境产品清单的基础上，因此，研究谈判中涉及的法律问题，须将第 20 届 APEC 会议的《APEC 领导人宣言》和《联合声明》结合起来分析。《APEC 领导人宣言》附件 C 提到的关键信息是将环境产品的关税降至 5% 或以下以及所附的 54 个 6 位 HS 编码的环境产品清单，而《联合声明》中提到的关键谈判信息则是环境产品的覆盖范围、环境产品自由化问题以及在关键多数成员参加的情况下适用最惠国待遇原则。因此，环境产品谈判涉及的法律问题为环境产品的确定、环境产品的关税与非关税以及谈判中的关键多数四个方面问题。

（一）环境产品的确定问题

在 WTO 的谈判框架中，环境产品的谈判在环境贸易特别委员会（Committee on Trade and Environmental in Special Session，本文中简称 CTESS）中进行，环境产品的界定是 EGA 谈判中的核心问题，但对于何为“环境产品”并没有一个普遍接受的定义，且许多 WTO 成员已经选择不讨论定义问题，因而，关键问题是如何确定环境产品清单。[①] 由于环境产品定义的复杂性和缺乏各方对定义的一致同意，而寻求通过识别特定产品建立环境产品清单逐渐成为共识。[②]

EGA 谈判中各方关于如何确定环境产品清单进行了一系列的讨论，不同的机构与谈判方根据自己的不同目标提出了不同的确定环境产品清单的方法。目前共有四种产品清单，分别是清单法、项目法、清单项目法和出价要价法。

1. 清单法（List Approach）

清单法提出建立一个多边同意的环境产品清单，目前具有代表性的有 OECD 清单、世界银行清单和 APEC 清单。各个清单提出的时间和产生的机理并不相同，OECD 清单是 20 世纪 90 年代为环境产业统计分析目的而提出的；世界银行清单是 2007 年世界银行的一份报告中用于分析气候友好产品的自由贸易影响而提出的；而后来的 APEC 清单则是在各方根据自己的国内经济情况而提名的清单，因而各清单中所出现的环境产品并不相同。

（1）OECD 清单。OECD 清单提出了 164 种涵盖 6 位 HS 编码的产品，但该清单是完全说明性的，并非穷尽所有环境产品，因为有些环境产品没有相对应的 HS 编码（Hamonized System），有些 HS 编码产品又包含了一些非环境产品。在该清单中，环境产品和服务可以通过在最惠国待遇的基础上永久削减关税和非关税壁垒来提高市场准入机会。OECD 清单为后来的 EGA 谈判国家提供了很多参考。

① Sugathan, Mahesh: Lists of Environmental goods: An Overview; Environmental Goods and Services Series; International Centre for Trade and Sustainable Development, Geneva, Switzerland, www. ictsd. org, p. 1.

② Zhang ZhongXiang: Trade in Environmental Goods, with Focus on Climate-Friendly Goods and Technologies (November 21, 2011) . FEEM Working Paper No. 77. 2011, available at SSRN: https: // ssrn. com/abstract = 1962527 or http: //dx. doi. org/10. 2139/ssrn. 1962527.

（2）世界银行清单。世界银行（World Bank）在 2007 年的一份报告中提出了一个 43 项气候友好产品清单，该清单也是 6 位 HS 编码的产品，包括太阳能收集和系统控制设备、风力涡轮部件、氢燃料电池等产品。该报告提议加速环境项目中产品、技术和服务的贸易自由化，通过实施特定措施为潜在投资者减少设备成本和降低交易成本；免除关税和非关税壁垒，强化知识产权保护、投资规则和其他国内政策，能够增加清洁技术在发展中国家的传播；WTO 中正在进行的环境产品谈判有助于在贸易和气候变化中做出重大贡献，但也被指出谈判中也有很多挑战需要克服。①

（3）APEC 清单。APEC 清单是在 2012 年第 20 届 APEC 会议的《APEC 领导人宣言》附件 C 中公布的环境产品清单，各成员同意将该产品清单所列的 54 个 HS 子目环境产品的关税在 2015 年底降至 5% 或以下。该清单涵盖 HS 编码下的 54 个 6 位数字的子目商品，但并不是说该清单只有 54 种环境产品。由于该子类项下包含更具体定义的环境产品，在多数情况下仅代表该子类部分产品，即从 6 位 HS 编码子类中选出的环境产品。在 6 位 HS 编码中，大多数的商品描述比环境产品的范围要宽。因而，在 APEC 清单中，仅有选出来的部分产品即如表 2 所示“Ex-out/Additional Product Specification”符合“Remarks”的产品，才是能够享受关税减免待遇的环境产品。② APEC 清单的部分产品如表 2 所示。

① World Bank, International Trade and Climate Change: Economic, Legal and Institutional Perspectives, available at http: //www-wds. worldbank. org/external/default/WDSContentServer/WDSP/IB/2007/11/15/000310607 _ 20071115153905/Rendered/PDF/41453optmzd0PA101OFFICIAL0USE0ON LY1. pdf.

② Vossenaar, R. , *The APEC List of Environmental Goods: An Analysis of the Outcome & Expected Impact; International Centre for Trade and Sustainable Development, Geneva, Switzerland*, Issue Paper 18, p. 3.

表 2　APEC 清单部分环境产品①

HS (2002)	HS (2007)	HS (2012)	HS Code Description	EX-OUT/ ADDITIONAL Product Specification	REMARKS/ ENVIRONMENTAL BENEFIT
	441872		其他竹制多层已装拼的地板（44187210）		可再生竹制产品是木制生活必需品的替代品。由于竹子的生长周期短，这些环境友好型产品能节约大量的水、油和空气资源。
840290	840290	840290	蒸汽锅炉（能产生低压水蒸气的集中供暖用的热水锅炉除外）；过热水锅炉［加，日，新西兰，韩］ 蒸汽锅炉（能产生低压水蒸气的集中供暖用的热水锅炉除外）；过热水锅炉；零件：［美］ 过热水锅炉及蒸汽锅炉的零件（集中供暖用的热水锅炉除外）［港］ 过热水锅炉及蒸汽锅炉的零件［新加坡，文］	840219x 的零件［加，日，新西兰，韩，澳］ 生物质燃料锅炉零件［美］ 固体废物与有害废料治理［文］	以上描述的生物质燃料锅炉的零件［加，日，新西兰，美，韩，港，澳］ 使用（可再生）生物质燃料产热和电的锅炉的零件［港］ 使用（可再生）生物质燃料产热和电的锅炉的零件。此产品可在税号 840219 下找到。生物质供热系统使用农业、林业、城市和工业废物和垃圾产生热量和电力，比化石燃料对环境的影响小。这种类型的能量生产对环境的长期影响十分有限，因为生物质中的碳是自然界碳循环的一部分［新加坡，文］

① 20th APEC Economic Leaders' Declaration, Vladivostok, Russia, ANNEX C: APEC List of Environmental Goods.

续表

HS (2002)	HS (2007)	HS (2012)	HS Code Description	EX-OUT/ ADDITIONAL Product Specification	REMARKS/ ENVIRONMENTAL BENEFIT
840410	840410	840410	税目 84.02 或 84.03 所列锅炉的辅助设备（例如，节热器、过热器、除灰器、气体回收器）；水蒸气或其他蒸汽动力装置的冷凝器．［加，日，新西兰，韩，澳，俄，马，文］ 税目 84.02 或 84.03 所列锅炉的辅助设备（例如，节热器、过热器、除灰器、气体回收器）［美］ 蒸汽锅炉、过热水锅炉及集中供暖用的热水锅炉的辅助设备［港］ 蒸汽，热水及集中供暖用锅炉的辅助设备［新加坡］	840219x 的辅助设备［加，日，新西兰，韩，澳］ 8403 税号下的中央供暖锅炉［马，文］	能最大程度减少释放到大气中的污染物的工业空气污染处理设备的组件。此设备也被用于支持余热回收过程中的废物处理，或用于可再生能源资源的回收［加，日，新西兰，韩，澳，文］ 能最大程度减少释放到大气中的污染物的工业空气污染处理设备的组件。此设备也被用于支持余热回收过程中的废物处理［生物质能源发电－仅美国］和用于可再生能源资源的回收［美，港，马］ 烟灰清除剂和能最大程度减少释放到大气中的污染物的工业废气控制设备的组件。此设备也被用于在废水处理或可再生能源回收过程中支持余热回收程序［新加坡］
840420		840420	税目 84.02 或 84.03 所列锅炉的辅助设备（例如，节热器、过热器、除灰器、气体回收器）；水蒸气或其他蒸汽动力装置的冷凝器		用于冷却气流，使其温度低至允许移除污染物，如类似苯的挥发性有机化合物

APEC 清单包含的 54 个 HS 子目涵盖的环境产品涉及多种环保分类，例如可再生能源，环境监测、分析和评估设备，空气污染控制，固体和危险废物处理和水体治理和水污染治理。具体的各种产品所处的环保分类如表 3 所示。

表 3　APEC 清单产品环保分类

环境保护分类	子目的数量
可再生能源	15
环境监测、分析和评估设备	17
环保产品	21
环境友好产品	1
总计	**54**

2. 项目法（Project Approach）

由于清单法中基于 6 位 HS 编码提交的产品清单中的产品含有多种用途，列入清单中的环境产品也有非环境用途，作为回应，印度倡导一种基于项目的环境产品认定方法。该种方法由每一 WTO 成员指定一个国家机构以贸易和环境委员会特别会议（CTESS）认定的方法挑选环境项目，在该项目期间的产品和服务即为环境产品和服务。印度认为项目法可以保证批准的环境产品和服务可以用于环境目的，从而解决了清单法带来的多种使用目的的问题，并会带来建设能力和技术转移的积极措施。①

3. 清单项目法（Integrated Approach）

鉴于清单法和项目法的缺陷，阿根廷提出了介于清单法和项目法之间的清单项目法，用于克服清单法和项目法的缺陷。该种方法类似于项目法，但又带有经多边协商同意的用于项目的产品。阿根廷强调自由贸易和环境项目

① Zhang ZhongXiang, *Trade in Environmental Goods, with Focus on Climate-Friendly Goods and Technologies*, November 21, 2011. FEEM Working Paper No. 77. 2011. Available at https://ssrn.com/abstract=1962527.

之间的联系，且清单项目法能够促进环境产品的使用，从而避免双重或多重目的产品的使用，并确保环境产品的有效自由化，有助于减缓和适应气候变化的环保目标。①

4. 出价要价法（Request-offer Approach）

巴西提出了一项与前三种方法均不相同的确定环境产品的方法，即由成员间根据各自情况相互提出具体的产品自由化的提议进行相互协商确定关税减免，然后根据最惠国待遇原则适用于所有 WTO 成员。巴西的提议并不局限于工业产品的环境产品，而且也包括了农业产品。巴西认为这种提议与之前的 GATT 的谈判一致，且相较于普通的产品清单，更充分地考虑了发展中国家的情况。②

在上述各种确定环境产品的方法中，项目法有利于平衡 WTO 成员间关于环境产品泛化的争议和保障清单中所列产品的环保意义，但是这种方法的缺陷也显而易见：缺少细节和难以实施，在实践中可能会比清单法要花费更多的资源用于执行。清单项目法、出价要价法难以平衡 WTO 成员间的关于环境产品的泛化和产品的环保意义，且缺少细节和难于实施，因而在谈判实践中各方选择清单法，即参加谈判各方均提出各自的环境产品清单并通过协商以达成一致认可的环境产品清单来确定环境产品。清单法有助于避免对环境产品定义不明而造成的争议。但清单法的关键难点在于，由于参与谈判的各方均基于自身国家利益，选取对自己国家有利的环境产品列入清单，这就造成各方提出的清单产品范围过于泛化，且难以找到契合的地方，在实际谈判过程中，造成各方对立加深，难以在环境产品清单的确定中达成一致意见，使谈判陷入僵局。

为了避免谈判陷入僵局，且确保将来的环境产品清单能逐渐更新（living

① Zhang ZhongXiang, *Trade in Environmental Goods, with Focus on Climate-Friendly Goods and Technologies*, November 21, 2011. FEEM Working Paper No. 77. 2011. Available at https: //ssrn. com/abstract = 1962527.

② Ibid.

list），剔除不符合环境目的的产品和增加新的环境产品，可以通过两种方法达到上述目的：一是有必要确定一个遴选环境产品的基本标准，确保谈判各方剔除的环境产品清单具有共同的基准，减少后续谈判的阻力；二是建立环境产品清单的更新机制，随着技术的发展和进步，某些列入清单的环境产品可能变得不再环保，而也有很多产品是具有环保性的，这就需要环境产品清单具有更新机制，剔除不再环保的产品和纳入新的环境产品，以便更好地促进环境产品的贸易。

根据哈佛大学助理教授 Mark Wu 的测算，中国在 APEC 清单的 54 种 6 位 HS 编码的环境产品出口中，排名世界第一位，在蒸汽发电锅炉（steam/vapor generating boilers）、太阳能板（solar panels）等环境产品的出口中，中国的出口份额比其他发展中成员总和还要多。① 为此我国环境产品清单应考虑我国的出口利益，对环境产品的定义采取狭隘解释，不必泛化环境产品。

同时，由于 EGA 谈判中，对环境产品的认定采取清单法，并要保证一个“活的清单（Living List）”，其目的在于真正保证清单中的产品对于环保的价值，也有利于各国加大环保技术的投入，促进新的环境技术的研发。基于此，中国应当在谈判中呼吁建立环境技术的转移机制，其原因可从以下两方面分析。

基于环境问题的全球性，发达成员和环境技术较为先进的国家和地区，应该考虑到环境问题的严重性，不能仅着眼于经济利益。为了帮助发展中成员发展经济和应对环境问题，应在环境产品谈判中考虑向发展中成员转移环境技术，避免发展中成员在发展经济的同时，对环境造成难以恢复的损害。

在未来环境产品贸易中，随着贸易自由化的提高，环境产品贸易的竞争背后实质是环境技术的竞争，只有拥有具有竞争力的环境技术，才能在环境产品贸易的竞争中占据优势。从这个意义上来讲，发达成员无疑占据优势，发展中成员的环境技术相对落后。如果不考虑二者之间的环境技术的差别，

---

① Mark Wu, *Why Developing Countries Won't Negotiate: The Case of WTO Environmental Goods*, TRADEL. & DEV, Vol. 93, 2014, p. 125.

不照顾发展中成员在国际经贸中的经济利益，则对发展中成员来讲，其在未来的环境产品的贸易中，无疑会面对发达成员的先进的环境技术的巨大压力，这对发展中成员公平公正地参与国际经贸关系是极不公平的。

（二）环境产品的关税问题

环境产品关税，是由环境产品进出口的国家和地区针对环境产品在进出口环节而征收的特殊税费。在环境产品的自由贸易中，如果各关税区对环境产品贸易征收较低的关税，则有利于环境产品的自由流动；反之，如果各关税区对环境产品征收较高的关税，则会阻碍环境产品的跨境流通，也不利于各国关于环境产品的相互交换需求，加大进口国消费者使用环境产品的成本，导致进口减少，从而不利于环境产品的广泛使用和环境技术的推广。因而，关税是影响环境产品自由贸易的重要因素。

环境产品的关税问题，早在 2001 年的《多哈宣言》中就已经被提及，该宣言的第 31 段呼吁“减少或适当消除环境产品和服务的关税或非关税壁垒”，但由于缺乏对于环境产品的可接受定义和多哈回合其他谈判领域缺乏进展，关于环境产品的自由化问题逐渐淡出 WTO 的谈判议题。① 直到 2012 年的 APEC 会议期间，领导人提出削减环境产品的关税以促进环境产品的自由贸易，环境产品的关税问题才逐渐回到 WTO 谈判的视野，受到谈判成员方的重视。

按照世界银行的报告②计算，在选定的 4 类环境技术涉及的 12 种 HS 编码子类的环境技术产品中，如果降低关税实现四种环境技术的完全自由化，则煤炭清洁技术产品贸易量能增长 3.6%，风力发电产品增加 12.6%，太阳能发电

① Rene Vossenaar, *Reducing Import Tariffs for Environmental Goods: The APEC Experience, Geneva: International Centre for Trade and Sustainable Development (ICTSD)*, Issue Paper No. 22, September, 2016.

② The World Bank, *Warming up to Trade? Harnessing international trade to support climate change objectives*, June 18, 2007, p. 51. Available at http://documents.worldbank.org/curated/en/157551468315304990/pdf/402170REVISED01and1Climate01PUBLI C1.pdf.

产品增加 6.4%，节能技术产品增加 15.4%，而这四类技术涉及的 12 种 HS 编码子类的环境产品的贸易总量增加 7.2%，这个结果表明削减关税有助于大幅扩大环境产品的贸易量。关税削减与环境产品贸易的增长量如表 4 所示。

表 4　关税削减与环境产品贸易的增长量

选定的环境产品	削减关税（%）
煤炭清洁技术	3.6
风力发电	12.6
太阳能发电	6.4
节能技术	15.4
四种技术总计	**7.2**

环境产品关税本身具有正反两方面的作用。针对进口国而言，一方面，合理的环境产品关税可以保护进口国的环境企业免于外部环境产品的市场冲击，有利于促进进口国环境产品产业的发展；但另一方面，过高的环境产品关税则不利于环境产品的自由贸易，会提高环境产品的使用成本，不利于环境产品的推广，最终会不利于环境的改善。针对出口国而言，环境产品关税过高不利于扩大环境产品在国外市场的占有率，加大了进入相关市场的竞争难度，但同时，在此种情形下，激烈的市场竞争更有利于激发出口国的环境产品的创新发展，有利于环境产业的合理竞争。因而，各方通过协商谈判，降低高额的环境产品关税，确定合理有度的环境产品关税，有利于发挥环境产品关税在环境产品贸易中的合理的杠杆调节作用。

关税减让原则是 GATT 和 WTO 的基本原则之一，并且是非歧视、自由贸易等原则的实际执行载体。虽然在不同历史阶段国际贸易情形各不相同，GATT 的原则在实际适用中各有侧重，但关税减让谈判一直是历届贸易谈判的重要议题。[①] 作为多哈回合的谈判议题，关于环境产品的关税减让同样也

① 黄东黎、杨国华：《世界贸易组织法——理论·条约·中国案例》，社会科学文献出版社 2013 年版，第 213 页。

不例外，在发起《环境产品协定》谈判的《联合声明》中，各方明确要在谈判中降低环境产品的关税。

然而，在关于环境产品的关税减让谈判中，各方确定的 5% 或以下的关税幅度是否合理仍然是一个问题。在关税减免的幅度和范围上，是将清单上的所有产品都降至零关税，还是有一部分只能最低减至 5%，尚没有达成最终共识。① 原因在于当今国际贸易中，经贸关系已不是国与国之间的单纯的货物买卖关系，世界各国通过双边、多边自由贸易协定以及区域经贸协定，建立了非常复杂的国际经贸关系，这其中不同的经贸协定所确定的关税税率各不相同。欧盟委员会 2015 年针对《环境产品协定》谈判的报告②显示，各地区针对环境产品征收的关税差别很大，欧盟、美国和东亚地区平均关税最低，而南亚、非洲撒哈拉以南地区、拉丁美洲和加勒比地区征收的关税最高，且在每一地区的内部，环境产品的关税也非常不同。例如，在拉丁美洲和加勒比地区，平均关税 8%，但最低的是 2%，最高的则达 41%。该报告也进一步指出，仅减低关税对治理气候变化的影响是不够的；特别是对于环境而言，可以预计到环境产品关税自由化的总体影响是非常小的。

此外，环境产品的关税减让谈判对于环境影响的意义也受到质疑。各方本来是想通过关税减让促进环境产品的自由贸易，扩大环境产品的使用和减少对环境的污染，从而改善环境。但在参与《环境产品协定》谈判的成员中，许多成员之间早已存在自由贸易协定，针对环境产品的关税税率也非常低，部分成员之间甚至是零关税（如日本、瑞士、中国香港、新加坡），在这个意义上，降低环境产品关税对这些成员来讲已经不具有更多的谈判余地；

① 商务部 WTO/FTA 咨询网："WTO 冲刺环境产品协议谈判预计减免关税约 200 种"，http：//chinawto. mofcom. gov. cn/article/ap/o/201609/20160901402248. shtml，2016 年 12 月 20 日访问。

② European Commission，Trade Sustainability Impact Assessment on the Environmental Goods Agreement，Inception Report. Prepared by Development Solutions，May，2015：pp. 14 – 15.

相反，对于本身针对环境产品征收较高关税的成员（如韩国、中国），在谈判中则可能面临较大幅度降低关税的压力。且针对发展中成员来讲，他们本身在环境产品市场竞争中不具有优势，过低的关税则可能冲击当地的环境产品市场，不利于其环境产业的发展。在此种背景下，如何在谈判中制定合理的关税削减幅度，仍然是一个亟待解决的问题。①

中国在 APEC 清单的 54 种 6 位 HS 编码的产品中，在 2014 年的进口额为 891.16 亿美元，其中免税的产品额为 296.12 亿美元，所有应纳税额为 595.03 亿美元，在 5% 或以下税率的占 495.19 亿美元，高于 5% 税率的产品额为 99.84 亿美元，5% 以上税率的占总进口额的比例为 11.2%。② 各部分不同税率对应的产品进口额如表 5 所示。

表 5 中国 2014 年 APEC 清单环境产品进口额分析

中国	2014 年进口额（10 亿美元）					5% 以上税率占总额的比例%
	总额	免税	应税			
			总共	5% 或以下	5% 以上	
	89.116	29.612	59.503	49.519	9.984	11.2

根据 2012 年《APEC 领导人宣言》，各成员承诺在 2015 年底将 APEC 清单的 54 种 6 位 HS 编码的产品的关税削减至 5% 或以下，而中国在该清单中的关税税目有 139 个，其中免税的税目有 49 个，应交关税的税目为 90 个；在该 90 个应缴税的 90 个税目中，5% 或以下关税税目有 41 个，5% 以上的税目有 49 个，而根据中国财政部的公告③，中国政府为履行 2014 年亚太经合组

① European Commission. Trade Sustainability Impact Assessment on the Environmental Goods Agreement, Inception Report. Prepared by Development Solutions, May, 2015: pp. 14－15.

② Rene Vossenaar, *Reducing Import Tariffs for Environmental Goods: The APEC Experience*, *Geneva: International Centre for Trade and Sustainable Development (ICTSD)*. Issue Paper No. 22, September, 2016.

③ 中华人民共和国财政部关税司："中国提交 APEC54 个环境产品清单的降税实施工作计划"，http://gss.mof.gov.cn/zhengwuxinxi/gongzuodongtai/201507/t20150701_1263683.html，2016 年 10 月 21 日访问。

织（APEC）北京宣言承诺，中国政府提出了削减 APEC 清单中关税在 5% 以上的 27 个税目的税率，涉及 23 个 6 位 HS 编码的关税削减。[①]

根据中国提出的关税削减计划，如表 6 所示，关税在 5% 以上的 27 个税目中，削减前的关税幅度在 7% 到 35% 之间，削减前的简单平均关税为 10. 3%，按全部削减至 5% 计算，关税削减幅度达到 51. 5%。由此可以看出，中国的环境产品的进口关税面临大幅度的削减。

表 6　中国 2014 年 APEC 清单关税削减分析

国家	削减的关税税目数量	削减前的关税幅度	削减前的简单平均关税	削减后的简单平均关税	削减幅度
中国	27	7% ~35%	10. 3%	5%	-51. 5%

关税大幅削减所带来的影响，从短期来看，对中国最直接的影响就是中国的关税利益的损失，进口环境产品的增多，可能会对国内的环境产品市场造成冲击，但从长远来看，也并非没有益处。随着中国环境产品关税的下降，则进口的环境产品的数量会相应的增加。增加的环境产品的数量，有助于国内企业和居民淘汰非环境产品，提高环境产品对非环境产品的替代使用率，进而有助于减少非环境产品的使用，从而减少对环境的污染，逐步改善中国的环境质量。

但是，大多数发展中成员由于在环境产品的出口利益较少，工业发展较为落后，更倾向于用较高的关税保护国内的产业发展，且由于环境产品的最惠国待遇原则，发展中成员倾向于通过“搭便车”（即非谈判参与方不削减关税而从其他谈判成员的关税削减中获益）的方式享受关税优惠，因而，发展中成员参与环境产品贸易自由的谈判的意愿并不高。[②]

---

① Rene Vossenaar, *Reducing Import Tariffs for Environmental Goods: The APEC Experience, Geneva: International Centre for Trade and Sustainable Development (ICTSD)*. Issue Paper No. 22, September 2016.

② Mark Wu, *Why Developing Countries Won't Negotiate: The Case of WTO Environmental Goods*, TRADEL. & DEV., Vol. 93, No. 6 (1), 2014, p. 125.

在此背景下，中国在谈判中应坚持发展中成员的特殊和差别待遇，发展中成员可以对较小范围的环境产品进行关税削减和/或保留一定水平的低关税，而不能直接将关税降低到零。为了给国内相关的环境产品企业一定的缓冲时间，以应对国际先进的环境技术和环境产品，中国在环境产品谈判中应要求发展中成员特殊与差别待遇，如发达国家环境产品壁垒的优先降低或撤除，延长发展中国家环境产品关税减让的过渡期等。在谈判中可要求给予发展中成员一定的关税削减过渡期待遇，允许发展中成员逐步削减关税至与发达国家相当的水平。

中国的环境产品的出口目的地主要是欧美、日本等发达经济体，出口至发展中成员的环境产品较少，适用关税的差别待遇，不会对中国环境产品的出口造成影响，反而会由于发达成员关税的进一步削减，促进中国环境产品对发达成员的出口，能助益于扩大环境产业的发展。

（三）环境产品的非关税问题

由于非关税措施的复杂多样性，加之各国政府对于本国的相关环境产品涉及的产业都会进行大力保护，会出台各种各样的鼓励本地区环境产品发展、扩大进出口的相关的法律法规、政策及措施，从而使得环境产品的非关税壁垒等问题变得更加复杂。

根据彼得森国际经济研究所（Peterson Institute for International Economics）2014 年出具的一份关于可再生能源贸易救济措施的全球调查报告[①]显示，自2008 年至 2014 年早期，澳大利亚、中国、欧盟、印度、秘鲁、美国 6 个国家发起了 41 起贸易救济措施，其中 26 起反倾销案件和 15 起反补贴调查，涉及的产品主要是可再生能源的 18 起太阳能产品、16 起生物燃料和 7 起风能

① Cathleen Cimino, Gary Hufbauer, *Trade Remedies in Renewable Energy: A Global Survey, Peterson Institute for International Economics*, June 26, 2014. Available at http: //cedmcenter. org/wp-content/uploads/2014/07/Cimino-trade. pdf.

产品，受影响的产品进口贸易额高达 319.65 亿美元。六个国家针对可再生能源采取的贸易救济措施如表 7 所示。

表 7 针对可再生能源产品采取的贸易救济措施案件数量

		反倾销案件		反补贴案件		
国家	2012 年可再生电量（万亿瓦小时）	针对可再生产品的案件（从 2008 年开始）	案件总数量（2008～2012 年）	针对可再生产品的案件（从 2008 年开始）	案件总数量（2008 年～2012 年）	因 41 起案件影响的可再生产品的总进口
澳大利亚	29	3	49	1	7	456
中国	797	3	53	2	6	2144
欧盟	684	10	75	8	21	24408
印度	162	4	167	0	0	502
秘鲁	22	1	10	1	7	40
美国	508	5	68	3	44	4, 414
总计	/	**26**	**422**	**15**	**85**	**31, 965**

该份调查进一步指出，由于各国采取贸易救济措施，对可再生环境产品的自由流动构成阻碍，三种可再生环境产品这些救济措施而造成的贸易总额减少 135.84 亿美元，占全球三种可再生能源产品的贸易总量达 3.6%，其中生物燃料减少 36.05 亿美元，太阳能产品减少 95.63 亿美元，风能产品减少 4.17 亿美元。关于具体的三种可再生能源产品因各国采取贸易救济措施而减少的贸易量和百分比，可从表 8 的直观对比中知晓。

表 8 因采取贸易救济措施而减少的可再生能源环境产品的贸易量

可再生能源产品		受影响的贸易总量		估计的贸易减少量		受影响的可再生能源产品的全球贸易额
	反倾销、反补贴案件数量	价值（百万美元）	占全球贸易百分比	价值（百万美元）	占全球贸易百分比（%）	
生物燃料	16	9 404	3.6	3 605	1.4	259

续表

可再生能源产品	反倾销、反补贴案件数量	受影响的贸易总量		估计的贸易减少量		受影响的可再生能源产品的全球贸易额
		价值（百万美元）	占全球贸易百分比	价值（百万美元）	占全球贸易百分比（%）	
太阳能						
晶硅电池/光伏组件	11	19 230	21.7	8 549	9.6	89
太阳能多晶硅	5	2 144	29.5	953	12.0	7
太阳能玻璃		146	6.8	61	2.8	2
风能						
玻璃纤维制品	2	238	3.2	24	0.3	7
风力发电机	5	804	8.3	393	4.1	10
总计	**41**	**31 965**	**8.5**	**13 584**	**3.6**	**374**

另外，根据世界银行（World Bank）2007 年的测算报告①，在选定的煤炭清洁技术、风力发电、太阳能发电、节能技术 4 类环境技术涉及的 12 种 HS 编码子类的环境产品中，通过消除非关税壁垒实现四种环境技术涉及的环境产品的完全自由化，煤炭清洁技术产品贸易量增长 1%，风力发电产品增加 10%，太阳能发电产品增加 7.1%，节能技术产品增加 48.2%，而这四类技术涉及的 12 种 HS 编码子类的环境产品的贸易总量增加 6.3%，这个结果表明消除非关税壁垒也有助于增加环境产品的贸易量。削减非关税壁垒与环境产品贸易的增长量如表 9 所示。

表 9　消除非关税壁垒与环境产品贸易的增长量

选定的环境产品	消除非关税壁垒（%）
煤炭清洁技术	1

① The World Bank, *Warming up to Trade? Harnessing international trade to support climate change objectives*, June 18, 2007: p. 51. Available at http://documents.worldbank.org/curated/en/157551468315304990/pdf/402170REVISED01and1Climate01PUBLIC1.pdf.

续表

选定的环境产品	消除非关税壁垒（%）
风力发电	10
太阳能发电	7. 1
节能技术	48. 2
四种技术总计	6. 3

由于在《环境产品协定》谈判达成后，未来各成员方将适用最惠国待遇关税，且各国针对环境产品的关税税率已经非常低，并且许多国家之间已经签署了自由贸易协议，因而，留给各成员方关于关税问题的谈判的余地已经不多，① 在此意义上，环境产品的非关税问题将比关税问题更加重要。且针对环境产品而言，未来的许多环境产品都是具有相关环境技术的设备，这些产品的贸易很容易受到非关税壁垒的限制，如技术措施、限制进出口等，可以预计非关税壁垒相较于关税壁垒而言，将对环境产品贸易有着更大的消极影响。②

虽然，国际社会针对反倾销、反补贴与保障措施可能带来的不公平的竞争的问题，防止非关税措施的实施变成变相的贸易保护手段，已经在于 1995 年 1 月 1 日生效的乌拉圭回合《反倾销协议》《反补贴协议》和《保障措施协议》中，通过实体和程序两方面严格这些措施的实施规则。③ 且自从国际多边贸易体制建立以来，历次协定的谈判已经将贸易的关税壁垒削减到了比较低的水平，因而，很多国家转而将贸易救济措施作为保护贸易的正当手段，其结果是导致贸易救济措施在国际贸易中被各方滥加使用。④

---

① Jaime de Melo, Mariana Vijil, *The Relaunching of Negotiations on Green Goods and Services: Any Breakthrough in Sight*? (April 24, 2014). Review of Environment, Energy and Economics (Re3), April 2014. Available at https: //ssrn. com/abstract = 2431249.

② Aaron Cosbey: *The Green Goods Agreement: Neither green nor good*? *The International Institute for Sustainable Development*, February 2014. Available at http: //search. iisd. org/sites/default/files/publications/commentary_green_goods. pdf.

③ 王传丽主编：《国际贸易法》（第 5 版），法律出版社 2012 年版，第 335 页。

④ 黄东黎，杨国华：《世界贸易组织法——理论 · 条约 · 中国案例》，社会科学文献出版社 2013 年版，第 399 页。

近年来，中国与欧盟之间关于光伏产品的贸易争端[①]，中国在 WTO 提起的因中国输美的太阳能风能产品遭到美方反倾销、反补贴制裁的贸易争端案件（WT/D471）[②] 均反映了非关税壁垒在环境产品贸易自由化过程中的巨大阻力作用。且近两年随着国际政治局势的发展，反全球化的声音此起彼伏，全球贸易保护主义有所抬头，未来各国可能会采取更多贸易保护措施，环境产品的贸易也可能会遇到更多关于贸易壁垒的纠纷。因而，如何削减非关税壁垒、防止贸易救济措施被滥用、减少环境产品自由流动过程中的非关税壁垒，也是 EGA 谈判中不得不关注的重要议题。

具体到环境产品领域，由于环境产品定义与清单的不确定，目前还没有确切的中国环境产品出口受到的贸易救济措施的案例数据，但在可再生能源领域，中国与欧盟之间关于光伏产品的贸易争端，中国出口美国的太阳能、风能产品贸易遭遇美国贸易制裁等案件均反映了其他国家基于本国的利益和经济发展情况，对中国出口的环境产品采取贸易保护措施，提高中国产品进入相关市场的门槛，不利于中国环境产品参与当地市场的竞争。

在彼得森国际经济研究所 2014 年的一份关于可再生能源贸易救济措施的全球调查中，中国自 2011 年至 2014 年，针对进口产品采取的贸易救济措施共 59 起，其中涉及可再生能源的环境产品的有 5 起，分别为 3 起反倾销案件和 2 起反补贴案件，涉及的环境产品贸易额达 21. 44 亿美元。[③]

由上述分析可见，非关税壁垒在环境产品的贸易中，不仅对中国本身产品的出口会造成阻碍，也会对其他国家出口中国的环境产品造成阻碍，采取

---

① “中国机电商会等 5 家行业组织发表《关于中国输欧光伏产品贸易争端达成价格承诺的联合声明》”，http：//www. mofcom. gov. cn/article/ae/ai/201307/20130700218112. shtml，2016 年 10 月 20 日访问。

② WT/DS471：United States – Certain Methodologies and their Application to Anti-Dumping Proceedings Involving China. Available at：https：//www. wto. org/english/tratop _ e/dispu _ e/cases _ e/ds471_e. htm，last visited on Dec. 20，2016

③ Cathleen Cimino，Gary Hufbauer，*Trade Remedies in Renewable Energy：A Global Survey*，*Peterson Institute for International Economics*，June 26，2014. Available at http：//cedmcenter. org/wp-content/uploads/2014/07/Cimino-trade. pdf.

非关税壁垒对双方均为构成伤害。根据世界能源理事会（World Energy Council）在2016年的报告指出，非关税措施作为贸易壁垒，尽管通常难以理解和更难处理和消除，但对贸易的影响估计是关税壁垒的两倍。这一切表明减少和消除贸易壁垒对低碳经济和促使发展可持续能源系统非常关键。①

（四）谈判中关键多数的确定问题

在宣布启动《环境产品协定》谈判的WTO的14个成员的代表《联合声明》中，强调在关键多数（Critical Mass）成员参加的情况下基于最惠国待遇原则，将关税减免适用于所有WTO成员方。但对于何为关键多数，如何进行衡量，是以参加谈判的WTO成员的数量还是参与谈判的WTO成员的环境产品的贸易数量为准，上述问题并没有在该声明中明确。

关键多数的要求是在诸边谈判中，在最惠国待遇原则基础上，用于确定关税削减适用于所有WTO成员（包括非谈判参与方）的一个判定标准（Standard Criterion）。② 在此次EGA谈判中，由于目前只有18个WTO成员方参与，如何制定相应的标准避免“搭便车”（Free-ride）行为的发生，也是谈判中的一个难题。

对于如何确定关键多数，采用何种标准，《信息技术协定》提供了一种参考方法。在《信息技术协定》（Information Technology Agreement，本文中简称ITA）中，要求成员方必须占据全球信息技术产品90%的贸易量。根据这个数额要求，在EGA谈判中也有成员将90%的市场份额要求作为此次EGA谈判中的关键多数。据美国贸易代表办公室估计，初始启动谈判的14个WTO成员共同占有全球环境产品贸易的86%，③ 但目前谈判各方并没有对具体的门槛要求达成

---

① World Energy Council, 2016: World Energy Perspective-Non-tariff Measures: next steps for catalysing the low-carbon economy.

② Vossenaar, Rene: *Identifying Products with Climate and Development Benefits for an Environmental Goods Agreement*, Issue Paper No. 19, International Centre for Trade and Sustainable Development, Geneva, Switzerland. p. 16.

③ Press Release, Office of the United States Trade Representative, Executive Office of the President, USTR Announces Intent to Launch WTO Negotiations on Environmental Goods (Mar. 21, 2014).

一致。实践中，谈判各方可根据实际情况，在《环境产品协定》最终文本生效之前，采取一个相对较大且合理的数值来避免非谈判参与方的“搭便车”行为。

但由此而来的另一个难题在于，由于各方目前关于环境产品的确定并没有形成最终统一的标准，这就对环境产品的贸易量的统计造成了实践操作的困难。换句话讲，环境产品贸易量的统计前提条件是环境产品的确定，然而，在缺乏明确的环境产品清单的基础上，就算有一个明确的比例限制，也没办法量化和制定出具体的贸易量作为“关键多数”的门槛。因此，分析关键多数问题就必须建立在有一个明确的环境产品清单的基础之上。

根据对 EGA 初始谈判的 14 个 WTO 成员的 APEC 环境产品清单的计算,[①] 这 14 个谈判方 2012 年的环境产品出口贸易量占了全球出口贸易量的 92%，也就意味着如果以 APEC 清单为准，则目前参与 EGA 谈判的 14 个 WTO 成员的环境产品出口贸易量就已经达到了 90% 的关键多数的门槛要求。

表 10　初始参与谈判的 14 个 WTO 成员方的 APEC 清单环境产品贸易量

贸易流量	世界贸易（十亿美元）		14 个成员贸易（十亿美元）		14 个成员贸易占世界贸易的比例（%）	
	2011 年	2012 年	2011 年	2012 年	2011 年	2012 年
商品贸易（包括再进口和再出口）						
总进口	489.6	474.3	395.6	375.1	80.8	79.1
总出口	513.8	502.3	480.2	467.1	93.5	93.0
总进出口	1,003.4	976.6	875.9	842.2	87.3	86.2
商品贸易（除去再进口和再出口）						
进口	476.6	458.7	382.8	359.5	80.3	78.4
出口	505.7	493.2	472.5	458.3	93.4	92.9
总贸易量	982.3	951.9	855.2	817.8	87.1	85.9

① Vossenaar, Rene *Identifying Products with Climate and Development Benefits for an Environmental Goods Agreement*, Issue Paper No. 19, International Centre for Trade and Sustainable Development, Geneva, Switzerland. p. 10.

从表 10 所示的数据可以看出，在 2011 年、2012 年，初始参与 EGA 谈判的 14 个 WTO 成员在 APEC 环境产品清单的贸易量就占据了全球贸易的 80% 以上，如果以出口计算，更是达到了 90% 以上。据此可以估计，如果“关键多数”以全球环境产品的 80% 作为门槛，则参与谈判的 14 个 WTO 成员已经满足该要求。由于未来 EGA 环境产品清单可能远远超过 APEC 环境清单产品的范围，[①] 而目前全球环境产品每年的贸易额已近 1 万亿美元（截至 2016 年 9 月），预计到 2020 年将增加至近 3 万亿美元[②]，未来的环境产品贸易数额会大量增长。因此，对于关键多数门槛的具体数值的设定，未来还存在着不确定性，目前还难以预估。

综上，《环境产品协定》的谈判各方未在 2016 年底达成一致，未来谈判仍需进行，因而还需进一步深入研究。中国作为环境产品贸易利益攸关方，应积极参与环境产品贸易自由化谈判；在谈判过程中，中国不仅应该坚持发展中成员与发达成员的差别待遇，要求给予发展中成员一定时间的过渡期逐步削减关税，并呼吁建立环境技术的转移制度；而且还应该使政府加快制度创新，制定合理的环境产业发展政策，提高企业的环境技术和环境产品的创新，并且还要引进先进的环境技术，积极推进环境产品标准的制定和认证工作。

---

① 商务部 WTO/FTA 咨询网：“WTO 冲刺环境产品协议谈判预计减免关税约 200 种”，http：//chinawto. mofcom. gov. cn/article/ap/o/201609/20160901402248. shtml，2016 年 12 月 20 日访问。

② 同上。

WTO与全球贸易治理

The Central and Peripheral Reforms of Global Trade Governance

Wang Yan *

Abstract: As the World Trade Organization fails to function effectively in a changing environment due to the power shifting of its Members, its crippled legislative function challenges its central status in global trade governance and triggers the regime shifting of international governance from multilateral fora to regional platforms. To promote the global trade governance, both central and peripheral reforms are taken by multilateral and regional trade agreements respectively. The "central" reforms are suggested to enhance WTO's efficiency in trade negotiations by engaging in the "mini-multilateral" negotiations and soft law-making, or expand its current advantage in dispute settlement by extending its dispute jurisdiction to investor-state disputes or trade disputes arising from Preferential Trade Agreements (PTAs). The current "peripheral" reforms develop two different routes, one is rule-based and is carried out by high standard PTAs, the other route is relation-based and is exampled by the "One-Belt-One-Road" Initiative as proposed by China. The high standard PTAs is reshaping the

* Wang Yan, Guangdong University of Foreign Studies.

international trade rules among major trading nations, but its success is withheld by the imbalanced construction of economic benefits and rule benefits as witnessed by the demise of TPP. The relation-based "One-Belt-One-Road" construction also receives some success in regional cooperation on infrastructure construction, trade facilitation and financial cooperation, but its sustainability is also questioned due to the lack of institutional structure and formal rules. As the peripheral reform fragments the international law, the academia proposes various ways to multilateralize the regional agreements, such as the incorporation of third country most-favored-nation clause, simplification of rules of origin, or constructing multilateral agreements through the "building blocs" of PTAs. But all of these faced political obstacles.

Key Words: Central Reform; Peripheral Reform; Global Trade Governance; Achievements and Predicaments

I. INTRODUCTION

The GATT, as established in Breton Woods conference, has always acted as an engine promoting free trade and stood in the center of global trade governance since the second World War. The establishment of the World Trade Organization is further regarded as the highest achievement of global trade governance in the multilateral fora. However, the trade negotiations led by WTO are far from successful, as they miss the major agendas set in Seattle, Cancun, and Hong Kong ministerial conference. Trade negotiations also fail to liberalize Members' markets in sensitive sectors such as agriculture and trade in service, and only receives nimble success as seen in the Bali and Nairobi conferences.

When WTO gradually loses its momentum and withdraws its influences from global trade governance, its central status is challenged by the rise of PTAs, especially by those so called Mega-PTAs or high standard PTAs. Such PTAs used to exert peripheral influence in global trade governance, but attract more and more attention now. Even though the Trans-Pacific Partnership Agreement (TPP) is actually dead after US' withdrawal, the negotiation of Trans-Atlantic Trade and Investment Agreement (TTIP) is also bleak due to the incompatible rules discrepancies between the two giants. The other high standard PTAs such as US-Korea FTA, EU – Korea FTA are in force and the Comprehensive Economic and Trade Agreement (CETA) between EU and Canada also temporarily survived after its recalibration.

To keep global trade governance working, both the WTO and PTAs are undergoing reforms. The WTO needs to re-establish its erstwhile position, which is not at the center, but near the center of world commerce,[①] sharing power and responsibility with PTAs in their respective spheres of influence.[②] The peripheral reforms led by the high standard PTAs are taking steps forward in updating international trade rules. Apart from these rule-based reforms, the diversity of international society also shows us another way of reform, which is experimented by China through its "One-Belt-One-Road" Initiative. The "One-Belt-One-Road" Initiative is far from rule-based, shares little commonality with the high standard PTAs as initiated by the western countries, and also receives global attention as well as showing great potential of revitalizing international trade and investments in Asia. Such regional cooperation contributes to the peripheral reforms of global trade and investment law and provides us with a new angle of

① Gary Clyde Hufbauer, *How will TPP and TTIP Change the WTO System?* Journal of International Economic Law, Vol. 18, 2015, p. 680.

② Mitsuo Matsushita, *A View on Future Roles of The WTO: Should There Be More Soft Law in The WTO?* Journal of International Economic Law, Vol. 17, 2014, p. 705.

observing and analyzing the effectiveness of regional trade cooperation.

Hence, the future global trade governance will progress with the co-influence of the central and peripheral reforms hosted by the WTO, PTAs or other innovative regional cooperative platforms. But it should not be taken for granted that these central or peripheral reforms will definitely succeed. The various inspiring suggestions proposed by academia and Members to reform the WTO are either less effective as expected or unworkable. Meanwhile, the success of Mega-PTAs in reshaping the international trade and investment rules is rolling back after the US withdraws from TPP. The sustainability of the "One-Belt-One-Road" Initiative is also challenged by its lack of institutional structure and formal rules. To make an objective evaluation of the central and peripheral reforms, it is necessary to discuss the reasons that trigger the central and peripheral reforms first, then analyze different routes that are taken or proposed to be taken through multilateral and regional forums, commenting on their success, and the obstacles that depress the continuance of those reforms.

The paper is organized in six parts. After a general introduction of multilateral and regional reform of trade governance in Part 1, Part 2 analyzes the factors that cripple WTO's core function of treaty negotiation and lead to the proliferation of PTAs and the development of China's "One-Belt-One-Road" Initiative. Then Part 3 discusses the central reforms that have been taken up or could be taken up by the WTO and evaluates the feasibility of those reforms and their effectiveness in curing WTO's deficiency. To embark on the peripheral reforms, two different routes are differentiated in Part 4 and Part 5. One is a rule-based route led by US and EU's high standard PTAs, and the other one is relation-based or policy-based route led by China in its initialization of One-Belt-One-Road's construction. In Part 4, the paper evaluates the success as received by high standard PTAs in reshaping or complementing the multilateral trade rules, and discusses the rolling back phenomenon of these Mega-PTAs caused by the imbalanced construction of economic benefits and rule benefits. Part 5 then turns to the relation-based or the policy-based " One-Belt-One-Road" construction, probing the reasons why such a reform has been taken up by China, and its achievements in promoting regional trade and investment cooperation that could not be reached by rule-based PTAs. The sustainability of such a relation-based route and its potential risks due to the insufficient institutional structure are also discussed in Part 5 as well.

After the evaluation of both central reforms and peripheral reforms, Part 6 faces the problems of fragmentation of international trade law due to the proliferation of PTAs. The peripheral reform led by the high standard PTAs has produced a side effect, that is, dragging Members' resources from multilateral negotiations to PTAs negotiation. Hence, finding ways of multilaterlizing regionalism is also indispensable as it is a part of the reformation of international trade law.

By discussing the three routes of " multilateralizing regionalism" that are developed in theory and practice, Part 6 probes the question of whether an incorporation of third country MFN clauses or simplification of rules of origin in the PTAs could share the fruitions of peripheral reforms with the outsiders in a large scale, or whether the multilateral agreements could finally be built up through the blocs of PTAs, hence the fragmented international law could be effectively stitched up. Finally, the paper makes a concise conclusion in its conclusive remarks.

Ⅱ. FACORS DE-CENTRALIZING THE WORLD TRADE ORGANIZATION'S STATUS IN GLOBAL TRADE GOVERNANCE AND TREATY NEGOTIATION

The global trade governance of GATT or WTO has always been applauded by the Members for its key features of "multilateralism", "free trade" and "non-discrimination" since 1947. However, a half century later, even after WTO's multilateral institutional framework surviving potential collapse, it has lost its viability and driving force that could push the Members to further liberalize their trade and investment more comprehensively. What have changed WTO's vitality and crippled its treaty negotiation function?

The most significant factor exhausting the driving forces of the WTO is the shift of the power among WTO's Members. Before the Uruguay Round, the power of trade governance was assumed by the QUAD as led by US, and followed by EU, Canada, and Japan. The multilateral trade negotiations were actually concessions among the QUAD and their trade affiliated countries. At the end of the 20th century, the influences of QUAD declined when they were fully occupied by overseas wars, economic downturns, and the Euro crisis.① The QUAD's global trade shares had been significantly taken up by emerging economies such as China, Brazil and India, so in the following multilateral trade negotiations, the bargain between the QUAD and the emerging economics became intense. The decline of the original big powers and the rise of newly emerging economics gives rise to new clashes and divisions and makes consent-based solutions harder,② especially in a situation where WTO's Membership rises from 23 to 164, among which two thirds are developing countries. The developing countries learn to align together in their discourse with the north, forming the

---

① The US were trapped by the Iraq War and Afghanistan war, EU was busy with the Euro crisis, and Japan was replaced by China as the second biggest economy. See Mitsuo Matsushita, *supra* n. 2, at 701.

② Joost Pauwelyn, *The End of Differential Treatment for Developing Countries? Lessons from the Trade and Climate Change Regimes*, Review of European, Comparative and International Environmental Law, Vol. 22, 2012, p. 29.

counter-power contesting the rules once set by the big powers.[①] The shift of power and significant increase of developing countries' membership intensify the disparities and contestation in negotiations between the developed countries and the emerging economics in the Doha Round.

Apart from the power shift, the reconstruction of global value chain and international trade also entraps the trade negotiations of the WTO. The offshore sourcing and trading of semi-finished products require comprehensive integration of the value chain among the trading nations, producing the needs of multilateral law-making in investment, trade in service, intellectual property, rules of origin, competition, etc. Hence, the negotiation agendas in the Doha Round are far more complex than former rounds. With the increased flow of international trade and investment, Members' status in international value chain also change. The developed countries lose their comparative advantage in manufacturing industries but are reimbursed by the high yields deriving from the foreign direct investment, trade in service and technology transfer. Therefore, liberalizing developing countries' market of trade in service and investment, strengthening overseas intellectual property protection and competition rules, labor and environment protection standards, clearly become the mandates of new treaty negotiation in pushing the reform of global trade governance. The north-south tension becomes more and more acute in facing such complex negotiation agendas when the traditional QUAD could no longer control the negotiations and coerces or persuades the developing countries to accept the proposals put on the table.

The next major factor that changes global trade governance is the

① Mitsuo Matsushita, *Japanese Policies Toward East Asia Free Trade Agreements: Policy and Legal Perspectives*, in Russ Buckley et al. eds., *Challenges to Multilateral Trade: The Impact of Bilateral, Preferential and Regional Agreements*, The Netherlands: Kluwer Law International, 2008, p. 41.

development of information technology. The General Agreement in Service Trade (GATS) became obsolete just a few years after its conclusion due to the rapid development of information technology. In the 21st century, free data flow is indispensable for the development of electronic commerce and transboundary trade in service, which makes data a new production factor apart from the raw material, land, labor and capital. Shortly after the *International Technology Product Agreement* took effected in 1997, the developed countries intended to renew the GATS by negotiating the so called GATS 2000 to reap the benefits of fast development of information technology. However, the North-South divide, in their control of information technologies and the concerns of national security, and consumer privacy, block their consensus on the issue, but the negotiation on free data flow continues to be the core issue in the negotiation of *Trade in Service Agreement* (*TISA*).

Facing the challenges caused by the power shift, change of trade modes, and development of information technology, the WTO's institutional structure remains unchanged, failing to adapt to new economic and societal needs of the new era. The decision-making rule of consensus becomes the biggest stumbling block in the negotiation of new treaties or amendment of old ones, although it should be admitted that the consensus is successful in attracting newly independent countries to join in the multilateral institution, and allowing them to participate passively when the QUAD had the capability of controlling the trade negotiations. However, when the situation changes in the Doha Round, the consensus in the decision-making procedure allows each Member to have the veto power to block the negotiation that could dramatically cripple the law-making function of the WTO.①

① Zhipeng He, *Evaluation on Rule by International Economic Law and Response*: *China's Response to TPP*, Contemporary Law Science, Vol. 30, 2016, p. 47.

The traditional "offer" and "request" process in negotiations is also going nowhere in the Doha Round. Such process fits the bargain of "market access issues", such as tariff cutting for the merchandized goods, market assess of investment and services sectors, but it's not very helpful in negotiating the "rules integration issues" or "trade regulation issues"① such as intellectual property protection, competition policies, labor and environment rules, as it is difficult to quantify the costs and benefits accruing from the regulation on such issues. Hence, when the developed countries try to export their domestic rules to the less developed countries, but fail to cut their agriculture subsidies and tariffs to reimburse the developing countries for the direct and inherent costs and risks of rules integration, the developing countries' grievance piles up and refuses to cooperate with their northern partners.

Apart from the consensus requirement and request-offer bargain, the WTO's government-driven nature is also criticized by the civil society for its lack of democracy and transparency, giving pitiful respects to the voices of civil society and showing little sympathy to the non-trade values. Since last century, the interpretation of democracy has evolved dramatically in responding to the requests of more inputs in the rule-making of international law by the non-government organizations and transnational corporations. Today, it is declared that legitimate authority and *opinio juris* in the 21st century no longer just derives from diplomatic *fiat*, but from consent of citizens, their democratic representatives, and from progressive clarification of "principles of justice" by impartial and independent courts of justice limiting intergovernmental power politics.② Hence, the concept

① Thomas Cottier, *The Common Law of International Trade and the Future of the World Trade Organization*, Journal of International Economic Law Vol. 18, 2015, p. 13, mentioning that the core of WTO's decision-making has been shifted from market access to trade regulation.

② Ernst-Ulrich Petersmann, *Multilevel Governance Problems of the World Trading System*, J Int Economic Law, Vol. 17, No. 22, 2014. p. 233.

of " thick stakeholders consensus " is proposed to reshape the multilateral and regional trade governance. As put by Joost Pauwelyn, the traditional democracy of allowing the consensus of governments joining in the trade negotiation relies on "thin state consent", only producing thin validation and democracy, while the decision-making process allows experts, intellectuals and stakeholders to influence the decision, which is known as " thick stakeholders consensus". ① In pursuing such "thick stakeholders consensus", the civil society demands more participation in the trade negotiations of the WTO, but the current government-driven WTO couldn't accommodate such demands without institutional reforms.

In a word, as the multilateral governance led by the WTO fails to adapt itself to the power shift of the international society, and faces with the recent developments in international trade and information technology, it loses its momentum in pushing the frontier of free trade further. The US and EU responds promptly by distributing more resources in the negotiations of PTAs outside the WTO. It is then followed by Asian countries and emerging economies in their competition for the geo-political alliance. Apart from the rule-based PTAs, a new route of regional cooperation is also developed by China to enhance its power of discourse in the rule-making of international trade law through the proposal of One-Belt-One-Road's development and construction. Apparently the future of global trade governance will largely depend on the effectiveness of these reforms led by the WTO, PTAs, and other flexible regional platforms in suiting the economic and societal needs of 21st century.

---

① Joost Pauwelyn, *When Structures Become Shackles: Stagnation and Dynamics in International Lawmaking*, European Journal of International Law, Vol. 25, 2014, pp. 735 – 742.

Ⅲ. THE CENTRAL REFORM OF TRADE GOVERNANCE LED BY THE WTO

The rigid and stagnant institutional structure of the WTO prevents it from making further trade liberalizations. To save it from the half death dilemma, the academia and Members propose different ways to enhance its efficiency in decision-making or expand its current advantages in dispute settlement.

A. The "Mini-multilateral" Negotiations in Enhancing the Decision-making Efficiency

The plurilateral negotiation, or the *la carte* approach①, was once popular in the Tokyo Round but was criticized for its lack of collaboration, running counter to the spirt of the multilateralism. So in the Uruguay round, the plurilaterism was successfully suppressed by the single-taking requirement, which was regarded as a victory of multilateralism. However, the trade negotiations in this century consistently let the Members down, and reforms to this rigid decision-making process are proclaimed by more and more scholars. Some propose to give up the single undertaking requirement and allow the Members to pick up the treaties as they wished, hence encouraging variable geometry which embodies the Members' different priorities in setting their trade policies through plurilateral agreements and PTAs. ②Other voices suggest the WTO should adopt the weighted voting rule as

---

① Bernard M. Hoekman, *WTO '≠ la carte' or 'menu du jour'? Assessing the Case for More Plurilateral Agreements*, Eur J Int Law, Vol. 26, No. 2, 2015, p. 319.

② Leal-Arcas, *The Fragmentation of International Trade Law: Is Now the Time for Variable Geometry*, Journal of World Investment and Trade, Vol. 12, 2011, p. 177.

the IMF.[①] Although negotiating plurilateral agreements instead of multilateral agreements or adopting weighted voting rules could make up the inefficiency of WTO's decision-making, but these reforms deviate too much from WTO's current institutional structure and the ideology of multilateralism as worshiped by developing countries. Instead, the "critical mass approach", as proposed by the Warwick Commission, could bridge certain elements of viable geometry with the principle of consensus, and is adopted by the WTO in the adaptation to current trends of international trade, building up new and flexible multilateral cooperative networks.[②] We refer to this "critical mass" approach as the "mini-multilateral" negotiation in this paper as it could achieve a multilateral agreement with concessions by only a group of Members.

The *Information Technology Agreement* and the *Agreement on Basic Telecommunications* are founded on such approach. In 1996, 29 Members signed the draft of *Technology Information Agreement* in the Singapore Ministerial conference and submitted the draft for other Members to ratify. Later, the agreement was ratified by over 40 Members with the assistance of global trade flows of computer appliances and computer services, meeting the requirement of "critical mass". The agreement later became a covered agreement of WTO on April 1 of 1997. The *Agreement on Basic Telecommunications* followed suit. In 1998, 69 Members ratifying the Agreement with trade flows in the sector of basic telecommunications reached 90%, also satisfying the requirement of "critical mass", and finally the agreement became the fourth protocol of GATS. Both the *Technology Information Agreement* and the *Agreement on Basic Telecommunications*

---

① Jingdong Liu, *The Future of WTO: Rethinking of WTO's Reform*, Law Magazine, Vol. 4, 2013, p. 95.

② Slaughter, Anne-Marie, *A New World Order*, Princeton: Princeton University Press, 2004, p. 2.

adopt " mini-multialteral " decision-making processes, by which the parties negotiate and make concessions on a plurilateral basis, but confer the benefits to all the Members in accordance with unconditional MFN treatment ,[①] thereby persuading the others to accept the deal and adding new multilateral agreements to the WTO scheme.

The idea of negotiating "mini-multilateral" agreements by the "critical mass" approach derives from the theory of " minilateralism " as proposed by the economist Moises Naims, who advocates to simplify the decision-making of treaty negotiation within the smallest number of countries that could solve the issues most effectively.[②] As WTO's membership rise to 164, either consensus or two thirds majority is burdensome for any new treaty negotiation and could incur tremendous costs and uncertainties. Minilateralism, requiring a small group of countries to make concessions but conferring the benefits to all, can enhance the efficiency of Members' decision-making by avoiding Pareto sanction as causes by consensus,[③] by which an agreement will only be reached when participants are convinced that the agreement does not hurt them so no one is worse off, although some are better off.[④] The " mini-multilateral " negotiations, as supported by minilateralism, enables a multi-speed WTO.[⑤] Some issues could take the fast track route if the "critical mass" Members have been ready for the move, leaving other issues to take the slow track in the multilateral negotiations. In addition, 90% is deemed to be the

① The MFN treatment also applies to the Agreement on Basic Tele-communications, although the Members could make MFN exemptions.

② Moises Naim, *Minilateralism: The Magic Number to get Real International Action*, Foreign Policy Magazine, July/Aug, 2009.

③ Bernard M. Hoekman, *supra* n. 10, at 319.

④ Ibid.

⑤ The Warwick Commission, *The Multilateral Trade Regime: Which Way Forward?* The Report of the First Warwick Commission, University of Warwick, 2007. Leal-Arcas, *supra* n. 11, at 177.

magic number[①] that could make the most efficient trade governance among the Members.

The "mini-multilateral" negotiation has the potential to speed up the WTO's decision-making process, hence it was proposed to be adopted in the negotiations of *Trade in Service Agreement and Investment Framework Agreement*.[②] The question then becomes: Can we count on this "critical mass" approach or the "mini-multilateral negotiation" to revitalize WTO's treaty negotiation function? Although the "mini-multilateral" negotiation relieves the burden of WTO's decision-making, but it also has its limits. In negotiating a markets access issue, Members' trade flows could be easily quantified to see if the "critical mass" requirement has been met, but in negotiating the rules integration issues such as the competition policy, it will be difficult to quantify the trade flows as influenced. As such, is 90% really the magic number that reaches the Pareto efficiency in balancing the Members' participation and the efficiency of their decision-making? Doubtfully not. 90% is rather a high benchmark to be accomplished in many negotiations. To receive supports from the Members of "critical mass", the negotiating issues should be carefully chosen to avoid those with sporadically distributed trade flows. The success and the achievement of *Technology Information Agreement* is due to the high concentration of the trade flows relating to computer services and computer appliances, which gives US

① Stephen Joseph Powell and Trisha Low, *Is WTO Quietly Faded Away? The New Regionalism and Global Trade Rules*, Georgetown Journal of Law and Public Policy Vol. 9, 2011, p. 265.

② Gary Clyde Hufbauer, Bradford J. Jensen and Sherry Stephenson, "Framework for International Service Agreement", Peterson Institute for International Economics, Number PB 12 - 10, April 2012, https://piie.com/publications/policy-briefs/framework-international-services-agreement. (last visited on May 20, 2016).

sufficient incentives to propose the negotiation and seek support from other trade alliances,① the 28 parties negotiating the *Government Procurement Agreement* only covers 50% of the trade flows in the sector of government procurement, making it finally a plurilateral agreement. The "mini-multilateral" negotiation also raises the concerns of fairness in trade negotiations. As compared to the conventional multilateral negotiation, variable geometry would give preference to certain issues above others, and thus would respond to the interests of selective WTO members.②

If the negotiation of *Trade in Service Agreement* undertakes the "critical mass" approach, the absence of BRICS in the current negotiation, indicates that it will be difficult to obtain the approval of critical mass as the service trade flows of the BRICS amount to 12% in total, among which China and India hold 8% together.③ The negotiation of the *Investment Framework Agreement* in the following years will face the same dilemma if it takes the fast track of "mini-multilateral" negotiation, as China is the third largest investment importing and exporting country in the world, if it is kept outside of the negotiation, it will be impossible to obtain approval from critical mass; but if it is invited, the leading developed countries might be unhappy as China holds significant bargain power and wishes to exert more power of discourse than ever.

Thus, if the magic number of the "critical mass" is not as high as 90%, more "mini-multilateral" agreements will be adopted, and could truly save WTO's treaty negotiation function. So, why can't critical mass be sufficed by a substantial coverage of trade flows in question to reap more benefits of "mini-

① As the IBM held dominant market shares in trade in computer services and computer appliance, it lobbied its home country to lunch the negation of Information Technology Agreement.

② Leal-Arcas, *supra* n. 11, at 177.

③ Gary Clyde Hufbauer, Bradford J. Jensen and Sherry Stephenson, *supra* n. 20, at 12.

multilateral" negotiation, but stay at 90%? There may be no substantiated evidence proving the perfect Pareto state of minilateralism should be 90%, but it is safer for the "critical mass" to stay at 90% by preventing emerging economies' to freeride the benefits of any new agreements adopted, therefore Pareto efficiency is not necessarily sufficient to persuade the developed countries dominating the negotiations to lower down the critical mass requirement.

B. More Soft Law-making to Break the Shackles of Formal Legislation

The mandates of multilateral trade negotiations led by the WTO are making formal laws such as treaties, and there is little room for soft law-making. However, the formal legislative structure of the WTO has become the shackles preventing the adoption of new rules in international trade,① which not only blocks the new agreements on substantive issues, but also fails to push the reform of procedure issues such as dispute resolution. It is suggested that the WTO should be more attentive to the informal law-making and learn from the experience of other economic cooperative platforms in forming cooperation through soft laws. One example of this is the Santiago Principles, as proposed by the IMF in developing the best practice of management of the sovereign funds, which are adopted by more and more sovereign funds of developed and developing countries voluntarily. The International Competition Network advocated by US also functions well in coordinating the competition rules among 120 countries by making model laws and principles. The success of soft law derived from its

① Joost Pauwelyn, *supra* n. 9.

informality, flexibility, and *esprit de corp*,① might remedy the deficiencies of formal law-making in international law as they are persuasive in adducing countries' voluntary efforts even while having no teeth to bite.

On June 22 of 2016, Canada suggested to amend the dispute resolution rules of the WTO through the soft lawmaking approach by adopting the "Informal Procedure Innovation Framework Agreement" voluntarily. Although the dispute settlement mechanism is regarded as the crown jewel of WTO, its confidentiality, close nature, and exclusiveness to third party and NGOs, run counter to the idea of "thick stakeholder consensus", hence are criticized by some Members and the civil society. The "Informal Procedure Innovation Framework Agreement" as proposed by Canada could make the dispute resolution procedure more open and more responsive to outsiders. Canada also suggested that the dispute settlement body apply the "Informal Procedure Innovation Framework Agreement" to those Members signing the Agreement after exchange of the opinions, or in an *ad hoc* basis upon disputing Members' approval of application in certain dispute.②

As the "Informal Procedure Innovation Framework Agreement" is not a treaty, no formal ratification is needed for the Members to adopt it, therefore the Dispute Settlement Understanding (DSU) does not need to be amended. If it is workable, the procedure of a specific dispute may be more open and public. Such soft law-making also offers a kind of variable geometry to the Members, especially in dealing with the rules integration issues as not all Members are ready for further integration of domestic laws on intellectual property protection, technology standards, competition rules, etc. For these issues, the significant

---

① Mitsuo Matsushita, *supra* n. 2, at 721; Eleanor M. *Fox*, *Linked-In*: *Antitrust and the Virtues of a Virtual Network*, The International Lawyer, Vol. 43, 2009, pp. 151 - 174.

② Canada Proposes Voluntary, Modular Approach to Streamlining DSB, http: //insidetrade. com/content/canada-proposes-voluntary-modular-approach-streamlining-dsb. (last visited on June 30, 2016)

north-south discrepancies have made a consensus, albeit the "critical mass" approach being impossible, the soft law approach might be more workable for the Members to update their trade rules gradually from a bottom up approach. However, the soft law approach is less helpful in liberalizing market access issues, as it might not incentivize Members to open their markets voluntarily if no benefits are given back, especially in the case where no measure is taken to avoid the free ride by outsiders. Lack of enforceability is another shortcoming of these soft rules, as disobedience of the rules cannot be resorted to the dispute settlement as the soft laws are not covered agreements of WTO.

C. The Expansion of WTO's Dispute Settlement Mechanism

Both the "mini-multilateral" negotiation and the soft law approach try to reform the inefficient decision-making of WTO. The other direction of reforming WTO is to expand its current institutional advantage to maintain its status in the "center" of global trade governance. Hence, it is proposed to re-orientate the WTO as a world trade court instead of a trade negation forum. ①

First, it is advocated to extend WTO's jurisdiction to the trade disputes arising from PTAs, thereby to foster the common law of international trade and coherence. ② The regional trade agreements are much more effective in liberalizing the trade rules among its enclosed members than the multilateral trade agreements, but dispute settlement under most PTAs is still weak or absent as no legal and procedural machine and expertise comparable to the WTO can be built under agreements which rarely produce litigation and thus are limited to *ad hoc*

---

① Thomas Cottier, *supra* n. 7, at 16.

② Ibid, at 9.

arbitration.[1] Besides, there would be a waste of judiciary resource when the same dispute are trialed by parallel judicial proceedings. As shown by the *Brazil Retreated Tyres*, the measures adopted by Brazil to execute the arbitration report made by the MERCOSUR panel was later found void by the appellate body of the WTO as it was not justified by the Chapeau of Article 20 from the GATT.[2] If the dispute settlement mechanism of the WTO could be extended to the trade disputes arising from PTAs, it might avoid the double cost of dispute settlement caused by parallel proceedings and ease the contestation between the PTA's dispute settlement and the WTO's dispute settlement, offering reliable and valid suggestions to Members in making their domestic rules and measures to conform with the regional and multilateral trade agreements. Such a suggestion appears to be workable, as authorized by Article 25 of DSU, the Members could submit their disputes to the WTO for arbitration but two legal issues remain unsolved if WTO's arbitration panel accepts the case. One is whether the relevant PTA should be reviewed to see if it is indeed a qualified PTA meeting the requirements of Article 24 of GATT or Article 5 of GATS, as the prerequisite of such jurisdiction is that the disputed PTA is a valid PTA under the WTO. The other issue is how to enforce the arbitration report, as WTO's jurisdiction on arbitration is not compulsory, especially concerning the implementation of the arbitration reports, authorization by all the Members in accordance with Article 21 and 22 of the DSU is required.[3]

There are also some other suggestions contemplating the possibility of extending the dispute jurisdiction of WTO to the investor-state disputes.[4] WTO's

---

① Thomas Cottier, *supra* n. 7, at 16.

② Brazil-Measures Affecting Imports of Retreated Tyres, WT/DS332/AB/R, 2007.

③ Thomas Cottier, *supra* n. 7, at 13.

④ Gary Clyde Hufbauer, *supra* n. 1, at 680.

dispute settlement mechanism only applies to the trade disputes right now, and the investor-state dispute settlement mechanism has been developed since 1960s on the commercial arbitration rules. However, the offshore manufacturing practice of transnational corporations has blurred investment disputes with the trade disputes. The conventional trade dispute settlement mechanism does not touch on the issue of parallel proceedings of the trade disputes and investment disputes, allowing the transnational corporations to resort to different dispute mechanisms on the same issue, producing more legal blackholes in international law.① In *Mexico-Soft Drinks*, the American enterprises not only successfully lobbied her home country to bring a trade dispute under WTO, but also brought an investor-state dispute to ICSID to question the tax imposed by the Mexican government on DHS.② The adoption of the *Tobacco Plain Package Act* and revision of the *Trade Mark Act* in Australia also forced Australia to defend herself before the dispute settlement body of WTO and an *ad hoc* arbitration panel after both a trade dispute and investor-state dispute were brought against her by the giant tobacco corporations.③ The disparate routes taken by trade disputes and investor-state disputes despairs the efficiency, suboptimal compliance, coherence, and equality of the rule of

① International Law Commission, *Fragmentation of International Law: Difficulties Arising from the Diversification and Expansion of International Law*, p. 253, 2006, U. N. Doc A/CN. 4/L. 682, 58th Sess.

② Appellate Body Report, Mexico-Tax Measures on Soft Drinks and Other Beverages, WT/DS 308/AB/R, 2006; Corn Products International, Inc. v. United Mexican States, ICSID Case No. ARB (AF)/04/1, Notice of Arbitration, para. 73 (Oct. 21, 2003).

③ Australia-Certain Measures Concerning Trademarks and Other Plain Packaging Requirements Applicable to Tobacco Products and Packaging, WT/DS434, WT/DS435, WT/DS441, WT/DS458, WT/DS467; Philip Morris Asia Limited v. The commonwealth of Australia, UNCITRAL, PCA case No. 2012-12 (2011).

international law.① Right now, the rules of investor-state dispute settlement are under reform, and EU proposes to establish a multilateral investment court in CETA with Canada and its free trade agreement with Vietnam. If such a multilateral investment court could be set up by WTO, the possibility of investors' abuse of judicial resources could be reduced and WTO's influence could be extended to other spheres, which might also be beneficial in accelerating the negotiations of the *Investment Framework Agreement.*

The legitimacy and effectiveness of the dispute settlement by the WTO receives the same respects as the permanent court of justice and domestic supreme court.② But if WTO's jurisdiction is expanding as proposed, the amendments of DSU are necessary, then such innovative reforms will also be trapped by the consensus requirement of the WTO. Besides, the former reform is contrary to US's intention of establishing regional trade courts or panels that could better take care of her interest,③ and the latter reform intends to replace the fully fledged ISDS by WTO's dispute settlement, which will also be rejected by the inventors and beneficiaries of the ISDS rules such as the US and EU.

Ⅳ. THE PERIPHERAL REFORM BY RULE-BASED PTAS

As the prospect of central reform is glooming, both the developed countries and newly emerging economies place more resources on the peripheral reforms by

---

① Sergio Puig, *supra* n. 27, at 16; Susan D. Franck, The Legitimacy Crisis in Investment Treaty Arbitration: Privatizing Public International Law Through Inconsistent Decisions, Fordham L. Rev., Vol. 3, 2005, pp. 1521&1559 – 1568. Vaughan Lowe, *Overlapping Jurisdiction in International Tribunals*, AUSTL. Y. B. INT'L L., Vol. 20, 1999, p. 191.

② Thomas Cottier, *supra* n. 7, at 13.

③ Bipartisan Trade Promotion Authority Act of 2002, 19 U. S. C. S 3801 – 3802 (Supp. II-2000).

signing high standard PTAs to reshape the trade rules and develop other routes of regional economic cooperation. Two distinct routes have been adopted by western and eastern countries. One is rule-based, resulting in the formation of Mega FTAs or inter-regional high standard PTAs such as the TPP and CETA, the other one is relation-based or policy-based such as the " One-Belt-One Road " construction as proposed by China. The following discussion first analyzes the rule-based PTAs that concluded in this century to see what reforms have been taken and whether they are effective. The next Part then discusses the relation-based "One-Belt-One-Road" initiative and identifies its strength and weakness in regional economic cooperation.

Among all the high standard PTAs, the TPP, although it is almost dead now, offers valuable experience in regional trade rules reform. The conclusion of the Agreement in October of 2015 once shocked the world, leading scholars to believe that the world trade rules would be comprehensively amended① and the WTO could be put in its commercial shade. ② The CETA concluded between the EU and Canada in 2016, which also marks the highest achievement of EU's efforts in leading and reshaping the international trade rules.

A. Achievements of PTAs in Amending and Reshaping Multilateral Trade Rules

The high standard PTAs such as TPP and CETA effectively responds to the newly emerging needs of international trade, hence complemented the multilateral trading system by making breakthroughs and breaking the deadlock in negotiating

---

① Naigen Zhang, *the Reconstruction of International Economic and Trade Rules under the ' One-Belt-One-Road' Initiative*, Law Science, Vol. 5, 2016, p. 680.

② Gary Clyde Hufbauer, *supra* n. 1, at 680.

new rules, and established the new high land for trade liberalization. [1]

The most direct result of the peripheral reform led by the high standard PTAs is more and more unconventional trade issues covered by the PTAs. It is getting increasingly blurring between what is or what isn't a trade issue as the Mega-PTAs extend its boundaries to the domestic domains which are previously not covered by the PTAs. Trade governance is no longer just coping with the discriminatory measures taken alongside the border, but also responding to the pre-entry and post-entry issues. The nowadays trade negotiation in a PTA covers issues like trade in merchandise goods, trade in service, investment, intellectual property, government procurement, competition and anti-bribery, among which many of the issues are even not trade relevant. Henrik Horn, Petros Mavroidis and Andrè Sapir once conducted research on the subject matter signed by the two main hubs (the EU and the US) between 1992 and 2008, finding that over 50 areas are subject to provisions in one or more PTAs. [2] And many new areas are included to respond to the new economic and societal needs. For example, the PTA led by US set a new chapter for electronic commerce to shelf its dispute with EU on whether e-commerce should be in the domain of trade in goods or trade in service. Such chapter is later found in EU's PTAs, and these rules, together with rules of financial service and basic telecommunication, responding to the needs of economic cooperation in the information age. The in-depth integration of value chain requires simplification of administrative procedures in trade regulation and enhancement of fairness and transparence of administrative procedure through rules of anti-corruption, transparence, digitalized administration measures, and judicial review of disputed administrative measures. Such new areas blur the

---

① Zhipeng He, *supra* n. 6, at 48.

② Horn, Mavroidis and Sapir, *Beyond the WTO: An Anatomy of the EU and US Preferential Trade Agreements*, The World Economy, Vol. 33, p. 1565, at 1570ff (2010).

boundaries of international trade law and international administrative law, and make more effective regulation on non-tariff barriers.

The update of market access issues of investment and trade in service and rule integration issues such as intellectual property, competition, environment and labor issues were both successful, especially as compared to the multilateral trade negotiations. The market access of trade in service in the newly concluded Mega-PTAs far exceeds Members' commitments in negotiating GATS 2000. The intellectual property protection of the PTAs never stand still upon the minimum standard as required by the TRIPS. They kept pushing the coverage of intellectual property protection and pushing the boundaries to reach TRIPS Ⅱ standard.① The Singapore issues such as government procurement and competition policy, as dropped by the WTO in the Doha Round, have also reached consensus in many high standard PTAs, thus provide a basis for the negotiation of TISA.

Furthermore, the Mega-PTAs also reshape our conceptions on the regulation of non-tariff barriers. Beyond the anti-discrimination governance, the high standard PTAs set up the best practice for the central and local governments and the enterprises, and provide effective measures targeting at Parties weakness in enforcing trade rules.② The regulation on east Asian countries' commercial fishery of marine mammals, consumption of shark fins and Malaysia's' minimum age of child labor in TPP are such examples. The pre-entry governance through negative lists and pre-establishment national treatment further liberalize Members' trade in services and investment. The regulatory cooperation, uniform technology standards, rule integration on intellectual property protection and competition

---

① Graeme B. Dinwoodie, *The International Intellectual Property Law System: New Actors, New Institutions, New Sources*, American Society International Law Prospect Vol. 28, 2004, p. 213.

② Yan Wang, *The Rule-based and Policy-based Modes in Regional Economic and Trade Governance*, Law and Business Review, Vol. 2, 2016, p. 163.

rules, help to harmonize various domestic laws so as to reduce the trade costs and uncertainties caused by the behind the border barriers.

And lastly, stakeholders' participation in negotiating and enforcing PTAs are more welcomed than ever before, therefore suiting civil society's needs better, and develops more open, competitive, and market-orientated trade cooperative structure.① As pushed by the MNCs and NGOs, the ideology of "thick stakeholder consensus" grows quickly in the PTAs, and influences the developing countries inherently. The environmental attachment of the NAAEC to the NAFTA establishes citizens' rights of reporting government's environmental law, breaching measures to the JAPC.② The following PTAs led by the developed countries inherit citizens' rights of participation, especially in areas of environment, labor and regulatory cooperation. Many Members are required to inform the stakeholders, including the foreign investors and traders, and allow the stakeholders to express their concerns and opinions in the decision-making process, before the technology standards are made.③ The participation and transparence of the investor-state dispute settlement mechanism are also improved in the PTAs.④

---

① Bjorn Hettne and Andrds Inotai, *The New Regionalism: Implications for Global Development and International Security*, United Nation University World Institute for Development, 1994, at 2, http://www.wider.unu.edu/publications/working-papers/previous/enGB/rfa-14; (last visited on May 20, 2015) Robert Devlin and Antoni Estevadeordal, *What's New in the New Regionalism of the Americas?* Inter-American Development Bank, Working Paper, No. 6, 2001, p. 21, http://idbdocs.iadb.org/wsdocs/getdocument.aspx? docnum = 35309686.

② The JAPC itself was composed by 3 to 15 citizens, and they have advisory right to Parties' environmental law breaching measures. The JAPC could accept the submissions from any citizen and NGO. If the JAPC believed the submission is substantiated, it could transfer the submission to the Secretary of the NAFTA.

③ Trans-Pacific Partnership Agreement, Article 25, https://ustr.gov/tpp/# text. Comprehensive Economic and Trade Agreement, Article 21, http://ec.europa.eu/trade/policy/in-focus/ceta/. (last visited on Sept. 20, 2016)

④ Trans-Pacific Partnership Agreement, Article 9.

B. The Consistency of the Rule-based Peripheral Reform as Guaranteed by Competitive Liberalization

Even though the recent PTAs have been successful in reforming the international trade rules by covering more trade related issues, regulating the trade barriers more effectively, and providing more room for the citizens to participate, but could these reforms be consistent with each other as different PTAs might have very different rules?

The development and evolution of the PTAs shows its tendency of being more open and liberalized, and developing countries' tendency of adopting more sophisticate rules mirroring PTA models from the developed countries. Such tendency could be explained by the export of legal norms from the developed countries to their developing partners via PTAs, the spread of western legal culture in the ebbs of globalization, etc. Among all the factors, the competitive liberalization as generated by high standard PTAs exerts most significant influence in allowing developing countries to copy the sophistic structure and clearly defined rules prevalent in the US or EU's PTAs.

The "NAFTA's contamination" offers us a good example to analyze the effects of competitive liberalization. The Agreement was proposed to be ratified by its three Members while the negotiation of Uruguay Round was struck as the EC intended to withdraw from the negotiation. The negotiation and ratification of NAFTA by three Members showed a practical north-south cooperative framework to EU and the developing Members, with integrated rules governing trade in goods, trade in services, and intellectual property in one single package. The EC returned the negotiation and the Uruguay Round finally succeeded.① This competitive

① Taylor C. O'Neal, *Of Free Trade Agreements and Models*, Indiana International and Comparative Law Review, Vol. 19, 2009, pp. 571 – 572.

liberalization effect inspired US trade representative Zoelick and has been adopted as a strategy in US's negotiation of PTAs with other countries ever since. ①

The competitive liberalization of NAFTAproduced further percussions in the formation of similar PTAs in central America, Europe and Asia. After NAFTA's conclusion, the huge trade benefits as received by Mexico, made central American countries felt lost when their export to US stayed flat in the following ten years, which pushed them to accept US trade rules by signing a similar PTA with the US in 2003. ② The Agreement also influenced the the trade flows in Europe. The trade flow between the EU and Mexico dropped to 6.5% in 1994 from 10.6% in 1991, hence the EU-Mexico PTA was put on agenda and adopted to combat with such negative effects. ③ The formation of APEC was also believed to be relevant with the NAFTA's competitive liberalization. ④

As shown by NAFTA's case, once a high standard PTA is formed, the trade advantage caused by cutting tariffs and removing non-tariff barriers inside the trade bloc will strengthen the rule advantage of such PTA, attracting other countries to copy the rules and triggering formation of similar PTAs. With competitive liberalization, the global, regional and bilateral trade agreements could complement and reinforce each other, ⑤ and each PTA could be a stepping stone

---

① Robert Zoellick, *Free Trade and Hemispheric Hope*, *Remarks before the Council of the Americas*, Washington D. C; Taylor C. O'Neal, ibid, at 576.

② Simon Lester and Bryan Mercurio, *Bilateral and Regional Trade Agreements*, New Heaven: Cambridge University Press, 2009, p. 110.

③ Pascal Lamy, *La politique commerciale envers l'Ame' rique Latine: Priorite' de l'Union europe' enne*, *Speech*, *Casa de America*, Madrid, July 26, 2001.

④ Mohammad F. Nsour, *Regional Trade Agreements in the Era of Globalization: A Legal Analysis*, North Carolina Journal of International Law and Commercial Regulation, Vol. 33, 2008, p. 365.

⑤ Robert Zoellick, *The Reigning Champions of Free Trade*, Financial Times, March 13, 2002, at 13. Mignonne M. J. Chan, *US Trade Strategy of 'Competitive Liberalization'*, Tamkang Journal of International Affairs, Vol. 8, 2005.

for the further liberalization of other trade rules, hence finally updating less liberalized trade rules by the high standard rules.

It should be noted that the rule evolution of PTAs not only updates the trade rules but also enlarges the imbalance of comparative advantage among the nations, which may end up forcing countries with fewer resources to pay dearly and turn an advantage for countries with plenty of them. ① Not every country has the ability to make the rules of international trade and lead others to follow, and not every PTA could make itself a model for others to copy. Even for big powers, to generate such competitive liberalization, their PTAs usually have the following contributing factors.

First, it is vital to choose a right partner to negotiate a high standard PTA. The big power usually chooses her trade affiliated countries who are willing to make political and economic reforms to sign a high standard PTA first, offering tariff benefits to the parties on their export products in exchange for their acceptance of high standard rules on investment, service, intellectual property, and competition as proposed by the big power. Once such, the PTA diverts the trade within and beyond its treaty parties, triggering the non-parties who lose the export shares to give up their defensive areas and sign up similar treaties with the big power. Several turns of competitive liberalization could allow the big power to export their trade rules to more and more developing countries.

Next, in producing the competitive liberalization, it is necessary for the PTA to adopt conditional MFN treatment and restrictive rules of origin to lock up trade benefits inside the region so as to avoid freerides from outsiders. Hence,

---

① Joost Pauwelyn, *Dealing with the Increasing Complexity of Investment-Related Treaties: A Framework and Some Policy Guidelines*, Inv. TREATY NEWS. http://www.iisd.org/itn/2012/10/30/dealing-with-the-increasing-complexity-of-investment-related-treaties-a-framework-and-some-policy-guidelines/ (last visited on May 20, 2015).

most of US led PTAs maintain strict rules of origin that require high levels of local contents, and some of them even burden the Parties to keep a record and certificate of rules of origin for 5 years. ①

Then, to further strengthen the rule advantage of such high standard PTAs, the big powers need to guarantee the consistency of its trading rules with different countries, as the competitive liberalization might be interfered by contesting PTAs as adopted by other big trading nations. Since the 1990s, the US has developed two models for its PTAs and insisted on their adoption throughout its negotiations. One is NAFTA model and the other the WTO Plus model. ② These two models ensure consistence and integrity of the US trade rules around the world and allow each PTA signed by the US act as a precedent, or serve as a catalyst and benchmark for broader trade agreements. ③

Hence, in one hand, the PTAs proliferate greatly and intensify the fragmentation of international law. In the other hand, the high standard PTAs also generate the inner force to defragment the international law through competitive liberalization, improving the consistency of the regional trade rules among the major trading nations to some extent.

C. The Rolling Back of High Standard PTAs Caused by the Imbalanced Construction

The peripheral reform led by the high standard PTAs successfully reshapes the international trade rules which could not be accomplished by multilateral trade negotiation. However, as evident in the US's abandoned treaty TPP and a

---

① William W. Kovatch, *The NAFTA's Rules of Origin, Certificate of Origin, and Record-keep Requirements: The Disadvantage to Small Businesses*, Transnational Law, Vol. 12, 1999, p. 403.

② Taylor C. O'Neal, *supra* n. 49, at 581.

③ Mignonne M. J. Chan, *supra* n. 54, at 4.

deadlock negotiation TTIP, the future of peripheral reform by high standard PTAs appears to be gloomy. Why are such high standard PTAs rolling back after temporary success? The reasons are complicated and multifaceted. Among the various political, social and economic factors, the imbalanced construction of such high standard PTAs also contributes to their failure. Take TPP as an example, the construction of the whole treaty shows US leading role in setting the standards and rules for international trade and investment in the Asia-Pacific region, but the economic benefits that US could obtain from TPP are not that eye-catching as most of the high standard rules on investment, service or intellectual property protection has already been guaranteed by bilateral agreements. The achievements of TPP in reshaping and updating the market access issues and rules integration issues are also imbalanced, and the former receives less achievements than the latter. The high priorities in setting the standards for the whole region, especially for the Asian countries raises US's consideration that is paid to other Parties and lowers down the US benefits comparatively. In the situation of the global economic recessions, it is not strange that TPP became the target of the domestic politicians in US presidency election.

Honestly speaking, the high standard PTAs such as TPP and TTIP could generate huge and long lasting benefits to Americans. Once ratified, TPP could be the rule foundation of FTAAP for the whole Asia-pacific region,① and TTIP would remove the disparities between the American and European trade rules. Hence, they are treated as the two pillars of the brand new global multilateral trade rules,② having the potential of renewing the trade rules of American,

① Jeffrey Schott and Julia Muir, *US PTAs: Mat's been Done and What It Means for the TPP Negotiations*, in *Trade Liberalization and International Co-Operation: A Legal Analysis of the Trans-Pacific Partnership Agreement*, Massachusetts: Edward Edgar, 2013, p. 45.

② Gary Clyde Hufbauer, *supra* n. 1, at 679.

Europe and Asia.[1]

The goal of setting new rules and standards is put above the goal of receiving direct economic benefits throughout TPP's negotiation, especially for US's manufacturing industries. So when the negotiating Parties have arguments on the market access of investment and trade in services, the realm of intellectual protection, the regulation on market competition and administrative measures of governments, the rule provider, the US, has to offer incentives such as low or zero tariff benefits of primary and manufacture products in exchange for other Parties' compromises on their defensive areas. The TPP Parties include several Asian countries such as Malaysia and Vietnam, whose trade regulation rules are quite different with the US. To let these countries accept US rules on intellectual property protection, government procurement, competition, and state-owned enterprises, so as to lay further influences to their neighboring country China, the US promises to let them harvest the trade benefits of electronics, textile and apparels, even though this would hurt US domestic manufacture industries. While on the contrary, the sensitive areas of these developing countries, such as agriculture and automotive, are not scheduled to open as quick as expected by US pressure groups.

Although the rule reshaping benefits that the US could receive from TPP has far reaching influence, they are rather difficult to quantify, and are easily omitted by the domestic pressure groups. For example, if TPP is ratified by all the Parties, uniform technical standards will be made for designated products such as processed food, cosmetics, medical instruments, and pharmaceuticals in the

---

① Lingliang Zeng, The Negative Influences of TPP to China and the Countermeasures, Journal of Wuhan University (Social Science), Vol. 2, 2015, p. 64.

region,[①] reducing trade costs and avoiding trade disputes that previously arose between the US and its trading partners due to the different environmental or safety standards. Such rules would finally enhance the comparative advantage of US products, making them more popular than European counterparts, and resist the "contamination" of European technical standards that are made according to the "precautionary principle". But they are not very helpful in recapping lost manufacturing industries.

As the center of negotiating high standard PTAs moves towards trade regulation or rules integration issues from the traditional market access issues, this further complicates TPP's negotiation process. The negotiation of trade regulation issues such as intellectual property protection, competition, anti-bribery, administrative transparency, and dispute settlement, intends to harmonize various domestic rules in the region, removing the invisible trade barriers, and requiring regional cooperation not only in the domain of trade law, but also in the domain of administrative laws.

The government procurement Chapter of TPP requires the tender procedure to be transparent, fair, non-discriminatory, and that the notice should be given in the website in multiple languages.[②] The labor rules of TPP require the Parties to guarantee the labors' right of establishing independent trade union and collective bargain, and raise the minimum age of labors.[③] To fulfill such treaty obligations, the developing Parties of TPP need to amend their domestic administrative law, labor law, environmental law apart from the trade rules, raising their concerns of legislative and judicial sovereignty, and this has made the

① TPP Agreement, Technical Barrier to Trade Chapter, Article 8. 12.

② Generally TPP, Government Procurement Chapter.

③ TPP, Article 19. 3.

US offer more market benefits to them to persuade them to accept the deal.

US's abandon of TPP has provided us with an opportunity to rethink the value and problem of high standard PTAs in pursuing competitive liberalization and reshaping the multilateral trade rules. It is feasible to ratify high standard PTAs among two or three developed countries with little rule discrepancies, and it is also feasible to make it work between the hub and spokes. However, when such PTAs are adopted by a group of countries in different stages of development and having different rules preference, the country who leads the negotiation needs to pay a high stake to make other Parties happily accept its rules. This will lower down the direct economic benefits that the leading country can obtain and make it vulnerable before the domestic political critics, especially when the global economy is in recession.

V. THE RELATION-BASED PERIPHERAL REFORM as EXAMPLED by "ONE-BELT-ONE-ROAD" CONSTRUCTION

The peripheral reform of international trade law has been primarily taken up by the high standard PTAs which are rule-based, but a different route of regional cooperation has also developed by China in its temptation of reforming international trade law. The "One-Belt-One-Road" Initiative as proposed by China is a remarkable example, providing a case of relation-based trade cooperation among eastern countries.

A. The Background of China's Proposal of the Relation-based "One-Belt-One-Road" Initiative

The "One-Belt-One-Road" Initiative was first proposed by President Xi

Jinping in his visit to Kazakhstan on September 5, 2013. The same year when President Xi paid a visit to the ASEAN countries, he also mentioned this idea and invited ASEAN Members to build the "21st Century Maritime Silk Road" with China. The "One-Belt-One-Road" Initiative and "21st Century Maritime Silk Road" Initiative (hereinafter referred to as the "One-Belt-One-Road Initiative") received supports from China's neighboring countries, and was written into Prime Minister Li Keqiang's Government's Working Report at National People's Congress and National Committee of the Chinese People's Political Consultative Conference in 2014. The mandates and the major working plans were later summed up in the "Vision and Actions of Jointly Building Silk Road Economic Belt and 21st Century Maritime Silk Road" on March 28, 2015 (hereinafter referred to as the "Vision and Actions"). Among the five mandates, the linkage of infrastructure among the region, free movement of trade and capital are economic mandates, mutual understanding of politics, and strengthening people's friendship among the "One-Belt-One-Road" countries are non-economic mandates.

The "One-Belt-One-Road" Initiative establishes a distinct route of peripheral reform for regional cooperation on infrastructure, trade and investment, which is dramatically different from the rule-based route as promoted by high standard PTAs. The "One-Belt-One-Road" Initiative is not a rule-based treaty for regional trade cooperation. Instead, the Initiative makes use of Chinese traditional relation-based cooperation with neighboring countries, which is policy-supported and offers unilateral favors to the neighboring countries by China.

The Initiative appears to be a suggestion advocated by China unilaterally. For the Initiative to be carried out, there is no prerequisite of signing PTAs between China and the "One-Belt-One-Road" countries. The "Vision and

Actions" is neither a treaty not a domestic law of China, hardly defines any rights and duties of each country joining in "One-Belt-One-Road" construction. The memorandums of cooperation between China and "One-Belt-One-Road" countries are not enforceable. Hence, the "One-Belt-One-Road" is more like a policy-supported cooperative framework proposed by China. Such cooperative framework could find its roots in Chinese traditional culture of relation-based governance in dealing with international affairs with the neighboring countries, but modernized.

The absence of treaties in defining the terms and conditions of cooperation is just one feature of One Belt-One-Road's construction. It also inherits another core feature of relation-based governance from Chinese traditional culture, that is, providing trade favors to partners unilaterally without requiring equivalent returns. This is contrary to the rule-based PTAs, as most of the PTAs are actually contracts that each party pays its consideration to exchange for the trade benefits from its partners. Even the big power needs to provide the benefits in its offensive areas in exchange for her partner's sacrifice in defensive areas. Since China's proposal of the "One-Belt-One-Road" Initiative, many Chinese SOEs have been actively taking part in the construction, providing capital and technologies to the neighboring countries in building high speed trains, power plants, petroleum transmission pipelines. It has aroused many doubts in international society, as the infrastructure projects usually have long investment cycles and are capital centralized, hence they are not the priority of cooperation in most of the PTAs. Even though the construction might relieve China's excessive production capacity somehow, but such returns are far more uncertain compared to the costs and risks that Chinese enterprises have to shoulder. To provide the capital support for infrastructure development projects in the developing countries, the Asian

Infrastructure Investment Bank (AIIB) was established in 2016 and obtained most of its capital from China. As shown by the Agreement of AIIB, China's subscription of the capital was 29.78 billion USD, amounting to 30.34% of the total capital of AIIB.[①]

To many western countries, the "One-Belt-One-Road" construction appears to be a "paying rather than receiving" investment. Why did China choose such a different route of regional cooperation? Its "paying rather than receiving" feature suites China's geopolitical consideration of maintaining good relationship with its neighboring countries, sharing similarity with CEPA as adopted by mainland China and Hong Kong district, and "ASEAN 10 + 1". By offering what the other countries need, giving unilateral concessions and embracing other countries' exports to China,[②] allowing them to "land" Chinese markets first,[③] China has established a relation-based culture and maintained good relationship with it neighboring countries. Hence, the relation-based "One-Belt-One-Road" construction as proposed by China provides a distinct route of peripheral reform apart from the rule-based PTAs, and reflects Chinese wisdom in reforming international trade and economic law.

First, there have been already various PTAs under negotiation between China and her neighboring countries such as the Regional Comprehensive Economic Partnership (RCEP) and the update of "ASEAN 10 + 1". The already had existing informal platforms such as APEC and G20 which are also in well

---

① The Vote Distribution of AIIB has been Set and China has the Veto Power, http://finance.qq.com/a/20150704/007188.htm (last visited on May 20, 2016).

② Jiangyu Wang, *China's Regional Trade Agreements: The Law, Geopolitics, and impact on the Multilateral Trading System*, Vol. 8, 2004, p. 129.

③ Jingjia Ke, *The ASEAN-China Free Trade Area: Neighbors, Relatives, or Foes?* China and WTO Review, Vol. 1, 2015, pp. 191 – 222.

function. If "One-Belt-One-Road" is proposed via a PTA, it won't be workable, and would deter attention and drain resources away from China and its neighboring countries in their existing negotiations, paying no good to the update of "ASEAN 10 + 1" and the negotiation of the RCEP. The "One-Belt-One-Road" Initiative chooses a relation-based route from the beginning, rather than a rule-based route, to offer new momentums for the cooperation among the Asian countries.

Further, the "One-Belt-One-Road" Initiative is a nonexclusive proposal, with potential of attracting new members to join in. Among the existing 65 countries covered by the "One-Belt-One-Road" road map, there are still 14 countries that are not WTO members and 11 countries that have no BITs with China. Even for those countries who have signed PTAs or BITs with China, not every country embraces the rule-based cooperation. The rule-based PTAs with complete treaty terms and enforceable dispute settlement mechanism will incur huge negotiation costs. The "One-Belt-One-Road" Initiative was proposed when the Obama administration declared US's strategy of returning to Asia-Pacific, and apparently it is not wise for China to compete with the US in treaty negotiation as the US enjoys obvious comparative advantages in her soft power and hard power.

Finally, the cooperation among the "One-Belt-One-Road" countries not only pursues the objectives of trade and investment facilitation, infrastructure development, but also pursues mutual understanding of politics and strengthening citizens' trust and friendship among the region. It is not appropriate to pursue the non-economic mandates through the rule-based PTAs. Even for the infrastructure construction, as it is just a one-way investment right now, the rule-based or the treaty-supported cooperation is not much necessary.

B. Achievements of Trade, Infrastructure and Currency Exchange Cooperation through "One-Belt-One-Road" Cooperation and Its Potential Risks

After three years of cooperation, the "One-Belt-One-Road" construction has received fruitful achievements, especially on trade, finance, and infrastructure investment. By the end of June 2016, China has announced declarations with 56 countries in collaborating the "One-Belt-One-Road" construction, and dozens of memorandums of understanding and agreements have been signed between China and "One-Belt-One-Road" countries to implement the Initiative. ①

In terms of infrastructure investment and construction, by the end of 2015, China Railway Express has provided 39 lines of train services between China and European countries. Over 40 projects of constructing nuclear power plants, hydro power stations, petro pipe lines located in 19 countries, 52 overseas trade and economic zones have been built in 18 countries to promote trade and investment between China and the host countries.

To finance the infrastructure construction projects, the newly established AIIB has approved the loan applications of 9 projects and provided facilities at amount of 1.7 billion USD since its establishment. ② The Silk Road Fund also supported the Chinese San Xia Group Co. to build hydro power stations in Bastian, and provided loans to Chinese Chemical Industrial Group Co. to takeover Pirelli Tyre Co. Besides, Chinese National Development Bank set up a reserve of project finance for nearly 900 projects in over 60 "One-Belt-One-Road"

---

① Yongquan Li, *The Report on the Development of One-Belt-One Road Construction*, Social Resource Press, 2016.

② AIIB has provided facility to 9 projects at amount of USD 1.7 billion. CCTV news, http://news.cctv.com/2017/01/10/VIDE95zPm2ETcaPbpavQEKz0170110.shtml (last visited on Jan. 20, 2017).

countries, and China Import and Export Bank has provided loans for over 1000 projects located in 49 "One-Belt-One-Road" countries. ①

To facilitate the trade payment, currency exchange agreements have been reached between China and various "One-Belt-One-Road" countries. By March 31of 2016, 9 Chinese commercial banks have established 56 branches in 24 "One-Belt-One-Road" countries and 56 foreign commercial banks from 20 countries have established 7 subsidiaries companies, 18 branches and 42 representative offices in China. ②

By providing public goods to the Asian less developed countries, the "One-Belt-One-Road" construction has also strengthened China's comparative advantages in traditional manufacturing industries and some high technology industries as well. In one hand, the increasing demands of steel, cements and glasses triggered by the infrastructure developments in the "One-Belt-One-Road" countries have relieved China's overcapacity problem, somehow caused by its quantitative easing financial policies since 2008, and have offered China more space and time to implement its industry adjustment policy. The transportation construction in the populous developing countries also helps to sell Chinese products abroad.

On the other hand, by the construction of infrastructure projects, China has also strengthened its high technology advantages in the sectors of high speed trains, civilian nuclear power plants, satellite navigation services, etc. The wide use of Chinese high technologies around the One-Belt-One-Road countries could finally produce a market power in rules and standard setting in those areas. This is similar to the effects of high standard PTAs in protecting EU's geographical

---

① Yongquan Li, *supra* n. 68.

② Ibid.

indications globally to make its agricultural products and wines more popular, or in raising IP protection standards for the US pharmaceutical and bio-industries. The wide use of Chinese-made technologies and standards around the "One-Belt-One-Road" countries might contribute to a different "made in China" economy, which is no longer completely dependent on the low value added manufacturing industries. Hence, the "One-Belt-One-Road" construction shares commonality with TPP or CETA, in that it could enhance the comparative advantage of China's leading industries and spread China's rules around the world, but is different with TPP and CETA, in that it also has a strong feature of "public good", which will greatly benefit the neighboring countries, hence will not incur high negotiation costs.

The above summary of regional cooperation reached by the "One-Belt-One-Road" construction shows the achievements that could be achieved by a different route, which is not necessarily guaranteed by regional trade agreements or bilateral investment treaties. Such flexible regional cooperation could promote trade and investment among different countries and reform the current stagnant global trade governance somehow. But it should be admitted that such relation-based governance is not without limits and deficiencies. Insufficient rules development with the neighboring countries might give those countries a wrong signal that the "One-Belt-One-Road" construction is just a development aid offered by Chinese government, producing huge risks to Chinese enterprises that participate in the projects. And also, insufficient rules could offer no experience in building China's soft power in global governance. Therefore, it is necessary for China to work on the integration of standards and rules in areas of high speed train, nuclear power plants, satellite navigation with its cooperative partners since more and more "One-Belt-One-Road" projects are launched. To raise China's trade and investment flows with the partners, China also needs to work with its partners to integrate the transportation rules, open up financial service, facilitate trade, investment, and electronic commerce in the region.

Ultimately, the "One-Belt-One-Road" construction offers the world a different and flexible way for regional economic cooperation with Chinese wisdom, contributing to the peripheral reforms of global governance.

Ⅵ. REFORMING THE GLOBAL GOVERNANCE BY MULTILATERALIZING REGINALISM

The Neo-regionalism① propelled by the PTAs, especially high standard PTAs, broke the balance between the multilateral agreements and regional agreements, posted threats to the multilateral trade system, and reduced the efficiency of global trade governance. Hence, finding routes of multilateralizing regionalism becomes an unavoidable challenge in reforming international trade law, and several paths have been developed in theories and practices.

A. The Third Country MFN Approach

The idea of multilateralizing regionalism is first proposed by professor Richard Baldwin, and one approach he proposes is to insert the third country MFN clause in PTAs.② With such clause, Parties agree that any further preferential treatment offered by one Party in the future treaties will be given

① Sungjoon Cho, *Defragmenting World Trade*, Northwestern Journal of International Law and Business, Vol. 27, 2006, p. 40.

② Richard Baldwin, Simon Evenett and Patrick Low, *Beyond Tariffs in Multilateralizing Regionalism: Challenges for Global Trade*, Richard Baldwin and Patrick Low (eds), Cambridge University Press, 2008, p. 79.

unconditionally to the other Party. Such third country MFN clause could make the preferential treatment in the future PTAs spill back to the former PTA. If most of the PTAs have such a third country MFN clause in place, preferential treatment will become equal treatment among different trading partners, and turn the spaghetti bowel into a lasagna cuisine.

The third country MFN clauses are also frequently found in the chapters of trade in service and chapters of government procurement in the US led PTAs. The EU also makes it clear in her *Economic Partnership Agreement* with the ACP countries, requesting that any more preferential treatment offered by ACP countries in the future to other countries should be extended to the EU unconditionally.① The benefits of third country MFN clauses could be further explored in future PTAs.

Although it appears to be practical to incorporate the third country MFN clauses in more PTAs, as the treaty Parties generally have the incentive to acquire the best treatment in negotiating PTAs, such hypothesis is flawed in several sceneries. First, the *ex post* nature of the third country MFN clauses make it difficult to predict the trade benefits and costs in signing PTAs. The spill back effects of the clauses will generate huge uncertainties to the regional trade relations, which is contrary to the principle of legal certainty pursued by international trade law, and might produce some unpredictable impairments to certain industries of the Parties that accept such clause. For example, if Country A signs a PTA with Country B, considering the textile industry in Country B is weak, but the automotive industry is robust, Country A offers preferential treatment to Country B in textile products but not in automotive industry, and

① Joost Pauwelyn, *Multilateralizing Regionalism: What About an MFN Clause in Preferential Trade Agreements?* American Society of International Law Prospect, Vol. 103, 2009, p. 123.

includes such third country MFN clauses in the PTA. When Country A later negotiates an agreement with Country C, whose automotive industry is less competitive to Country A, the preferential treatment in automotive industry offered by Country A to Country C could roll back to Country B, thereon hurts Country A's automotive industry. The uncertainty of such third country MFN clauses will make the Parties think twice in considering whether to include such clause in the negotiation.

Next, the third country MFN clauses might also turn into a stumbling stone rather than a stepping stone in liberalizing the markets. When the spill back effects generated by such clause flows to the major benefiter, it may have a chilling effect on third countries that are previously interested in concluding a PTA but worry that any benefits will go back to that major benefiter,① even if they are not on the trade alliance. Ultimately, the force driving Parties to engage in the domestic reform of trade rules is the conditional MFN treatment acquired via trade negotiations and forced compromises rather than unconditional MFN or open regionalism.②

Furthermore, in negotiating a PTA, due to the inequivalent bargain power of the Parties, whether to adopt the third country MFN clauses, and who shall bear the duty, are decided by the country who dominate the negotiation according to its expectation on whether it could benefit from such clauses. It is doubtful that such a third country MFN clause will be a common case in other chapters apart from the chapters of trade in services and government procurement, especially in the sensitive areas of agriculture and textile. As the domestic laws of the US and

---

① Joost Pauwelyn, *Multilateralizing Regionalism: What About an MFN Clause in Preferential Trade Agreements?* American Society of International Law Prospect, Vol. 103, 2009, p. 124.

② Mignonne M. J. Chan, *supra* n. 54, at 3.

EU in investment or services are more open and competitive, they will be the general beneficiaries for the further liberalization of the rules by the developing countries, but they will not be happy to include their sensitive sectors in the list of third country MFN treatment. This indicates that the duties generated by the third country MFN clauses are usually borne by the developing countries, which is contrary to the spirit of offering more preferential treatment to the developing countries as advocated by the enabling of clauses in multilateral trade agreements. ①

Lastly, it should not be forgotten that the PTAs are driven not only by economic reasons, but also by political and security reasons. For example, the current pattern of trade agreements in the US suggests its security goal: preemptive protection from the rise of other superpowers, specifically Europe and China, ② and rewards her alliances that are willing to reform its domestic political and economic rules and adopt the market economy and democracy as suggested by the US. ③ The PTAs are far from just economic cooperative frameworks, the complex political and security objectives suggest that the third country MFN clauses won't be a common practice beyond political alliances.

B. Simplify the Rules of Origin

A less direct route to mutilateralize regionalism is to simplify the rule of origin so as to obscure the "birth country" of a product and remove the 'frictional' trade barriers, ④ allowing more countries to benefit from the preferential treatment of PTAs. The rule of origin is a decisive factor in measuring

---

① Joost Pauwelyn, *supra* n. 74, at 123.

② Mark B. Baker, *No Country Left Behind: The Exporting of US Legal Norms under the Guise of Economic Integration*, Emory International Law Review, Vol. 19, 2005, p. 1363.

③ Mignonne M. J. Chan, *supra* n. 54, at 4.

④ Richard Baldwin and Patrick Low, *supra* n. 73, at 82.

the boundary of economic benefits generated by a regional trade agreement and identifying its beneficiaries. [①] In trade practice, the restrictive rule of origin is one of the major factors that produce the enclosing benefits and regional protectionism, and distorts the inter-region trade. The more restrictive the rules of origin are, the more severe the fragmentation of the international trade law. Hence simplification of rules of origin is believed to be capable of reducing the disparities among the PTAs themselves.

In a case that a manufactured product is not fully acquired in one country, most of the rules of origin identify the "substantial change" of product according to the change of tariff classification, meeting required local value contents or adoption of specific manufacturing procedures, [②] among which the value contents criteria are most popular. Lowering the value contents criteria could benefit more countries and promote *de facto* multilateralization of regional agreements. Right now, the rules of origin adopted by the US and EU in PTAs are most complex and trade restrictive in nature, especially in their sensitive areas such as textiles, agriculture products, and automotive parts. The rules of origin in NAFTA has a general requirement of local value content between 50% to 60% to make a product of NAFTA origin. [③] The Mexican manufactured textile products need to use the yarns planted and harvested in the two northern American countries to enjoy the tariff benefits. The general rules of origin in TPP also require a local content of 65%, and for the textile products, they require that the plantation, fabrication, and manufacturing of the product all be taken place in the region to

① Won-Mog choi, *Defragmenting Fragmented Rules of Origin of RTAs: A Building Bloc to Global Free Trade*, Journal of International Economic Law, Vol. 13, 2010, p. 111.

② Fangwen, Zhou, *The Rules of Origin of EU and North America and Their Implications to China*, International Trade Issues, Vol. 8, 2011, p. 83.

③ Ibid.

acquire TPP identity.① The local value contents of the Pan-European rules of origin are also high and set to 50% for many products. The developing countries from the South America, Africa and Asia inclines to adopt looser rules of origin instead. The Western Africa Economic Community recognizes a product as a local product if the local value content reaches 30%. The "ASEAN 10 + 1" concluded between the ASEAN and China and the free trade agreement between the ASEAN and Korea both identify a local product when its local value content reaches 40%. The lower the value content requirement, the more countries that could benefit from the regional trade agreements, especially the developing countries with incomplete industry chains.②

When a product is manufactured in several countries, it allows the accumulation of value contents acquired in different countries and could also reduce the trade distorting effects of the rules of origin. The diagonal accumulation and the complete accumulation as adopted by the EU, allow the importers of her treaty partners to accumulate the domestic value with the value acquired in the EU and other countries maintaining PTAs with EU that implement the same rules of origin,③ hence benefit the spoke countries who have signed PTAs with EU.④ Such accumulation rules are also found in the PTAs signed by the US. For example, the US-CRAFTA-DR allows the central American countries to accumulate the values acquired in the processing of a textile product in

---

① Raj Bhala, *Trans-Pacific Partnership or Trampling Poor Partners? A Tentative Critical Review*, Manchester Journal of International Economic Law, Vol. 11, 2014, p. 35.

② For Asian countries, offshore sourcing and processing in different countries are quite common. If the minimum local value content is high, it will be hard to obtain the local identity and enjoy the preferential tariff treatment.

③ Fangwen, Zhou, *supra* n. 82.

④ Won-Mog choi, *supra* n. 81, at 111.

Canada and Mexico. ①

Apparently, lowering down the value content requirement and adopting flexible accumulation rules encourage the spill-over of preferential treatment of a PTA and extend the zero tariff benefits to more countries, therefore indirectly multilateralize such agreements. However, could rules of origin really become more friendly to more and more small countries? Probably not, as it runs counter to a PTA's geopolitical objective. It is possible that such rules might be more frequently found between the hub and its spoke countries, but the hub will be cautious in designing its rules of origin, not allowing the trade benefits to spill over to their competitors or non-trade alliances.

Besides, with spreading influences of anti-globalization after UK withdrew its membership from the EU and President Donald Trump announced US's withdrawal from the TPP, the chance for big trading nations to simplify their rules of origin to allow more countries to benefit from their PTAs is slim. After 15 years of entry in the WTO, China has been recognized as a market economy by over 80 countries, but it still has not received the recognition from the US, Japan and the EU. Donald Trump's 100-day action plan manifests his intentions of ending US's "Outsourcing Act" and raises tariffs to those US companies building overseas factories but selling products back to US, labelling China the country of currency manipulator. ② Although Donald Trump has taken back some of his radical proposals after being elected, it has become more and more clear that trade protectionism has regained its vitality. If a new round of trade protectionism has been on the track, the rules of origin in the PTAs will continue to be used as a

① Won-Mog choi, *supra* n. 81, at 111.

② 10 key points in Donald Trump's 100-day Presidential action plan, http://www.business-standard.com/article/international/10-key-points-in-donald-trump-s-100-day-presidential-action-plan.116102300034_1.html (last visited on Dec. 20, 2016).

tool of trade distortion, locking up the trade inside the region rather than a charity that allows more outsiders to benefit from it.

C. Multilateralizing the Regionalism through the Building Blocks of PTAs

The third possible route of mulillateralizing regionalism is to build the multilateral agreements with the building blocks which are made of PTAs. The optimists of fragmentation of international law believe that the regional trade agreements could act as the new glue of multilateralism.① When there are sufficient building blocks made by the bilateral and regional trade agreements, multilateral rules will develop.

Such a building block theory has been proved to be workable through US's experiences to some extent. From the 1980s, the US has enlarged its PTAs partners gradually from the nearby neighbors to the strategic alliances around the world. The bilateral agreements are first signed between the US and its small trade affiliated countries, then more small countries line up hoping to reach a trade agreement with the US to offset the trade distorting effects produced by the former agreements. When US bilateral connections are sufficiently dense, regional trade agreements are formed to link the bilateral PTAs together and only then are the negotiating trans-regional agreements or Mega-FTAs such as TPP and TTIP put back on the agenda to link the major economies in the world together. The TPP, TTIP, together with TISA are negotiated to renew the international trade rules with the rules and standards compromised by US and EU. The TPP is expected to be the rule foundation of FTAAP,② with the potential to integrate the trade rules in

---

① Stephen Joseph Powell and Trisha Low, *supra* n. 19, at 282.

② Jeffrey Schott and Julia Muir, *supra* n. 59, at 45.

the whole Asia pacific region. The TTIP negotiation is also anticipated to shoulder the responsibility of coordinating the trade rules between the US and EU, setting new standards for international trade, investment, intellectual property and competition, hence updating the trade rules for the major trading nations in America, Europe and Asia. ① It is strongly believed that the TPP and TTIP would undoubtedly change the multilateral trading system, even though they both fail, their negotiating objectives would shape the future of the WTO, ② then the inter-regionalism and new regionalism might finally supplement the current multilateral agreements, or lead to new multilateralism. ③

Even the new multilateral agreements won't succeed in the near future, the "mini-multilateral" negotiations will be less difficult to reach consensus, as the preferential trade agreements are successful in coordinating the trade rules among the major trading nations. Minilateralism would be the mainstream for the global trade governance as the biggest trading nations would be governed by high standard PTAs, and WTO covered agreements would be named as multilateral agreements only in the sense of members covered. Take TISA negotiation as an example, the 49 nations negotiating TISA covers 75% of global trade in service and 70% of investment flows. Most of these negotiating parties have already made comprehensive market access on service trade in their PTAs, which would act as building blocks for the negotiation of TISA. The innovative negotiation rules such as "lock-up" clause and ratchet clause, could further enhance the efficiency of the treaty negotiation. If the current negotiating Parties reach

① Lingliang Zeng, *supra* n. 61, at 61.

② Gary Clyde Hufbauer, *supra* n. 1, p. 679.

③ Pavel Hnit, *Multilateralism and New Regionalism: Impacts on Global Economic Governance*, 2010, pp. 9 - 10, https://www.researchgate.net/publication/237389082_Multilateralism_and_New_Regionalism_Impacts_on_Global_Economic_Governance, last visited on May 20, 2016.

consensus with the BRICs, its gap to the "critical mass" will be filled. Even though TISA fails to make compromises between the developed countries and BRICs, it ends up with a PTA rather than a "critical mass" agreement. The competitive liberalization effects it releases after its conclusion may also make it possible to meet the "critical mass" requirement and turn it into a multilateral agreement later.

The negotiation of the *Investment Framework Agreement* will also be supported by its building blocks of 3304 *International Investment Agreements* (IIAs).① Although the south IIA is still comprehensively different with their north counterparts, the rules of IIAs adopted by the major investment nations turn to be getting close. The NAFTA in 1994 not only set a template for the domestic investment laws of Canada and Mexico, but also influences the investment treaties signed by Australia, Korea, Japan and other countries, after some modifications. The international investment treaties concluded by EU after the Lisbon Treaty also show its preference to investment rules of NAFTA. And China, the biggest emerging economy in the world, used the investment chapter of the NAFTA as its BIT model while negotiating the IIAs with the developed countries after 2007. The rules assimilation of PTAs among the major trading nations shows the possibility of multilateralizing regionalism through the building blocks made by PTAs within or beyond the WTO.

However, it should be admitted that multilateralizing regionalism through PTAs generate legal uncertainties and huge costs. It is also a concern that such multilateralizing regionalism will only benefit the big powers as the competitive liberalization is supported by the disequilibrium of power in treaty negotiation,

① World Investment Report 2016, UNCTAD, http://unctad.org/en/PublicationsLibrary/wir2016_en.pdf, (last visited on May 20, 2016), at 101.

and could only be utilized by those countries with strong bargaining power. Multilateralizing regionalism through building blocks of PTAs are actually law-making processes led by big powers, facing challenges from the developing countries regarding its fairness, arguing that it only benefits the hub country with the sacrifice of the spokes. [①] If this reshaping process incurs more grievance in the future, the building blocks could also turn into stumbling blocks, [②] exasperating the fragmentation of international law.

VII. CONCLUSION

The multilateral trade negotiation of the WTO fails to produce fruitful results as the members expected in this century due to the power shift of international society, technology innovation, and rigid rules of consensus. The multilateral trade rules formed in 1990s could no longer suffice the needs of economic cooperation among the members, which deprive the WTO of its central status in global trade governance. The massive preferential trade agreements proliferating in this century stand alongside the WTO covered agreements and launches a new era of coexistence of central governance and peripheral governance. To reform the trade regime and reshape the rules, it is recommended to enhance the decision-making efficiency of the WTO by engaging in "mini-multilateral negotiation" and soft law-making, or expand its jurisdiction of dispute settlement to PTAs disputes and investor-state disputes. On the other hand, two distinct peripheral reforms are

---

① Xiaojun Zhang, *The New Tendency of Development of International Economic and Trade Rules and China's Standpoint*, Modern Law Science, Vol. 3, 2014, p. 55.

② Jagdish Bhagwati and Arvind Panagariya, *Preferential Trading Areas and Multilateralism: Strangers, Friends, or Foes?* in Jagdish Bhagwati, Pravin Krishna and Arvind Panagariya (eds), *Trading Blocs*, MIT Press, 1999.

taken. One is a rule-based reform led by the high standard PTAs through establishing new rules without hesitation in responding to the changes of global trade governance to make market access of investment and service trade more open and trade regulations on non-tariff barriers more effective. The other is a policy-based reform led by China's "One-Belt-One-Road" Initiative, which extends China's industrial advantages in infrastructure construction and provides public goods for the Asian developing countries. Both of these two routes face their own deficiencies in reforming the global trade governance. Although high standard PTAs are adopted by more and more countries, the demise of the TPP and the deadlock of TTIP negotiation casts doubts on the further pursuit of such a route. The sustainability of the One-Belt-One-Road construction will also be challenged by its lack of institutional structure and insufficient rules.

The proliferation of PTAs has led to the problem of fragmentation within the global trade system. To defragment the international trade law, three routes of multilateralzing regionalism have been advocated, the first being the inclusion of third country MFN clauses in PTAs, the second is simplification of the rules of origin, and lastly the construction of multilateral agreements through the building blocks of PTAs. The former two routes won't receive sufficient incentives and attentions from the developed countries as both routes still enable freeriding and spillover. The building block theory has been experimented by developed countries and it was once optimistic to reach new international trade rules through high standard PTAs among some of the major nations, but it is now glooming after US's abandonment of the TPP and the TTIP negotiation.

国际经贸协定中
网络空间治理议题的发展特点与趋势*

徐程锦**

摘要：网络空间国际治理与全球经济治理呈现交叉融合趋势，互联网治理议题开始出现在国际经贸协定中。国际经贸规则体系有其固有逻辑和治理模式，网络空间治理议题进入经贸治理架构，一方面有助于制定国际规则促进全球数字经济发展，另一方面也有助于改善传统经贸治理架构透明度和开放性不足的弊端。与互联网治理相关的国际经贸规则正在形成过程中，未来理想的国际规则应实现鼓励数字经济发展、保护消费者个人信息、维护国家安全与公共利益这三项政策目标之间的平衡。

关键词：国际经贸规则；网络空间治理；电子商务

近年来，全球经济治理和网络空间国际治理成为中国参与国际治理和国际规则制定的两大重点领域，并开始呈现交叉融合趋势，互联网治理议题广

---

* 本文为中央网信办委托课题《网络空间国际治理重大基础性问题研究》中的“网络空间国际治理的经贸架构”部分研究成果。作者在此感谢中央网信办专家委秘书处对本研究的大力支持，特别感谢胡启恒院士、单立坡、韩立余、郎平、李艳、刘越、丁如等师长和学友对本文提出的宝贵指导意见。

** 徐程锦，工程部国际经济技术合作中心。

泛出现在主要国际经贸协定谈判中。这一方面反映了国际经贸规则在数字经济时代获得了崭新发展；另一方面，网络空间国际治理的复杂性也为研究国际经贸规则中的新议题提出了重大挑战。

当前，国际经贸规则中的网络空间治理议题通常以“电子商务”的名义出现，但并非所有电子商务议题都属于网络空间治理范畴。一般认为，网络空间治理是指国际社会各利益相关方着眼于全球互联网发展所具有的技术与社会双重影响，为促进网络空间有序、良性发展所开展的国际协调与合作的实践活动。可见，网络空间治理是一个比较宽泛的概念。本文并不试图对国际经贸协定中的网络空间治理议题下明确定义或划定明确范围，而主要在于讨论跨境数据流动、计算设施本地化、个人信息保护、网络安全、保护源代码等兼具经济、技术、政治、安全特征的议题，并讨论此类议题在国际经贸规则中的发展特点与趋势。

一、国际经贸规则与网络空间治理议题的融合发展态势

（一）国际经贸协定将就网络空间治理议题形成具有约束力的国际规则

以国际经贸协定为网络空间治理议题①制定约束性国际规则始于美国主导的《跨太平洋伙伴关系协定》（TPP）②。美国是全球数字经济领导者，制定有利于数字经济发展的国际经贸规则符合美国的国家利益③。2013～2014年，美国国际贸易委员会（ITC）应美国国会要求，发布《美国和全球经济

① 并非国际经贸协定中所有与互联网相关的议题都是网络空间治理议题，有些议题如电子产品免关税、电子签名，属于“电子商务”议题，而不属于典型的网络空间治理议题。

② 2012 年生效的《美韩自贸协定》是首个涉及网络空间治理议题的国际经贸协定。但《美韩自贸协定》与网络空间治理议题相关的条款仅有跨境数据流动规则（Article 15.8），而且该条款是非约束性规则。从涉及网络空间治理议题的广泛度和约束力度角度讲，《美韩自贸协定》无法与 TPP 相比。参见 https：//ustr. gov/sites/default/files/uploads/agreements/fta/korus/asset _upload _file816 _ 12714. pdf，2017 年 1 月 17 日访问.

③ Aronson，*The Digital Trade Imbalance and Its Implications for Internet Governance*，p. 4.

中的数字贸易》研究报告（上下册），认定了一系列阻碍数字经济发展的贸易壁垒，为美国领导 TPP 中的互联网议题谈判提供了理论和实证基础。通过 TPP 电子商务、电信、投资、知识产权等章节谈判，美国形成了与互联网相关的系统性国际经贸规则主张①，即“数字 24 条”。其中，跨境数据流动、计算设施本地化、个人信息保护、网络商业窃密等多项规则都是网络空间国际治理中的重要议题。

以“数字 24 条”为代表的 TPP 互联网相关规则对于其他国际经贸规则谈判产生了深刻影响。在双边层面，美欧正在制定的《跨大西洋贸易与投资伙伴关系协定》（TTIP）讨论了包括跨境数据流动在内的数字贸易相关议题②，其中关于使用加密手段的信息通信技术产品的合格评定原则就是以 TPP 规则为谈判基础③。在《中美双边投资协定》几近完成谈判的阶段，美国强行加入跨境数据流动规则，成为中美之间难以达成最终协定的主要障碍之一。在区域层面，《区域全面经济伙伴关系协定》（RCEP）是由我国大力推动的自贸协定，但由于有日本、澳大利亚等 TPP 成员国参与，RCEP 电子商务章节谈判已经纳入跨境数据流动、禁止计算设施本地化、数字产品非歧视待遇、禁止强制披露源代码等 TPP 中与网络空间治理相关的核心条款④。WTO 框架下由美国和欧盟主导的《服务贸易协定》（TiSA）谈判与 RCEP 情

---

① 我国在 2016 年 G20 杭州峰会上提出了《数字经济发展与合作倡议》（下称倡议）。与美国的“数字 24 条”相比，倡议侧重于提出原则，“数字 24 条”侧重于创设规则。倡议的包容性和开放性强于“数字 24 条”，但对于制定国际规则的实用性不如“数字 24 条”。

② US-EU Joint Report on TTIP Progress to Date，http：//101. 96. 8. 165/trade. ec. europa. eu/doclib/docs/2017/january/tradoc_155242. pdf. ，Jan. 17，2017，目前泄露出的与互联网议题相关的 TTIP 谈判文本只有“电信”章节，“电子商务”章节文本并未泄露，但根据欧盟公布的 TTIP 电子商务章节提案来看，由欧盟提出的议题数量十分有限，内容仅涉及电子产品免关税、电子服务免授权、承认电子合同等比较传统的电子商务议题，参见 http：//trade. ec. europa. eu/doclib/docs/2015/july/tradoc_153669. pdf。据此可推测，其他议题应均由美国提出。

③ http：//blogs. cfr. org/cyber/2016/05/05/the-ttip-leaks-and-the-future-of-electronic-commerce-in-international-trade-law/，2017 年 1 月 19 日访问。

④ http：//cis-india. org/a2k/blogs/spicy-ip-september-7-2016-anubha-sinha-where-is-the-regional-comprehensive-economic-partnership-headed，2017 年 1 月 17 日访问。

况相似①。在多边层面，WTO 总理事会正在考虑将启动电子商务多边贸易规则谈判作为将于 2017 年底召开的第 11 届部长级会议的重点议题。2016 年 7 月，美国和欧盟（本文中简称美欧）分别向 WTO 总理事会提交关于电子商务的非立场文件，旨在为第 11 届部长级会议设定讨论议题的范围。美国的非立场文件共列出 16 项议题，全部出自“数字 24 条”，其中与网络空间治理相关的议题包括允许数据跨境流动、保护自由开放的互联网、限制国内法要求计算设施本地化、保护关键源代码、禁止强制技术转让、禁止强制要求使用本地技术、维护市场导向的标准化和全球互用、促进多利益相关方参与的法规和标准制定等②。欧盟的非立场文件除包含美国非立场文件中与互联网治理相关的核心条款外，还主张在 WTO 多边机制下制定规则保护个人信息、打击网络犯罪、保障互联网开放③。时至今日，网络空间治理议题已广泛存在于最具影响力的国际经贸协定谈判中，未来可能形成具有约束力的国际规则。

（二）网络空间国际治理平台高度关注国际经贸协定的最新发展

国际经贸协定谈判的最新进展也引起了主要国际互联网治理平台的关注。2016 年 12 月举行的互联网治理论坛（IGF）就聚焦于利用贸易协定为网络空间治理议题制定国际规则所引发的问题④。本次 IGF 与国际经贸协定相关的

---

① TiSA 是 WTO 框架下正在谈判的一项诸边贸易协定。美国和欧盟对 WTO 多边机制下《服务贸易总协定》（GATS）的开放水平感到不满，便联合另外 21 个 WTO 成员，于 2012 年发起 TiSA 谈判。我国在 2013 年提出加入，但由于美国不希望我国参与规则制定，我国至今未能正式参加谈判。GreenPeace 解密的一份日期为 2013 年 9 月 16 日的 TiSA 电子商务附件包含跨境数据流动、禁止计算设施本地化、开放网络、禁止强制披露源代码、保护消费者个人信息等与 TPP 电子商务章节基本相同的条款。

② Work Program on Electronic Commerce, Non-Paper from the United States, JOB/GC/94, July 4, 2016.

③ Work Program on Electronic Commerce, Trade Policy, The WTO, and the Digital Economy, JOB/GC/97/Rev. 1, July 22 2016. 该份非立场文件由欧盟、加拿大、智利、哥伦比亚、科特迪瓦、韩国、墨西哥、巴拉圭和新加坡联合提交，并非仅代表欧盟立场。

④ http://www.circleid.com/posts/internet_governante_forum_puts_the_spotlight_on_trade_agreements/, Dec. 9, 2016.

讨论包括三个分论坛和一场全会，在全会讨论中，与会代表对于国际经贸协定涉及互联网治理议题的主要不满在于，制定经贸协定是在政府主导下进行的秘密谈判，与网络空间国际治理主张的多利益相关方治理模式①存在严重脱节，被指责为“用 20 世纪的贸易协定谈判方式为 21 世纪制定高标准规则”。但也有与会代表指出，以规则为导向的国际贸易体制有利于减少数字经济发展中的贸易壁垒，提升公民隐私保护水平和互联网安全。有代表认为，经贸协定的谈判过程与经贸协定的内容是两个不同问题，不能因为谈判过程的瑕疵而对协定中有利于数字经济发展的内容弃之不顾②。

二、国际经贸规则中网络空间国际治理议题的发展特点

（一）当代国际经贸规则体系的基本特点

以 WTO 为代表的当代国际经贸规则自“二战”后建立，至今已有 70 年历史，已经发展成为一套完整独立的国际法体系。随着世界经济结构变化，国际经贸规则中的新议题不断增加，但并未改变国际经贸规则体系的基本特点和逻辑。网络空间治理议题出现在国际经贸协定中是经贸规则体系在数字经济时代的新发展的结果，但仍将受到国际经贸规则体系基本特点和逻辑的制约。

首先，遵守国际经贸规则的义务主体是各国政府，一般市场主体不是国际经贸规则的约束对象。经贸领域的国际法分为两类：一类是规制性规则（regulatory），规定政府的权利和义务；另一类是交易性规则（transactional），

① 多利益相关方（multi-stakeholder）治理模式最早为互联网名称与数字地址分配机构（ICANN）所倡导和应用，目前已成为网络空间国际治理的主流模式，其主要特征是政府、企业、技术社群、公民团体等各利益相关方平等参与治理、政策和规则的讨论和制定过程完全公开透明。

② http：//www. intgovforum. org/multilingual/content/igf-2016-day-3-main-hall-trade-agreements-and-the-internet，Dec. 9. 2016.

规定市场主体的权利和义务。① 上述涉及网络空间国际治理议题的国际经贸规则都属于规制性规则。无论 WTO、TPP、RCEP，都仅规定成员国政府在制定影响贸易的措施时须承担的义务，通过规定政府义务保护企业权益。同时，国际经贸规则体系并不排斥企业或其他社团组织自行制定不具有法律强制约束力的标准或规则，此类标准或规则不属于国际经贸规则体系的管辖范围。

其次，国际经贸规则关注政府颁布的贸易措施的效果，而非立法意图。根据国际经贸规则的逻辑，只要成员国政府颁布的措施②具有影响国际贸易和违反国际经贸规则义务的效果，就会受到国际经贸规则管辖。就网络空间治理议题而言，一国政府制定法律的初衷可能是维护网络安全或保护公民合法权益，但只要该法律对国际贸易产生影响，就会成为国际经贸规则所称的“贸易措施”，进而受到该国承担的国际经贸规则义务的约束。③ 国际经贸规则管辖权的广泛性是美国倾向于利用经贸协定为网络空间治理议题制定规则的原因之一。

再次，国际经贸规则以非歧视和促进市场开放为原则，以限制为例外。虽然国际经贸规则十分重视实现成员国政府权利和义务的平衡，允许政府为实现公共政策目标而对贸易采取限制性措施，但此类措施多属于经贸规则中的例外，由专门条款单独规定，对限制措施的必要性和实施方式进行严格约束。通过区别原则和例外的逻辑安排，国际经贸规则保证非歧视和促进市场

---

① 《联合国国际货物销售合同公约》（CISG）就是典型的交易类国际经贸规则，相当于一部国际合同法。交易类国际经贸规则中也有与互联网相关的规则，如《联合国国际合同使用电子通信公约》《联合国国际贸易法委员会电子签名示范法》等，但此类国际规则通常不涉及网络空间治理议题。

② 此处的“措施”指一切由政府颁布、具有法律强制执行力的措施，包括法律、法规、命令、裁决等。另外，“措施”不仅包括边境措施，如关税，也包括对贸易有影响的国内措施，即“非关税贸易壁垒”。

③ 我国在受到外国政府和企业质疑，对外作解释时，有时喜欢说我们的措施不是“要”限制外国产品和服务，因此不违反我国承担的 WTO 规则义务。但 WTO 规则恰恰不关注我国法律“要”达到什么目的，而是关注我国法律是否实际产生了限制或歧视外国产品和服务的效果。

开放原则在国际层面得以落实，为货物和服务在世界范围内流动创造良好制度环境。这与互联网开放、中立的基本设计理念有相通之处。

最后，国际经贸规则以贸易为圆心，延伸至与贸易相关的其他议题。《与贸易有关的知识产权协定》（TRIPS）是 WTO 规则体系中的一项重要协定，其主要内容是要求政府保护知识产权，相当于一部国际知识产权法。贸易与知识产权本属于不同领域的法律问题，但由于其他国家知识产权保护水平较低对美欧贸易利益有不利影响，美欧就在国际贸易规则体系中设置了一部知识产权法。按此逻辑就不难理解欧盟非立场文件中主张将打击网络犯罪和个人信息保护等与电子商务有关但本质上分属不同领域的议题纳入 WTO 电子商务多边规则谈判的原因，未来也不排除在 WTO 或其他国际经贸规则体系中出现《与电子商务有关的个人信息隐私保护协定》的可能性。

（二）国际经贸协定谈判由政府主导，谈判过程透明度较低，大型跨国企业以外的其他利益相关方参与规则制定的渠道较少

当前国际经贸协定的制定程序与网络空间治理的多利益相关方模式有重要区别。一是主要国际经贸协定谈判都是秘密进行，谈判内容不公开，获取谈判文本只能通过各种“解密”渠道，这也成为 IGF 全会对国际经贸协定谈判的主要不满。二是谈判均由政府主导，能影响政府贸易规则谈判立场的主要是大型跨国企业。如美国负责国际经贸谈判的国际贸易代表办公室下设若干咨询委员会，对美国形成贸易政策具有很大影响，咨询委员会组成人员均为各行业领军企业或行业协会负责人①。这与秉承多利益相关方治理模式的 ICANN、IETF 等治理平台在制定规则和标准时完全公开谈判文本，各利益相关方可以充分获知信息并参与讨论的制度性保障相比，有较大差距。

造成国际经贸协定谈判现状有多重原因。首先，从历史上看，当代国际

---

① https：//ustr. gov/about-us/advisory-committees；http：//ita. doc. gov/itac/；http：//ita. doc. gov/itac/committees/itac08. asp.

经贸协定的鼻祖《关税与贸易总协定》（GATT）形成于 1947 年，其制定初衷就是为了防止各国重蹈“以邻为壑”的贸易保护主义政策，加剧世界经济危机进而引发“二战”的覆辙①。因此，当代国际经贸协定在诞生之初就具有强烈的维护世界和平的政治背景。② 其次，国际经贸协定是给政府制定规则，并不直接影响企业利益。因此，由政府主导规则谈判并在谈判中进行利益妥协和交换具有一定合理性。墨西哥贸易谈判代表在 IGF 会议上指出，贸易谈判不可能做到多利益相关方治理模式所期待的完全公开谈判文本，一个国家即使愿意公布本国的谈判立场，也不能随意公布其他国家的谈判立场。最后，传统国际货物贸易和服务贸易的利益相关方主要是大型跨国企业，小企业和公民团体直接参与国际贸易的机会十分有限，因此政府不会主动征询他们的意见。但是，由于政府在对外参加国际谈判时代表的是一国整体利益，实际上不可能完全忽视其他利益相关方的关键利益③。

（三）国际经贸规则的形成历史就是从诸边走向多边，从软法走向硬法的过程，网络空间治理相关议题谈判也体现出相似的规律

WTO 拥有 164 个成员，其“一揽子协议”对所有 WTO 成员具有强制约束力。WTO 多边法律体系的形成并非一蹴而就，其中多项重要协定都经历了“从诸边到多边，从软法到硬法”的发展历程。WTO 成立之前经历了 8 轮多边贸易谈判，从 GATT 缔约到 20 世纪 70 年代之前的谈判主要集中于降低关税。到“东京回合”谈判时（1973～1979 年），非关税贸易壁

---

① GATT 本是“国际贸易组织”（ITO）的基石性协定，ITO 原本计划像 IMF 和世界银行一样成为联合国体系的一部分。由于美国国会没有批准 ITO 生效协定，ITO 最终胎死腹中，但 GATT 作为一项临时性国际协定存活下来，维护国际货物贸易秩序长达半个世纪之久，并逐步演化为于 1995 年成立的 WTO。

② Jackson, *Sovereignty, the WTO, and Changing Fundamentals of International Law*, Cambridge University Press, p. 92.

③ 墨西哥贸易谈判代表在 IGF 全会讨论中对相关问题的论述。http://www.intgovforum.org/multilingual/content/igf-2016-day-3-main-hall-trade-agreements-and-the-internet，2017 年 1 月 17 日访问。

垒已经取代关税，成为国际贸易发展的新障碍。“东京回合”最重要的成果是就约束非关税贸易壁垒制定了若干协定，包括《反倾销协定》《补贴和反补贴措施协定》《技术性贸易壁垒协定》等后来在 WTO 体系下最具影响力的规则。参与“东京回合”谈判的共有 123 个 GATT 缔约方，但在“东京回合”结束时，只有少数缔约方（主要是发达经济体）接受了非关税贸易壁垒协定，大部分缔约方可以选择不受协定约束[①]。站在“东京回合”结束的时点来看，这类非关税贸易壁垒协定既不是多边协议，对大多数国家也不具有强制约束力，这批协定也因此被人们习惯性地称为“守则”(code)，而非协定（agreement）。

然而，作为国际经贸规则制定领导者的美国并未因这批协定暂时效力有限而忽视其重要性。美国认为，这批协定解决了国际贸易体系中的一系列难点，虽然短期内的直接影响可能很小，但为国际贸易制定了行为守则，具有在未来重塑国际贸易开展方式的潜力，是控制其他国家使用非关税贸易壁垒的第一步。[②] 历史的发展证明了美国的远见。20 世纪 90 年代初结束的“乌拉圭回合”谈判成立 WTO，制定了对全体成员具有法律约束力的“一揽子协议”，其中就包括“东京回合”制定的非关税贸易壁垒协定。经过十多年的发展，“守则”从诸边走向多边，从软法变成硬法。

当前网络空间治理议题在国际经贸规则中的发展与 20 世纪 70 年代的非关税贸易壁垒议题有相似之处。美国通过 TPP 形成了网络空间治理关键议题的规则文本，在各种国际平台推动其他国家接受其规则。TiSA 在 WTO 体系下的地位就类似于非关税贸易壁垒守则在 GATT 体系下的地位，先形成高水平规则文本，蓄势待发，逐步推动诸边规则多边化。TiSA 未来若变成多边规则，其中与 TPP 相似的网络空间治理议题相关规则也将随之成为多边规则。

① https://www.wto.org/english/thewto_e/whatis_e/tif_e/fact4_e.htm.

② US Congressional Budget Office, *The Effects of the Tokyo Round of Multilateral Trade Negotiations on the US Economy: An Updated View*, July 1979, p. 40, https://www.cbo.gov/sites/default/files/cbofiles/ftpdocs/111xx/doc11153/79doc660.pdf.

不仅美国，欧盟也在尽力将其内部规则国际化。欧盟2016年颁布的《通用数据保护条例》是目前世界上个人信息隐私保护水平最高的法规，所涉及的个人信息保护与跨境数据流动问题密切相关。2017年1月10日，欧盟委员会发布《关于在全球化世界中交换和保护个人数据的通告》，提出了处理个人数据国际流动问题的战略方案。① 欧盟委员会在通告中称，将积极与其关键贸易伙伴进行磋商，达成“充分性决定”②。此类磋商将于2017年从日本和韩国开始，逐步向东亚和东南亚其他贸易伙伴扩展，并将视印度国内法完善情况与印度开展磋商，也欢迎拉丁美洲国家和欧洲邻国加入此类谈判。③ 欧盟通过与其他国家达成“充分性决定”，推动其他国家的个人数据保护法规和跨境数据流动规则向欧盟标准靠拢。

美欧是当代国际法的建立者，深谙国际法形成规律，深知就网络空间治理议题直接制定对其有利的国际规则必然遭到重大阻力，便以经贸规则为平台，先在局部确立规则。待大多数国家熟悉甚至接受其规则时，再领导建立具有约束性的国际规则便水到渠成。

（四）国际经贸规则谈判中涉及网络空间治理议题呈现不同国家分别主张新旧议题，并相互对抗的形势

在互联网时代，美国虽保有技术优势，但在互联网产业发展方面已无法独领风骚。我国凭借庞大的互联网产业规模，也在积极寻求引领国际规则制定。但在国际经贸规则领域，我国主张谈判的互联网相关议题与美欧有很大不同，我国主张谈“旧议题”，而美欧主张谈“新议题”。

---

① http：//europa. eu/rapid/press-release_IP－17－16en. htm.

② 该决定将允许欧盟个人数据自由流向那些被判定为具有与欧盟“基本同等”数据保护规则的国家。

③ 在决定与哪些国家进行谈判时，欧盟委员会将考虑与该国的经贸关系、个人数据流动水平、该国在隐私和数据保护方面的领先程度、该国与欧盟的总体政治关系等因素。Communication from the Commission to the European Parliament and the Council，Exchanging and Protecting Personal Data in a Globalised World，p. 8.

中国主张的“旧议题”是指由互联网驱动的货物贸易，以及与之直接相关的服务贸易，如支付和物流。中国主张“旧议题”的目的在于充分发挥我国优势，争取规则制定主动权，同时改善现有多边贸易规则的实际应用，使发展中国家、最不发达国家和中小微企业从国际贸易和全球价值链中获取更多利益，实现跨越式发展。[①] 将此类议题称之为“旧议题”，一方面是因为这类议题虽然与互联网相关，但只是将互联网作为一种技术手段，实质涉及的贸易类型仍然是传统货物贸易，即网上购物，相关谈判旨在为通过互联网购买的商品在支付、运输、通关、存储等方面创造更多便利条件；另一方面是因为这类议题多已出现在现有国际经贸协定中，如电子签名、电子认证等问题不仅 WTO 多哈回合谈判有所涉及，联合国国际贸易法委员会和诸多双边和区域贸易协定都已对此类问题作出规定。中国还主张就改善发展中国家网络基础设施、消费者保护、隐私保护和知识产权等问题开展讨论，为网上货物贸易创造良好条件。[②] 除此以外，中国并未在国际经贸规则谈判中提出与网络空间治理相关的议题和立场。

美欧主张的“新议题”是指互联网时代特有的，与传统货物贸易并无直接关系的议题。[③] 例如，TPP 和 TiSA 的电子商务章节虽然也包括电子签名和电子认证、电子交易无纸化等传统电子商务条款，但更多内容是关于跨境数据流动、计算设施本地化、个人信息保护、源代码、垃圾信息，甚至开展网络安全合作等网络空间治理领域关注的议题。此类议题不仅在网络空间治理领域尚无定论，在现行国际经贸规则中也从未涉及。美欧意图通过经贸协定谈判为此类跨领域的“新议题”设定规则。

美国在 G20、APEC、WTO 等多个国际场合提出与我国就“新议题”进

---

① Work Program on Electronic Commerce, Aiming at t 11th Ministerial Conference, Communication from the People's Republic of China, JOB/GC/110, November 4 2016, p. 1.

② Ibid, p. 3.

③ “新议题”与传统货物贸易并无直接关系，但是否属于服务贸易的一部分仍有争论，近年新签署的经贸协定通常将电子商务和服务贸易分章规定。

行讨论，我国通常以各种理由予以回绝，主要原因是，一方面我国认为多数“新议题”不属于贸易问题，不应通过经贸协定制定规则；另一方面，我国对于“新议题”中的重点议题，如跨境数据流问题，在国内基础研究和制度建设上还不完善，难以把握对外谈判立场。但是，随着美国将跨境数据流议题引入《中美双边投资协定》谈判，以及日本和澳大利亚等 TPP 成员国将“新议题”引入 RCEP 谈判，我国已不得不在自己最重视的两项国际经贸协定谈判中直面“新议题”，未来继续回避的腾挪空间将越来越小。

（五）对于国际经贸协定中的网络空间治理议题，个人信息保护和维护国家安全与公共利益是对自由开放政策的主要平衡政策

美国在国际经贸协定中力推网络空间治理“新议题”，目的是在国际层面建立自由开放的制度环境，便于美国的优势互联网产品和服务进入他国市场。自由和开放是美国主导的规则背后的政策目标。但自由和开放并非绝对。TPP 第 14.11 条（跨境数据流动）第 3 款规定，本条不得阻止缔约方为实现合法公共政策目标而采取或维持与第 2 款不符的措施。TPP 并未明确指出哪些是合法公共政策目标，从现有国际经贸规则和各国法律法规中可以看出，个人信息保护与维护国家安全和公共利益是平衡自由开放政策的最重要的合法公共政策目标。

欧盟是个人信息保护的主要倡导者，美欧之间的“隐私盾”协议和欧盟拟与其他国家开展磋商的“充分性决定”都是为了实现跨境数据自由流动和个人信息保护之间的平衡。APEC 于 2011 年通过《跨境隐私规则体系》，旨在为亚太地区建立满足高标准个人信息保护水平需求的跨境数据流动机制①。澳大利亚、印度、日本、俄罗斯等国均有因个人信息保护而约束数据跨境自由流动的国内法②。TPP 第 14.14 条非应邀商业电子信息（垃圾信息）相关

① 2011 年 APEC 领导人《檀香山宣言》，http：//www. apec. org/Meeting-Papers/Leaders-Declarations/2011/2011_aelm. aspx，2017 年 1 月 17 日访问。

② UNCTAD，*Data Protection Regulations and International Data Flows：Implications for Trade and Development*，April 2016，pp. 43 – 46.

规定背后的政策目标也是为了保护个人信息和隐私。

在互联网时代维护国家安全和公共利益受到各国高度关注。TPP第14.16条鼓励各国就网络安全事项开展合作，第29.2条为所有TPP规则设置了安全例外；美国提出在TiSA电子商务章节增加“基本安全利益”例外；包括我国在内的许多国家采取限制数据跨境流动或数据本地存储措施的目的都是为保护国家安全和公共利益。①

国际经贸规则一般要求为实现合理公共政策而采取的例外措施不得超过必要限度，构成对贸易的变相限制。美国认为，其他国家因保护个人信息或维护国家安全和公共利益而采取过于严格的限制性措施，有保护本地产业和变相限制贸易之嫌②。目前，哪些互联网管制措施是保护个人信息或维护国家安全和公共利益的合理措施，哪些是以此为旗号却构成对贸易的变相限制的措施，尚无定论。

（六）就网络空间治理议题做出决定的权力应分配给哪一层级，是各国面临的重要挑战

已故国际贸易法专家John Jackson教授曾就主权概念提出一个新分析框架，认为“现代主权”的本质是讨论权力如何分配的问题③。就某一问题做出决定的权力可以分配给主权国家，也可以分配给国际机构或地方政府。当一国拒绝接受国际机构做出的决定或拒绝加入一项国际条约，并声称其主权受到该国际机构或条约侵犯时，该国实际想表达的意思是，就这一问题做出决定的权力应分配给主权国家，而非国际机构④。

按照Jackson教授的理论，由于货物流、服务流、资金流的全球化发展，制定国际经贸规则的实质是将贸易政策的制定权力在一定程度上从主权国家手

---

① Aronson, *The Digital Trade Imbalance and Its Implications for Internet Governance*, pp. 3 – 4.

② USITC, *Digital Trade in the US and Global Economies*, Part 1, July 2013, pp. 5 – 2 to 5 – 11.

③ Jackson, *Sovereignty, the WTO and Changing Fundamentals of International Law*, Cambridge University Press, p. 76.

④ Ibid., p. 72.

中剥离，分配给国际机构。主权国家颁布什么样的贸易政策以及如何实施贸易政策的权力都受到国际经贸规则的限制。在互联网时代，网络产品、服务和信息的全球流动与货物流、服务流、资金流的全球流动十分相似，利用高度国际化的经贸规则体系在国际层面为网络空间治理议题制定规则具有内在合理性。若企业在不同国家须遵守不同的互联网规则，反而不利于数字经济发展。

但是，当具体的互联网治理议题在国际经贸规则谈判中出现时，各国却出现不同立场和反应。这是因为各国对于政府应在互联网治理中扮演何种角色，以及关于跨境数据流动、个人信息保护、网络安全、网上知识产权保护等重大问题的决定应在哪一层级做出有不同看法①，对于这一问题的回答将在很大程度上决定未来国际经贸协定中网络空间治理相关规则的严苛程度。由于国际经贸协定是为政府制定规则，如果网络空间治理议题的决定权应更多分配给各主权国家，则国际经贸协定中的相关规则就应较为宽松，给主权国家根据本国政策颁布管制措施留有较大余地；若决定权应更多分配至国际层面，则相关规则就应更加严格，限制主权国家制定互联网管制措施的能力。

Jackson 教授也承认，关于某一议题的决定权力应分配给哪一层级是一个十分复杂的问题，只能具体情况具体分析。可以预见，未来网络空间治理的诸多议题是否应进入国际经贸规则谈判，对国家颁布治理措施的自由度应限制到何种程度，将成为各国面临的重大挑战。

三、国际经贸规则中网络空间治理议题的未来发展趋势

（一）国际经贸规则只应涵盖由政府起主导作用，同时又需要国际规则对政府行为进行约束的网络空间治理议题

如果将“权力的层级分配”理论做扩展性理解，参与网络空间治理问题

① Aronson, *The Digital Trade Imbalance and Its Implications for Internet Governance*, pp. 4 - 5.

决定的不仅包括不同层级的政府，也包括非政府组织，所谓多利益相关方治理模式就是各利益相关主体均有机会参与规则制定。但是，网络空间治理问题非常复杂，不同问题的性质差别很大，让所有利益相关方参与所有问题的决定既不现实，也不合理。因此，未来应在实践中综合考量各种因素，逐步明确网络空间治理的具体问题更适合由哪些利益相关方在哪一层级做出决定。

国际经贸规则与网络空间治理已呈现交叉融合趋势，但由于国际经贸规则只约束政府行为，而不直接给企业制定规则，未来与网络空间治理将呈有限交叉态势。国际经贸规则应只涵盖那些适宜由政府在治理中起主导作用并因此颁布限制性措施的网络空间治理议题。IGF 全会上就有代表表示，顶层问题（top-line concepts）可以由国际经贸协定处理，而操作层面问题（operational concepts）不应属于经贸协定管辖范围。[①] 另外，由于国际经贸规则是将贸易问题的决定权适度向国际层面转移，削弱了主权国家政府行为的自由度，如果运用得当，将有利于维护除政府外的其他利益相关方的利益，避免政府过度管制给其他利益相关方造成损害。

（二）国际经贸规则将直接影响和约束国内互联网治理政策，但也有利于引导各国碎片化的互联网政策法规走向统一，降低数字经济发展成本

国际经贸规则关注政府措施的效果，而非意图。出于互联网治理目的而颁布的国内措施只要有影响国际贸易的效果，就会受到经贸协定的管辖和约束。因此，未来各国颁布互联网治理政策措施时应考虑国际经贸规则的合规性问题。

国际经贸规则虽然在一定程度上限制了政府权力，但能为全球数字经济发展营造稳定、可预期的制度环境。只有当政府、企业对规则和例外均有共识时，企业才能避免因在不同国家遵守不同规则导致经营成本增加，政府才

---

① http：//www. intgovforum. org/multilingual/content/igf-2016-day-3-main-hall-trade-agreements-and-the-internet.

能放心颁布维护合理公共政策的措施而免于担忧违反国际义务，最大限度发挥互联网和数字经济降低成本、创造财富的作用。①

（三）国际经贸规则的制定过程应借鉴多利益相关方治理模式的优势，增加透明度，使更多利益相关方有机会发声并影响规则制定

国际经贸规则以政府为主导、过程不透明的传统谈判方式正在遭到越来越强烈的反对，越发难以为继。一方面，谈判事实上难以做到完全保密，网络公民社群不断通过各种手段披露“解密”文本，是对政府保密工作的巨大反讽。另一方面，过度保密正在使国际经贸规则谈判者自食苦果。以 TPP 为例，TPP 中的许多内容对美国有利，但却遭到美国民众强烈反对，最终流产，其中一个重要原因就是政府对谈判过度保密，与民众交流不充分，使民众对 TPP 的内容和效果存在误解，反而导致美国政府多年的努力成果付诸东流。透明度（Transparency）原本就是国际经贸规则体系的基石性原则之一，以前多体现于规则制定的成果公开透明，而并未重视规则制定过程的透明度。网络空间治理议题进入国际经贸规则是改进国际经贸治理体系的一个重要机会，未来国际经贸规则谈判应借鉴网络空间治理多利益相关方模式，加强规则制定过程的透明度，与社会公众加强交流。

对于国际经贸规则制定主要由政府主导的问题，鉴于国际经贸规则形成的历史惯性，让多利益相关方共同参与规则制定在短期内不可能实现，但仍有改进空间。一是通过提升规则制定过程的透明度，使政府和大企业以外的利益相关方知晓与网络空间治理相关的讨论内容，通过发表评论或提交议案，得以影响而非直接参与规则制定。二是选择适当议题，探索接纳甚至鼓励政府以外的市场主体参与相关议题的规则制定。阿里巴巴提出的 eWTP 是一个有益尝试。虽然 eWTP 讨论的问题以“旧议题”为主，基本没有涉及网络空

① Aronson, *The Digital Trade Imbalance and Its Implications for Internet Governance*, p. 5.

间治理“新议题”，但其主张的企业和其他电子商务相关主体主导规则制定本身就是多利益相关方治理模式的体现。经贸规则以推进经济和发展利益为主，纯粹的技术和安全问题很少。我国互联网产业的长项恰好在于商业模式发达，应充分利用这一优势，鼓励企业走在经贸规则制定前列，显示我国对多利益相关方治理模式的积极态度。

（四）国际经贸规则与互联网相关的“新议题”和“旧议题”应并行发展，予以同等重视

当前美欧主导的国际经贸规则谈判过于重视网络空间治理“新议题”，忽略“旧议题”；而我国则强调“旧议题”的重要性，回避“新议题”。无论从未来发展趋势还是国家利益角度看，对于国际经贸规则中的新旧议题都应给予同等重视。

“旧议题”虽然与网络空间治理没有直接关系，但在更大范围内与改善全球治理格局有关。当前经济全球化遭遇重大挑战，很大程度上是由于过去20年经济全球化不完善，发达国家的跨国企业和金融集团过度获利，而发达国家的中下层和大部分发展中国家的利益没有得到满足。国际经贸规则中关于“旧议题”谈判的着眼点就是通过发展电子商务，利用互联网使更多发展中国家和发达国家的中小企业融入全球价值链，享受经济全球化的利益。对于“旧议题”的谈判容易凝聚共识，不仅有利于获得广大发展中国家支持，也能获得发达国家大部分民众的支持，缓解发达国家内部矛盾，提升全球治理整体水平，为解决“新议题”中的棘手问题营造良好氛围。

国际经贸规则中的互联网“新议题”并不仅代表美欧利益，其实质是数字经济发展面临的新问题，代表了未来的发展趋势。包括我国在内的部分发展中国家对“新议题”谈判采取回避态度，主要是由于“新议题”涉及国家安全和公共利益，发展中国家遇到此类问题时间不长，虽然对问题重要性有所认识，但研究不充分，国内制度不完善，在对外谈判时难以表态。然而回

避不能解决问题。美欧在各个国际经贸规则谈判平台对于“新议题”规则的布局已经成势，正在复制“东京回合”守则由诸边走向多边，从软法变成硬法的历史。发展中国家即使现在不参与规则谈判，未来也难免受制于人，不如对“新议题”加强研究，积极参与相关规则制定，发出自己的声音。

（五）与网络空间治理相关的国际经贸规则应实现促进自由开放、保护个人信息、维护国家安全和公共利益三项政策目标之间的平衡

国际经贸规则十分注重平衡成员国政府的权利和义务。对于网络空间治理议题，一国政府维持自由开放的政策环境是对他国承担的义务；保护个人信息和维护国家安全和公共利益是对本国国民承担的义务，也是对外拥有的权利。与网络空间治理相关的国际经贸规则也要保持政府权利和义务的平衡。

美国主导的 TPP 和 TiSA 中关于网络空间治理议题的规则体现了平衡促进自由开放、保护个人信息、维护国家安全和公共利益的努力。欧盟一向十分重视保护个人信息，一定程度上牺牲了促进自由开放政策，并较少关注维护国家安全问题。我国注重维护国家安全和公共利益，在谈到网络安全时并不严格区分国家安全和个人信息保护，并且存在以国家安全来统个人信息保护的倾向，容易给外人留下限制自由开放的印象。目前，各国都仅以自己对政策平衡的理解来制定国内措施和领导国际规则制定，尚未充分考虑兼顾其他国家的需要。未来网络空间治理相关的国际经贸规则若要达成不同政策目标和权利义务之间的平衡，需要各国充分协商，积极听取其他利益相关方的意见，争取最大限度达成共识。

除在国际层面争取达成政策平衡外，一国国内的互联网管理政策也应在促进经济发展、保障国家安全和维护公民合法权益等政策目标之间形成动态平衡。以网络安全政策为例，维护网络安全是各国均十分重视的政策目标，但安全要在技术和产业发展中才能获得真正保障。一国制定网络安全政策法规时，需全面、充分考虑对信息技术和互联网产业发展的潜在影响。这不仅

包括政策法规在本国境内对本国和外国企业的直接影响，要避免造成歧视和不必要的贸易壁垒，还包括政策可能引发其他国家对等待遇对本国企业“走出去”的影响，避免因本国网络安全政策对外国互联网产品和服务限制过于严格而导致本国企业在国外遭到其他国家报复式对等待遇。一国的互联网管理政策应有助于将本国建成对全世界人才、技术、数据和资金具有吸引力的市场，在长期视角上实现安全和发展的动态平衡。

国际监管合作规则新发展评析

张　姣*

摘要：由于边境后监管分化所导致的非关税壁垒阻碍国际贸易的发展，国际监管合作成为近年来贸易谈判的新议题。WTO代表的多边贸易机制在国际监管合作议题上没有新的进展，区域和双边优惠贸易协定成为国际监管合作规则发展的次优选择。以CETA、TTP和TTIP为代表的优惠贸易协定中国际监管合作规则的思维从“负面一体化”转向“正面一体化”，并以“善治的监管实践”为核心条款，以求实现国际监管协调或一致性。中国也应当关注国际监管合作规则的发展动向，并在“一带一路”倡议下积极推动国际监管合作。

关键词：监管合作；监管一致性；善治的监管实践

一、问题的提出

传统的国际贸易壁垒体现为边境壁垒（at the border），如关税和配额。内战时期，由美国《1930年霍利关税法案》（the U. S. Smoot-Hawley Tariff Act of 1930）引发的贸易报复行为，使美国征收的关税一度接近50%，直接

* 张姣，西南政法大学博士研究生，WTO案例教学研究中心助理研究员。

导致《关税贸易总协定》（General Agreement on Tariffs and Trade，以下简称GATT）的谈判。[①] GATT 所创造的以规则为基础的全球贸易体系，不仅降低关税水平，还使全球一体化成为促进和平和繁荣发展的主要力量。而随着关税、配额以及其他国际贸易边境壁垒的减少，国际贸易规则的关注点逐渐转向“边境后”（behind the border）的国内监管政策。尽管这些监管政策的目的通常是保护消费者、劳动者、环境、公共健康等社会公共利益[②]，但仍可能为国际贸易带来负担[③]。国际贸易协定解决由国内监管所导致的贸易壁垒的传统做法是，通过国民待遇义务要求缔约方不得歧视外国货物或服务提供者。然而，即使不存在歧视性待遇，仅仅是国与国监管行为的不同就可能使国际贸易产生额外成本并在很大程度上阻止市场准入。[④] 这种由监管分化产生的贸易成本被经合组织（本文中简称 OECD）定义为，不同的国内监管为货物和服务贸易者带来的持续增长的成本。[⑤] 尤其是在全球价值链（Global Value Chains，本文中简称 GVCs）中，居间服务和零部件可能在不同的时间产生自不同的国家，相互抵触或分化的国内监管所导致的贸易成本将成倍增加。[⑥]

---

① Thomas J. Bollyky and Petros C. Mavroidis, Trade, Social Preferences and Regulatory Cooperation: The New WTO-Think, *Journal of International Economic Law*, 2017, 20, 1 – 30.

② 例如，标签要求和产品标准等技术贸易壁垒。又如，健康服务、法律服务等特定服务行业，由于服务供应商和消费者之间的信息不对称，也需要受到服务标准或服务从业人员标准的约束。参见 Carsten Fink & Marion Jansen, *Services Promvisions in Regional Trade Agreements. Stumbling or Building Blocks for Multilateral I-beraisation?*, *in* Multilateralizing Regionalism: Challenges for the Global Trading System 221 (Richard Baldwin & Patrick Low eds., 2009).

③ Robert E. Hudec, *The GATT Legal System and World Trade Diplomacy* (Butterworth, 2nd edn, 1990) 232; Olivier Long, *Law and its Limitations in the GATT Multilateral Trade System* (M. Nijhoff, 1985) 25; Andrew Lang, *World Trade Law after Neoliberalism*, Oxford University Press, 2011, pp. 169 – 170; Robert Howse, *From Politics to Technocracy-and Back Again: The Fact of the Multilateral Trade Regime*, American Journal of International Law, Vol. 96, 2002, pp. 94, 101.

④ Alan O. Sykes, *The (Limited) Role of Regulatory Harmonization in International Goods and Services Markets*, J. INT'L. ECON. L., Vol. 2 (1), 1999, pp. 53 – 57.

⑤ OECD, *APEC-OECD Integrated Checklist on Regulatory Reform* (OECD Publishing, 2008), http://www.oecd-ilibrary.org/governance/apec-oecd-integrated-checklist-on-regulatory-reform_9789264051652-en.

⑥ Thomas J. Bollyky, *Better Regulation for Freer Trade* (Council on Foreign Relations, June, 2012) 2, http://www.cfr.org/trade/better-regulation-freer-trade/p28508.

近年来，由于认识到国内监管行为可能阻碍国际贸易自由化进程，一些政府通过多边、区域和双边层面的努力，统一和协调“边境后”贸易监管政策。虽然世界贸易组织（World Trade Organization，本文中简称 WTO）在削减边境壁垒上取得巨大成功①，但对于边境后监管分化所导致的非关税贸易壁垒（non-tariff barriers，本文中简称 NTBs）则收效甚微，使得非关税壁垒成为当前国际贸易所面临的最主要障碍。国际监管合作逐渐成为贸易谈判的热门议题，因为除了监管合作，没有其他更有效的替代路径可用于削减国内监管分化所导致的非关税壁垒。欧盟和美国似乎希望超越传统的国际贸易协定，探索国际监管合作的新路径。欧盟近期与加拿大签署的《加拿大－欧盟综合经济贸易协定》（Comprehensive Economic and Trade Agreement，本文中简称 CETA），包含了独立的“监管合作”章。② 美国主导谈判并在 12 个经济发展水平不一的国家间签署的《跨太平洋伙伴关系协定》（Trans-Pacific Partnership，本文中简称 TPP），也涵盖全新的“监管一致性”章。③ 而美国与欧盟之间正在谈判的《跨大西洋贸易与投资伙伴协定》（Transatlantic Trade and Investment Partnership，本文中简称 TTIP），将重点解决双方的监管分化问题，其中也包含了横向适用于所有贸易部门的“监管合作”章。④ 因此，无论规则内容还是适用范围，由欧美主导的上述协定均在全面超越多边协定和其他贸易协定，通过谈判背景和协定文本，可以看出国际监管合作规则的发展趋势，但能否形成新的规则范式值得商榷。

---

① OECD 成员的关税平均水平降至 3%。中国、印度等新兴经济体的关税水平降至 10% 以下。WTO. World Trade Report 2014, *Trade and development: recent trends and the role of the WTO*（Geneva: World Trade Organization, 2014）69.

② CETA 第 21 章。

③ TPP 协定第 25 章。

④ EU Proposal for a Chapter on Regulatory Cooperation, originally published on 10 February 2015, available at http://trade.ec.europa.eu/doclib/docs/2015/february/tradoc_153120.pdf as amended on 4 May 2015 and available at http://trade.ec.europa.eu/doclib/docs/2015/april/tradoc_153403.pdf.

二、国际监管合作规则的制定平台：从 WTO 到 PTAs

一般来说，通过 WTO 促进国际监管合作具有诸多优势。因为不同收入水平和经济发展水平的国家均不同程度地参与全球价值供应链，当中包括一些低收入国家，导致国际贸易受到不同行政管辖区的监管，并在监管内容上呈现出多样性①。多边贸易协定可覆盖不同发展水平的所有经济体，避免在贸易伙伴间引入多个“监管合作”的平行讨论，从而更有效推动全球一体化。而 WTO 具有较为成熟的争端解决机制，也可为国际监管合作规则的适用提供有力支持。因此，WTO 在削减关税贸易壁垒上取得巨大成就的同时，也对非关税壁垒（Non-tariff Barriers，本文中简称 NTBs）予以了关注。东京回合谈判（1973～1979）和《技术贸易壁垒协定》（Agreements on Technical Barriers to Trade，本文中简称 TBT）、《实施卫生与动植物卫生措施协议》（Sanitary and Phytosanitary Measures，本文中简称 SPS）的签署，多边贸易体制迈出监管合作的第一步。两个协定设有专门的特别贸易关注磋商机制，并适用 WTO 争端解决机制。② TBT 协定主要通过对制定、采纳和实施技术法规、标准以及合理评定程序的原则作出规定，包括避免对贸易造成不必要的障碍原则、非歧视性原则、协调一致原则、技术法规等效原则、合格评定程序相互认可原则和透明度原则等。SPS 协议则涵盖了产品、程序及生产方法等，包括协调一致原则、等效原则、风险评估原则和透明度原则等。因此，两个协定主要针对的是歧视性监管措施，虽然也提出透明度要求，但主要是通过

---

① Richard Baldwin, Global Supply Chains: *Why They Emerged, Why They Matter, And Where They Are Going*, CTEI Working Paper 2012-13 (Geneva: Centre for Trade and Economic Integration, 2012).

② Gabrielle Marceauand Joel Trachtman, *The Technical Barriers to Trade Agreement, the Sanitary and Phytosanitary Measures Agreement, and the General Agreement on Tariff and Trade: A Map of the World Trade Organization Law of Domestic Regulation of Goods*, Journal of World Trade, Vol. 36, 2014, pp. 811 -881.

采用统一的国际标准来实现监管措施的简化和可预见性。[①] 此外，2006 年 WTO 贸易技术壁垒委员会成员在措施中增加了善治的监管实践（good regulatory practices）的要求。2008 年，该委员会组织召开了有关善治的监管实践、监管影响评估、监管合作倡议的工作会议，并鼓励成员之间交流实践经验[②]，但最终并未形成具有约束力的多边贸易规则，仍然无法有效解决阻碍国际贸易的重复、低效、不透明的国内监管措施。

由于多边贸易机制在监管合作议题上没有新进展，优惠贸易协定（Preferential Trade Agreement，本文中简称 PTAs）成为监管合作议题的次优选择。截至目前，大约有 60 个 PTAs 包含高于在世贸组织 TBT 协定下承诺（TBT-plus）的条款，约 50 个协定包含有高于 SPS 协议下承诺（SPS-plus）的条款。[③] 区域全面经济伙伴关系（Regional Comprehensive Economic Partnership，本文中简称 RCEP）、TTP 和 TTIP 等主要的 PTAs 谈判，均包含在非歧视性原则之上推动监管合作的努力。从已签署或已披露的协定文本来看，欧盟和美国在监管合作议题上显得更有野心。欧盟与非洲国家签署了包含监管合作内容的协定，但没有约束力。[④] 近期签署的 CETA 和 TTP，以及尚在谈判中的 TTIP 均涵盖了监管合作或监管一致性的内容。[⑤] CETA 设有独立的“监管合作”章，但未明确界定监管合作的含义。从适用范围看，CETA“监管合作”章的适用范围为 TBT 协定、SPS 协议、GATT1994、GATS 和 CETA 第 4 章“技术贸易壁垒”、第 5 章“动植物检验检疫措施”、第 9 章“跨境服务贸易”、第 21 章“贸易与可持续发展”、第 23 章“贸易与

---

① 如 SPS 协议第 2.3 条、第 3 条和第 5.4 条，以及 TBT 协定第 2.2 条、第 2.4 条和第 2.8 条。

② Committee on Technical Barriers to Trade, *Summary Report of the WTO TBT Workshop on Good Regulatory Practice* (G/TBT/W/287), World Trade Organization, June 6, 2008, pp. 1 –28.

③ WTO, World Trade Report 2011-The WTO and Preferential Trade Agreements: From Co-Existence to Coherence (Geneva: World Trade Organization, 2011).

④ Henrik Horn, Petros C. Mavroidis and Andre' Sapir, *Beyond the WTO? An Anatomy of the US and EU Preferential Trade Agreements*, The World Economy, Vol. 33, 2010, pp. 1565 –1588.

⑤ TPP 协定第 25.2.1 条。

劳工”及第24章“贸易与环境”。[①] 也就是说，CETA 的“监管合作”章并不是横向适用于所有的贸易部门，投资、金融服务、电信服务、电子商务等均被排除在适用范围之外。TPP 设有独立的“监管一致性”章，以涵盖监管合作的内容。TPP 协定将“监管一致性”定义为“在计划、设计、公布、实施以及审议监管措施的过程中善治的监管实践，以促进国内政策目标的实现而使用，同时指在政府间增强监管合作的努力中良好监管措施的使用，以深化上述目标并促进国际贸易和投资、经济增长与就业。”TPP 协定规定“监管一致性”章适用于与 TPP 协定涵盖的任何事项相关的普遍适用的强制性措施，但如与其他章节规定不一致时，以其他章节为准。同时要求缔约方在协定对其生效后1年内，确定并公开其涵盖监管措施的范围。[②] TTIP 当前公布的协定版本中设有独立的“监管合作”章，主要的条款分为善治的监管实践和监管合作两大部分。跟 TTP 一样，TTIP 协定也规定“监管合作”章适用于所有 TTIP 条款所涵盖的事项，与特定部门条款不一时，以后者为准。[③] 美国商务部认为 TTIP 有五个监管有关的要素，除技术贸易壁垒（TBT）、动植物检验检疫（SPS）和特定部门监管安排三要素外，还有监管合作和监管一致性两个要素。[④] 美国商务部还对两个术语进行了界定，认为“监管一致性”指与善治的监管实践、利害关系人参与国内规制过程相关的内容。而“监管合作”指美国和欧盟监管者通过更紧密的伙伴关系和更好的监管互通来实现互相影响的过程。因此，“监管一致性”下包括透明度、利益相关人的参与、监管效果评估等内容，“监管合作”下包括监管等效性评估和监管兼容性评估。[⑤] 本文认为，美国商务部界定的“监管合作”应当为狭义解释。而广义

---

① CETA 第21.1条。

② TPP 协定第25.3条。

③ TTIP“监管合作”章第3条和第4条。

④ The U.S. Chamber of Commerce, Regulatory Coherence & Cooperation in the Transatlantic Trade and Investment Partnership（TTIP）, https://www.uschamber.com/sites/default/files/regulatory_coherence_regulatory_cooperation_chamber_ttip_paper-final_2.pdf.

⑤ Ibid.

的国际监管合作除涵盖“监管一致性”和狭义的“监管合作”外，还应包括监督机构的设置、监管对话、咨询、设立联络点等。比较而言，CETA 作为第一个包含有独立“监管合作”章的 PTAs，尚未提出“善治的监管实践”这一概念，只包含了对促进透明度和增强监管可预测性的要求，因此更侧重于狭义的“监管合作”。TTP 和 TTIP 则在 CETA 基础上，将“监管一致性”作为重点，提出“善治的监管实践”的要求。

综上，国际监管合作规则的制定平台逐渐由 WTO 为代表的多边贸易机制转向区域或双边 PTAs，PTAs 中国际监管合作规则的制定也逐渐从 TBT-Plus 和 SPS-Plus 走向“善治的监管实践”，对缔约方间的国际监管合作提出更高的要求。

三、国际监管合作规则的思维转变：从负面一体化到正面一体化

从 WTO 有关协定到优惠贸易协定（PTAs），可以看出国际贸易协定中规则思维上的转变。从功能上看，TBT 协定和 SPS 协议更多是为了保护关税减让的成果。[①] 虽然也不局限于此，如两个协定还包括对单方监管行为或过度监管行为可能造成的负面影响进行审议等条款，但从两个协定的规则思维来看，WTO 在解决监管分化的问题上仍然采用的是“负面一体化”（Negative Integration）的模式，旨在防止国内政策被用来削弱关税减让的成果。第一，这种模式通过限制成员的部分监管权限，采用国际统一的标准来避免国内标准或监管的分化。例如，TBT 协定要求各成员在制定技术法规时，如果有关国际标准已经存在或即将拟就，应当采用这些标准或相关部分作为技术法规的基础，除非这些国际标准或相关部分对达到成员追求的合法

① Petros C. Mavroidis, *The Regulation of International Trade*: *GATT*, Cambridge, MA: MIT Press, 2016, 1: 137ff.

目的来说，是无效或不适当的。[①] 因此，TBT 协定认为国际标准是必需的。第二，“负面一体化”模式更注重监管措施的效果而非制定过程。如 TBT 协定强制性地要求这些监管措施不得超过实现合法目标所必需的限度，并必须在非歧视的基础上予以适用。[②] “必要性”则意味着 WTO 成员在面对相同效果的监管替代措施时，必须选择对国际贸易影响较小的那种。[③] TBT 协定和 SPS 协议都敦促 WTO 成员在通过监管措施干预贸易时，要将必要性放在第一位。[④] 第三，“负面一体化”模式主要目的是消除成员的贸易保护性行为。TBT 协定包括一系列具有约束力的义务，如国内政策的通知和解释义务；以及“尽最大努力”的要求，如与其他 WTO 成员之间发起相互承认、接受等效法规和协调技术法规等。[⑤] SPS 协议则更进一步，除了与 TBT 协定相同的要求外，还要求 WTO 成员遵守科学原理，并不得在成员间构成任意或不合理的歧视。[⑥] TBT 协定和 SPS 协议中的必要性、科学性、非歧视性要求和国际标准的设定，都是为了消除成员的贸易保护性行为。因此，两个协定都是通过要求各成员减少不必要的监管和与国际标准间不必要的分化，来使成员之间达到监管的统一。这种负面一体化的思维可以帮助减少明显的保护性监管行为，却难以解决非歧视性国内监管行为，因此仅仅是迈出了监管合作的一小步。

全球价值供应链的兴起为各国监管机构间统一进口产品和服务标准提供了强大的驱动力。但在缺乏多边机构有效支持的情况下，当新兴经济体及其消费者市场更加吸引出口商时，对监管标准的统一变得困难。大型跨国公司

---

① TBT 协定第 2.4 条。

② TBT 协定第 2.1、2.2 条。

③ Petros C. Mavroidis, *The Regulation of International Trade: GATT*, Cambridge, MA: MIT Press, 2016, 2: 493 - 94.

④ WTO Appellate Body Report, *United States-Measures Concerning the Importation, Marketing and Sale of Tuna and Tuna Products*, WT/DS381/R, adopted 16 May 2012, paras. 321 - 22.

⑤ TBT 协定第 2.6 条、第 2.7 条。

⑥ SPS 协议第 2.3 条、第 2.4 条。

在大型终端市场的本地化生产趋势，以及越来越多的公司依赖于私有标准、第三方认证和专门质量管理体系，也将会加剧这种挑战。因此，区域贸易协定则更倾向于“正面一体化”（Positive Integration）的模式。这种模式以APEC和OECD提出的监管改革倡议为基础①，以规则为导向，由国家自行规范国内监管政策和程序，以实现监管的一体化。“正面一体化”模式更注重一国内部监管政策的制定流程和实施的协调性，如要求缔约方保证利益相关人参与拟议监管措施的制定，以及进行成本收益评估（Cost-benefits）等内容。虽然不能绝对保证监管政策产出的质量，但可能从一定程度上实现监管政策的协调或一致。而且，这种模式下的监管合作对国家来说也可能是有利的。例如，一国可能通过单边方式实施“善治的监管实践”而增加其出口竞争力。② 而提升透明度、增强监管政策的可预测性对国内实体和进口商同样有利。③ 监管效果评估等行政法律实践也可以使贸易团体和行政机构更加紧密，并相互考虑对方的需求。④ 此外，基于规则的国际监管合作在提升国内决策水平上具有重要作用。因为即使是民主政府，国内利益团体也可能损害善治的监管实践，而基于共同目标的国际监管合作则可以通过透明度等要求，对上述问题进行一定的改善。因此，基于规则对一国的国内监管目标、监管内容和程序进行统一规范，将比统一国际标准更有效。

---

① 由于认识到消除监管分化是推动市场开放和竞争的关键因素，APEC和OECD于2000年6月达成关于监管改革的合作倡议，通过提升各成员国内监管的能力，以促进APEC和OECD规则的实施。OECD，*APEC-OECD Integrated Checklist on Regulatory Reform*（OECD Publishing，2008），http：//www. oecd-ilibrary. org/governance/apec-oecd-integrated-checklist-on-regulatory-reform _ 9789264051652 – en.

② OECD，*Guiding Principles of Regulatory Quality and Performance*，Paris：OECD，2005. Jose Guilherme Reis and Thomas Farole，*Trade Competitiveness Diagnostic Toolkit*，Washington：World Bank，2012，pp. 94 – 95；OECD，*Regulatory Policies in OECD Countries：From Interventionism to Regulatory Governance*，Paris：OECD，2002.

③ S. Jacobs and P. Ladegaard，*Regulatory Governance in Developing Countries*，Washington，DC：International Finance Corporation，2010.

④ Cary Coglianese，*Measuring Regulatory Excellence*，*in* Cary Coglianese（ed.），*Achieving Regulatory Excellence*，Washington，DC：Brookings Institution Press，2016.

四、国际监管合作规则的核心条款：善治的监管实践

CETA、TPP 或 TTIP 的“监管合作”或“监管一致性”章通常包含以下三种类型的规则：第一，对监管措施的制定、修改和实施提出国内程序性要求，即善治的监管实践；第二，建立程序性或制度框架来推动监管事项的合作，如建立监管委员会以开展持续的合作论坛，即浅层次的监管合作；第三，对标准的实质协调，建立相互认证安排或对类似的对相同监管的承认，即深层次的监管合作。[①] 其中，第三种类型的规则在 PTAs 中并不新颖，如 1983 年澳大利亚 - 新西兰紧密经济联盟协定（Australia-New Zealand Closer Economic Relations Trade Agreement，本文中简称 ANZCERTA）。[②] 两国还在特定领域更加深入开展实质性的监管协调或监管合作，1995 年两国建立食品标准联合管理机构，并于 1999 年开始适用澳大利亚 - 新西兰食品标准代码。[③] 东盟（The Association of Southeast Asian Nations ，本文中简称 ASEAN）也在 1998 年《互相认可安排框架协定》的基础上努力开展监管合作。[④] 在这一框架协定下，东盟各国在有关医疗服务、旅游职业、建筑、会计和其他领域达成互相认可的安排。这些安排将在东盟标准和质量咨询委员会的辅助下协调标准和评估程序。[⑤] 上述两个例子证明，当国家之间已经有较为接近的经济发展和政治水平时，将比较容易推进这种类型的监管合作，

---

① Bernard M. Hoekman and Petros C. Mavroidis, *Regulatory Spillovers and the Trading System: From Coherence to Cooperation*（E15 Intiative, ICTSD and World Economic Forum, April, 2015）2 - 3, http: //e15initiative. org/publications/regulatory-spillovers-and-the-trading-system-from-coherence-to-cooperation/.

② Debra P. Steger, *Institutions for Regulatory Cooperation in "New Generation" Economic and Trade Agreements*, Legal Issues of Economic Integration, Vol. 39, 2012, pp. 114 - 115.

③ See, generally, Food Standards Australia and New Zealand, About FSANZ, http: //www. foodstandards. gov. au/Pages/default. aspx.

④ *ASEAN Framework Agreement on Mutual Recognition Arrangements*, signed December 16, 1998.

⑤ Thomas J. Bollyky, *Better Regulation for Freer Trade*（*Council on Foreign Relations, June, 2012*）2, http: //www. cfr. org/trade/better-regulation-freer-trade/p28508.

而在经济发展和政治水平差距较大的国际之间则较难达成。而第二种规则，即浅层次的监管合作一般较易达成。因此，以上两种规则均不是当前 PTAs 中监管合作所关注的重点。通过对 CETA、TTP 和 TTIP 协定的文本进行分析，善治的监管实践成为 PTAs 最新关注的重点。TTP 和 TTIP 中均包有专门的“善治的监管实践”条款，CETA 中虽然没有提及“善治的监管实践”，但也包含了透明度要求。

（一）CETA 中的“善治的监管实践”

作为监管合作的内涵之一，透明度义务被认为是善治的监管实践的一部分。CETA“监管合作”章中包含两项透明度义务要求，一是私人机构的咨询，要求缔约方保证利益相关人和包括学者、智囊团、非政府组织、企业、消费者和其他机构的咨询。咨询方式由缔约方自行决定，选择任何缔约方认为合适的方式。① 二是联络点的设立，即要求加拿大和欧盟与贸易有关的部门设立联络点，就本章涵盖的事项接受咨询和协调。② 实际上，透明度义务在国际贸易协定中早已出现。GATT1947 以及后来的 GATT1994 都在第 20 条第 1 款和第 2 款涵盖了透明度要求，GATS 第 3 条也明确规定了有关“所有涉及或影响本协定行使之所有一般性适用之措施”的透明度要求。美国签订的 FTAs 大多数都包含有独立的“透明度”章，与 GATS 所要求的在至少在协定生效前予以发布不同的是，美国 FTAs 还要求缔约方在可能的情况下，应当将任何拟议采取的措施提前发布，并向利害关系人及其他缔约方提供合理机会对上述措施提案进行评议。③

（二）TPP 协定中的“善治的监管实践”

TPP 协定中的“善治的监管实践”具有亚太经合组织（APEC）的印记。

---

① CETA 第 21.8 条。

② CETA 第 21.9 条。

③ 如美国 - 新加坡 FTA 第 19.3 条第 2 款。

2011 年 APEC“加强实施善治的监管实践”文件提出主要从三个方面促进成员的监管一致性[①]：一是制定监管议程和指导原则，并审查现有监管政策以提升有效性并确保内部一致性；二是通过对监管的影响评估机制，运用“善治的监管实践”，对监管影响进行评估和替代选择比较；三是加强公众咨询和协商机制建设。所有 TPP 缔约方均为 APEC 成员，因此 TPP 将 APEC“加强实施善治的监管实践”有关要求融入协定文本中。

TPP 协定将“善治的监管实践”解释为进行监管影响评估以“有助于设计能够最大程度实现缔约方目标的措施”，而这里的监管影响评估仅仅为鼓励义务。[②] 如何具体实施监管影响评估，则需要考虑措施的必要性，并通过成本收益法审查可行的其他替代措施，并在评估中依靠科学、技术、经济或其他合理获得的信息。[③] 尽管 TPP 协定为缔约方在一定程度上具体设置了监管实践的细节，但仍然为各国保留了自由裁量权，以便其制定本国所偏好的监管影响评价方法。[④] TPP 谈判期间，一份泄露的草案文本则通过参考的形式引用了 OECD 和 APEC 文件中有关各国如何执行“善治的监管实践”的内容，为缔约方提供更多指引。[⑤] 尽管这部分内容在最终的 TPP 协定文本中被删除，但在 TPP 缔约方在对本章进行谈判时，仍可能将这些文件作为开展监管影响评估的指引。其中，OECD 的监管影响评估方法中，成本收益分析法（Cost-Benefit Analysis，本文中简称 CBA）最为常见。[⑥] 从某种程度上看，大

---

① APEC, *Annex D-Strengthening Implementation of Good Regulatory Practices*, https://www.apec.org/Meeting-Papers/Leaders-Declarations/2011/2011_aelm/2011_aelm_annexD.

② TPP 协定第 25.5.1 条。

③ TPP 协定第 25.5.2 条。

④ Rodrigo Polanco, The Trans-Pacific Partnership Agreement and Regulatory Coherence, in Tania Voon (ed.), *Trade Liberalization and International Co-operation: A Legal Analysis of the Trans-Pacific Partnership*, Edward Elgar, 2013, pp. 251 - 252.

⑤ *Trans-Pacific Partnership Agreement Regulatory Coherence Chapter*, Dated March 4, 2010, available from Citizens Trade Campaign, http://www.citizenstrade.org/ctc/wp-content/uploads/2011/10/TransPacificRegulatoryCoherence.pdf (*Draft TPP Regulatory Coherence Chapter*).

⑥ OECD, *Introductory Handbook for Undertaking Regulatory Impact Analysis (RIA)* (October, 2008) 10, http://www.oecd.org/gov/regulatory-policy/44789472.pdf.

多数监管评估影响的方法，都是对成本和收益的分析。一个完整的成本收益分析法是对拟议监管措施的成本和收益进行预先量化的评估方法。[①] 因此，OECD 认为成本收益分析法是监管影响评估中被用来评估监管措施及替代选择的一种更好的手段。[②] 但 TPP 协定认识到一些成本和收益实际上是“难以量化”的，因此并未要求缔约方在所有监管影响评估中运用完整的的成本收益分析法，而是要求缔约方考虑“在可行范围内”评估每一项拟议措施的成本和收益。[③] 这一规定也符合 OECD 的要求，OECD 要求在无法运用完整的成本收益分析法时，可以替代采用成本效益分析法（Cost-efficiency analysis）或部分的成本利益分析法（Partial CBA）。[④] 根据 OECD，成本效益分析法指当专业技术手段或资源受限时，只需要考虑拟议监管措施的利益，并将重点放在比较不同替代方案之间的成本上。部分成本收益分析法则指当信息不足或成本收益无法完全量化时，可以采用部分的成本利益分析法，即不要求考虑所有的成本和收益。因此，TPP 在考虑到成本和收益无法完全量化的情况下，采用部分的成本收益法作为评估替代措施。

关于协调机构的设立，TPP 协定在“监管一致性”中要求每一 TPP 缔约方“尽力确保”协调和审议程序的义务，并考虑设立和维持一个国家或中央级协调机构[⑤]。这显然是美国提出的，这一要求鼓励其他缔约方以美国信息与监管事务办公室（Office of Information and Regulatory Affairs，本文中简称 OIRA）为模板设立自己的监管机构。[⑥] 虽然这些特定程序或机制的具体细节

---

① OECD, *Introductory Handbook for Undertaking Regulatory Impact Analysis* (*RIA*) (October, 2008) 10, http://www.oecd.org/gov/regulatory-policy/44789472.pdf.

② OECD, *Introductory Handbook for Undertaking Regulatory Impact Analysis* (*RIA*) (October, 2008) 10, http://www.oecd.org/gov/regulatory-policy/44789472.pdf.

③ TPP 协定第 25.5.2（b）条。

④ OECD, *Introductory Handbook for Undertaking Regulatory Impact Analysis* (*RIA*) (October, 2008) 10, http://www.oecd.org/gov/regulatory-policy/44789472.pdf.

⑤ TPP 协定第 25.4.1 条。

⑥ Thomas J. Bollyky, *Better Regulation for Freer Trade* (*Council on Foreign Relations*, June 2012) 2, http://www.cfr.org/trade/better-regulation-freer-trade/p28508.

留待各 TPP 缔约国自行制定，但 TPP 要求各缔约国强化“国内机构间的协商和协调”，并对“拟议覆盖措施进行审议，以确定该措施的制定在何种程度上符合善治的监管实践”。[①] 另外，TTP 协定不包含独立的透明度条款，这与该协定设有专门的“透明度”章有关，“透明度”章适用于 TPP 协定涵盖的任何事项，要求成员方保证及时发布法律、法规、程序或普遍适用的行政裁定，并在可能的情况下，提前发布拟议采取的措施，并利害关系人提供合理机会对上述措施提案进行评议。[②] 但 TPP 协定就透明度要求规定了“实施通知”义务，TPP 协定在“管理和机构条款”章中统一规定，缔约方应设立一总联络点及本协定要求的其他联络点，便于缔约方就本协定涵盖的任何事项进行沟通。[③] 这就包含了“监管一致性”章中为了促进缔约方的合作和能力建设活动所要求设立的联络点，并要求缔约方在协定对其生效之日起 2 年内及此后每 4 年，通过联络点向专门委员就“监管一致性”章的实施提供通知。[④]

考虑到 TPP 缔约方的多样性，期待在各缔约方之间达成更为意义深远的涉及监管实质协调和相互认证安排是不现实的。如前所述，TPP 将关注点放在促进善治的监管实践上，与 APEC 成果相一致，也在情理之中。因此，TPP 协定中最核心的条款即对监管影响评估进行细化要求，特别是鉴别监管目标、识别可替代性监管方案、对拟议监管措施的成本和收益进行评估，基于科学和实证信息来做出监管决策。

（三）TTIP 中的“善治的监管实践”

TTIP 的“善治的监管实践”分为两个部分，第一部分即透明度要求，规定了拟制监管法案的提前公布，包括每年公布拟议法案的计划，以及尽早公

① TPP 协定第 25.4.2 条。
② TTP 协定第 26.2.2 条。
③ TTP 协定第 27.5 条。
④ TTP 协定第 25.9.1 条。

布计划信息和实施时间，包括可能对贸易和投资造成的重要影响，以帮助缔约方进行监管影响评估。① 还规定了利益相关者的咨询，要求缔约方在对拟议法案进行监管影响评估时，应当为利益相关者提供咨询和提供意见的机会。② 透明度条款和利益相关者的参与属于实现监管一致性的第一层保障。

第二部分即“监管政策工具”③，即在设计监管措施时需要进行的重要影响分析。与 TPP 协定的监管影响分析的不同之处在于，欧盟提议的 TTIP 协定文本并未要求运用成本收益分析法，而是泛泛地要求分析对国际贸易和投资的影响。此外，还要求缔约方在评估时，如果另一缔约方在同一事项上已实施或计划实施监管行为，则可以考虑该另一缔约方的监管方式。④ 同时，TTIP 还要求及时公开评估结果，并推动双方开展影响评估所需的数据、方法、经济模型等信息共享，以及推动对监管措施的事后评估和事后审查的经验互换和信息共享。⑤ 但就善治的监管实践的具体操作，TTIP 协定明确可以参考 OECD 关于《理事会关于监管政策和治理的建议》（Recommendation of the Council on Regulatory and Governance）的内容。⑥ 相较于 TPP 协定中的监管影响评估，TTIP 协定显得有些宽泛，且合作的程度尚浅。

五、国际监管合作规则的局限：规制自治权

一般来说，国际贸易协定中监管合作新规则的发展，主要受制于各国的规制自治权。因为缔约方都希望签署的协定不会对其主权造成不利影响，也不会影响国内监管目标的实现，如公共健康保护和环境保护等公共政策目标。

---

① TTIP“监管合作”章第 5 条。
② TTIP“监管合作”章第 6 条。
③ TTIP“Regulatory Cooperation” Chapter，Sub-section Ⅱ. 2“Regulatory Instruments”.
④ TTIP“监管合作”章第 7. 2（b）条。
⑤ TTIP“监管合作”章第 7. 3 条。
⑥ TTIP“监管合作”章第 1. 4 条。

因此，推动监管合作与各国规制自治权之间存在天然矛盾。监管改革的支持者认为，国内监管目标不应阻碍监管改革，监管改革如果被合理的执行，将不会对国内监管目标产生不利影响，反而会推动其实现。因为监管改革可以促进贸易并提升经济表现，而经济的发展反过来可以帮助政府更好地服务于公共利益。① 但实际上，监管合作可能会限制各国在追求特定公共政策目标时的选择。即使是简单的合作机制，如建立双边委员会或信息交换程序，也需要与规制自治权相平衡。②

因此，TPP 协定“监管一致性”章第 2 条确认了各缔约方监管目标的重要性，尤其是确认了“每一缔约方在确定监管优先事项并制定及实施监管措施等事项上的主权权利”和“监管在实现公共政策目标方面发挥的作用”。③ 而 TTP“监管一致性”章使用“应努力保证”④“应考虑设立和维持”“可考虑”等术语，也显示出对各缔约方规制自治权的考虑。加上“以其认为适当的时间间隔”“建立适当机制”等用词的模糊性⑤，更加深了“监管一致性”义务在适用上的不确定性。更重要的是，TPP 的争端解决机制不适用于“监管一致性”章所产生的任何事项。⑥ 因此，与善治的监管实践和监管影响评估有关的要求，不适用于本协定下的争端解决。这一做法虽然具有争议，但由于“监管一致性”章涵盖了广泛的国内监管措施，因此，将监管一致性章

① OECD, *APEC-OECD Integrated Checklist on Regulatory Reform* (OECD Publishing, 2008), http: //www. oecd-ilibrary. org/governance/apec-oecd-integrated-checklist-on-regulatory-reform _9789264051652 – en.

② Alberto Alemanno, *The Regulatory Cooperation Chapter of the Transatlantic Trade and Investment Partnership: Institutional Structures and Democratic Consequences*, Journal of International Economic Law, Vol. 18, 2015, p. 625.

③ TPP 协定第 25. 2. 2 条（b）、（c）项。

④ TPP 协定第 25. 4. 1 条、第 25. 5. 1 条、第 25. 5. 3 条、第 25. 5. 8 条。

⑤ TPP 协定第 25. 5. 6 条、第 25. 8 条。

⑥ TPP 协定第 25. 11 条。

节下的义务排除在争端解决机制之外，有助于各缔约方更好地参与TPP。①

TTIP 也遇到同样的问题。有学者提出，通过 TTIP 所实现的监管合作“将对欧盟和美国各自的规制自治权产生不可避免的限制”，即使这些监管合作条款不包括联合标准或实质性协调的适用。② 美国商务部在解释 TTIP 时，特意强调“监管一致性或监管合作不会威胁到监管主权”。③ TTIP 协定文本也强调“监管合作”章不会限制缔约方在符合监管框架和原则的基础上，为实现合法公共政策目标而实施适当措施的权利。④ 这些合法公共政策目标包括但不限于对公共健康，工作条件，社会保护和安全，人类、动物和植物的生命，动物权益，健康和安全，个人数据，网络安全、文化多样性和金融稳定的保护。⑤

虽然当前的监管合作规则进程受制于规制自治权，监管一致性义务也会不可避免地对国内规制自治权产生影响，但是相比较而言，善治的监管实践要求比国内政策或标准的实质性协调更尊重国家主权。⑥ 通过优化国内规制的制定程序，国际监管合作规则通过善治的监管实践希望提升成员所颁布监管措施的质量。其次，如何区分监管政策中的合法公众政策目标与贸易壁垒，是国际经济法长久以来所面临的一大难题。最大的难点在于如何区分以下两

---

① Rodrigo Polanco, The Trans-Pacific Partnership Agreement and Regulatory Coherence, in Tania Voon（ed.）, *Trade Liberalization and International Co-operation: A Legal Analysis of the Trans-Pacific Partnership*（Edward Elgar, 2013）, p. 180.

② Alberto Alemanno, *The Regulatory Cooperation Chapter of the Transatlantic Trade and Investment Partnership: Institutional Structures and Democratic Consequences*, Journal of International Economic Law, Vol. 18, 2015, p. 629.

③ The U. S. Chamber of Commerce, Regulatory Coherence & Cooperation in the Transatlantic Trade and Investment Partnership（TTIP）, https://www.uschamber.com/sites/default/files/regulatory_coherence_regulatory_cooperation_-chamber_ttip_paper-final_2.pdf

④ TTIP“监管合作”章第 1.3 条。

⑤ TTIP“监管合作”章第 1.1 条。

⑥ Alberto Alemanno, Is There a Role for Cost-Benefit Analysis Beyond the Nation-State?: Lessons from International Regulatory Co-operation, in Michael A. Livermore and Richard L. Revesz（eds.）, *The Globalization of Cost-Benefit Analysis in Environmental Policy*, Oxford University Press, 2013, p. 105.

种情形，即“一国政府在非保护主义的基础上实施的国内政策，但却对外国竞争者造成了歧视性效果”和“一国政府利用合法公共政策目标作为名，以行保护主义之实。”① OECD和APEC认为善治的监管实践的实施可以促进市场开放并减少歧视性监管的可能性。② 换言之，善治的监管实践是通过提升国内规制质量的路径，来解决识别保护主义这一难题。最后，通常争端解决机制中的专家组被要求裁定某一监管措施是合法还是保护主义时，需要审查的内容与监管影响评估相似。因此从理论上看，一国通过善治的监管实践所制定出的监管措施更有可能符合非歧视性义务或公共公正待遇的要求。③

六、结　语

一般而言，政治经济体制相似且经济发展水平相当的国家之间，国际监管合作容易得到新的发展，如欧盟与美国的TTIP。TPP则证明了不同经济发展水平的国家之间开展国际监管合作的可能性。监管一致性原则被视作TPP协定中代表“面向21世纪规则”的重要内容，代表着未来国际监管合作的主要发展方向。虽然受到规制自治权的制约而尚未形成新的规则范式，也必定会影响国内的监管政策的制定和实施。中国目前签订的自贸协定中，尚未包含类似的条款。但实际上，国际监管合作和“善治的监管实践”符合我国现有战略和发展的需求。第一，国际监管合作是“一带一路”倡议下政策互通和贸易互通的题中之意。为了更好推进“一带一路”倡议，“一带一路”沿线国应当加强对话和信息共享，更好地沟通和理解投资和贸易政策。第二，

---

① Aaditya Mattoo and Arvind Subramanian, *Regulatory Autonomy and Multilateral Disciplines: The Dilemma and a Possible Resolution*, Journal of International Economic Law, Vol. 1, 1998, pp. 303 – 304.

② OECD, *Enhancing Market Openness through Regulatory Reform* (OECD Publishing, 2008), http://www.oecd-ilibrary.org/governance/enhancing-market-openness-through-regulatory-reform_9789264051478-en.

③ Emilio Augustin Maffezini v. Spain (Award), ICSID Case No. ARB/97/7 (November 13, 2000) [67] - [71].

国际监管合作有利于减少“一带一路”沿线国投资企业监管和合规风险。在“一带一路”倡议背景下，我国深入参与“一带一路”沿线国家投资与贸易，也迅速推动国内经济转型升级，并更加深入地参与全球价值产业链分工。而“一带一路”国家中发达经济体仅有 7 个，更多的是非洲和东南亚发展中国家。这些发展中国家市场化程度偏低，有的法律体系尚未健全，投资和贸易监管透明度不高，中国企业对这类沿线国的投资和贸易风险较大。而所有的投资和贸易风险中，监管和合规风险成为对外投资或贸易企业面临的最大风险，尤其是在石油和天然气、基础设施、电信等行业。在“一带一路”沿线国开展技术标准互通、相互认证等国际监管合作，也有助于企业“走出去”时减少监管风险。第三，推行“善治的监管实践”有助于国内规制水平的提升。当前中国正在开展国内监管体制的改革，包括行政法律法规、规范性文件的清理，行政权力、责任清单的公布等加强国内监管协调和透明度方面的举措。而“善治的监管实践”所提倡的透明度要求、利益相关人的参与和监管影响评估，不仅有助于中国更好地参与全球经济，对国内企业也是利大于弊。因此，我们应当关注并重视国际监管合作规则的发展，并借助深入推进国内改革的契机，对国内立法和行政法规进行全面梳理，并优化行政法规立法程序，在国内监管政策的制定和实施中尝试推进“善治的监管实践”。

论个人数据跨境流动国际协调的秩序与程序

孙益武*

摘要：在大数据时代，个人数据的经济价值越发突显，数据驱动创新被视为国家经济增长的一种新源泉。在国际舞台上，不同国家数据利用（处理）技术以及市场运用前景的强弱是数据虹吸现象的根源。数据跨境流动及其法律规制既涉及防止数据非法流出和流入，又事关跨境转移数据保护不力的救济措施。从安全港到隐私盾，美国与欧盟双边协调提供一种平衡数据跨境流动秩序的有效范式。从长远来看，数据跨境流动规则将被众多国际组织和经贸协定纳入其讨论议题和范围，国内有效的数据保护救济程序是应对国际保护秩序建构的前提和手段。

关键词：数据；跨境流动；国际协调；法律秩序；保护程序

日益发展的新技术使得个人数据的收集、存储、分析、使用和传播变得越来越容易。一方面，数据规模不断膨胀，且可获得性越来越强，极大地刺激了新技术和新方法的发展，如数据存储技术的量级提升；另一方面，这些数据创新技术反过来提高了原始数据的使用价值，激励着更广泛、更大规模

* 孙益武，杭州师范大学沈钧儒法学院讲师。

的数据收集和应用。由于国与国之间网络服务和数据技术的发展水平不同，发展中国家的个人数据正源源不断地跨境流入发达国家，例如，截至 2017 年 6 月底，Facebook 总用户突破 20 亿人。数据跨境流动涉及经济、安全和文化等多个领域，不同法域的操作模式关注不同的价值理念。数据跨境流动多与投资和贸易等商业实践密不可分①，数据跨境流动在多大程度上遵守世界贸易组织（本文中简称 WTO）国民待遇和最惠国待遇原则尚不清楚，但禁止数据跨境流动的“文化例外”或“民族自决”难以成立②。本文对个人数据跨境流动历史渊源、发展现状、欧盟实践和法理价值做出梳理，试图为我国个人数据跨境流动立法及国际协调提供讨论基础。

一、个人数据跨境流动规则的渊源与发展

一直以来，国际社会过于重视货物、服务、智力成果、资本和人员的跨境转移，而各国普遍忽视数据的跨境流动，这与之前技术发展和规模化数据商业应用的发展不足密切相关。世界贸易组织（本文中简称 WTO）的许多重要协定都涉及货物和服务的跨境流动，世界知识产权组织（本文中简称 WIPO）的保护条约关注智力成果在不同国家的保护水平和执法力度，力求智力成果的国际保护设定最低保护门槛，便于智力成果的全球流动。人员流动涉及各国的移民和签证政策，资金流动涉及国家外汇管理制度，往往都是各国严格管控的对象。只有数据跨境流动没有得到足够的重视，相关国际协调的专门成果十分有限。

---

① The McKinsey Global Institute, *Global Flows in a Digital Age*: *How Trade*, *Finance*, *People and Data Connect the World Economy*, April, 2014.

② 王晓德：“全球自由贸易框架下的‘文化例外’——以法国和加拿大等国抵制美国文化产品为例”，载《世界经济与政治》2007 年第 12 期。

（一）数据跨境流动概念和原则：OECD 软法协调的变迁

经济合作与发展组织（本文中简称 OECD）于 1980 年发布了《隐私保护与个人数据资料跨境流动指导原则》[①]，该指导原则规定了数据保护的八项基本原则，分别是限制收集原则、数据质量原则、目标规范原则、限制使用原则、安全保障原则、开放原则、个体参与原则和责任原则，通过遵守这些原则以确保信息收集的合理性和信息处理的可靠性。《隐私保护与个人数据资料跨境流动指导原则》同时规定跨境数据流动的指导原则是自由流动和合法限制，要求各国间在采取行动保护个人数据同时，消除国际间个人数据流动障碍。

1985 年，OECD 发布的《数据跨境流动宣言》[②] 仍然秉持跨境数据的自由流动，强调避免建立阻碍跨境数据流动的非法障碍，提高法律和政策的透明度，开发处理跨境数据流动的共同方法。《数据跨境流动宣言》同时提醒关注特殊类型的数据跨境流动，例如，伴随国际贸易的数据流动、计算服务和信息服务的市场化、公司内部的数据流动等新问题。

2013 年，OECD 发布《隐私框架》[③]，对此前的原则和宣言做出修订，更加侧重于保护隐私。虽然 OECD 坚持促进个人数据的自由流动，对于按照《隐私保护与个人数据资料跨境流动指导原则》执行的国家之间不应限制数据跨境流动，对于已经采取合理保障措施的国家之间也不应限制数据跨境流动，如欧盟的“约束性公司规则”和亚太经合组织的“跨境隐私规则”。

作为重要的国际经济组织，OECD 明确了国家之间应当在统一数据保护

---

① OECD, *Guidelines on the Protection of Privacy and Transborder Flows of Personal Data*, http://www.oecd.org/sti/ieconomy/oecdguidelinesontheprotectionofprivacyandtransborderflowsofpersonaldata.htm, 2016 年 10 月 25 日访问。

② OECD, *Declaration on Transborder Data Flows*, http://www.oecd.org/internet/ieconomy/declarationontransborderdataflows.htm, 2016 年 10 月 25 日访问。

③ OECD, *The OECD Privacy Framework*, http://www.oecd.org/sti/ieconomy/oecd_privacy_framework.pdf, 2016 年 10 月 25 日访问。

水平的基础上促进个人数据的跨境流动，其确立的相关原则成为各国数据保护立法的重要参考，并对其他相关国际规则制定产生重要影响。

从 1980 年的《隐私保护与个人数据资料跨境流动指导原则》到 2013 年《隐私框架》，时隔三十多年，数据跨境流动的方式和规模不可同日而语，其潜在风险和危害也成指数级上升。20 世纪 80 年代，数据跨境流动还是企业或政府之间点对点地审慎传输，多数通过个人携带移动设备进行物理跨境；然而，现在数据可以在多地同时处理，云计算等服务允许他人访问存储在世界各地的数据，跨境的数据在全球存储和传播，并被及时分析和挖掘。三十多年来，个人数据保护的主要变化体现在以下几个方面：一是在数据量上，个人数据收集使用和存储的容量发生翻天覆地的变化；二是数据的经济价值，通过个人数据洞察个人和群体的趋势、行动、兴趣和活动等分析范围，通过新技术和审慎使用产生社会效益和经济利益的价值更加突显；三是对隐私的威胁程度，能够侵犯或保护隐私的主体的数量和类型增多；四是个体的网络化生存与个人数据的互动频率和复杂性提高，即由于通信网络和平台允许持续的多点数据流动而造成个人数据的全球可用性提高等。

此外，虽然识别法人的信息以及相关财产利益保护，可以由知识产权法和竞争法等法律规范确定保护范围和跨境流动规则，但跨境流动的数据不应仅指自然人的数据保护，政府部门、法人等管理或处理的数据同样应受制于一般的数据跨境流动规则。

（二）个人数据跨境：贸易协定中的不同定位

1. 服务贸易的一般例外

国际相关重要多边规则主要是 1994 年 WTO《服务贸易总协定》（本文中简称 GATS）第 14 条有关一般例外规定，即允许 WTO 成员方采取与 WTO 规则不相抵触的、为保护与个人资料处理和传播有关的个人隐私以及保护个人记录和账户秘密的必要措施，只要实施这类措施在情况相同国家间不构成武断的或不公正的歧视，或构成对服务贸易的变相限制即可。

WTO 成员方域内法有规定相关规则措施的自由裁量权，虽说个人数据处理和传播可以成为服务贸易的一般例外，但同时也被严格限定。例如，在美国赌博服务案专家组和上诉机构的论述中，GATS 第 14 条中“所必需的”“任意或不合理的歧视”“对贸易的变相限制”等含义以及包含的标准得到进一步阐释①。换言之，如果域内法相关规则被认定为构成对服务贸易的变相限制，则有可能受到其他 WTO 成员方的挑战，如颇具争议的数据本地存储规则。

2. 跨境数据保护为数据自由流动服务

相对于传统的国际贸易，电子商务的全球性（global nature of electronic commerce）更加直接和明显。按照 WTO 对电子商务的定义，其是指以电子方式进行的商品和服务之生产、分配、市场营销、销售或交付②。具体而言，电子商务可以分成两种方式，即直接购买和间接购买。前者整个交易都是在网上进行，交易商品通过电子传输，又称在线交易或直接电子商务；后者指交易双方在网上要约、承诺、付费，但交易商品由卖方通过传统运送方式交付买方，又称离线交易或间接电子商务③。

随着数字产品、在线服务或消费的增多，直接电子商务的比重将会得到进一步提升。即便是仍然通过线下物流运输货物，随着无纸化贸易的发展④，

---

① 世界贸易组织争端解决机构“美国——影响跨境提供赌博服务的措施”案（United States—Measures Affecting the Cross—Border supply of gambling and Betting Services）。

② WTO，Work Programme on Electronic Commerce，Adopted by the General Council on 25 September 1998，WT/L/274.

③ 张乃根：“论全球电子商务中的知识产权”，载《中国法学》1999 年第 2 期。

④ Duval，Y. and K. Mengjing. 2017. Digital Trade Facilitation：Paperless Trade in Regional Trade Agreements. ADBI Working Paper 747. Tokyo：Asian Development Bank Institute. Available：https：//www. adb. org/publications/digital-trade-facilitation-paperless-trade-regionaltrade-agreements，2017 年 7 月 17 日访问。

交易记录完全电子化已经实现。所以，电子商务中的数据保护和自由流动，将成为人员流动、现金流、物流之后最重要的流动形式。商业世界已经嗅到这种味道，从 EWTO 到 eWTP，马云已经提出全球电子商务平台的设想；商业世界的市场主体倒推电子商务规则国际协调是形势所迫，这项被写入杭州 G20 峰会公报的倡议也得到 WTO 的支持①。

美国主导的《跨太平洋伙伴关系协定》（本文中简称 TPP）当然不会无视全球信息和数据的自由流动，它对传统的“跨境数据流动”概念作了如下扩展：（1）淡化国境观念，强调信息和数据自由流动的“全球性”；（2）在合法公共政策目标得到保障的前提下，强调信息和数据流动的“自由性”；（3）强调“信息”概念，要求信息和数据均实现全球自由流动②。在具体规则方面，TPP 第 14 章“电子商务”中 18 个条款共分为四个方面：减少数字贸易壁垒、保护网络消费者权益、促进数据流动便利化和国际协调合作，这些都是通过数据自由流动促进电子商务发展的终极目标。此外，由于电子商务面临个人信息泄露的风险，TPP 单独列出个人信息保护条款，要求各缔约方建立法律框架，非歧视地保护电子商务用户的个人信息，并鼓励建立机制以增强缔约方不同法律框架间的兼容性。由此可见，美国无意推动建立个人信息保护的最低标准，而是要求各方自主确定保障个人隐私的法律机制。

在知识产权保护方面，美国通过许可和转让等各种方式向外输出知识产权资源，而在个人数据跨境方面，美国是输入国或受惠国，基于其在信息产业的强大实力，美国积极主张数据和信息自由流动。在企业层面，美国信息技术（IT）巨头都将云计算作为重要的战略发展方向，亚马逊、谷歌、IBM、微软等提供不同的云计算服务。2014 年，在全球排名前 100 位的云计算企业

---

① WTO. DG Azevêdo, *We must deliver a vision of more inclusive trade*, https：//www. wto. org/english/news_e/news16_e/dgra_06sep16_e. htm#, 2016 年 10 月 15 日访问。

② 蔡雄山、李思羽：“中国离 TPP 有多远——以 TPP 协定电子商务章为例”，http：//www. tisi. org/Article/lists/id/4279. html，2016 年 10 月 25 日访问。

中，美国占据了 84 家席位，欧洲占据 9 家席位[①]，其他国家受制于 ICT 技术发展落后，在云计算领域依然是处于落后地位。美国利用云计算优势，力图通过互联网向全球输出数据衍生产品、数字产品以及服务。TPP 要求允许包括个人信息在内的电子信息跨境交换，但也承认缔约方对电子信息交换有不同的监管要求，允许为了实现“合理的公共政策目标”而采取例外措施，同时规定了一定限制条件，并且未对“合理的公共政策目标”做出明确解释[②]。当然，这背后不排除美国安全部门基于反恐等安全目的收集处理个人数据的需要。

TPP 规定突出反映了当前国际经济贸易活动对于自由的数据跨境传输的依赖，反映了各国产业力量要求明确公共政策保护合理的跨境商业和技术数据传输活动[③]。具体到规则上，TPP 协定要求缔约方允许以电子方式对信息（包括个人信息）进行跨境传输，只要这种传输行为是为协定涵盖主体（covered person）实施商业行为而进行的。同时，TPP 的 12 个缔约国也同意，不将设立数据中心作为允许缔约方企业进入市场的前提条件。由此可知，不得要求数据存储设施本地化是 TPP 确立的非常重要的示范规则。与数据跨境传输限制相似，数据存储设施本地化要求也被美国视为阻碍电子商务发展的重要因素，因为其限制了美国网络企业的境外业务发展。因此，TPP 虽承认各缔约方基于通信安全和保密等原因对数据存储设施有各自的监管要求，但仍明确规定不得将在境内设置数据存储设施作为进入市场的条件，而且与跨境信息传输条款一样，对于为实现合法公共政策目标这一例外规定了限制条件[④]。

---

① 方家喜：“云计算‘二次创业’力破传统利益链”，http：//dz. jjckb. cn/www/pages/webpage2009/html/2016 -05/05/content_18404. htm，2016 年 10 月 25 日访问。

② 王蕊：“TPP 电子商务规则对中国的影响及启示”，载《国际经济合作》2016 年第 2 期。

③ 何波：“国际贸易规则下跨境数据流动分析”，载《汕头大学学报（人文社会科学版）》2017 年第 5 期。

④ 弓永钦、王健：“TPP 电子商务条款解读以及中国的差距”，载《亚太经济》2016 年第 3 期。

综上所述，个人信息保护和数据跨境流动议题已深度嵌入多边（数边）的贸易谈判中，日后的投资和贸易谈判将无法回避此类议题。

（三）地区协调的积极实践

亚太经合组织（本文中简称 APEC）于 2004 年通过《亚太经合组织隐私权框架协议》，试图通过促进组织成员方信息隐私保护的一致性，确保亚太地区的信息自由流动。隐私框架包括个人信息保护的 9 项原则：避免伤害、通知、收集限制、个人信息使用、选择性、个人信息完整、安全保障、获取及更正、问责制。《亚太经合组织隐私权框架协议》希望 APEC 成员方以隐私框架为最低要求分别制定本国的数据隐私保护法律。然而，隐私框架在亚太地区仅有参考意义，并不具有强制力。跨境隐私规则（Cross Border Privacy Rules，本文中简称 CBPR）被 APEC 定义为“规范 APEC 成员经济体企业个人信息跨境传输活动自愿及多边的数据隐私保护计划”。

CBPR 包括 4 个组成部分，一是自我评估，二是合规审议，三是认可接受，四是争端解决和执行。如果某个企业想获得 CBPR 认证需对照《APEC 隐私框架》9 项原则 50 项具体要求的问卷修改其隐私政策，并进行自我评估；再由获得 CBPR 认证的问责代理机构对其进行合规审议；通过后获得 CBPR 认证，问责代理机构将对认证企业的后续行为进行监督，对违规企业处以通报批评或取消其认证的惩罚，如果没有处理效果，该违规企业所在国的隐私执法机构将对其进行法律制裁。

APEC 与欧盟的隐私保护规则有许多区别①，而最重要的区别是 APEC 规则是一种软法协调机制，没有强制执行力，具有强制力的欧盟规则将在下文中剖析。

① 弓永钦、王健：“APEC 与欧盟个人数据跨境流动规则的研究”，载《亚太经济》2015 年第 5 期。

二、秩序保障：个人数据跨境流动的自由与安全

在客观上数据的跨境流动不可避免，一方面是国际经贸和文化交流等附带的跨境数据流动，另一方面出于数据的经济和社会价值，而带来纯粹的“数据跨境贸易”。由于不同国家和地区对个人数据的法律法规和管理政策不同，在国际层面，数据跨境流动的障碍比较突出，本质是不同国家对于数据自由和数据安全的观念和认识不同。

（一）数据自由流动的商业价值

大数据时代，无论是收费服务还是免费服务，网络用户信息无疑成为最为宝贵的资源。信息技术发展为个人信息存储和移动提供便利，各种交易平台和移动应用程序（本文中简称 APP）收集了各种形式的用户数据，其中有些是用户个人的敏感信息，比如网络支付留下的银行记录，实物快递留下的地址信息。网络服务提供商对数据加以挖掘和分析，可以更精准地重塑用户的需求，以个人信息为基础的大数据的商业价值更加突显。

1. 经济利益：对个人信息数据的掘金之道

大数据是一种规模大到在获取、存储、管理、分析方面大大超出了传统数据库软件工具能力范围的数据集合。合理利用大数据可以使决策机构对城市、交通、医疗等情况掌握得更加精确，通过数据分析也可以更加精准地制定公共政策。企业借助大数据可更精确地定位消费者，进行精准营销，提高企业利润。而在大数据的运作机制中，用户经常陷入一种尴尬的被动状态，不知道自己被追踪和锁定，也不知道个人数据被谁收集和使用。

从技术上讲，大数据源于个人信息的收集和处理。在数据收集和挖掘阶段，数据控制者或管理者理应不得擅自扩大个人信息的使用范围和使用方向。经营者在收集个人信息的时候应当征得当事人的同意，当事人对是否授权收

集有决定权；知情权包括基于什么目的收集个人信息，收集以后存储在何地。对于被收集的信息，信息主体也有查看的权利、删除的权利、修改的权利。只有推动网上个人信息保护立法工作，清楚界定个人信息采集应用的范围和方式，明确相关主体的权利、责任和义务，加强对数据滥用、侵犯个人隐私等行为的管理和惩戒，才能实现对数据资源采集、传输、存储、利用、开放的规范管理。

2. 精神依赖：从娱乐之死到网络之死

网络化生存成为不可阻挡的历史潮流，除了商业服务实践，政府的各种行政管理和服务已经从线下转移到线上。就数字消费和生产而言，人们的生活方式发生彻底改变。国家鼓励互联网经济的发展，从硬件保障方面，降费提速以保障网络接入；从应用服务角度，鼓励电子商务和“互联网＋”等多种形式的网络运用，让网络渗透到生活的方方面面。其中，需要提供用户信息的网络运用包括基础应用、商务交易、网络金融、网络娱乐、公共服务等个人应用。

从信息源的角度，个体不得不通过交换个人信息换取各种网络服务。虽然说，没有网络并不影响个体的基本生存，但脱离网络，个人的社交和各种精神生活都会受到极大影响。随着人们对社交网络和智能电子设备的依赖日益增强，其行为、语言、地理位置、心理特征等信息都可以便捷地被记录和分享。

脸书（FACEBOOK）和微博等社交网络平台都留下人们数字化生存的各种足迹（digital footprints）。哪怕是微信“朋友圈”，已经不是一个私密的小范围社交圈，逐渐成为个人社交关系的开放平台。社交网络的广泛运用使得用户创造内容（User Generated Content）更加便捷，本该理性和审慎的个人信息披露变得十分随意。过去，人们主动或被动曝光自己信息的媒介只有书籍报纸和杂志，这些纸媒的延滞性也恰恰反映了信息生产、加工和传播经过仔细地筛选和甄别，发生个人信息泄露后，也更加容易控制其传播后果。但社交网络和自媒体不断鼓励普通大众提供与分享他们自身的事实、新闻的途径，这丰富了人们的生活方式，增强了人们的知情权和信息传播权利，但同时也使个人数据自由流动过程中对隐私权的侵害日益加深①。

在传统的物理市场中，民众可以匿名购买到生活所需，也不排除少数敏感时期或特殊商品的实名销售制度。由于安全监管等需要，网络实名支付制度、实名快递制度等已经实行；在网络空间，用户不得不通过“出卖”个人信息获得产品或服务，没有“讨价还价”的余地，网络空间的各种行为都被全程留痕。根据欧盟委员会的统计，个人数据披露最重要的原因是在线支付，占比46%；其次是实物快递，占比44%；再次是使用服务，占比36%。另据欧盟委员会的调查，71%的欧洲人认为个人数据披露已经成为现代生活不断增长的一部分。同时，60%的欧洲人表示他们并不信任固定电话或移动电话公司，62%的人不信任网络服务供应商，63%的人不信任在线交易②。这些数据表明，一方面，作为网络生存的对价，网络用户不得不“用信息换服务”；另一方面，网络用户对个人信息泄露表示隐忧，但却没有更好的办法控制自己的个人信息。

3. 效率提升：从自由流动到便利流动

数据跨境自由传输是赋予数据跨境传输的资格，相当于为数据流动打开跨境传输之门，但具体传输的速度和效率，并非自由流动规则所能解决。

数据便利传输的核心内涵是降低跨境传输过程中的复杂性和高成本，保证规则的透明度和可预见性，提高传输效率。对于数据的商业利用而言，数据便利传输同数据自由传输一样重要。因此，TPP对促进数据流动便利化已经做出系列规则约定，例如，国内电子交易框架、电子认证与签名、无纸化贸易和因特网间互联成本分担等四个条款都是促进数据流动便利化的措施。具体而言，TPP国内电子交易框架条款要求参与国根据1996年《联合国电子

① 王茜茹、相丽玲：“被遗忘权的演化进程研究”，载《现代情报》2015年第9期。

② European Commission, *How Will the Data Protection Reform Affect Social Networks?*, http://ec.europa.eu/justice/data-protection/files/3_social_network_en.pdf，2016年10月25日访问。

商务示范法》或者 2005 年《联合国国际合同使用电子通信公约》的原则制定本国的法律框架，避免对电子交易施加不必要的监管负担。首先，TPP 电子认证与签名条款要求参与国承认电子签名的有效性，采取合理的电子认证措施，允许交易双方共同确定恰当的认证方式，允许交易双方向执法机关证明其认证的合法性，鼓励交易双方使用可交互操作的电子认证方式。其次，TPP 无纸化贸易要求参与国贸易管理机构以电子方式向公众提供贸易管理文件，承认以电子方式提交的贸易管理文件具有与纸质文件等同的法律效力。再次，因特网间互联成本分担条款允许寻求国际互联网连接的供应商与另一方的供应商就供应商建立、运营和维护互联网设施的费用补偿进行商业谈判。

（二）总体国家安全观与数据跨境传输

在总体国家安全观的视角下，数据安全或信息（网络）安全事关国家的经济安全、政治安全和文化安全①。由于网络世界信息传播的特点，来自网络世界的非传统安全威胁越来越受重视，包括网络安全在内的总体国家安全观的理念逐渐被确立。根据我国国家安全法的规定，国家建设网络与信息安全保障体系，提升网络与信息安全保护能力，加强网络和信息技术的创新研究和开发应用，实现网络和信息核心技术、关键基础设施和重要领域信息系统及数据的安全可控；加强网络管理，防范、制止和依法惩治网络攻击、网络入侵、网络窃密、散布违法有害信息等网络违法犯罪行为，维护国家网络空间主权、安全和发展利益。由此，可以看出《中华人民共和国国家安全法》立法条文措辞模糊，留下许多可解释的空间。无论如何，个人信息保护都应让位国家安全的重大利益。例如，《中华人民共和国网络安全法》要求网络运营者按照网络安全等级保护制度，履行安全保护义务，保障网络免受干扰、破坏或者未经授权的访问，防止网络数据泄露或者被窃取、篡改。所

① 孙建国："坚定不移走中国特色国家安全道路——学习习近平主席总体国家安全观重大战略思想"，载《求是》2015 年第 5 期。

以，网络运营者建立健全用户信息保护制度，加强对用户个人信息、隐私和商业秘密的保护，既是在履行其保护个人信息的法定义务，也是保障国家网络安全的有机组成部分。

此外，国家安全与个人数据的跨境传输并没有本质冲突，尽管数据跨境输出后存在一定风险。防止数据跨境传输或其滥用的主要目的是防止数据传输到境外，输入国对输出国的个人数据保护不利，境内的数据主体难以维权救济，或引起国家安全风险。从制度设计来说，数据安全和信息化应是一体之两翼、驱动之双轮，必须统一谋划、统一部署、统一推进、统一实施，做到协调一致、齐头并进，切实防范、控制和化解信息化进程中可能产生的风险，以安全保发展，以发展促安全。①

综上，主权国家的立法者至少面临如下困境：如何既确保数据跨境流动以促进贸易和投资发展，又能维护本国信息和数据安全；此乃是国家的核心利益之一。具体而言，保障数据跨境传输，意味着数据市场的开放，各国要做到维护国家安全和不违反 WTO 等国际规则的前提下，为本国数据产业发展提供“地方保护主义”，确保本国信息数据资源产业享有利用机会和商业利益。

（三）数据跨境流动操作模式中的秩序导向

目前，数据跨境流动主要包括以下三种模式：安全优先的刚性禁止流动模式、风险平衡的柔性禁止流动模式和自由优先的本地备份流动模式。② 这里“流动”一般指数据的跨境流出，各国对数据跨境流入普遍持开放态度，除非以该数据为载体的信息违反本国宪法和法律。

如果一国采用刚性禁止流动模式，往往禁止数据跨境流出，注重数据安全

---

① 习近平：“总体布局统筹各方创新发展 努力把我国建设成为网络强国”，载 http://www.cac.gov.cn/2014-02/27/c_133148354.htm，2017 年 7 月 17 日访问。

② 吴沈括：“数据跨境流动与数据主权研究”，载《新疆师范大学学报（哲学社会科学版）》2016 年第 5 期。

保护。这种所谓“绝对安全”的做法不符合世界潮流，有违反国际条约义务之嫌。刚性禁止流动模式也没有顾及跨国公司内部数据转移，国际贸易附带的跨境数据转移等特殊情况，实践中可能发生频繁的违法现象。此外，对于用户授权或个体主动跨境传输的数据，国家立法和执法干预的逻辑与动机会受到挑战。

采取柔性禁止流动模式的国家往往将数据分为不同等级，对于特定级别的数据设定不同的管控方案。对于多数合法收集和使用的数据允许跨境流动，同时，对于允许跨境流动的数据也相应地设定跨境使用、接续流动和数据挖掘的规则。对于部分国家来说具有核心利益的数据不允许跨境流动，如健康医疗系统的数据。

最后，有些国家要求数据必需在本地存储备份才能跨境流动，这种模式可以解决数据安全的部分要求。如果数据在境外毁损和灭失，境内备份的数据可以起到保全的作用。由于数据是无形的，跨境流动后数据被非法使用的风险依然存在。例如，有些国家要求本地化存储是维护本国安全和挖掘数据资源价值的双重目的。①

本地化存储可以降低个人数据被滥用的风险。本国政府在发现数据违法行为时能够更好地进行管理或者对违法主体提起诉讼，也可以防止数据在境外被外国政府情报机构或者授权机构强制获取。此外，数据中心本地化的要求可以促进外商在境内的基础设施投资，创造就业岗位，促进本国产业的发展。根据美国信息技术与创新基金会 2013 年发布的《本地化壁垒：全球经济创新的威胁》② 报告，在数字贸易环境下，对数据跨境流动进行限制的不利因素包括：数据中心本地化要求构成贸易壁垒，将阻碍外资对境内产业的投资和技术输入，从而阻碍本国技术的进步和经济的发展；完全依靠本国资源构建数据中心难以满足构建本地数据中心的充分条件；而且，本地构建数据

① 王玥：“试论网络数据本地化立法的正当性”，载《西安交通大学学报（社会科学版）》，2016 年第 1 期。

② Stephen J. Ezell, Robert D. Atkinson, Michelle A. Wein, *Localization Barriers to Trade: Threat to the Global Innovation Economy*, The Information Technology & Innovation Foundation, September, 2013.

中心的成本可能高于其他国家，要求企业只能使用国内数据中心可能造成企业的成本增高。尽管如此，许多国家都尝试将大数据资源的使用机会和价值尽量保留在本国境内，这种新形势使重要数据的本地化存储成为被广泛讨论的数据规则。产生于大数据时代的中国《网络安全法》，一定程度上反映了将重要数据资源本地化存储的趋势。基于网络数据安全和促进数据利用的重要意义，《中华人民共和国网络安全法》第 21 条要求网络运营者按照网络安全等级保护制度要求，采取数据分类，对重要数据采取备份和加密等措施。同时，《中华人民共和国网络安全法》第 37 条要求关键信息基础设施的运营者在境内存储公民个人信息等重要数据。2017 年 4 月，国家互联网信息办公室已经就《个人信息和重要数据出境安全评估办法（征求意见稿）》公开征求意见。虽然"重要数据"的具体界定依赖于国务院有关网络安全标准体系的制定，并且"重要数据"是否就是本文所指的"大数据资源"也存在可讨论的空间，但这种立法已经表明国家立法层面对本国数据资源流失的安全风险、国内产业丧失本国数据资源利用机会的担忧。

三、程序探索：欧盟实践样本

（一）"内外有别"的数据跨境流动模式

1995 年，欧盟颁布《关于在个人数据处理过程中保护当事人及此类数据自由流通的指令》[①]（本文中简称《个人数据保护指令》），确立了内外有别的两套数据跨境流动制度：在欧盟内部划定了涉及公民隐私的数据保护底线，禁止成员国借保护公民权利之名阻碍个人信息在欧盟单一市场内自由流动；对欧盟之外国家传输个人数据的问题，欧盟原则上禁止向不具备充分数据保护水

---

① EU. Directive 95/46/EC of the European Parliament and of the Council of 24 October 1995 on the protection of individuals with regard to the processing of personal data and on the free movement of such data, http://eur-lex.europa.eu/legal-content/EN/TXT/?uri=CELEX:31995L0046, 2016-10-25.

平的第三国转移欧盟公民数据。目前，对于欧盟境内组织机构是否能向境外传输欧盟公民数据，主要取决于欧盟委员会是否认可数据接收国的数据保护规则能够对欧盟公民信息数据提供“充分保护”（adequate level of protection）。

《个人数据保护指令》第 25 条专为个人数据跨境流动而设，根据其规定：欧盟居民的个人信息只能向具有“充分保护水平”的国家和地区传输。《个人数据保护指令》第 26 条对例外原则做了规定：如果在数据主体明确表示同意，传输为履行数据主体和数据控制者之间达成的合同所必需，或者为了回应数据主体的请求执行先合同措施；传输为履行数据控制者和第三方缔约合同所必需且该合同是为了数据主体的利益，为了保护重大公共利益或以及对法律诉请确立、行使和抗辩等，为了保护数据主体的关键利益，根据法律或条例规定，为了向公众提供信息并向公众磋商等特种情况下，则成员国可以向不具备“充分保护水平”的地区传输个人数据。另外，只要数据控制者对个人隐私、基本权利和自由及其相应权利的行使提供充分的保障，且该保障可基于适当的合同条款实施，成员国可以向不具备“充分保护水平”的第三国传输个人数据。

针对《个人数据保护指令》提出的“充分保护水平”要求，欧盟委员会提供两种对应机制：一是提供适当合同条款（appropriate contractual clauses）供欧盟企业向第三国出口个人数据时使用，以保障数据接收方能够按照欧盟的标准保护个人数据；二是使用“约束性公司规则”，其针对总部或者子公司在欧盟的跨国企业而制定的规则体系，以保障跨国公司集团成员在个人数据处理方面都达到欧盟的标准，从而可以在跨国公司集团内部自由传输个人数据。

（二）安全港原则及其司法审查

1. 安全港原则的运作程序

由于美国未能达到欧盟《个人数据保护指令》的充分保护要求，妨碍个人数据在美国与欧盟之间的跨境转移。为了解决这一问题，美国和欧盟于

2000 年 7 月 21 日达成一个折中的《安全港隐私原则》协议[①]，安全港隐私原则包括通知、选择、接续转移（Onward Transfer）、数据获取、数据安全、数据完整以及执行等 7 项原则，用以保护个人数据。除了 7 项原则，美国商务部还同时发布了一个《常见问题解答》作为实施细则。《安全港隐私原则》协议达成后，欧共体委员会通过《欧共体委员会 2000/520 号决定》（本文中简称《520 号决定》）。[②] 根据该决定，欧委会确认安全港隐私原则以及附属条款对个人数据的保护达到了欧盟《个人数据保护指令》规定的充分保护要求。

根据欧委会决定，在美国联邦贸易委员会（Federal Trade Commission）和美国交通运输部（Department of Transportation）管辖下的任何组织，自愿遵守"安全港"的规则就可以成为商务部"安全港"公共目录的成员。[③] 参加企业必须制定符合"安全港"原则的隐私保护政策，且向商务部声明已经自我认证遵守安全港原则个人隐私权的法律规范。如果美国企业以"安全港"成员的身份从事电子商务，自愿做出承诺遵守"安全港"的 7 条隐私保护原则，这些机构就被假定达到了"充分保护"的要求，可以继续接受、传输来自欧盟的个人数据。

综上，"安全港原则"在隐私权保护标准上体现了欧、美双方的妥协。首先，在联营机构数据共享方面，欧盟《个人数据保护指令》规定了明确的"选进"（opt-in）程序，只有经过数据主体的明确同意才能在联营机构之间进行数据共享。而"安全港"规定，对于联营机构间信息共享，消费者有"选退"（opt-out）的权利，即在联营机构间共享非公开个人信息时，给消费者选择终止共享这些信息的权利，但是"选退"必须遵守"安全港"的原

① U. S. Department of Commerce. U. S. – EU Safe Harbor Framework A Guide to Self-Certification, http: //www. trade. gov/media/Publications/pdf/safeharbor-selfcert2009. pdf, 2016 – 10 – 25.

② Commission Decision of 26 July 2000 pursuant to Directive 95/46/EC of the European Parliament and of the Council on the adequacy of the protection provided by the safe harbour privacy principles and related frequently asked questions issued by the US Department of Commerce, http: //eur-lex. europa. eu/legal-content/EN/TXT/? uri = CELEX: 32000D0520, 2016 – 10 – 25.

③ U. S. – EU Safe Harbor List, https: //safeharbor. export. gov/list. aspx, 2016 – 10 – 25.

则。其次，和非联营第三方之间的信息传输方面，《个人数据保护指令》也采取“选进”标准，需要消费者明确同意，“安全港”采用的是“选退”方法。可以说，“安全港”协定要求美国的机构为欧盟的个人提供充分的隐私权保护，但是也没有完全采用《个人数据保护指令》的标准，而是欧盟和美国两种隐私权保护标准的妥协。

2004 年 10 月 20 日，欧共体委员会发布了《520 号决定实施情况评议报告》。[①] 该报告认为：评估美国企业是否真正遵守安全港原则方法之一为审核（audit）方式，但审核方式耗时耗力，并且欧盟委员会无权要求美国企业提交此种审核，因为其涉及美国企业的商业机密和敏感信息。另一种方法便是分析美国企业对外公布的隐私政策。欧盟认为此种方法更为适当基于以下两个理由：一是如果缺少公开的自我声明就不符合欧盟委员会《520 号决定》的要求；二是为了接受安全港原则，美国企业必须同意接受联邦贸易委员会的执法措施。

在程序方面，经过欧盟检查发现，在遵守安全港原则声明的透明度方面，发现少数企业没有遵守安全港原则的公开声明；部分企业的公开声明中只包括部分数据处理的内容，少数企业声称将公开声明在内网（intranet）中公开；而大多数企业遵守要求将公开声明公之于众。为此，欧盟委员会建议：美国商务部向美国企业提供如何撰写隐私政策指南或最佳实践，确保完成自我认证的企业将隐私政策公之于众，此后，才能将相关企业列入安全港目录。透明度受限的内部安排并不符合安全港原则的要求，美国商务部应当对相关企业的网站进行定期检查，确保其隐私政策声明对公众开放。

对于安全港原则实体内容如何在企业隐私政策中纳入，欧盟认为：美国企业存在诸多问题：首先，在通知原则的采纳方面，美国企业隐私政策存在

---

① Commission Staff Working Document, The Implementation Of Commission Decision 520/2000/EC On The Adequate Protection Of Personal Data Provided by the Safe Harbour privacy Principles and related Frequently Asked Questions issued by the US Department of Commerce, Brussels, 20. 10. 2004, SEC (2004) 1323.

通知流程的描述不够充分和清晰，对于数据收集目标没有描述或描述不清，使用与安全港原则相违背或没有清楚界定的专业术语等。其次，在选择原则的采纳方面，部分美国企业没有给予数据主体是否选择向第三方披露个人数据的权利，或者没有以清楚方式告知选择权。再次，在获取原则方面，隐私政策没有告知数据主体有权获取、修改或删除不正确的个人数据信息。最后，在执行原则方面，美国企业没有在隐私政策中指定替代性纠纷解决机制或欧盟专家组受理来自数据主体的投诉。为此，欧盟委员会强调美国企业应当严格尊重安全港原则，企业应当信守承诺，遵守安全港原则。

对于联邦贸易委员会（本文中简称 FTC）等美方管理机构，欧盟委员会认为：他们应当更加积极主动执法，对于实际满足安全港原则的企业展开调查。此外，由于 FTC 管辖权仅限于影响商务的不公平行为或不诚信实践，他们对于人力资源数据的管辖权并不明晰；欧盟委员会要求美方通过行政、司法或立法程序加以澄清。

2013 年，欧盟委员会再一次对安全港原则进行评估①，欧盟委员会认为安全港原则的适用仍存在以下主要问题：一是安全港成员企业隐私政策的透明度；二是美国企业对安全港原则的有效适用；三是执法的有效性。此外，由于斯诺登事件影响，安全港目录成员企业接受的欧盟数据受到美国情报部门的大规模访问，引起欧盟委员会严重关切，并提出以下一些改进意见。

（1）在透明度方面，自我认证的安全港成员企业，不能仅向商务部提供简单的描述，还应在公司网站上以明确和突出的语言公之于众。（2）隐私政策企业应在其网站上设有商务部安全港网页的目录，以便数据主体确认该企业是否在有效的目录列表中。（3）为解决数据后续转移的风险，安全港成员企业应当公布其与承包商（subcontractors）签订合同中的隐私保护条件。

---

① European Commission, *Communication from the Commission to the European Parliament and the Council on the Functioning of the Safe Harbour from the Perspective of EU Citizens and Companies Established in the EU*, Brussels, 27. 11. 2013, COM (2013) 847 final.

（4）商务部网站上对于已经不再是安全港目录企业的成员应设置明显标识，即便已经被移出安全港目录的企业对于其已经接受的欧盟数据，仍然要遵守安全港原则。（5）企业网站上的隐私政策应当设定替代性争议解决机制和（或）欧盟数据保护专家组的链接，以便数据主体及时提交投诉。其中，替代性争议解决机制的服务不仅应易于获取，而且应收费低廉；并且，商务部应该对相关 ADR 机构提供更加系统的监督，确保争端解决成为有效和可依赖的机制。（6）在实施机制方面，安全港企业应当调查其隐私政策是否有效合规。如果发现公司不合规或被投诉或调查，一年后该公司应接受跟踪特别调查。如果对公司合规性或争议投诉存有怀疑，商务部应当通欧盟数据保护主管部门。如果相关企业谎称其为安全港目录成员，误导消费者，并滥用消费者的信任，将受到调查。（7）关于美国情报机构对个人数据的获取，企业应当披露不同程度的信息，美国法律允许公共机构收集和处理基于安全港原则跨境转入的数据。特别是，应当鼓励企业在隐私政策中标明，何时适用安全港原则的例外以满足国家安全、公共利益和执法要求。

综上，美国安全港原则运行多年后，仍然并没有完全达到欧盟的要求，欧盟对完善实施程序提出更高的要求，以上评议报告中的一些完善建议也未在后来的双边磋商中得到完全回应。

2. 安全港原则的司法审查

根据欧盟统计，在安全港原则运行过程中，没有数据主体利用美方提供替代性争议解决机制（本文中简称 ADR）或欧盟委员会数据保护专家组进行投诉。所以，没有机会通过个案利用准司法程序对安全港原则的实施情况及合法性进行审议，直到 Maximillian 诉爱尔兰数据保护委员会一案①，才为安全港原则的司法审查提供了契机。

---

① ECJ Case C. 362/14, Maximillian Schrems v Data Protection Commissioner, http://curia.europa.eu/juris/document/document.jsf; jsessionid = 9ea7d0f130d5ab5ac4869c13478987d184f56374ac20.e34KaxiLc3eQc40LaxqMbN4Pa3uTe0? text = &docid = 169195&pageIndex = 0&doclang = EN&mode = lst&dir = &occ = first&part = 1&cid = 1540301, last visited on Oct. 25, 2016.

名叫 Maximillian Schrems 的奥地利公民自 2008 年开始使用 Facebook 社交网络服务，其发现 Facebook 爱尔兰公司将收集的个人数据跨境转移到 Facebook 在美国的服务器。2013 年发生的斯诺登事件增强了 Maximillian 对美国隐私保护政策的怀疑，他于 2013 年 6 月 25 日向爱尔兰数据保护委员会（Data ProtectionCommissioner）提出申诉，声称考虑到大规模的政府监控，美国没有对转移到其国内的个人数据提供充分保护，并要求该机构行使法定权力禁止 Facebook 爱尔兰公司将其个人数据转移到美国。爱尔兰数据保护委员会认为根据欧委会《520 号决定》，美欧之间的安全港原则协议认可美国对个人数据提供了充分保护，因此否决了他的申诉。于是，Maximillian Schrems 向爱尔兰高等法院提起诉讼，请求司法救济。爱尔兰高等法院认为，监控和拦截被转移到美国的个人数据事关公共利益，而斯诺登事件表明国家安全局（本文中简称 NSA）等美国联邦机构过度滥用职权，致使欧盟民众的权利得不到有效保护。一旦个人数据被转移到美国，在大规模以及不加选择的监控和拦截过程中，国家安全局（NSA）和联邦调查局（本文中简称 FBI）等联邦机构就可能侵入这些数据，所以，美国对欧盟的个人数据没能够提供充分保护。尽管 Maximillian Schrems 本人没有对《520 号决定》的有效性提出质疑，由于该案涉及欧委会《520 号决定》的效力问题，而只有欧盟法院对欧盟法律的效力拥有最终发言权，爱尔兰高等法院提请欧盟法院就相关法律问题做出初步裁决。2015 年 10 月 6 日，欧盟法院认为欧委会无权限制成员国监管机构的权力，就该案而言，如果个体对该决定是否符合保护个体隐私、自由等基本权利产生疑问，成员国监管机构有权作出判断，并且，《520 号决定》是可以被认定无效的。

首先，尽管“充分保护”的概念没有在《个人数据保护指令》中阐明，但是根据其第 25 条第 6 款，第三方国家或地区根据其国内法或国际义务应确保对个人数据提供充分保护。其次，这种充分保护的目的是“保护个体的私人生活、基本自由和权利”。所以，根据《个人数据保护指令》第 25 条第 6

款明确规定了欧盟《自由权利宪章》第 8 条第 1 款的法律义务，并且，这种高标准的保护在数据转移到第三国时也应继续维持。欧盟境内高标准在第三方的适用，不仅是第三方的口头承诺，而是高标准自由和权利保障的切实落地。最后，欧盟委员会应当评估第三方国家的数据保护实施规则，并考虑到围绕数据转移到第三国的所有情况，并且应定期检查第三国的充分保护仍然在事实上和法律上都有正当性。特别是当有证据产生怀疑时，检查是必要的。因为个人数据保护对于尊重个人生活基本权利的重要作用，当大量个人数据被转移到不能提供充分保护的第三国，很容易遭受侵犯。因此，欧盟委员会对于第三国提供适当保护的自由裁量权被缩小，并且应严格实施。

根据《520 号决定》第 1 条，安全港原则和常见问题解答都由美国商务部签发。美方自我认证机制的可靠性是基于已经确立有效的检测和监督机制，以确保侵权行为在实践中能够被识别和处罚。而且，《520 号决定》仅适用于接受欧盟数据的美国企业，并假定其提供充分保护；这些原则仅适用于完成自我认证的美国企业，并未要求美国的公共机构遵守安全港原则。总之，《520 号决定》并不包括足够的关于美国确保提供充分保护的措施。

此外，根据《520 号决定》附件 1 第 4 段，安全港原则的适用可以被限制，尤其是“满足国家安全、公共利益和执法要求的需要”或“法规、政府条例、创建冲突规则或明确授权的判例法，如查明行使此种授权，可以证明相关企业不遵守安全港原则是满足某种优先法定利益所必需”。《520 号决定》附件 2 也提及安全港原则的适用受制于无论是否为安全港原则企业都必须遵守施加冲突规则的美国法。《520 号决定》将国家安全、公共利益和执法要求凌驾于安全港原则之上，当二者出现冲突并且不可兼容时，这些接受欧盟个人数据的美国企业必然不加限制地无视安全港原则。根据《520 号决定》附件 1 第 4 段“减损义务”的一般性质，决定允许以国家安全等之名干预个人的基本权利。这种干预已然存在，它与相关信息是否是个人生活的敏感信息，或个人是否因此遭受负面影响并无关系。《520号决定》并不包括美国采纳任何限制干预的规则，也没有提及存在对抗此种干预的有效法律保护制度。联邦贸易委员会的管辖权仅限于商业争议，关于隐私政策合规性的私有争端解决机制并不能适用于干预基本权利的国家措施的合法性判断。因此，美国政府能够获取跨境转移的个人数据，并且与跨境数据转移不一致的方式处理数据，并且数据主体没有行政或司法手段使其能获取、修订或删除。

综上，《520号决定》第1条和第3条等关键条款被法院认定无效，且这些条款与整个安全港原则和常见问题解答密不可分。所以，欧盟法院认定欧共体委员会2000年做出的《520号决定》决定无效。

3. 隐私保护盾的诞生

如前所述，2015年10月，欧盟法院认为美欧的“安全港协议”对个人数据的保护不充分，美欧遂加速个人数据跨境转移的新一轮谈判。2016年2月2日，欧盟委员会宣布，双方已经达成一个“欧盟－美国隐私保护盾”（EU-SU PrivacyShield）的新协定，并于2016年2月29日发布了“隐私保护盾”的协议文本。后经进一步协商谈判，2016年7月12日，欧盟委员会通过《美欧隐私保护盾提供适当保护的实施决定》①，这一新的隐私保护框架为欧盟居民个人数据转移至美国提供了基本权利保障，同时也明确了商业行为中数据跨境转移的法律要求。美国企业已经于2016年8月1日开始申请加入隐私保护盾机制。

同安全港原则一样，隐私保护盾也包含7项隐私保护原则②，但是内涵要比安全港隐私原则更为丰富。例如，第3个原则的标题从“接续转移”修

---

① Commission Implementing Decision of 12. 7. 2016 pursuant to Directive 95/46/EC of the European Parliament and of the Council on the adequacy of the protection provided by the EU-U. S. Privacy Shield, http://ec. europa. eu/justice/data-protection/files/privacy-shield-adequacy-decision_en. pdf, last visited on Oct. 25, 2016.

② 曹杰、王晶：“跨境数据流动规则分析——以欧美隐私盾协议为视角”，载《国际经贸探索》2017年第4期。

改为“接续转移责任”，第 5 个原则标题从“数据完整”改为“数据完整和目标限制”，第 7 个原则题名从“实施”改为“追索、实施和责任”；相关具体内容也做出修改和补充。仅从原则题名的修改可看出，更新后的隐私保护原则加强实施机制，强调程序和机制的落实，以及数据主体的追索请求，企业的法律责任，监管机构的职责等。

此外，美欧“隐私保护盾”机制还包含 10 个补充原则，分别是敏感数据（Sensitive Data）、新闻例外（Journalistic Exceptions）、次级责任（Secondary Liability）、尽职调查和审核（Performing Due Diligence and Conducting Audits）、数据保护机构角色（The Role of the Data Protection Authorities）、自我认证（Self-Certification）、验证（Verification）、获取（Access）、人力资源数据（Human Resources Data）、接续转移的强制缔约（Obligatory Contracts for Onward Transfers），这些原则涉及针对处理个人敏感信息的特殊规定、新闻例外特殊规则、网络服务提供商（ISP）和电信运营商（提供传输、发送、转换、缓存等服务）不承担次级责任的原则、从事尽职调查和审计的例外、数据保护机构的角色、自我认证程序、验证程序、人力资源数据、接续转移强制缔约等。

与安全港原则相比，“隐私保护盾”新增或加强的机制主要有：（1）美国公司承担更重的数据处理义务，并由美国商务部进行定期审查；（2）美国政府获取数据必须有明确的限制、保障和监管机制，美国国务院已设置督查专员提供救济渠道；（3）为个人权利的有效保护提供多种救济渠道，包括向企业投诉、替代性争端解决机制、向本国数据保护机构投诉以及仲裁等；（4）设立年度联合审查机制，即美欧双方每年对隐私护盾的相关情况进行一次审查，并公开审查报告。

具体而言，首先，美国企业负担更重义务。虽然参加“隐私保护盾”机制是自愿的，一旦美国企业提交参加隐私保护盾的自我确认书，就应当完全遵守其中的所有隐私原则，而且需要公开其隐私政策、执法部门获取个人信息的请求等。此外，声明其符合并遵守隐私保护盾之要求的自我确认书必须至少每年提交一次，否则就会被从隐私保护盾名单目录中除名。在监督和执法方面，美国商务部、联邦贸易委员会等有权部门负责监督参加隐私护盾的美国企业履行义务，并作出处罚和制裁，包括可以依据《联邦贸易委员会法》第 45 条，认定违反企业构成不正当竞争手段，给予严厉处罚，包括罚金和除名等。

其次，在权利救济方面，隐私保护盾机制为欧盟公民提供多种救济渠道。第一，欧盟公民可以直接向美国企业提出请求和投诉；第二，参加隐私保护盾的美国企业必须提供替代性纠纷解决机制（ADR）并告知用户以便其可以进行投诉；第三，欧盟公民可以直接向欧盟成员国的本国数据保护机构（DPA）进行投诉，后者负责将投诉转交美国商务部，或者将投诉转交美国联邦贸易委员会处理；第四，如果穷尽前述方式未能解决争议，最后可以诉诸名为“隐私保护盾专家组”（Privacy Shield Panel）的仲裁程序。

再次，对美国政府获取个人信息设定明确限制。对美国企业而言，只有在特定情形下方可不用遵守隐私保护盾中的隐私保护原则及补充原则，包括：为了满足必要的国家利益、公共利益或者执法需求；制定法、政府法规、判例法有冲突规定；欧盟和成员国法律的例外、减损规定等。美国政府获取欧盟公民个人信息明确限于侦测、反制，间谍和外国势力的特定行动、反恐，大规模杀伤性武器使用及其扩散，网络安全威胁，对美国和同盟军事力量的威胁，跨国犯罪威胁等六个目的，这些要求和美国国内对大规模监控的限制政策相一致。2014 年 1 月 17 日，奥巴马签发第 28 号《总统政策指令》（PPD－28），将大规模收集数据限于六大国家安全目的，并且情报部门收集数据应当有明确的针对对象。2015 年 6 月通过的《美国自由法》（USA Freedom Act）对网络监控也做出必要限制，并要求科技企业发布透明度报告。美国承诺不再进行大规模的任意监控；并且，在美国国务院设立一个独立的监察员，负责处理涉及政府部门监控、获取个人信息的投诉。

最后，设定年度联合审查机制（Annual Joint Review）为了确保隐私保护盾的有效运作，并监督美国履行其承诺。欧盟委员会会同美国商务部每年对隐私保护盾的实施情况进行一次审查，并公开其审查报告。这比欧盟 2016 年《一般数据保护条例》的相关规定更为严格，因为后者要求至少每四年对第三方国家的隐私保护情况进行一次审查。此外，年度审查并非不具法律义务的形式；如果美国企业和政府部门未遵守其承诺，欧盟委员会就可以暂停隐私护盾的运作。

（三）欧盟数据保护规则的自我完善

在欧美加强数据保护双边合作的同时，欧盟内部通过 2016《一般数据保护条例》，对 1995 年《个人数据保护指令》进行了系统修订。①

《个人数据保护指令》只规定了数据向第三国跨境传输的情形，《一般数据保护条例》则扩大接受跨境数据的主体范围，包括第三国或国际组织，以及第三国内的特定领域或部门。《一般数据保护条例》第 5 章第 44 条到 50 条规定了数据转移的一般原则，确保欧盟的保护水平在第三国或国际组织没有被削弱。对于《一般数据保护条例》的主要内容，著述较为丰富②，这里仅择要复述几点。

第一，根据《一般数据保护条例》第 45 条，如果被欧盟认定为具有充分保护水平的国家或国际组织，欧盟数据的跨境输出无须另外特别授权，即实行国别一揽子模式的白名单制度，已经被认定的主体有安道尔、阿根廷、加拿大（商业组织）、法罗群岛、根西、以色列、马恩岛、泽西、新西兰、瑞士和乌拉圭。相比于《个人数据保护指令》，欧盟委员会除了对国家整体可以作

---

① Regulation（EU）2016/679 of The European Parliament and of The Council of 27 April 2016 on the protection of natural persons with regard to the processing of personal data and on the free movement of such data, and repealing Directive 95/46/EC（General Data Protection Regulation）.

② 王四新：“《欧盟数据保护一般规则》简评”，载《中国信息安全》2016 年第 3 期；张敏、马民虎：“欧盟数据保护立法改革之发展趋势分析”，载《网络与信息安全学报》2016 年第 2 期；王融：“《欧盟数据保护通用条例》详解”，载《大数据》2016 年第 4 期；安生：“欧盟批准更加严格数据保护规则保护个人隐私欧盟终极版‘数据保护法案’将生效”，载《信息安全与通信保密》2016 年第 5 期；吴沈括：“欧盟新一代数据保护规则意味着什么”，载《中国信息安全》2016 年第 6 期。

出评估外，还可以对一国内的特定地区、行业领域以及国际组织的保护水平做出评估判断，这进一步增加了通过“充分保护水平”决定的灵活性。

第二，约束性公司规则（Binding Corporate Rules，BCR）的初衷是让跨国公司能够在公司内部进行跨境的数据转移，是欧盟委员会提出的标准化格式合同的一个替代选择。《一般数据保护条例》对该规则给予了正式的法律地位，《一般数据保护条例》第 47 条详细规定了该规则获得认可的程序和内容标准。

第三，完善标准数据保护条款（standard data protection clauses）的来源渠道，目前已经通过的三套格式合同条款仍然有效①。《一般数据保护条例》增加了成员国数据监管机构可以指定标准合同条款的渠道，但须经过欧盟委员会的认可。

第四，规定“行为准则”（codes of conduct）和经批准的认证机制（approved certification mechanism）。数据控制者可以成立协会并提出遵守《一般数据保护条例》的详细行为准则，还可通过第三方发起组织的认证程序。这些举措增加行业协会的作用，提高行业自律，同时提高了数据保护机制的市场透明度，引入更多社会力量参与数据保护工作。行为准则与认证机制是 2016 年《一般数据保护条例》中引入的数据保护合规机制，以充分发挥第三方监督与市场自律作用，也为相关市场主体创造了新的商业机会。

四、数据跨境流动之国际协调模式

（一）软法协调：服从文化的宣示意义

无论是 OECD 的隐私框架，还是 APEC 的隐私规则，都采用了“软法”模式对数据跨境流动进行了协调和规制。虽然目前国际法层面没有关于“软

---

① European Commission. *Model Contracts for the transfer of personal data to third countries*, http://ec.europa.eu/justice/data-protection/international-transfers/transfer/index_en.htm, visited at Oct. 25, 2016.

法”的统一而权威的定义，但学界一般认为：软法通常是指那些不具有法律约束力但又能产生一定法律效果的国际文件，包括国际组织、多边外交会议通过的各种决议、宣言、声明、指南、标准或行为守则等，这些国际文件虽然对国家没有明确的条约义务，但却能对国家产生一些重要的法律效果。[①]虽然，软法不是国际法的渊源，但其在国际实践中却发挥一定的影响力；国际社会似乎对软法也发展出一种服从文化，但它又不是普通的国际道德或政治承诺，它又启动了一种国际立法渐进过程的前奏，预示着一种在国家间缔结有约束力协议的需要，具有准法律（quasi-law）或类似法律（law-like）的性质。[②]

相对于国际条约、强行法和习惯法的国际约束力，相关国际或地区组织有关“促进数据跨境流动”的声明、宣言、建议或倡议可视为“软法”。软法之“软”是一把“双刃剑”，它虽能提供一种灵活适应、渐进实施的国际“法律”规范，但毕竟没有直接约束成员国的法律效力，这也是欧盟《一般数据保护条例》和美欧《隐私保护盾协定》作为具有强制力的优势所在。

条约实施方式未必直接依赖国家的强制力，依靠来源于国际社会共同体对某种社会规范的一种共识，相关国家一旦背离这种共识则会产生一种心理压力或恐惧，这也是国际社会对强制性条约的“服从”文化。从实施方式上来看，国际规则的有效实施不仅需要严刑峻法，更需要提供法律实施所需要的文化氛围、公众意识、财政援助和技术支持。如此，由条约转化而来的国内法才能在本国真正落地生根，而非仅仅是宣示性的法律条文。数据跨境流动的软法协调对于培育相关国家的国内规则和服从文化有一定的积极意义。

（二）硬法协调：条约义务本地化的困境

首先，通过嵌入 TPP 等贸易协定将达到快速地推动数据跨境流动规则的

① 万鄂湘、王贵国、冯华健：《国际法：领悟与构建：W. 迈克尔·赖斯曼论文集》，法律出版社 2007 年版，第 143～154 页。

② Hartmut Hillgenberg: *A Fresh Look at Soft Law*. European Journal of International Law, Vol. 10, No. 3, 1999, pp. 499－515.

本地化实施。尽管贸易规则对安全利益给予关注，但更多侧重于数据跨境流动的自由和便利，其本质必然是鼓励数据的跨境流动。

其次，代表数据主体利益的社会组织发展并不充分，没有第三方力量介入和关注。以知识产权保护为例，在知识产权与贸易连接的关系中，反假冒执法规则能够体现在主要知识产权国际条约中，离不开推动反假冒国际协调背后的各种力量，包括国际组织、行业（产业）协会和公司。当然，不同组织对于知识产权的保护和执法持不同态度，有赞成全面保护和严格执法的，也有支持人权、健康等其他公共政策目标优先而适当保护知识产权的组织行为体。从知识产权国际协调的发展和现状来看，显然是支持全面保护和严格执法的力量占了上风，而代表公共利益的组织行为体却败下阵来。由此可知，对于个人数据保护的支持力量十分有限。

再次，由于数据主体对跨境传输的个人数据实际处分能力和自力救济都受到限制。类似于欧盟《一般数据保护条例》这样的强势立法显得尤为必要。既能保障数据的自由流动，同时确保跨境转移至第三方的数据能得到切实有效的保护。然而，前提是本国对个人数据提供了充分保护，按照输出国保护标准要求数据输入国，个人数据无论是在境内还是境外都享受了“国民待遇原则”。这种保护标准不同于常见的国际条约中的国民待遇保护原则，而是一种“反向”国民待遇原则。

最后，美欧双边合作通过具有约束力的双边条约对于解决数据跨境传输具有积极意义。[①] 但是，跨境输出的数据保护无法摆脱对本地执法的依赖。执法行为的本地化是指法律的执行和实施需要依赖本地执法机关针对本地行为的执法。虽然不排除部分法律存在域外管辖权，即可以对域外的本国公民或行为适用，但这并不掩盖执法行为的本地化这一重要特征。所以，“执法”一词很难与“国际”相联系，出现的形式往往是“国际执法合作”或“国际

① 贾开：“跨境数据流动的全球治理：权力冲突与政策合作——以欧美数据跨境流动监管制度的演进为例”，载《汕头大学学报（人文社会科学版）》2017 年第 5 期。

合作执法”，即并不存在独立意义上的“国际执法”，必然是依赖本地执法或以本地执法为主的国际合作。因此，数据保护也只能依赖于数据输入国的执法资源和救济渠道，尽管根据美欧隐私保护盾，欧盟的数据主体也可向欧盟数据保护专家组申请仲裁。

（三）软硬兼施：为确立规则而凝聚共识

在保障数据跨境自由流动的同时，也要促进数据跨境传输的便利性，两者相互促进，共同发展；但从逻辑上讲，只有相互间存在自由流动，才谈得上跨境传输是否便利。因此，数据自由流动是数据便利流动的基础。

实施数据跨境流动的重要意义体现在促进数据的利用和跨境交流。因此，这项“得道多助”的事业才能得到不同国家、不同利益群体的积极响应。然而，不同国家对于数据的处理和利用能力差别巨大，提倡和鼓励跨境数据流动可能造成少数国家受益的客观事实。况且，多数国家出于对数据安全的担忧，不愿意参加数据跨境流动的多边协调。在此背景下，“软硬兼施”不失为解决数据流动跨境保护的有效方法；一方面，通过软法可以向相关国家宣传数据跨境保护的治理范本和最佳实践，促进相关国家积极开展个人数据保护，并对数据跨境流动给予充分的关注。另一方面，数据跨境保护在经贸条约中的深度嵌入必然又会切实地影响相关国家的国内立法，出于对国际市场的需要，相关国家不得不制定促进数据安全自由流动的法律规则。

五、结　语

轰动全国的被害人徐玉玉电信诈骗案是我们身处“隐私裸奔”① 国度的有力注解。根据公安部信息，公安部自 2016 年 4 月起部署开展打击整治网络

① ［美］布莱恩·克雷布斯著：《裸奔的隐私》，曹烨、房小然译，广东人民出版社 2016 年版。

侵犯公民个人信息犯罪专项行动，在 3 个月左右的时间，全国公安机关已累计查破刑事案件 750 余起，抓获犯罪嫌疑人 1900 余名，缴获信息 230 余亿条，清理违法有害信息 35.2 万余条。① 执法成绩越显著表明个人数据泄露的顽疾越严重。大数据时代，个人信息保护不力，技术的发展造成数据泄露的可能性增加，人性的唯利是图和贪婪也能解释为违法频发的部分原因。然而，问题的根本还是在立法空白和执法不力。以酒驾为例，它也曾是我国长期大范围存在的违法现象，随着酒驾入刑和加强执法等系列措施，“喝酒不开车”在中国成为妇孺皆知的共识。

国内法对个人数据保护不力，既是对国内民众人身权和财产权的侵犯，也对国内经济发展不利，可能造成规范守法企业处于竞争劣势，劣币逐良币。最终导致本国的数据交易、数据挖掘、数据衍生品市场发展滞后，进而很难吸引到公司企业，特别是跨国公司将数据中心设在本国，不利于数据资源的引进和开发。

中国有 7 亿多网民，个人数据资源极为丰富，但我国《个人信息保护法》等没有完成相应的立法工作。大数据作为一种国家战略提出，表明我们开始重视数据的保护和利用，《个人信息和重要数据出境安全评估办法》已经开始公开征求意见，立法将逐步得到完善。最重要的是我国在数据处理方面并不具有技术优势，国内也没有任何官方机构或非政府组织参与欧盟的数据认证服务。因此，支持跨境数据流动的法律基础和技术条件都不具备，中国需要更加重视数据保护和跨境转移工作，在公众意识培养、人员技术培训、财政资金支持和法律政策机制等多个层面为数据跨境转移及其国际协调做好准备。作为一个发展中的大国，不应理所当然地接受能力建设培训和技术援助，而应积极对外输出个人数据保护的最佳实践和软法标准。

① 新华网：“公安部整治网络侵犯公民个人信息犯罪”，http：//news.xinhuanet.com/legal/2016－07/21/c_129165023.htm，2016 年 10 月 25 日访问。

标准、技术法规与合格评定的保护主义
——以农产品贸易为例

马爱平*

摘要：本文通过梳理立法和案例，分析农产品标准、技术法规和合格评定的模糊和保护主义问题，并提出统一概念和比例原则解决农产品标准、技术法规和合格评定的问题。

关键词：标准；合格评定；农产品；农业协议；保护主义

随着中国提出地区化（认可无虫害和疾病的与整个国家不同的地区）申请和禁止牛肉的申请的解决，多样的影响自由贸易的进口措施从水果肉类到海产品、雀巢产品，从进口禁令、港口关闭到使用实验室测试、外包认证等成为 WTO 的 SPS 委员会关注的新问题：美国建议食品安全和认证，欧盟加工肉产品温度处理要求，中国进口条件与邻苯二甲酸盐，软化塑料和雀巢相关，法国禁止工业化合物双酚 A，欧盟从中国台北进口兰花苗和苹果树的植物卫生进口要求，印度限制牛肉、苹果、梨、柑橘进口，回应日本核工厂的进口限制，对巴西肉的 BSE 相关限制。[①] 2013 年 WTO 农业委员会的关注 77% 关于当地支持，20% 关于市场准入，3% 关于出口补贴，没有关于出口禁

* 马爱平，南京鼓楼人，南开大学法学院博士生，高级法律顾问，国际法方向。

① WTO annual Report 2014, pp. 48 – 49.

止或限制的规制。[①] 联合国贸发会议估计，私人食品安全标准为400个，未来几年会迅速发展，因此，私人标准会越来越影响贸易流，这至今还只是公共标准的情况，过去几年，食品部门的私人标准在WTO法中更重要，因为一些发展中国家忧虑进入发达国家市场的成本和增加的准入困难。[②] 2013年，尽管中国和新西兰提出消除分歧的折中草案，但委员会在定义上存在分歧，WTO建立工作组讨论了私人标准的定义。美中影响禽产品出口措施案，中国禽产品遭受美国歧视性绝对进口禁令。农产品相关强制性标准、技术法规与许可程序规定定义模糊，不统一、歧视性，标准、强制性技术法规与许可之间的关系以及与市场准入、国内规制的关系不明。农业与人类和动植物健康和安全及环境密切相关以及关系国民经济命脉的产业基础地位，各国的规制都具有高保护性，但发达国家的农产品和服务贸易以对消费者的高水平保护为原则，架设技术壁垒和绿色壁垒，歧视来自发展中国家的农产品和服务，人为扭曲和阻碍农产品和服务的自由贸易，不利于农产品和服务贸易占重要地位的发展中国家的出口的增加现有的农业协议对农产品和服务的技术壁垒和绿色壁垒规制不足。

一、问题的提出

绿色壁垒是指进口国为保护生态环境、人类及动植物健康，通过制定一系列技术性标准和法规，对来自国外的产品或服务加以限制或禁止的贸易保护措施。[③] 绿色壁垒有采取主观方面和客观方面的两要件说，笔者采取四要件说，即主体是作为WTO成员方的行政当局，其他主体，例如，进口商私

---

① WTO annual Report 2014, p. 47.

② 私人标准补充和加强公共标准，能够加强农产品供应链安全，进口国市场配置，回应消费者利益，保护私人品牌和零售名誉。自愿性的私人标准可以通过转化和援引纳入到强制性的国际标准、超国家标准和国家标准中，而具有强制性。Christian Struck, Product Regulations and Standards in WTO Law, Wolters Kluwer Law & Business, 2014, p. 87.

③ 朱京安："我国绿色壁垒的制度缺位及西方国家的立法趋向分析"，载《甘肃政法学院学报》2006年第89期，第8页。

人实施的利用绿色技术优势的限制出口商出口流量和流向的措施不是绿色壁垒，因为其主体并非成员方当局，私人标准导致的贸易限制和扭曲是通过成员方当局、国际组织的行为间接作用的，不符合主体要求的限制、禁止进口措施不是绿色壁垒。客体是农产品的贸易自由，主观方面为实施限制或禁止措施的主观动机、目的、是否故意，主观方面和客观方面根据动机划分为善意和恶意，但主观方面难以证明，需要当局实施措施的合法、合理、必要性测试，收益、福利和损失进行对比，并举证责任倒置，例如，如果是过度高水平保护消费者福利，技术不确定性造成的不符合比例原则的措施，则是善意绿色壁垒，如果像墨西哥通过 110 公斤为分类标准限制来自美国的生猪的措施，没有带来消费者福利和外地生产者福利，不公平地阻碍了来自美国的进口贸易流向，和消费者更多选择和生活水平的提高，则是恶意的。农产品绿色壁垒指农产品进口国为农业和食品安全，从而保护人类生命和健康、动植物生命和自然环境，通过标准、技术法规、合格评定程序和市场准入、规制等，对来自国外的农产品和服务的进口、投资采取限制或禁止措施，扭曲了贸易流向和流量，具有不同程度的保护性。

国家政府产品相关规制和标准可能有利于本地价值，但同时可能代表单边贸易限制和成为市场准入的障碍。[①] 相当新的贸易卫生壁垒和更普通的贸易技术壁垒的监管领域是非政府组织阐述的私法规制和标准。[②] 为什么产品规制和标准在国际贸易关系中变得如此重要？内部答案是产品越来越深加工和多样，产品增长的复杂性要求更多产品流程和产品流程方法，这反过来要求更复杂的产品规制和标准化，进一步，许多因素结合增加产品安全规制和标准化的利益，这包括变化的产品类型：环境影响和动物福利问题的更多关注，新技术出现和物质要素的潜在污染物或风险，卫生安全的消费者福利的

---

① Christian Struck, *Product Regulations and Standards in WTO Law*, Wolters Kluwer Law & Business, 2014, p. 3.

② Ibid., p. 6.

增加。[1] 标准，技术法规和认证体系因为国家之间不同，可能成为国际贸易流的技术壁垒。[2] 欧盟的农业和农产品服务贸易领域存在大量的影响国际贸易的标准，技术法规和认证体系，其市场准入和当地规制的生态化影响了自由、公平贸易，不利于发展中国家出口的增长。2006 年经合组织研究认为食品部门的标准对贸易的效果的关键发展：监督产品和流程性质自愿管理制度的变化，设置私人合作自愿标准的经济合作方安排，全球商对商标准的增加。根据反映经济运营者的审查，与安全质量和法律机制发展框架有关的零售商的名誉都被认为是私人标准机制的发展的关键要素，Schuster & Maertens（2013）显示认证后的出口量比那些无资格认证的企业多，然而，企业家能力，创新和与进口商的联系会使认证对企业出口绩效的影响消失。然而，他们也能增加实现标准的成本，标准可能增加产品质量标准和产品加工方法的环境要求的成本，任意标准可以与标签机制监督认证机制及其他结合起来，这些标准机制约束额外的理解内容和实现要求的资源并可能导致费用。[3]

市场准入（“marker access”）是国际贸易的基本概念，描述了某一产品或服务在另一市场与当地产品竞争的程度，在 WTO 框架下，它是法律术语，概括了政府施加的条件，在这一条件下，产品能在无歧视的条件下进入一国。市场准入在 WTO 意义下通过边境措施表达，例如，商品案件中的关税和非关税措施，服务情况下的市场内部的规制，传统地，多边贸易政策已寻求使市场准入可预见和更可取，更自由。消除非关税措施形式的市场准入障碍更复杂，因为一些没有精确的法律定义。通过调查，私人部门认为非关税贸易壁垒包括：由于冗长的清关程序导致的延迟；原产地不确认；进出口文件程序缺少协调；搬运费用和资金要求；货物认可和分类；不同地区标准局资格标识，检查检测的不同发放程序；特定国家进出口的限制或禁止；进口配额

---

① Christian Struck, *Product Regulations and Standards in WTO Law*, Wolters Kluwer Law & Business, 2014, pp. 8 – 9.

② Ibid., p. 32.

③ Ibid., p. 47.

的施加；对来自特定国家而非其他国家（歧视）产品的检查要求；特定进口的冗长的检查程序；行政征税；腐败做法。[①] 技术壁垒、绿色壁垒与非关税措施以及程序之间存在交叉关系（见表1 和表2）。肯尼亚83.3% 的调查回应者认为歧视性来源对贸易有严重影响和列出配送限制和技术质量标准对贸易有严重影响，2/3 的回应者认为贸易垄断和进出口许可和特许对商业有严重影响。[②] SPS 标准在农业部门的作用近几十年以来发生转化，从避免保护主义目的地使用食品安全和动植物健康措施到区分不同产品市场的竞争工具。[③] GATS 更进一步寻求解决限制贸易的监管性措施，但是其他机制，例如，补贴和反补贴措施，已把贸易规则的触角延伸至本地领域，这些规则的范围然而是补充的，要求向 WTO 体系加入竞争政策。竞争框架下，市场准入被描述为在市场内有效地竞争的能力，其目的是规制或消除反竞争私人行为和规制。将这两者结合，如果看起来可行，能做出重大的贡献来推进国际市场的竞争性，外国直接投资也能直接影响市场准入，一种学派认为，其将被更有包括性的概念市场存在（market presence）所取代，农业市场准入指包括乌拉圭农业谈判的关税和关税配额的综合术语，这些协商包括 3 个关键一揽子要素。乌拉圭回合限制贸易扭曲措施的扩大，维持和增加农产品市场的新准入。市场存在比市场准入更好地反映了以下事实，企业要想成功，需要在进口国建立某种机构，其包括概念企业想投资和需要竞争的充分机会。[④]

---

① Tabitha Kiriti Nganga, *Barriers to Trade: the Case of Kenya*, *Connectiong to Global Markets: Challenges and Opportunities: Case Studies Presented by WTO Chair-holders*, World Trade Organization, 2014, pp. 59 – 61.

② Ibid.

③ Valentina Delich & Miguel Lengyel, *Can Developing Countries Use SPS Standards to Gain Access to Markets? The Case of Mercosur*, *Connectiong to Global Markets: Challenges and Opportunities: Case Studies Presented by WTO Chair-holders*, World Trade Organization, 2014, p. 87.

④ Walter Goode, *Dictionary of Trade Policy Terms*, Cambridge: Cambridge University Press, 2003.

进口措施 → 进口措施　卫生和植物卫生措施
贸易技术壁垒
→ 非技术措施　装运前检查和其他手续
价格控制措施
许可，配额，禁止或其他量化控制措施
费、税和其他类似措施
金融措施
反竞争措施
贸易相关投资措施
分配限制
售后服务限制
补贴（排除出口补贴）
政府采购限制
知识产权
原产地规制
进口相关措施（包括进口补贴）

图 1　非关税进口措施分类①（非关税出口措施与此接近）

理想地，贸易政策和国际贸易谈判应寻求实现本地和外国优先的平衡：为了增加本地和全球经济福利，走向更加开放和安全的贸易条件的平衡，②发展中国家的农业生产者有更多的出口机会而福利增加，发达国家的农业消费者得以享有更丰富的农产品和服务选择及更低廉的价格成本而福利增加，具体包括除了发达国家和发展中国家内部的农业生产者和消费者福利的平衡，发达国家生产者与发展中国家生产者福利的平衡，发达国家与发展中国家消费者福利的平衡，发达国家与发展中国家福利的平衡。消除壁垒，基本上是善意和互惠的问题，后者概念改变了被贸易保护主义围绕的本地政治多样性，通过政治选举，使其走向经济贸易自由化。③

① Tabitha Kiriti Nganga, *Barriers to Trade*: *the Case of Kenya*, *Connectiong to Global Markets*: *Challenges and Opportunities*: *Case Studies Presented by WTO Chair-holders*, World Trade Organization, 2014, pp. 59 – 61.

② P. Delimatsis, *International Trade in Services and Domestic Regulations*: *Necessity*, *Transparency*, *and Regulatory Diversity*, Oxford: Oxford University Press, 2007, p. 40.

③ Ibid. , p. 42.

程序障碍
- 肆意或不一致
- 歧视行为
- 非效率或阻碍，如过度文件要求
- 不透明
- 法律问题，如缺少执行
- 不经常的高费用负担，如加标，检测或其他服务

图 2　程序障碍分类①

二、相关国际法律框架

（一）ISO 组织

近 20 年来，研究者关注的重点已经转移到管理标准的广阔领域，和国家不能提供的新全球市场内的社会规制形式。……在 20 世纪早期，许多标准热心者相信自愿一致的标准设定能做几乎任何事……然而，主张标准设定的最持久的论断是建立现代经济的技术设施，包括“测量，校准，检测，合格评定，资格和注册，（和）认证”以及设定工业标准。……但由于缺少真实市场经验，20 世纪中叶，异端经济学家，波利希尔（Polly Hill）常常哀悼大多数经济学家忽视这一技术设施的重要性。……美国国家保险局的艾伯特 W. 惠特尼（Albert W. Whitney）使用不幸的比喻解释这如何发生，“变化是积极的，创新的，革命中的男性力量；标准化是沉思的，保守的，下一进步潜能产生的母性力量”。近期法国标准设定人让丹尼尔墨赫莱（Jean-Daniel Merlet）以较少反感的方式表达这一观点，他写下标准化，规制和创新的三角关系。② 反思政府标准设定的漫长历史，政治科学家注意到，即使面对高

---

① P. Delimatsis, *International Trade in Services and Domestic Regulations: Necessity, Transparency and Regulatory Diversity*, Oxford: Oxford University Press, 2007, p. 42.

② Craig N. Murphy & Joanne Yates, *The International Organization for Standardization (ISO): Global governance through voluntary consensus*, Routledge, 2009, pp. 5 – 7.

私人要求和清晰的公共福利收益，公共行动者可能阻碍标准化。1904 年 St. Louis 的世界会议是标准化国际机制的转折点。1926 年 ISO 的前身，国家标准化协会国际联盟，被称为“ISA”，但其职能是信息沟通，而非商定标准……1944 年 7 月创设了联合国标准协调委员会……根据经济学家，英美的螺纹标准差异就增加了战争成本的 2500 万英镑……1945 年 10 月至 1946 年 10 月的一系列会议形成了 ISO，其技术委员会被授权推荐，其章程也允许其协调而非超越，其三个时期划分包括，获取能力（1947 ~ 1964），世界市场建设（1964 – 1986），扩大范围（1987 年至今），20 世纪 70 至 80 年代，ISO 也与 GATT 发展密切工作关系，减少贸易非关税壁垒，GATT 采取标准法典，要求成员方将国际标准作为制定自己技术法规的基础，但这不意味 ISO 标准自动已成为国际强行法，但它确实意味着 GATT 成员方如果不作为自己的标准采用，不得不提供很有力的理由。① 食品安全、安全、社会责任等是 ISO 开始重视的领域，消费者（食品安全）和渐进的 NGO（社会责任）的关注是其纳入日程的原因……希金斯（Higgins）认为，技术委员会面临的问题不是限于一些大师的，而是民主程序本身给每个人超越狭隘利益的机会或甚至其专业知识学科界限的眼罩。② 标准销售大概占 40% 的中心秘书处的财政经费，其他 60% 来自成员机构的税费。成员机构的资金有广泛的来源，例如，澳大利亚标准委员会（SA）经费 2/3 来自投资收入，15% 来自标准销售版权费，12% 来自政府特许。BSI，最古老的国家标准设定组织，现在像跨国公司，主要经营来自评估和认证管理体系和不同企业的全球的产品，其创造大量利润（2006 年大概税前 2500 万美元）。③ ISO 依赖成员方税费，受成员方的资本实力影响，欧盟，日本和美国等少数成员方控制或不成比例地影响

---

① Craig N. Murphy & Joanne Yates, *The International Organization for Standardization (ISO): Global governance through voluntary consensus*, Routledge, 2009, p. 21.

② Ibid., p. 41.

③ Ibid., p. 43.

ISO 运作，个人在议程形成上起到决定性作用①，资本成员方国内标准化组织的财政经费与私人利益集团的密切依赖关系，组织机制的财政上非独立，影响其运作的民主性、公平性、标准透明度，例如，第三世界国家参与不积极，利益团体的言论权被强化或抑制，这影响 ISO 及其成员组织的合法性。

（二）WTO 框架

农产品贸易与 WTO 项下 GATT1994、农业协议、TRIMs、GATS、TBT 协议、SPS 协议、进口许可协议相关。

GATT1947 第 20 条赋予成员方为了国内卫生和安全标准限制贸易的措施，其立法目的明确，但实施困难，东京回合以复边贸易协定的形式达成的第一份《技术性贸易壁垒协定》不足以防止成员方滥用贸易限制措施，尤其在农产品领域体现得尤为明显，最惠国待遇和国民待遇规则都无法防止缔约方采取表面上维护食品安全但实际上具有歧视性作用且缺乏科学依据的措施。例如，美国牛肉案中，欧共体无法提供生长激素和转基因成分会对人类、动物或植物的生命或健康造成损害的科学证据，美国因而要求在《SPS 协定》中订入新的规则，即如果 WTO 成员方要想维持比多边体制所承认的更为严格的标准，就必须提供足够的科学根据，《TBT. 协定》解决 SPS 协议涉及的与卫生风险减少为目标的贸易限制措施以外的技术性法规，以区分合法目标的管制和贸易保护主义，规定了技术法规上的国民待遇和最惠国待遇，其规制核心要素包括合法目标和最小贸易限制措施，要求措施建立在科学依据并可以考虑科学不确定性的基础上，乌拉圭回合达成在卫生和安全领域更高标准和新的争端解决规制的《SPS 协定》，基于出口方国内疾病发生率蔡旭贸

① Craig N. Murphy & Joanne Yates, *The International Organization for Standardization (ISO): Global governance through voluntary consensus*, Routledge, 2009, p. 45.

易限制措施不符合科学依据要求，WTO 规则将适用范围从进口通关延伸至生产和加工方法，使得成员方要求了解出口方境内产品生产问题，新规则没有考虑动物福利和消费者偏好或恐惧心理，这也反映了主要成员方国内力量和利益的对比。[①] GATT 第 11 条，第 16 条和第 20 条将农产品贸易区别对待，并排除于 GATT 纪律范围，GATT 第 16 条对初级产品实施出口补贴的目的在于稳定物价，但难以区分一项补贴是为了稳定物价还是牺牲了高效率的生产商，支持国内生产商在国际销售结构性剩余产品，而第 11 条和第 16 条确保了 GATT 多边纪律不适用于农业政策，例如，通过数量限制形式的边境贸易保护措施和出口补贴的激励措施。[②] 乌拉圭回合的《农产品协议》将非关税壁垒转变为关税壁垒，再将关税保护、国内支持和出口补贴都大幅度削减，停止了第 11 条供给控制条款，在一定期间内豁免可诉的农业补贴，第 20 条融合农产品和工业品贸易规则目标，将特殊和差别待遇，乌拉圭回合到多哈回合，本质上是从设定农产品贸易规则到削减农产品贸易壁垒，反映了农产品贸易保护和贸易自由支持者之间的冲突和立场分歧。[③]

欧盟对奶酪的出口补贴措施，违反了农业协议第 19 条，补贴和反补贴协议第 30 条。[④] 韩国的饮用水管理法和标准，规格和标签标准的公开通知涉嫌违反 1994GATT 第 22 条，SPS 第 11 条，TBT 第 14 条，通过谘商解决，以韩国修改饮用水管理法和以不损害自由贸易的方式确立臭氧使用的技术法规告终。[⑤] 澳大利亚禁止从美国进口鲑鱼的措施。1995 年韩国禁止从美国进口农产品的措施违反了 1994GATT 第 23 条，SPS 第 11 条，TBT 第 14 条，农业协

① ［美］约翰 H. 巴顿，朱迪思 L. 戈尔斯坦，蒂莫西 E. 乔思林，理查德 R. 斯坦伯格：《贸易体制的演进：GATT 与 WTO 体制中的政治学、法学和经济学》，廖诗评译，北京大学出版社 2013 年版，第 141 ~ 144 页。

② 同上，第 106 ~ 107 页。

③ 同上，第 107 ~ 110 页。

④ WT/DS102/1.

⑤ WT/DS20/1.

议第 19 条。[①] 印度的农业、纺织业和工业产品进口的量化限制措施，违反了 1994GATT 第 13、17、18 条，农业协议第 4.2 条，进口许可程序第 1 和 3 条，SPS 第 2、3、5 条。[②] 瑞士基于斯洛伐克的奶产品进口措施和牛过境措施，违反 1994GATT 第 1、3、5、10 和 11 条，SPS 第 11 条和进口许可措施第 6 条。[③] 1998 年欧盟采取对来自印度的大米的进口税措施，违反了 1994GATT 第 22 条和实施第 7 条的协议，进口许可程序第 6 条，农业协议第 19 条，TBT 第 14 条，SPS 第 14 条。[④] 1998 年，欧盟对来自加拿大的针叶木采取限制进口措施。[⑤] 1998 年，美国对来自加拿大的牛，猪和粮食采取进口限制措施。[⑥] 1999 年合理的期间应包括风险评估，总共不超过 15 个月。澳大利亚进口限制案[⑦] 2001 年，土耳其对来自无 BSE 的匈牙利采取宠物饲料的禁止进口令没有建立在科学基础上，更不要说产品只用于喂养猫和狗的事实，指称的进口禁令是否建立有科学正当性是个基本问题。其违反了 1994GATT 第 11 条，SPS 协议第 2.2、2.3、5.1、5.2、5.6、6.1、6.2 和 7 与附件 B，农业协议第 14 条。[⑧] 2000 年墨西哥对来自美国的生猪采取反倾销措施，违反 1994GATT 第 23 条，SPS 第 11 条，农业协议第 19 条，TBT 第 14 条，未能符合反倾销协议第 6 条，墨西哥限制或禁止美国的生猪准入采取公开进口禁令，维持包括对超过 110 公斤的生猪检验检疫措施在内的卫生限制，但不对本地和低于 110 公斤的生猪实施，其构成武断或不合理的歧视，也没有充分的科学证据和建立在风险评估的基础上。[⑨] 2002 年菲律宾对澳大利益的新鲜

---

① WT/DS41/1.
② WT. DS96/1.
③ WT/DS133/1.
④ WT/DS134/1.
⑤ WT/DS137/1.
⑥ WT/DS144/1.
⑦ WT/DS18/9.
⑧ WT/DS256/1.
⑨ WT/DS203/1.

水果和蔬菜检疫法措施提出谘商请求。① 欧盟于 2003 年对来自澳大利亚的检疫机制的裁量权和基于裁量权的官方指南，没有或没有完成风险评估，进口产品被禁止。② 欧盟荷尔蒙案确定，不在风险评估基础上决定是违反 SPS5. 1。2003 年尼加拉瓜对墨西哥的官方标准确定的程序包括提供进口黑豆的必要卫生要求文件的拒绝，对来自非尼加拉瓜的其他国家的类似产品更有利的待遇，未能公开特定卫生要求，未能公开从尼加拉瓜招标的数额配置的规则，要求和程序。③ 2009 年，欧盟对来自美国的禽肉和禽肉产品采取限制措施，欧盟禁止对禽肉使用除了水以外的物质加工，除非经过欧盟批准，美国的目的在于降低细菌的降菌化学处理（PRTs）的禽肉被有效地禁止运输到欧盟，欧盟没有公开，也没有时批准物质的程序可行，欧盟还维持禽肉市场标准，界定禽肉是只适合人类消费的禽肉，只经过冷处理。欧盟未能批准，尽管多样的欧盟机构发布了科学报告，积累的结论是，进口和消耗的禽肉加工使用四项 PRTs 对人类健康不构成风险。④ 美中影响禽产品出口措施案中，中国主张，第 727 条与 PPIA 法律上不同，因为它只针对中国。其构成“低于零风险”容忍，这将只排除中国向美国出口禽产品的机会，尽管中国已经科学地确认符合美国的 ALOP。……中国总结，与一般适用于美国进口禽产品的 ALOP 相较，适用于中国禽产品的 ALOP 因此不同和更加严格。ALOP 的区分是肆意的，FSIS 程序没有合法正当性，对中国采取不同的卫生保护水平。通过对资金限制歧视来自中国的进口禽产品。专家组认为，第 727 条的效果是禁止任何情形下的来自中国的进口禽产品，不考虑中国是否主张其 SPS 措施能够达到 PPIA 中的 ALOP。第 727 条施加的绝对的进口禁令与一般 FSIS 程序下有条件的进口禁令本质不同（Substantially different），因为通常的 FSIS 程序至少允许出口成员方获得美国市场的准入途径，这对中国禽产品来说任何情

① WT/DS270/1.

② WT/DS287/1.

③ WT/DS284/1.

④ WT/DS389/1.

形下不可行。欧盟沙丁鱼案确定 ALOP 不取决于风险评估的履行，但美国需要证明中国的禽产品比其他成员方的存在更大风险。有相似制度问题的墨西哥没有被美国国会介入和通过 FSIS 中止墨西哥等效地位或否决维持墨西哥对美国出口合格地位的每年等效审计的资金。第 727 条与标准 FSIS 程序措施存在本质差别。美国汽油案和美国虾案表明措施肆意或不合理地歧视重点在歧视原因或原理。① 欧盟许可和生物技术产品市场案认为，许可程序要求执行和完成没有不适当的延迟。SPS 第 8 条和附件 C（1）因此适用于特定类型的程序，即那些处理控制，检查和许可，目的在于检查和保证 SPS 措施履行的程序。没有包括 SPS 第 4 条的等效决定，是 SPS 措施的子集。② 与进口有关的规则和手续（rules and formalities）包括广泛的措施。正如中国指出反补贴税，附加担保要求和活动职能规则是 GATT1994 第 I：1 条与进口有关的规则和手续。印度汽车案中，进口限制（“restriction……on importation”）不必须限于直接与进口流程有关的措施，但也可以包括与产品进口其他方面有关的措施，或对事实进口有影响，如第 727 条。③ 2014 年加拿大的冷措施技术法规是贸易限制的而非必要的，对目的实现的贡献是相当大但是部分必要，没有理性分析所有相关要素。④ 零售商的定义忽略了排除不装运、接收或许诺运输或接收易腐败农业产品的数量 1 天不超过 1 吨。⑤ 2014 年俄国对欧盟无疾病和无污染区的措施非必要，且不能证明其建立在科学原则的基础上，也不能证明符合国际标准、指南、建议，没有考虑相关国际组织的风险评估技术，俄国没有考虑地理、生态系统、流行病监督和卫生控制的有效性要素。⑥ 2015 年通告，专家组没有客观评估印度实施的措施是否建立在科学原则和充

---

① US-Certain measures affecting imports of poultry from China, Panel Report, WT/DS392/R, para. 7. 25.

② Ibid. , para. 7. 359.

③ Ibid. , para. 7. 410.

④ WT/DS384/30.

⑤ WT/DS384/RW, WT/DS386/RW.

⑥ WT/DS475/2.

分科学证据的基础上。缺少无（禽流感）疾病地区和低疾病盛行区的概念导致不能确认其国内措施是否与 SPS 相符。①

关于 TRRs。2014 年阿根廷影响产品进口措施案②中，TRRs（“Restrictive Trade Related Requirements”）措施是否构成对限制和禁止进口的其他措施？一方面，TRRs 措施是否构成与第 XI：1 的不一致的“其他措施”。阿根廷兽皮和皮革案中，这一术语解释为广泛的剩余类别，广义解释在日本半导体案中也得到支持，专家组注意到这一措辞是广泛的，其适用于缔约方限制或禁止进口、出口或产品出口为目的的销售的构成或维持的所有措施，而非关税、税收或其他费用的形式的措施。③ 日本半导体案中，行政指南形式的非强制的政府行为被认为是与第 XI：1 的不一致的“其他措施”。印度汽车案中，专家组总结，争议的公共通知和理解备忘录是第 XI：1 条的“措施”。④ 另一方面，TRRs 措施是否构成对进口的限制或禁止。印度量化限制案专家组注意到包含在 GATT1994 年第 XI：1 条的“限制”术语的范围，很宽泛，其适用于（成员）禁止或限制进口，出口或以出口为目的的产品销售，除了采取关税，税或其他负担。同一专家组陈述，限制可被定义为“行动的限制，限制性条件或法规”，印度汽车案专家组承认这一观点，总结为“施加或有关进口，构成第 XI：1 含义的进口限制的任何形式的限制”，两个专家组选择建立与限制条款一般含义，强调争议措施的限制性效果。中国原材料案上诉机构也基于条款一般含义解释这一条款。⑤ 加拿大汽车案中，GATT1994 第 III：4，包括强制性措施和企业主动接受，为了获得利益的条件，印度汽车案和中国汽车部件案任务措施不需要是强制性的。⑥ 中国出版

---

① WT/DS430/8.

② Argentina-Measures affecting the Importation of Goods, Panel Reports, WT/DS438/R, WT/DS444/R, WT/DS445/R, 2014. 08.

③ Ibid. , para. 6. 246.

④ Ibid. , para. 6. 247.

⑤ Ibid. , para. 6. 251.

⑥ Ibid. , para. 6. 227.

物和音像产品案中，影响（“affecting”）包括直接规制或管理进出口销售的类似产品，也包括产生激励或负面激励的类似产品的销售，销售要约，购买和使用影响这些行动的进口产品。[①] 口头和裁量权性质的要求产生不确定性是附加和重要的限制进口的要素。TRRs 措施是非书面和复合的要求，阿根廷在不同经济经营者直接不考虑任何已知标准，施加具有多样性。TRRs 将要被实施是不确定的，当经济运营者将被要求遵守，或要求将被施加作为临时或永久的措施。这一不确定性对进口产生其他负面影响，因为它消极影响了经济运营者的商业计划，不能依赖进口的稳定的商业环境，相应地减少预期和进入阿根廷市场的有计划的进口。而当前案件的环境是不同的，专家组在克伦比亚港口准入案中分析了不确定性构成 GATT1994 第 XI：1 的限制的事实，上诉机构同意这一方面。[②] 进一步 TRRs 可能导致与特定经营者的商业活动无关的成本。巴西翻新轮胎案中，专家组分析，当环境在当前案例中不同，措施构成 GATT1994 第 XI：1 含义下的对进口限制，当它通过惩罚损害进口或使其过高的成本。上诉机构同意这一方面。[③] TRRs 措施缺少透明度和预见性，这将进一步损害进口。[④] 问题主要包括定义模糊，标准、技术法规、合格评定程序的差异，风险评估的科学证明基础，透明度问题，等等。

（三）国别立法

为实现在防止对人类生命或健康、动物和植物的生命或健康的风险方面运用适当的卫生与植物卫生保护水平的概念的一致性，每一成员应避免其认为适当的保护水平在不同的情况下存在任意或不合理的差异，如此类差异造

---

① Argentina-Measures affecting the Importation of Goods, Panel Reports, WT/DS438/R, WT/DS444/R, WT/DS445/R, 2014.08, para. 6.283.

② Ibid., para. 6.260.

③ Ibid., para. 6.261.

④ Ibid., para. 6.2.3.1.3.

成对国际贸易的歧视或变相限制，各成员应在委员会中进行合作，依照第 12 条第 1 款、第 2 款和第 3 款制定指南，以推动本规定的实际实施。委员会在制定指南时应考虑所有有关因素，包括人们自愿承受人身健康风险的例外特性。各成员应在委员会中进行合作，正在限制或可能限制其产品出口，且该措施不是根据有关国际标准、指南或建议制定的，或不存在此类标准、指南或建议。《欧盟议会和欧盟理事会 2002 年 1 月 28 日第 178/202/EC 号有关食品法基本原则和基本规定、建立欧盟食品安全局以及与食品安全事务相关程序的法规》规定，“鉴于条款（1）安全、卫生食品的自由流通是内部市场的一个重要内容，同时这也有利于保障公民的健康和福利以及他们的社会、经济利益。（2）共同体政策应该确保高水平的人类生命和健康保护。（3）只有成员国对于食品和饲料的安全要求没有实质上的差异，才能确保食品和饲料在共同体内部的自由流通。（4）成员国的食品法在概念、原则和程序上有明显的差异。当成员国针对食品采取措施时，上述差异可能阻碍食品的自由流通、导致竞争条件的不平等，从而可能直接影响到内部市场的允许。（5）有鉴于此，有必要协调上述的概念、原则和程序，以便在成员国和共同体层面建立针对食品和饲料措施的共同基础。但是对于这一目标的实现，必须给予充足的时间，以便调整成员国和共同体内与现行法律相冲突的规定。而在调整尚未完成之际，相关的立法必须根据本法规规定的原则落实……（8）在食品法的制定过程中，共同体致力于实现适宜的高保护水平；对此，无论是在内部市场还是国际贸易销售的食品和饲料，都应确保统一的保护水平……（11）为了便于采取全面、综合的方式监管食品安全，必须对食品法进行广泛定义，从而整合直接或者间接影响食品和饲料安全的各类规范……（17）食品法的目标是减少、消除和避免健康风险。在这个方面，由风险评估、风险管理和风险交流构成的风险分析提供了系统的决策方式，从而确保有效、适当和目标明确的措施和其他行动保护健康。（18）为了确保对食品法科学基础的信心，风险评估必须根据现有的科学信息和数据以独立、客观和透明的方式开展。（19）一些案例已经表明，仅仅凭借科学的风险评估方式不足以提供决策所需的依据。因此，其他相关的合法因素也必须予以考虑，包括社会、经济、传统、伦理和环境等因素以及控制的可行性。（20）共同体内部已经通过落实谨慎原则确保健康，然而由此导致了食品和饲料自由流通的贸易壁垒问题。因此，有必要在共同体内统一这一原则运用的基础。（21）当一些案例中既存在危害生命和健康的风险却也同时出现科学的不确定性时，谨慎原则为落实风险管理措施或者其他行动提供了决策机制，从而确保共同体内部健康保护的高水平……（26）一些成员国已经针对食品安全制定了横向立法，尤其是要求经济从业者履行只销售安全食品这一基本义务。然而，这些成员国的法律在食品安全的判定标准上各不相同。由于这些方式的差异性，而一些成员国也没有这样一部横向的立法，因此食品在流通中将不可避免地遭遇壁垒。饲料贸易中也有类似的情况……第 5 条基本目标 1. 针对高水平的生命和健康保护和消费者的利益保障，食品法应该确立一个或多个基本目标，包括食品贸易的公平交易和在适宜的条件下考虑动物健康和福利、植物健康和环境。2. 依据本章规定的原则，食品法应该确保成员国内生产和销售的食品和饲料可以在共同体内自由流通。3. 食品法的制定和调整应考虑已有的或者即将设立的国际标准，除非这些标准或其涉及的部分内容不能有效或者不适宜实现食品法既定的法律目标；或者有科学依据，或这些标准的适用会导致不符合共同体既定的保护水平……第 7 条谨慎原则：1. 在特殊情况下，即根据现有信息进行评估后，可以确定健康危害发生的可能性但是依旧存在科学不确定性时，可以采取临时性的风险管理措施以便确保高水平的公众健康保护，直到有更充分的科学信息用以更为综合的风险评估。2. 根据第 1 款规定采取的措施应考虑比例原则，在实现共同体内高水平健康保护的同时，不得对贸易形成限制，同时考虑到技术和经济的可行性以及其他相关的合法因素。根据风险对健康和生命的危害性以及用以明确科学不确定性和进行更为综合的风险评估的科学信息的类型，需要在一定时间内对上述的措施进行评估”。[①] 农产品的自由流通和农业相关服务贸易自由与人类、动植物健康都是欧盟食品法的基本目标，但过高的食品安全要求会成为自由贸易的壁垒，需要公平自由的农产品市场和比例原则对农产品市场准入和当地规制权进行限制，农产品和服务贸易自由化也需要谨慎原则，否则，会带来食品安全风险或危机，损害消费者福利，影响相关产业发展，因此，基本目标之间需要平衡，第5条将消费者福利的目标以“在适宜的条件下考虑”的表述进行限制，明确了公平贸易和自由流通的目标的基本性。第7条谨慎原则要求“高水平健康保护的同时不得对贸易形成限制”，但高水平的健康保护本身与贸易自由存在紧张关系和冲突。“应考虑比例原则”并没有明确比例原则的标准和内容，宽松、不明确的比例原则要求，在风险可能性和科学不确定性下的临时限制措施没有适用条件和程序及责任限制，食品法进行广泛定义，食品安全的判定标准，食品法在概念、原则和程序上有明显的差异，农产品规制的全面性、综合性、广泛性、潜在性、间接性，这些不确定性构成农产品和服务贸易的壁垒。

欧盟食品法在欧盟范围内对成员国的农产品和服务规制进行的统一，确立的高水平的保护标准，但从全球来看，各国家（地区、组织）的食品安全技术法规、标准横向差异很大（见表3），体制上，美国标准化以市场和民间主导为主，欧盟技术法规包括欧盟地区和成员国两个层次，日本的技术法规强调政府主导，因而美国的技术法规具有补充性，欧盟的技术法规具有基本性，日本技术法规从“管得过宽”向“基本要求”转变，内容和程序上，构成农产品和服务全球贸易的技术壁垒和绿色壁垒。

① 佛朗索瓦·高莱尔·杜迪耶尔等主编：《欧盟食品法律汇编》，孙娟娟等译，法律出版社2014年版，第1～13页。

表 3　各国家、地区和组织食品安全技术法规、标准横向比对表①

项目	国际食品法典委员会	美国	欧盟	澳大利亚、新西兰	加拿大	日本	韩国	中国
主要法规依据	无	美国《食品、药品和化妆品法》《肉类产品检验法》《蛋类产品检验法》等以及按照这些法律制定的联邦法规；《FDA 食品安全现代化法案》（FSMA）及相关法规	食品安全白皮书是欧盟信食品政策的基础。欧盟法规 EC/178/2002 是食品立法的一般原则。法律法规体系根据法律效应不同分为：法规、指令、决议等	澳大利亚《澳新食品标准法案》、澳大利亚《进口食品控制法案》、新西兰《食品法》《动物产品法》《农业用化合物及兽药法》《葡萄酒法》	加拿大《食品药品法》《消费者包装和标签法》《农产品法》《肉类检疫法》《鱼类检疫法》等 10 余项法案机器下属法规；《加拿大食品安全法》（SFCA）出台后将整合加拿大农产品法、水产品检验法、肉类检疫法以及消费者包装和标签法	日本《食品卫生法》《食品安全基本法》《健康促进法》和《农产品质量和标签标准化法	韩国《食品卫生法》《食品安全基本法》《健康功能食品法》《儿童膳食安全管理特别法》	《食品安全法》《食品安全法实施条例》《农产品质量安全法》《进出境动植物检疫法》

① 王竹田：《国内外食品安全法规标准对比分析》，中国质检出版社、中国标准出版社 2014 年版，第 242 ~268 页。

续表

项目	国际食品法典委员会	美国	欧盟	澳大利亚、新西兰	加拿大	日本	韩国	中国
食品管理部门	无	①美国联邦卫生与人类服务部（DHHS）下属的食品与药品监督管理局(FDA)负责除畜禽蛋外的大多数食品的安全;②美国农业部（USDA）下属的食品安全检验局(FSIS)负责管理畜禽蛋类食品安全;③美国联邦环境保护署(EPA)	欧盟的立法机构包括欧盟委员会健康与消费者保护总司(DGSANCO)和欧洲议会。欧盟食品安全局（EFSA）承认风险评估和风险交流的任务	澳新食品标准局（FSANZ）负责制定澳大利亚和新西兰的食品标准与法规，以及风险评估工作。①澳大利亚：澳大利亚农林渔业部负责进口食品的监督和检验；澳大利亚各州地区政府负责食品标准的强制执行和监督检验。②新西兰：新西兰	①加拿大卫生部（HC）负责公共政策和标准的制定，包括研究、风险评估以及制定食品中允许物质的限量标准；②加拿大食品监督署（CFIA）向卫生部长汇报，执行食品安全法规和标准，开展食品安全监督执法；承担食品安全和动植物保护、消费者权益保护等方面的职能；③加拿大农业与农业食品部负责食用农产品质量及其体系	①日本厚生劳动省负责制定食品标准,食品加工和流通环节的安全监管及进口食品管理；②某农林水产省消费和安全局负责保障安全食品的供应，制定农作物和禽畜防病虫害的措施，协调相关国际贸易；③日本内阁府消费者厅负责食品标签标	①韩国食品安全策略委员会负责整合和协调各行政部门食品安全策略的协调机构；②韩国食品药品安全部（MFDS）下属的食品安全策略局负责所有事物包括制定策略、条例、检验和监测，负责国家层面污染物监测，保证从农田到餐桌的食品安全，以及食品标准的制定；下属的食品药品安全评估	①国家卫生和计划生育委;②国家市场监督管理总局；③农业部

续表

项目	国际食品法典委员会	美国	欧盟	澳大利亚、新西兰	加拿大	日本	韩国	中国
食品管理部门		负责食品中农药残留限量标准以及饮用水安全标准		初级产业部负责制定仅适用于新西兰的标准以及新西兰食品监督检验	的安全;④加拿大卫生部下属公共卫生署开展食源性疾病监测及Pulse Net监测网络中的流行病学调查工作	准、营养特膳食品标准制定;下属的食品药品安全评估院（NIFDS）负责评估食品和药品的可行性和安全性	院（NIFDS）负责评估食品和药品的可行性和安全性	
标准制定机构	国际食品法典委员会	DHHS、USDA、EPA根据部门分工制定相应法规标准	DG SANCO	FSANZ	HC	厚生劳动省	MFDS	国家卫生和计划生育委员会
风险评估机构	FAO/WHO专家委员会，包括JECFA，JMPR,JEMRA等	无专门的评估机构，由具体负责部门承担相应的评估工作	EFSA	FSANZ	HC	内阁府食品安全委员会	MFDS下属的食品药品安全评估院	国家食品安全风险评估中心

续表

项目	国际食品法典委员会	美国	欧盟	澳大利亚、新西兰	加拿大	日本	韩国	中国
污染物和真菌毒素	《食品和饲料中污染物和毒素通用标准（CODEX STAN193－1995）》	美国为污染物和真菌毒素设置了容许量、法定限值及行动水平	EC 315/93/EEC 规定了欧盟控制食品污染物的基本原则	澳新食品法典第 1.4.1 节对食品中特定的金属及非金属污染物和天然毒素规定了最大限量，同时规定了 ALARA 原则	加拿大对食品污染物限量的管理分为容许量和标准两个级别。“容许量”为食品药品法规第 15 部分及表 1 规定的部分食品中污染物限量，在加拿大被称为食品污染物“标准”的限量值未纳入食品药品法规，仅通过加拿大卫生部网站公布	日本食品卫生法在第 11 条中规定由厚生劳动省设定食品中主要污染物的限量,除此以外,原则采用 ALARA 原则;食品和食品添加物规格标准及其后续修订增补公告中,按照食品类别零散规定了部分食品中污染物的限量;农林水产省规定了鱼类中天然毒素限量标准	韩国食品法典第 2 章第 5 食品通用标准中规定了食品中重金属限量标准，第 2 章还规定了其他限量标准	我国通过制定污染物限量标准引导行业控制食品中有毒有害物质的污染，目前基本形成 2 个限量标准为基础的污染物标准框架，分别为《食品安全国家标准食品中真菌毒素限量》（GB2761），《食品安全国家标准食品中污染物限量》（GB2762）

续表

项目	国际食品法典委员会	美国	欧盟	澳大利亚、新西兰	加拿大	日本	韩国	中国
微生物	CAC对食品中微生物的控制主要采取过程控制的方式，而非制定终产品的限量标准，根据FAO/WHO微生物风险评估联席专家会议（JEMRA）的风险评估建议，以产品一致病菌的组合方式控制污染	美国主要依靠HACCP，GMP等过程控制进行管理。食品现代化法实施之后将对未制定HACCP的食品采用食品安全计划，并对GMP进行更新。FDA和FSIS根据管辖产品管理微生物危害	法规EC 2073/2005规定了终产品和加工过程中微生物的限量要求。其中终产品限量标准涉及26类食品及6个安全指标	澳新食品法典第1.6.1节规定了食品中微生物的限量。标准涉及26种食品中8种微生物的限量规定。采样方案采用的是ICMSF推荐的二级或三级采样方案	加拿大卫生部健康食品和食品局（HPFB）制定了食品中微生物限量标准，公布在食品药品法规中，采样方案采用了ICMSF推荐的二级或三级采样方案。加拿大已制定微生物导则的食品包括20类产品，导则通常可作为GMP的参考	日本在食品和食品添加剂规格标准及其后续增补修订公告中按照食品类别规定了部分食品中微生物限量及相应检测方法	韩国食品法典第2章第5节对食源性致病菌进行了规定。韩国食品法典第5章产品标准和规格中对特定食品类别规定了食源性致病菌限量	我国对食品中微生物限量的规定，包括《食品中致病菌限量》标准及具体产品标准中的指示菌规定。包括食品中致病菌限量和产品标准

续表

项目	国际食品法典委员会	美国	欧盟	澳大利亚、新西兰	加拿大	日本	韩国	中国
食品添加剂和营养强化剂	《食品添加剂通用法典标准》GSFA（Codex STAN 1992－1995）是较为重要的基础标准，包括《香料使用准则》《用作加工助剂物质的准则》《食品添加剂分类名称和国际编码系统》《食品添加剂质量规格名单（CAC/MISC6）》	美国对食品添加剂的管理采取上市前审批程序。美国食品添加剂的范畴宝矿力营养强化剂和食品接触材料，具体分为直接食品添加剂、次级直接食品添加剂和间接食品添加剂。色素单独管理，未纳入食品添加剂管理中	欧盟对食品添加剂的管理采取上市前审批程序。包括一个框架性法规及三个独立法规。EC1925/2006规定了食品中可添加维生素及矿物质以及其他物质的管理办法	澳新食品法典第1.3节规定了食品添加剂的使用要求，食品添加剂的使用要求，食品添加剂的概念包括营养强化剂和加工助剂。确定只有标准中允许使用的食品添加剂，维生素与矿物质和加工助剂才能添加到食品中，并且加工过程必须符合良好生产规范（GMP）	加拿大的食品添加剂通过食品药品法规及相应的市场营销许可制度（MAs）进行规范。2012年加拿大卫生部实行了15项新视频添加剂营销许可，纳入了食品添加剂名单，包括进580种食品添加剂。食品药品法规的B.06.002和B.06.003部分规定了着色剂的通用限量规定和规格标准。另在食品药品法规第B.10.003节规定了27种香料的规格标准。	日本对食品添加剂的管理采取审批制度。食品安全委员会主要负责风险评估和ADI制定工作，食品安全委员会的评价结果是制定食品添加剂质量规格和标准的重要依据。日本依靠食品卫生法对食品添加剂进行管理。截至2013年5月，日本共批准了	韩国对食品添加剂的管理采取审批制度。食品添加剂法典对食品添加剂和营养强化剂的使用规定进行规范。韩国食品添加剂法典包括了食品添加剂和食品接触表面清洁溶液两大类	我国的食品添加剂采取行政许可的方式管理，并在卫生计生委网站以公告的形式公布通过审查结果，最后纳入相应食品安全国家标准体系中。食品添加剂的使用规定主要通过《食品安全国家标准食品添加剂使用标准》（GB－2760）营养强化剂主要依靠《食

续表

项目	国际食品法典委员会	美国	欧盟	澳大利亚、新西兰	加拿大	日本	韩国	中国
食品添加剂和营养强化剂					食品加工助剂未在食品药品法规中规定，加工助剂的使用最终应符合食品药品法第I部分第4节的规定。针对营养素和矿物质的管理，2005年通过的《食品中维生素和矿物质添加》制定了详细的营养强化策略及执行方案，并以附录形式列出了食品中维生素和矿物质的添加规定	434种指定食品添加剂，其安全性和使用功能已获得确认的，可在全国范围内使用的添加剂		品安全国家标准食品营养强化剂使用标准》（GB 14880）管理

续表

项目	国际食品法典委员会	美国	欧盟	澳大利亚、新西兰	加拿大	日本	韩国	中国
食品接触材料	尚未制定有关食品接触材料的标准	美国对食品接触材料的管理采取上市前审批程序。FDA 对食品接触材料的审批主要有三种途径，即 FAP，FCN，TOR 程序，另外通过 GRAS 审批通过的物质也可用于食品接触材料。其中，通过联邦法规 21 CFR175 – 178 审批通过的有约 3200 种，实	欧盟对食品接触材料的管理采取上市前审批程序。包括框架法规、特定材料法规和特定物质法规三类。例如，框架法规：包括 EC1935/2004《食品接触材料的通用规定》和 EC2023/2006《食品接触材料良好生产规范》。特定材料法规，特定物质法	澳新食品法典第 1.4.3 节对符合设定条件使用的食品接触物质和材料做了规定。澳大利亚标准局制定了食品接触塑料物质的标准 AS2070—1999，该标准规定了塑料物质不同生产阶段、食品接触塑料物质的包装盒印刷及其用途	加拿大卫生部健康产品和食品局（HPFB）负责包装材料的安全性评估	日本对食品接触材料的管理以行业为主，政府管理部门仅针对食品接触材料制定管理性法规，相关行业协会制定协会自主标准，行业普遍遵守。日本食品安全管理主要依据食品卫生法。健康和福利部颁布了 4 类材料规格的 370 号公告（现已修订为	韩国用建立产品标准的方式对成型品进行管理，不对食品接触物质用原料进行法规管理和新物质许可。韩国食品法典的第 7 章规定了食品设备、容器和包装材料的标准和规格	我国的食品相关产品标准主要由基础标准、产品标准、检测方法标准及规范四部分构成。基础标准：GB 9685《食品容器、包装材料用添加剂使用卫生标准》为我国目前最重要的食品包装材料基础标准。标准以肯定列表的形式列出了 900 多种我国可以

续表

项目	国际食品法典委员会	美国	欧盟	澳大利亚、新西兰	加拿大	日本	韩国	中国
食品接触材料		施 FCN 审批制度的有近 1000 种，通过 GRAS 途径审批通过的有约 280 种	规：EC93/11/EEC 亚硝基胺类和 EC1895/2005BADGE，BFDGE，NOGE 两项单独法规			336 号公告）。接触材料协会包括三家，制定了适合于本行业的肯定列表，可能存在交叉，但各自按照自己的方式进行管理。这些自主的肯定列表没有法律约束力		使用的食品包装材料用添加剂。产品标准：食品相关产品标准分为产品安全标准和产品质量标准，均按照产品类别设置标准。规范：尚无强制性国家食品相关产品规范，仅有行业标准和推荐性国家标准。检验方法标准：包括 GB/T5009 系列和 GB/T23296 系列

续表

项目	国际食品法典委员会	美国	欧盟	澳大利亚、新西兰	加拿大	日本	韩国	中国
农药残留	限量标准是以数据库形式展现的，可在线查询。食典委制定2项相关导则：《农药残留分析良好实验室操作准则（CAC/GL40—1993）》和《农药残留分析：MRL适用及分析的商品部分（CAC/GL41—1993）》	EPA负责农药登记与最大残留量（MRLs）制定，其所有MRLs和豁免物质均列入了40CFR 180中。目前EPA已经设定了近400种农药的允许残留量	法规EC396/2005用于协调管理食品中农残限量（MRLs）其中包括了7个附录。目前允许使用的农药品种约522种，食品类别分10大类	澳新食品法典第1.4.2节最大残留限量规定了仅适用于澳大利亚食品中农兽药最大残留量	加拿大负责制定农药残留限量的部门为卫生部下属的害虫管理局。同害虫管理法案进行框架性规定，法案对新农药的上市前评估和注册，或者已注册农药的使用，以及旧农药再评估进行了规定	日本自2006年起在食品中农兽药残留管理中采纳肯定列表制度，用于管理未设定残留标准或未经登记的农兽药	韩国食品法典以附录形式分别规定了农产品、人参产品以及畜产品中农药及兽药的残留限量标准。韩国食品法典附录4以列表的形式分别规定了农产品中不同农药品种允许的残留限量，包括420类左右农药品种；附录5包括60余种农药残留限量；附录6列出了畜类产品的农残限量。附录7规定了动物产品允许的兽药残留限量标准	我国农药管理基本以风险评估为核心，农药登记为基础，农药残留限量标准为措施，农药残留检测为途径的农药安全管理体系。我国农药残留标准由残留限量标准、检测方法和技术规程组成，同时对无需制定限量标准的，提出免于制定限量标准的农药名单。GB 2763《食品安全国家标准食品中

续表

项目	国际食品法典委员会	美国	欧盟	澳大利亚、新西兰	加拿大	日本	韩国	中国
农药残留								农药最大残留限量》涵盖了322种农药的2293个限量值。检测方法：包括国家标准和行业标准检测方法约445个
兽药残留	可在数据库中线检索，另有《与动物源食品中兽药使用相关的国家法规食品安全确保项目的设计和实施准则（CAC/GL71—2009）》	FDA兽药中心负责制定兽药最高残留限量标准。通过21CFR556发布和CVM“新兽药应用”上发布	欧盟委员会下属的企业总司负责兽药的管理、评价及残留限量制定。兽药的安全性评估由欧洲兽药委员会负责。2010年委员会法规EU37/2010进行规范	与农药残留合并管理，见表格中农药残留部分	加拿大卫生部下属兽药局管理，2012年起，采取营销许可制度	与农药残留合并管理，见表格中农药残留部分	与农药残留合并管理，见表格中农药残留部分	《兽药管理条例》，标准汇编成《兽药典》，农业部以公告形式发布兽药最高残留标准，检测方法，休药期等标准

续表

项目	国际食品法典委员会	美国	欧盟	澳大利亚、新西兰	加拿大	日本	韩国	中国
生产规范	CAC 共制定了 51 项规范类标准：通用标准，针对具体产品的规范，控制食品中特定危害因素的规范	FDA 制订和颁布了多个食品操作规范，其中 21CFR110《食品生产、包装盒储存良好生产规范》是通用性的操作规范，涵盖所有食品类别，果汁，海产品和禽肉等的生产应实施 HACCP 体系，FDA 管辖的所有食品企业必须保留书面的食品安全计划	欧盟根据食品安全白皮书，2004 年 4 月发布 EC852/2004《食品卫生》、EC853/2004《动物源性食品专门卫生要求》、EC854/2004《官方机构管理动物源性食品专门要求》三项法规，作为欧盟食品卫生管理的基础。EC2160/2003 "沙门氏菌和其他动物性食源性致病菌的控制"	澳新食品法典第 3 部分规定了澳大利亚食品的加工要求。食品生产企业必须符合 HACCP 原则权力，不仅依赖终产品标准。食品安全计划由食品企业执行和审议，具有一定资质的食品安全审查官员负责定期审核。FSANZ 制定了食品安全标准导则	加拿大 CFIA 负责制定相应的生产规范，指导企业按照规范进行管理。加拿大卫生部制定指南、导则未经指导企业执行安全标准，CFIA 制定了《食品安全促进程序手册》和《CFIA 操作规范：食品卫生、组成和标签通用原则》对加拿大食品生产提出总体要求。《CFIA 食品良好进口规范》和《加拿大食品辐照建议操作规范》	日本采用 HACCP 对国内的生产企业进行过程控制。在厚生劳动省第 370 号公告食品和食品添加物规格	韩国《食品卫生法执行条例》附录 1 规定了食品卫生加工标准，《食品卫生基本法》第 II 章规定应引入和执行危害分析与关键控制点（HACCP）体系，第 3 节包括 18 项原则性要求，第 6 节规定了食品储存和销售标准	我国现有此类标准共四百余项，分别由卫生、农业、质检、商务等部门和行业机构发布和管理，其中强制性标准约 70 项，规范类标准分为通用规范、专项规范及控制导则三部分。基本规范是《食品生产通用卫生规范》，控制导则，参照法典标准制定的，为推荐性国家标准，专项规范

续表

项目	国际食品法典委员会	美国	欧盟	澳大利亚、新西兰	加拿大	日本	韩国	中国
食品标签	预包装食品标签通用标准（CODEX STAN1 —1985），营养标签准则（CAC/GL 2—1985）和营养和健康声称使用准则（CAC/GL2—1985），声称通用原则（CAC/GL1—1979）预包装特殊膳食用食品标签和声称通用标准（CODEXSTAN146 —1985）和特	涉及管理部门包括FDA，FSIS及财政部的TTB，法律包括《食品药品和化妆品法》《公平包装和标签法》《营养标签和教育法》《食品过敏原标签和消费者保护法》	包括基础法规和各类产品中规定的标签内容，包括食品和营养标签。2000/13/EC《食品标签、介绍和广告指令》是欧盟食品标签政策的主要部分，DC 1924/2006为声称法规，必须经食品安全局评估	包括一般和部分特殊食品的标签和信息要求	《加拿大食品药品条例》《消费者包装和标签法案》和《消费者包装和标签条例》，CFIA编写了《食品标签和广告指南》，特定物质的健康声称采取市场营销许可制度（MAs）	日本标签标识标准及相关规定，主要由日本消费者厅的食品标签科负责制定和管理。管理规定主要来源于日本的食品卫生法、JAS法，健康促进法和粮食可追溯法	韩国通过食品标签标准来规范	《食品安全国家标准预包装食品标签通则（GB7718）》《食品安全国家标准预包装食品营养标签通则（GB 28050）》和《预包装特殊膳食用食品标签通则》（GB 13432）

续表

项目	国际食品法典委员会	美国	欧盟	澳大利亚、新西兰	加拿大	日本	韩国	中国
食品标签	殊医学用途食品标签和声称标准（CODEXSTAN 180－1991）							
转基因食品	《现代生物技术食品风险分析原则（CAC/GL 44－2003）》《来源于重组DNA植物食品的食品安全评估准则（CAC/GL45－2003）》《来源于使用重组DNA微生物食品的食品安全评估准则	USDA对风险较低的转基因食品实施通知程序，风险较高的实施许可程序，无论风险高低，都可申请非管制，但需要提交技术资料，FDA发布《源于转基因植物的食品政策》，建立自愿咨	采取上市前审批程序，EC1830/2003补充保证了市场上GMOs的追溯性和标签。2001/18/EC列出了欧盟GMO市场管理、实验性排放的原则	澳新食品法典第1.5.2，还需要FSANZ评估后方可纳入	加拿大转基因食品纳入新资源食品管理，采取审批制度	由日本厚生劳动省、农林水产省等部门共同管理。向厚生劳动省提出安全性审查申请，食品安全委员会进行评审，标签由《食品卫生法》和JAS法管理		《农业转基因生物安全管理条例》由农业部负责监管，根据《农业转基因生物安全管理条例》及其农业部的三个配套《办法》的规定，我国转基因生物实行安全评价制度

续表

项目	国际食品法典委员会	美国	欧盟	澳大利亚、新西兰	加拿大	日本	韩国	中国
转基因食品	(CAC/GL46－2003)》《来源于重组DNA动物食品的食品安全评估准则(CAC/GL68－2008)》	询程序和技术指南						
辐照食品	仅涉及《辐照食品通用标准(CODEX STAN106－1983)》	FDA在21CFR179和21CFR 110《食品生产、包装和储存良好生产规范》	欧盟的辐照通过审批制度，欧盟指令1999/2/EC，1999/3/EC	澳新食品法典1.5.3，辐照处理必须经过审批程序，登记后的设备才可用于食品辐照	CFIA负责，《商业进口食品指南》，《食品药品法规》B部分第26章	根据食品卫生法的规格标准，2012年制定了食品中放射性物质限量	韩国食品法典第2章规定了辐照食品标准	国家卫生和计划生育委员会负责组织辐照食品安全性评估，组织制定辐照食品的有关标准、目录和检验方法；环境保护部负责辐照装置单位辐射安全许可和监督管理，人员资格和培训管理，原国家质检总局负责标签管理

续表

项目	国际食品法典委员会	美国	欧盟	澳大利亚、新西兰	加拿大	日本	韩国	中国
食品产品标准	产品标准体系可归纳为13类,共203项标准	FDA 在 21 CFR中作出规定	通过颁布欧盟委员会指令来规范	澳新食品法典第2部分	《食品药品法规》的B部分	主要规定在食品和食品添加物规格标准、厚生劳动省法令和一些新颁布的法令和公告中规定	产品标准分几大类，如长期货架食品，一般加工食品，单独包装食品产品，水产品，餐饮熟食	《食品安全法》公布施行前，质检，农业，卫生，商务等部委先后颁布了1000余项食品产品标准，颁布后，规定食品安全标准是强制执行的标准
新资源食品	无	按照 GRAS 名单管理	上市前审批，EC258/97《新资源食品与食品成分》为管理基础	澳新食品法典第1.5.1节作出规定，纳入标准前需要由FSANZ进行安全性评估	卫生部食品局完成安全性评估，标签为自愿性			审批制，依据《新食品原料安全性审查管理办法》

三、对策

发达国家农产品市场准入制度的对发展中国家带来消极影响，其不仅违背了 WTO 的非歧视原则，造成 WTO 规则的实施困难，损害国际贸易的流量和流向，为发展中国家的农产品设置了准入壁垒，不合理地限制和损害农产品出口，造成发达国家的农产品市场准入制度的不统一、背离（实质）公平、缺乏透明，亟待通过统一概念和细化比例原则等多种措施解决，下文主要讨论统一概念和细化比例原则。

（一）统一概念

完善 ISO 等国际标准组织与 WTO 的协调机制，重视 ISO 的定义，在 WTO 文本中使用略有不同的定义，US-Tuna 案中，TBT 协议和 ISO/IEC 指南参考认为：TBT 协议规定 TBT 协议中使用的 ISO/IEC 术语，标准化和修改活动将与指南中使用的定义有同样含义，“然而”的措辞指 TBT 附件中的定义优先于 ISO/IEC 定义。总体上，标准组织和文献没有阐述普遍认可的产品规制或标准定义，SPS 或 TBT 协议附件与 ISO/IEC 指南规定的细节不同，WTO TBT 委员会协调评估有机农业的国际任务。

规制是包括由政府为了以特定方式影响企业或企业关税的公开和隐蔽的行动或程序，政府可能施加规制为了纠正市场失败或为了公共产品的收入再分配。规制可能也指影响企业和消费者行为的收入和惩罚制度，其他类型的规制包括例如安全和环境标准，市场准入限制和价格控制措施，监管行为分析师有时将其分为三类，包括经济规制（目的在于提高市场效率），社会规制（目的在于解决社会价值和权利）和行政规制（目的在于提高政府机构的行政效率和支持政府活动），再规制（Re-regulation）指作为解除企业规制部分的新监管框架机制，这可能看起来冲突，但其目的在于解除规制的市场中的竞争特色是真正的。解除规制经常减少服务提供者的垄断功能，但其倾向于遗留他们作为对其他（参与者）公开的重要市场参与者，因为前者的垄断很好地隐藏，其可能有充分的主导地位保留事实上的垄断，其可能因此必要制定新竞争法确保前者的垄断不滥用其市场力量，新准入者获得适当机会确立市场中的生产能力。① 服务不同于产品，普遍认为绝大多数受到本地规制，服务贸易的保护主义措施可以从本地规制机制中找到来源，因此，服务领域的保护主义可能有难以识别的特征……任何自由化努力在服务领域可能比商品更复杂。② 农业产品和服务跨越货物和服务贸易两大领域。因为服务贸易的阻碍存在于边境内立法的形式和控制准入，对外资机构施加限制或国籍限制或甚至要求专业人士的再认可作为市场竞争的条件，其认证和限制性影响比关税和配额更困难……合法国家政策及与 WTO 协议一致的措施与并非如此的措施的界限并没有达成一致。③ 服务贸易自由在经常与本地规制相冲突的基础上谈判。④ 在减轻边境措施的保护主义后，应进一步减轻农产品本地支持和边境保护及其他监管壁垒，例如，技术壁垒和绿色壁垒。保护主义是指形成的经济政策气候，关键在于防止本地生产者在严苛的国际市场上公开，实现的基本工具是关税，补贴，自愿限制安排和其他非关税措施，重点在较不透明措施。更复杂的案例包括指定的文化，环境和其他考虑，保护主义也能通过频繁使用偶然的保护增加。大多数案例下，保护主义只拖延市场低效的企业的必要调整。程序保护主义指以使其转变为保护主义机制的方式滥用，尤其是滥用反倾销、反补贴或保障措施。流程保护主义是 I. M. Destler 使用来

---

① Walter Goode, *Dictionary of Trade Policy Terms*, Cambridge: Cambridge University Press, 2003.

② P. Delimatsis, *International Trade in Services and Domestic Regulations: Necessity, Transparency, and Regulatory Diversity*, Oxford: Oxford University Press, 2007, p. 38.

③ Ibid.

④ Ibid.

描述的可用来轻易以低于 WTO 规则的标准引起的贸易救济措施。地方主义，政府在地区基础上有时通过自由贸易区或关税联盟自由化或促进贸易的行动，许多人看地方主义为对多边机制的补充，因为其看似提供实现参加经济的结果比完全多边流程的更快的方式，情况并不必然是那样，经常地，认为实际发生的更快的地方自由化步伐，只有多边结果可能要更长时间协商时是适当的，更进一步，明显更快步伐的地区协商经常被延伸的阶段性安排活敏感产品的排除平衡，实现终点的时间差别可能因此更少看起来是那个情况。[①] 技术规定指规定技术要求，直接或援引或包括标准，技术规范和规程内容的规定。[②] 产品规定（product regulations）在 TBT 协议中指确定产品特征或其相关流程和生产方法，包括可适用的行政规定，合规是强制的，也可在其适用产品、流程或生产方法，排他地括或解决术语、标志、包装、加记号或标签要求。[③]

根据布莱克法律词典（第十版），批准（approval）指做出正式禁令，有权地确认；注册（registration）指加入公共登记簿，正式登记，记录，与法庭书记员检查或提出新股发行申请。认证（certification）证明行为，已证明的状态，已证实的陈述，例如，陈述某人被许可做特定工作和某物品质优良的，已颁发证书的检查表面的书面记录，认可（accreditation）指赋予官方授权或地位，确认（高校）有充分的专业资格标准将研究生合格化。根据标准化工作指南 GB/T 20000. 1 – 2002，标准化（standardization）指为了在一定范围内获得最佳秩序，对现实问题或潜在问题制定共同使用和重复使用的条款的活动。活动指主要包括编制、发布和实施标准的过程。标准化的主要作用在于为了其预期目的改进产品、过程或服务的适用性，防止贸易壁垒，并促进技术合作。工程、运输、农业以及量和单位均可视为标准化领域。标准

---

① Walter Goode, *Dictionary of Trade Policy Terms*, Cambridge: Cambridge University Press, 2003.

② Christian Struck, *Product Regulations and Standards in WTO Law*, Wolters Kluwer Law & Business, 2014, p. 65.

③ Ibid.

化层次指所涉及的地理、政治或经济区域的范围，包括国际、区域、国家和地方标准化。这些都可视为公认的技术规则。标准化可以有一个或更多特定目的，以使产品、过程或服务具有适用性。这样的目的可能包括品种控制、可用性、兼容性、互换性、健康、安全、环境保护、产品防护、相互理解、经济效能、贸易等。适用性指产品、过程或服务在具体条件下适合规定用途的能力。兼容性指在具体条件下，诸多产品、过程或服务一起使用，各自满足相应要求，彼此间不引起不可接受的相互干扰的适应能力。互换性指某一产品、过程或服务代替另一产品、过程或服务并满足同样要求的能力。品种控制指为了满足主导需求，对产品、过程或服务的规格或类型的最佳数量的选择。安全指免除了不可接受的损害风险的状态。标准化把损害人员和物品的可避免的风险消除到可接受的程度。环境保护使之免受由产品、过程或服务的影响和作用造成的不可接受的损害。标准是指为了在一定的范围内获得最佳秩序，经协商一致制定并由公认机构批准，共同使用的和重复使用的一种规范性文件。标准宜以科学、技术和经验的综合成果为基础，以促进最佳的共同效益为目的。技术规范（technical specification）规定产品、过程或服务应满足的技术要求的文件。技术规范可以是标准、标准的一个部分或与标准无关的文件。规程（code of practice）为设备、构件或产品的设计、制造、安装、维护或使用而推荐惯例或程序的文件。规程可以是标准、标准的一个部分或与标准无关的文件。法规（regulation），由权力机构通过的有约束力的法律性文件。技术法规（technical regulation）规定技术要求的法规，它或者直接规定技术要求，或者通过引用标准、技术规范或规程来规定技术要求，或者将标准、技术规范或规程的内容纳入法规中。技术法规科附带技术指导，列出为了符合法规要求可采取的某些途径，即权宜性条款。产品标准规定产品应满足的要求以确保其适用性的标准。产品标准除了包括适用性的要求外，还可直接地或通过引用间接地包括诸如术语、抽样、测试、包装和标签等方面的要求，有时还可包括工艺要求。服务标准规定服务应满足的要求以确保其适用性的标准。协调标准（harmonized standards，equivalent standards）指不同标准化机构各自针对同一标准化对象批准的具有下列特征的若干标准，按照这些标准提供的产品、过程或服务具有互换性，提供的试验结果或资料能够相关理解。符合此定义的协调标准，在表述方面甚至在内容方面都可能有所不同，例如在注，在达到标准要求的指导原则，在可选项和品种规格的优选等方面都可能有所不同。一致标准内容相同，但表达形式不同的协调标准。等同标准（identical standards）内容和表达形式都相同的协调标准。各等同标准的编号可互不相同。不同语种的等同标准互为准确的译文。双边协调标准是两个标准化机构之间相协调的标准。单边调整标准是按照另一标准调整的标准，以便按该标准提供的产品、过程、服务、试验和资料能满足另一标准的要求，但反之未必然。可比标准是不同标准化机构各自针对同一产品、过程或服务批准的具有下列特征的若干标准，所规定的特性和评定方法相同，但对特性规定的要求不同，因而可以对要求的差异清楚地进行比较。标准的直接应有指不管某标准是否被其他规范性文件采用而对该标准的应用。标准的间接应用，通过另一个采用了某标准的规范性文件作为媒介而对该标准的应用。（对标准的）唯一性引用指引用标准时的声明符合所引用的标准是满足技术法规有关要求的唯一途径的一种引用方式。（对标准的）指示性引用指引用标准时声明符合所引用的标准是满足技术法规有关要求的途径之一的一种引用方式。这是权宜性条款的一种形式。合格评定（conformity assessment）指有关直接或间接地确定是否达到相应的要求的活动。合格评定活动的典型示例有：抽样、测试和检验；评价、验证和合格保证（供方声明、认证）；注册、认可和批准以及它们的组合。合格评定体系指具备实施合格评定的有其自身的程序和管理规则的体系。合格评定体系的典型示例有：测试体系、检验体系、认证体系。注册（registration）由机构在适当的、可公开获得的名录上发表某产品、过程或服务的有关特性或一个机构或人员的特征的程序。认可（accreditation）由权力机构对机构或人员具备执行特定任务的能力进行正式承认的程序。特性的测定可通过测试等试验或试验方法进行。合格评价（conformity evaluation）包括检验（inspection）、合格测试（conformity testing）。认证（certification）指由第三方对产品、过程或服务达到规定要求给出书面保证的程序。批准（approval）指允许产品、过程或服务在声明的用途或条件下销售或使用。合格评定机构和人员的认可体系（accreditation system）具备实施认可的有其自身的程序和管理规则的体系。标准设定程序的 WTO 案例法，US-Tuna Ⅱ上诉机构确认国际标准也表明为了 TBT 协议的目的达到被认为国际的标准有额外程序条件，我们不强调标准必须也建立在合意的基础上或是否使之公开。欧盟沙丁鱼案甚至认为没有合意一致采纳，国际标准能构成相关国际标准。技术法规的定义进一步规定，此类规定明确了产品特征及其相关产品流程方法，相关产品流程方法能发挥额外的或可选的作用，附件 1.1 下的面对面的产品特征，名词“流程”一般理解为指制造过程中的行为过程，程序和一系列行为或指向某目的的操作，我们进一步注意到，词典将“生产”术语定义为“商业化制造过程，尤其是大量地”，“方法”一词定义为“做某事的确定的或系统的方式”。[①] TBT 协议项下而非在 GATT1994 可能追求的政策利益，通过许可 GATT1994 未规定的政策利益而正当化贸易限制措施，限制起草者的决定是不适当的。[②] 在现代工业经济超越提供促进市场交易的信息的传统作用，国际食品标准化的范围扩大，食品标准化是具体的产品标准，以非常具体的方式，结合产品标准的所有要素，食品标准涉及法律、经济、技术，考虑安全和市场经济需求，对技术能力和兼容性发挥设定先例的作用，标准常包括名称、范围、描述、核心组成或质量要素，食品添加剂和污染物，免疫，重量和措施，加标、分

① Reports of the Appellate Body, *European Communities-Measures Prohibiting the Importation and Marketing of Seal Products*, WT/DS400/AB/R, WT/DS401/AB/R, para. 5. 12.

② Ibid. , para. 5. 120.

析方法和样品。食品标准是对食物产品特性特征的控制，建立在对人类生命、健康的来自处理、准备和消耗的潜在效果上。[①]

通过以上定义可以看出，技术法规与标准的关系密切联系，相互补充、不可分割、相互促进。技术规范可以是标准、标准的一个部分或与标准无关。技术法规与标准在制定目标、内容、效力、作用、原则上存在交叉或共性，[②]即都考虑合法的政策目标，包括人类、动植物生命健康和环境，内容上都具有基础性，效力上，后者的强制性标准以及经过技术法规引用的自愿性标准都与前者技术法规具有相同的强制性，在作用上都有不同程度的促进贸易和技术发展的作用，原则上，两者都可以统一于非歧视原则、自由贸易原则、等效原则、协调原则、透明度原则、合理性原则。作为授权立法的技术法规与作为准立法的标准与属于不同类型、位阶的规制方式，前者为命令——控制规制，后者为绩效——结果导向规制模式，后者的国家干预和控制更少，后者可能施加更大的经济影响量，前者比后者更稳定，前者比后者的风险（影响与可能性乘积）更大，性质上，前者为强制的，后者还包括推荐的自愿性标准，前者采取书面形式，后者还包括口头及其他形式，制定主体上，前者为国家，包括立法和行政机构，后者为国际组织，成员方，专业技术组织、企业、消费者保护组织、环境保护组织等公共或私人利益团体，规制对象上，前者为产品、过程、服务及服务提供者，后者还包括实验、材料，程序上，前者的协商范围更广，具有更强的民主性和程序的严格性、有效性，逻辑构成上，前者有假定、行为模式和法律后果的法律逻辑结构，而后者缺少权利义务分配和责任条款，目的上，后者除了前者的促进技术创新、贸易发展和人类、动植物生命及健康的目的以外，还包括品种控制、可用性、兼容性、互换性、产品防护、相互理解、经济效能，技术合作等，争议解决方

---

① Christian Struck, *Product Regulations and Standards in WTO Law*, Wolters Kluwer Law & Business, 2014, pp. 83 – 84.

② 刘春青：《国外强制性标准与技术法规研究》，中国质检出版社、中国标准出版社 2013 年版，第 42 ~ 43 页。

式上，前者可以申请司法审查，后者主要涉及替代性争议解决（ADR），前者裁量权更大、更政治化，后者更具有具体性、技术专业性、中立性，前者免费公开，透明度更好，后者需要付版权许可费，影响透明度和预见性，前者更具有制定和执行的统一普遍性、协调一致性、稳定性、民主性、公益性、他治性，后者更具有制定和执行的个别性、冲突多样性、变动性、歧视性、私益性与有限的公益性、自治性，前者的监管职能的压力能够传递给后者，后者如果嵌入前者将转化为前者，国家参与制定和监督执行后者或私人制定的后者并不能转化为前者而具有强制性。①

我国已申请地区认证，根据上文案例，缺少无（禽流感）疾病地区和低疾病盛行区的概念导致不能确认国内措施是否与SPS相符，根据世界动物卫生组织（OIE）资料②，我国无疾病地区和低疾病地区认证申请建议采用以下定义：

ZONE/REGION means a clearly defined part of a territory containing an animal sub-population with a distinct health status with respect to a specific disease for which required surveillance, control and bio-security measures have been applied for the purpose of international trade.（区域/地区指地域清晰界定的一部分，包含与需要监督和控制的特殊疾病有关的有特殊卫生地位和为了国际贸易地位的已申请生物安全措施的动物子数量。）FREE ZONE means a zone in which the absence of the disease under consideration has been demonstrated by the requirements specified in the Terrestrial Code for free status being met. Within the zone and at its borders, appropriate official veterinary control is effectively applied for animals and animal products, and their transportation.（无病区指没有疾病的区域，符合在地域法典中具体规定的要求的无病地位。适当的官方

① Paul Coghlan, *The Principles of Good Regulation*, *Regulation and Market Access*, Asia Pacific Press, 2003, pp. 25–38.

② http://www.oie.int/index.php?id=169&L=0&htmfile=glossaire.htm, last visited on November 5, 2015.

兽医控制有效地适用于动物和动物产品以及其运输的区域内和边界。）COMPARTMENT means an animal sub-population contained in one or more establishments under a common bio-security management system with a distinct health status with respect to a specific disease or specific diseases for which required surveillance, control and bio-security measures have been applied for the purpose of international trade.（分区指在普遍生物安全管理体系下有独特卫生地位，与要求监管，控制有关的一种或多种疾病，生物安全措施已为了国际贸易的目的适用，包含一个或多个企业的动物子集。）CONTAINMENT ZONE means a defined zone around and including suspected or infected establishments, taking into account the epidemiological factors and results of investigations, where control measures to prevent the spread of the infection are applied（. 污染区指在可疑或受污染企业周围或包括可疑或受污染企业，考虑传染病因素和调查结果，适用防止传染传播的控制措施的确定的区域。）PROTECTION ZONE means a zone established to protect the health status of animals in a free country or free zone, from those in a country or zone of a different animal health status, using measures based on the epidemiology of the disease under consideration to prevent spread of the causative pathogenic agent into a free country or free zone. These measures may include, but are not limited to, vaccination, movement control and an intensified degree of surveillance.（保护区指为了在自由国家或自由区内保护动物卫生地位而设立的区域，使用基于疾病传染的措施以防止因果性致病中介传播进入无病国家或区域。）

（二）明确和细化司法审查的比例原则

统一（uniform），在 GATT1947 背景下，防止基于来源国家的歧视在授予进口产品的待遇中和申请与某缔约方有关的一套规定和程序，而与其他缔约方有关则是另一套。在 GATT1994 这一词汇被狭窄地解释，不被认为是广泛的反歧视规定，而是在个人运输者之间甚至在同一人的不同时间和地点施加统一的管理措施。这意味着法规适用的连续性和可预见性，并不必然同一……管理并不必然低于正当程序的必要标准，这包括通知、透明、正当和公平。[①]合格评定的原则包括非歧视、比例原则、合理性原则、必要性原则、等效原则和透明度原则。非歧视原则，指客观、中性。透明度原则，美国虾案，内部管理程序和申请被拒没有通知和附理由的事实。比例原则、合理性与理性和正当判定相符合，不及比例和必要性先进，不应混淆。下文主要阐述和发展比例原则。

比例原则主要有 4 个方面，即公共利益，适用性检查（suitability test）（只要满足对首要价值的积极影响，忽略对次要价值的消极影响），必要性检查（necessity test）（同样满足对首要价值的实现程度，减少对次要价值的不满足程度，无更效率的替代措施）和严格意义上的比例（proportionality stricto sensu）（冲突价值的权衡和比较以评估主导价值，公式为以重要性、概率和抽象权重乘积表示的冲突价值之间的比率）。WTO 制度之间，几乎不存在有力的制度间平衡。立法方面不发达，结果，通过争端解决机制的司法造法是 WTO 进一步发展的先决条件。然而，通过嗣后立法矫正司法裁决的困难展现为主张司法克制，使用比例分析将使附加的权力转移给 WTO 司法机构成为必要。WTO 司法审查的范围和功能不清晰明确。[②] DSU 是保护多边贸易机制的安全和预见性的最重要工具，美国“301 条款案”的专家组强调这一点。[③] 不明显的结构歧视来自于贸易标准主导性适用的特征，这致使将 WTO 争端解决机制视为宪法审查的等效机制很困难。这一歧视并不意味着成为全面的贸易优势和其他利益的劣势。……正当性和审查标准的选择是 WTO

① Nellie Munin, *Legal Guide to GATS*, Wolters Kluwer Law & Business, 2010.

② Benedikt Pirker, *Proportionality Analysis and Models of Judicial Review: A Theoretical and Comparative Study*, Europe Law Publishing, 2013, p. 282.

③ Ibid., p. 283.

法的难题。[①] 荷尔蒙案的上诉机构认为审查标准反映 WTO 成员方承认的管辖权能力和已决定的保留的平衡。[②] 通过公共规制对本地市场机制的调整，目的是实现效率结果。[③] 中国出版物案中，上诉机构认为贸易规制权是成员方的内在的权力上诉机构认为成员方规制权的确认和避免对贸易造成不必要的障碍的平衡与国民待遇和一般例外之间的平衡近似。经典的案例是巴西轮胎案的决定，为了确定有问题的保护主义特征，对环境政策的广泛的监管者友好型评估却维持了相当的不同的审查标准。[④] 对实现公共利益的必要措施的权衡测试（weighing and balancing test）早期案例中模糊，到美国 337 条款变得清晰，韩国牛肉案是里程碑案件中，上诉机构将“必要”一词连续地置于“不可或缺”与“有益于”之间，使“更重要地相关”（significantly closer）接近“不可或缺”这一支柱。[⑤] 欧盟石棉案强调了成员方的选择保护水平的权利，美国赌博案中，上诉机构强调与合理可行的替代措施之间的比较，巴西轮胎案中，上诉机构接受量化评估，……措施可以作为广泛战略的重要组成部分进行评估。缓释第 20 条（g）项下评估，里程碑美国虾案改变了特定类型的贸易限制措施的分类方法，……不影响最终构成，与功能，安全或相似产品特征无关的目的的实现方法，可能被保护主义动机滥用……这方面的里程碑案例，金枪鱼案报告，排除了流程生产方法（PPMs）的可能的正当性。[⑥] 加拿大药品专利案，专家组界定了合法利益为“要求保护由相关公共政策或其他社会规范支持的意义上的正当利益的规范的请求”……美国版权案，专家组认为合法的（legitimate）意味着不仅实证方面合法的，也包括规范方面的合法性，这要求保护基于排他权保护的目标的正当利益。[⑦]

---

① Benedikt Pirker, *Proportionality Analysis and Models of Judicial Review: A Theoretical and Comparative Study*, Europe Law Publishing, 2013, p. 286.

② Ibid., p. 288.

③ Ibid., p. 289.

④ Ibid., pp. 290 - 291.

⑤ Ibid., p. 304.

⑥ Ibid., pp. 312 - 313.

⑦ Ibid., p. 326.

除了上文的概念统一和比例原则的细化，WTO 规则和案例，成员方的立法和案例还应规定技术不确定下的科学依据要求，与发达国家之间的农产品技术合作与合格评定的互认，对来自发展中国家，尤其是最不发达国家的农产品的例外安排，我国等发展中国家积极参与国际标准制定，拓宽我国标准的影响力和认可范围，充分利用 WTO 争端解决机制的同时，设立专业、中立、高效便捷的农产品标准冲突仲裁机制，不符产品生态化退出和问责，利益相关方参与和社会监督，通过国际互认和标准纳入或转化，在完善绿色标准、绿色技术法规、绿色合格评定程序、绿色标志、绿色认证、绿色检验、绿色检疫、绿色仲裁的基础上，协商减少发达国家不必要的包括检验、检疫、资格、认证等的农产品合格评定，继续强化我国农业的风险内控。

初探以亚投行为主体设立投资争端解决机制的可能性

许俊伟*

摘要："一带一路"倡议正深入推进，投资争端引发的矛盾也日益凸显。面对新形势，固有投资争端解决机制存在的弊端已完全暴露，无法满足"一带一路"倡议的实际要求。同时，亚洲已成为全球直接投资的首选区域，但中国在"一带一路"沿线国家却出现了大量的投资失败。基于此，为妥善解决可能由"一带一路"项目投资争端引发的争议，应尽快建立以亚投行为主体的投资争端解决机制。在该机制的实体规则中，需要充分考虑沿线国家的司法体制与环境，物化命运共同体理念，将沿线各国国有企业发生的投资争端作为解决试点，以期增强各方合作信任感，提升国际投资领域的话语权。

关键词：国有企业；争端解决机制；亚投行；投资；一带一路

一、问题的提出

自 1978 年以来，中国经济飞速发展并成功融入了全球经济的浪潮之中。尤其在加入世界贸易组织（以下简称 WTO）以后，中国对外直接投资（以

---

* 许俊伟，安徽财经大学法学院。

下简称 OFDI）规模迅速增长，企业也纷纷进行国际化经营。[①] 目前，中国已成为了全球第二大 OFDI 国。据商务部数据显示，2016 年中国的 OFDI 总额达到 2000 亿美元。2014 年 5 月，中俄两国的《联合声明》（以下简称《声明》）发表。俄方在《声明》中表示，“一带一路”倡议非常重要。2014 年 8 月，中蒙两国《联合宣言》（以下简称《宣言》）签署。蒙方在《宣言》中表示，愿加入“一带一路”以及亚洲基础设施投资银行建设。2017 年 5 月，“一带一路”国际合作高峰论坛又在北京成功举行，“一带一路”倡议正受到越来越多国家的欢迎与支持。同时，联合国 71 届大会也通过了一项决议，“一带一路”倡议正式由“中国战略”上升为“联合国战略”。

自“一带一路”倡议提出四年多来，关于如何建设与实施此项战略始终是学界关注的焦点。2015 年 3 月 28 日，《推动共建丝绸之路经济带和 21 世纪海上丝绸之路的愿景与行动》（以下简称《“一带一路”愿景与行动》）发布，为我国推进“一带一路”建设提供了科学的顶层设计。从“一带一路”建设涵盖的范围来看，其涉及国家之多、范围之广、层次之深，堪称以往任何国际战略之最。[②] 企业是“一带一路”倡议实施的关键，是推动战略向前发展的真正主体，其投资与经营活动也会一直伴随着“一带一路”的建设。目前，中国有近 4 万家企业先后开展跨国投资、经营活动，也涌现出了一批取得优秀业绩的企业，如中石油、联想、华为和吉利等。习近平主席在联合国峰会上曾承诺，“继续推进‘一带一路’建设，为发展中国家经济增长和民生改善贡献力量”。[③] 但是，《“一带一路”愿景与行动》的倡议中，并未提出相关制度构建与完善的整体战略布局。[④] 所以，我们在为取得这么可喜

① 林良沛、揭筱纹：“比较视角下中国对‘一带一路’国家直接投资的影响因素分析”，载《广东财经大学学报》2017 年第 1 期，第 57 页。

② 王刚：“‘一带一路’，建设中的法律问题及法治机制构建”，载《法学杂志》2017 年第 2 期，第 30 页。

③ 杨翼、程宏毅：“习近平：谋共同永续发展　做合作共赢伙伴”，载《人民日报》2015 年 9 月 27 日，第 2 版。

④ 何志鹏：“国际经济法治格局的研判与应对：兼论 TPP 的中国立场”，载《当代法学》2016 年第 1 期，第 43 页。

成绩而感到骄傲的同时，也要注意对投资、贸易等风险的防范，一旦争议处理不当的话，就会不可避免地影响国家之间关系，阻碍“一带一路”倡议的实施。

二、固有投资争端解决机制面临的现实困境

从2010年开始，面对国际发展新环境，我国实现了由净资本输入国向净资本输出国的跨越。在2016年，我国对“一带一路”沿线国家的直接投资达到了145亿美元。可以预见，随着该倡议继续推进，我国将有更多企业赴沿线国家投资，[①] 沿线国家间的资金往来必然会变得日益密切。但是，现有的争端解决机制并未为“一带一路”建设中可能涉及的投资争端提供一个良好的解决平台，现存体系存在着一系列机制不足与不匹配的问题。

（一）裁判者无法达到法律推理新阶段的要求

一个简单案件的法律推理可以基于“规则 + 事实 = 判决”的方式进行。但是，如若面对疑难案件，这种推理方式就发挥不出其应有的效果。因此，疑难案件中的法律推理主要是一种实质法律推理。[②] 在国际投资领域和主权国家之间，由于理论和仲裁实践存在不同程度的分歧，[③] 必然会导致一定的冲突，那么无疑这就将考验裁判者寻找“规则”的能力。“中国平安诉比利时王国投资仲裁案”（以下简称平安诉比利时案）是来自中国大陆的海外投资者首次在国际投资争端解决中心（以下简称 ICSID）仲裁机制下指控东道国的案件。从2007年11月开始，中国平安陆续收购了富通集团4.18%的股份。后爆发全球金融危机，比利时政府向富通银行注入资本并获得了近50%

---

① 赵书博、胡江云：“‘一带一路’倡议构想下完善我国企业境外投资所得税制的思考”，载《管理世界》2016年第11期，第11页。

② 张光宏：“实质法律推理中的利益衡量”，载《求索》2015年第12期，第90页。

③ 詹晓宁：《世界投资报告》，冼国明、葛顺奇等译，南开大学出版社2015年版，第158页。

的股权，其后又将所占股份转让给了法国巴黎银行。在此一系列干预行动中，中国平安遭受巨额损失，经多次磋商未取得任何实质进展后，遂向 ICSID 提出仲裁请求，指控比利时政府的干预行为构成对申请人财产的征收，且未对申请人给予公平的补偿。① 2015 年 4 月 30 日，机构仲裁庭发布了裁决，驳回了中国平安的所有指控。

自此，“平安诉比利时案”告一段落，但是由此引发的讨论却掀起了新一轮的高潮。有些学者批评 ICSID 仲裁庭对以往判例的援引和考量存在很大的不确定性，也没有很好地适用《维也纳条约法公约》第 31 条与第 32 条的解释规则，其还屡次“满足于简短的裁决意见与肤浅的法律推理”。② 不难预想，未来一旦有中国投资者再次牵涉进好比博登海默所称的这种“未规定案件”③ 进而诉诸 ICSID 仲裁机制的话，其仍将会步中国平安的后尘。并且在当前，美、欧关于投资仲裁机制的改革方向发生了分歧，美方主张在现有机制上进行变革，而欧盟则主张建立新的机构。④ 美国方案被视为实用主义的改良，而欧盟方案则呈现理想主义色彩。⑤ 国际投资仲裁是执行国际投资条约承诺的“牙齿”，⑥ 裁判者对规则能够正确、合理地适用对于投资者或者东道国来说相当重要。

---

① 刘勇：“‘中国平安诉比利时王国投资仲裁案’——以条约适用的时际法为视角”，载《环球法律评论》2016 年第 4 期，第 162 页。

② Andrea Saldarriaga, *Investment Awards and the Rules of Interpretation of the Vienna Convention: Making Room for Improvement*, ICSID Review, Vol. 28, No. 1, 2013, pp. 197 - 217; Pierre Lalive, *On the Reasoning of International Arbitral Award*, Journal of International Dispute Settlement, Vol. 1, No. 1, 2010, pp. 55 - 65.

③ ［美］埃德加·博登海默：《法理学：法理哲学与法律方法》，邓正来译，中国政法大学出版社 1999 年版，第 498 页。

④ Stefanie Schacherer, *TPP, CETA and Between Innovation and Consolidation-Resolving Investor-State Disputes Under Mega-regionals*, Journal of International Dispute Settlement, Vol. 7, No. 3, 2016, pp. 628 - 653.

⑤ 叶斌：“欧盟 TTIP 投资争端解决机制草案：挑战与前景”，载《国际法研究》2016 年第 6 期，第 74 页。

⑥ 徐树：“国际投资仲裁中滥诉防范机制的构建”，载《法学》2017 年第 5 期，第 152 页。

（二）投资者和东道国均以付出高昂成本为仲裁代价

何为“争议”？在国际法学界，其往往被定义为“两方在法律或事实问题上的意见分歧，法律观点或利益的冲突”。[①] 为了妥善解决争议，当前签署的国际投资条约中必然会包括确定的争端解决机制。虽然国际投资仲裁简单、明了地赋予了投资者诉权，但是对于投资者来说，仲裁并不是投资者寻求权利救济的最佳方式。众所周知，仲裁费用普遍较高，有些案件甚至达到千万美元，这对于很多中、小企业来说是难以负担的成本。是故，诉诸仲裁的做法可能会使很多中、小企业得不偿失。相较于投资者而言，东道国面临的处境也不容乐观。国际投资协定中，有关损害赔偿原则遵循“赫尔公式”，即“国有化条款”。该条款对征收补偿规定的原则为：补偿以公平市场价值计算，即“充分”；应允许以可自由兑换货币从东道国转移，即“有效”；偿清和支付不应有不合理的拖延，即“及时”。[②] 以 ICSID 为例，如若赔偿，其适用的“充分、有效、及时”原则涉及金额巨大，东道国往往难以承受这么沉重的财政负担。“一带一路”沿线主要以发展中国家为主，因而其对 ICSID 机制也普遍秉持消极态度。同时，仲裁庭的扩大解释可能背离了东道国当初缔约时的宗旨，加重了东道国的责任。处在“一带一路”沿线的东道国大都主张绝对的主权豁免，这也直接造成了 ICSID 的仲裁裁决面临无法执行的窘境。

（三）无法满足“一带一路”沿线地区利用需求

“一带一路”是一种创新的区域合作模式，其在理念、体系以及机制等方面均不同于先前的国际与区域合作路径。因而，以传统方式建立起来的争端解决机制无论是在价值导向或操作安排上均无法满足“一带一路”倡议的

---

① 黄世席：“国际投资仲裁裁决的司法审查及投资条约解释的公正性——基于‘Sanum 案’和‘Yukos 案’判决的考察”，载《法学》2017 年第 3 期，第 146 页。

② 江万里：“论国际投资法中的损害赔偿”，载《求索》2016 年第 7 期，第 36 页。

要求。但是，“一带一路”构想的以货物贸易为载体带动资本性输出的贸易投资模式又容易引发国家间的争端。[①]“投资者—东道国”这种争端解决机制的引入，使得国际投资领域告别了外交保护的时代，达到了争端解决去政治化的目的。[②] 不过，此种争端解决机制根本就无法适用“一带一路”建设。《解决国家与他国国民间投资争端公约》（以下简称《华盛顿公约》）是 ICSID 建立的基础，共有 161 个成员方。然而，在“一带一路”沿线的 65 个国家中，印度、伊朗、越南、巴勒斯坦、老挝、阿联酋、缅甸、不丹、马尔代夫、塔吉克斯坦和波兰等 11 个国家并未加入《华盛顿公约》，泰国、俄罗斯和吉尔吉斯斯坦等 3 国虽已签署《华盛顿公约》，但未批准生效。置言之，超过 1/5 加入“一带一路”倡议的国家游离于 ICSID 之外。由于 ICSID 机制长期以来又一直坚持“轻东道国、重投资者”的价值取向，这无疑更会造成“一带一路”沿线国家为维护本国经济主权和公共利益不选择适用 ICSID。

东道国选择适用 ICSID 很大程度上也是出于吸引外资的目的，因而主动做出对主权方面的限制。但是，大量实证研究表明 ICSID 机制与外资的流入和国内经济的发展不存在因果关系。[③]“一带一路”的主要资本输入国家出于其不被那些缺乏灵活性的、完全保护外国投资者的条约所束缚的考虑，很难接受 ICSID 高标准条款的约束。[④] 当下，国际社会还没有出现统一的多边投资协定，更多的投资协定采用双边形式。所以，ICSID 在仲裁实践中，裁决存在互不协调、相互冲突的现象，缺乏有效的上诉复核制度予以规范。[⑤] 同

---

① 张超、张晓明：“‘一带一路’倡议的国际争端解决机制研究”，载《南洋问题研究》2017 年第 2 期，第 26 页。

② ［尼］苏里亚·P·苏贝迪：《国际投资法：政策与原则的协调》，张磊译，法律出版社 2016 年版，第 98 页。

③ Susan Rose-Ackepman & Jennifer Ltobin, *Do BITs benefit developing countries: The Future of Investment Arbitration*, Oxford: Oxford University Press, 2009, p. 131.

④ M Sornarajah, *Mutations of Neo-Liberalsm in International Investment Law*, Trade, Law and Development, Vol. 3, 2011, pp. 231 – 232.

⑤ 王朝恩、王璐：“国际投资法前沿问题与中国投资条约的完善”，载《西安交通大学学报》2013 年第 3 期，第 74 页。

时，虽然“一带一路”沿线国家现存大量的区域性贸易协定，但使用效率极其低下。据统计，截至“一带一路”倡议提出前，亚洲的自贸区协定已经达到了257个，超过了世界上其他任何区域。① 但相比于欧美，亚洲自贸区出现了协定使用比例不高、一体化进程偏低以及实施效果不佳等众多问题。从整体来看，亚洲区域的争端解决机制虚置现象严重，无法满足沿线地区利用需求。

三、“一带一路”沿线各国对投资争端解决机制的实践需求

近十年来，亚洲经济迎来了一个崛起的新机遇，其重要性进一步凸显（见表1）。从世界范围观察，经济复苏乏力，欧、日两大经济体依然陷入困境当中，美国逐步触底反弹。于是，我国在此机遇下提出了“一带一路”倡议，其是我国未来在国际经贸领域的上层设计。基于此，在探索全球治理新模式的背景下，有必要结合“一带一路”倡议所覆盖区域的性质和特点，分析沿线国家及地区对投资争端解决机制的需求。

表1　2012年到2014年全球FDI流量（流入）

区域	2012年		2013年		2014年	
	总量（十亿美元）	占比（%）	总量（十亿美元）	占比（%）	总量（十亿美元）	占比（%）
全世界	1403	—	1467	—	1228	—
欧洲	401	28.58	326	22.22	289	23.53
北美洲	209	14.90	301	20.52	146	11.89
非洲	56	3.99	54	3.68	54	4.40
亚洲	401	28.58	428	29.18	465	37.87
拉丁美洲	178	12.69	186	12.68	159	12.95
大西洋	4	0.29	3	0.20	3	0.24

① Asia Development Bank, *Regional Cooperation and Integration in a Changing World*, ADB Reports, Vol. 6, No. 1, 2013, pp. 181 – 192.

（一）亚洲成为全球直接投资的首选区域

“一带一路”沿线多为发展中国家，资金不足定然是首要的制约因素。根据各国经济条件及地理环境的差异，预计该区域的融资需求将达到25万亿美元。不过令人欣喜的是，亚洲已经成为全球最大的外商直接投资（以下简称FDI）聚集区，亚洲的投资环境在不断好转。结合FDI流量进行分析（见图1），可以看出亚洲区域占沿线国家FDI流入量的76.31%，而中东欧仅占比23.69%。

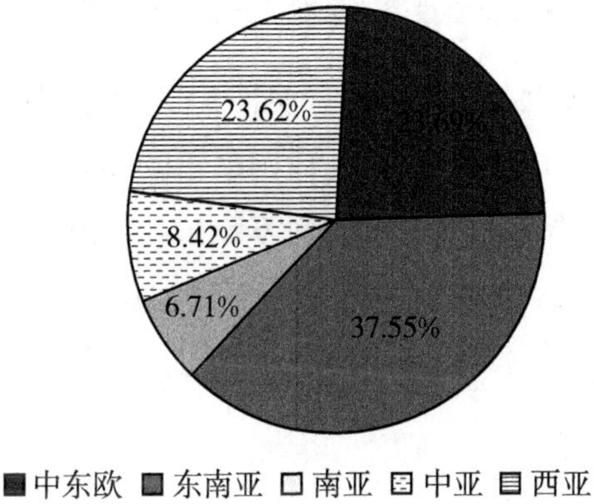

图1 “一带一路”沿线国家FDI流量占比

2014年，中国对外直接投资呈现出了一种激增的态势。根据中国对外直接投资流量在“一带一路”沿途各区的占比（见图2），不难发现我国在2014年对亚洲区域的直接投资占“一带一路”沿线区域投资总量的88.46%，中东欧仅为11.54%。由此可见，该区域是我国对外直接投资的主阵地。

然而近年来，低速增长的贸易加剧了竞争程度，大宗商品价格快速下降，逆全球化趋势略有抬头。故在2016年，上海社科院的权衡研究员通过采取熵值赋权法确定权重，对亚洲参与“一带一路”的国家和地区的投资环境进行

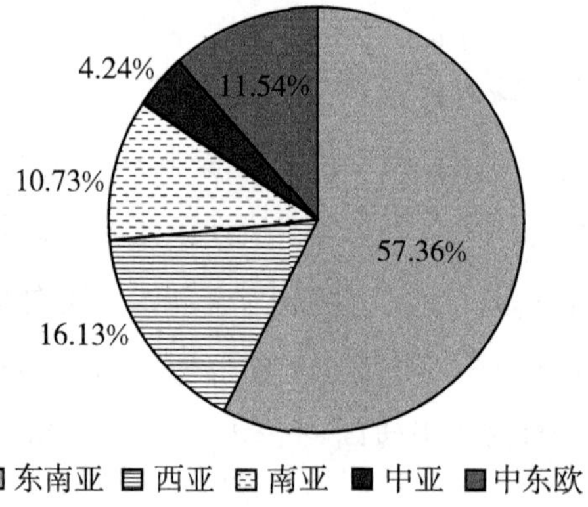

图 2　中国对外直接投资流量在“一带一路”沿途各区的占比

实证分析，[①] 并根据指数进行了排名（见图 3）。由此可见，贸易化程度偏低、主要依靠大宗商品出口以及饱受战乱的国家投资环境较差，交织的各种因素使得在这些国家投资都或多或少的存在不稳定性。所以，习近平主席在出席 20 国集团（以下简称 G20）汉堡峰会时发言强调，世界经济要坚持开放发展，走互利共赢之路。

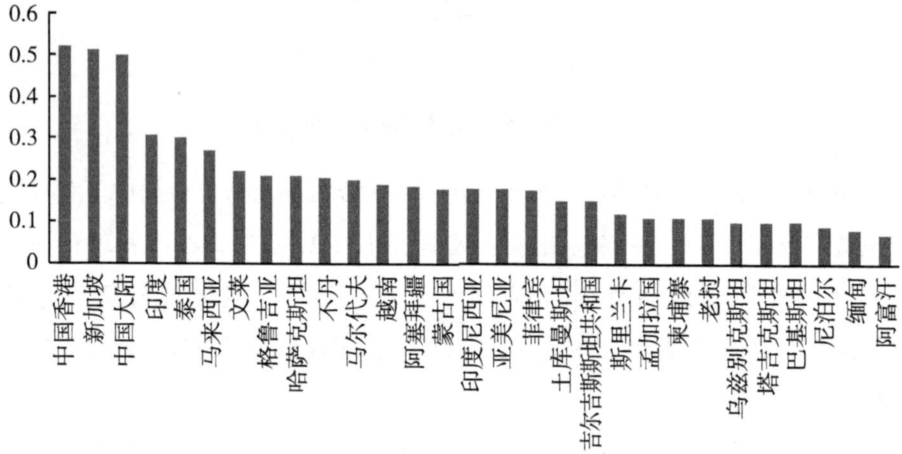

图 3　“一带一路”亚洲各地区投资环境指数综合得分图

① 权衡、张鹏飞：“亚洲地区‘一带一路’建设与企业投资环境分析”，载《上海财经大学学报》2017 年第 1 期，第 88 页。

（二）国有企业在参与建设中的地位与争端解决问题

发展中国家的国有企业有着保障国民经济向前发展、促进社会和谐稳定的巨大作用，其不仅是一个时代的产物，更是在变革时代承担应有责任的主要载体。“一带一路”倡议实施的优先领域与各国国有企业的分布情况不谋而合，因而，其也为沿线国家国有企业的国际合作提供了契机。作为重要的经济活动主体，国有企业全面参与了“一带一路”建设，发挥了重要的经济作用，也承担了广泛的社会职能。[①] 基于此，WTO 等国际组织为国有企业设计了基本的经济活动法律规则，且此类规则还在不断完善与发展中。目前，“一带一路”沿线各国在经历不同发展方式后也大都保有了国有企业，经济合作与发展组织（以下简称 OECD）的第 147 号报告分析了福布斯 2000 强企业名单中的国企状况，其中沿线各国国有企业份额（以下简称 CSS）排名前十的国家分布情况如下（见图 4）。不难看出，中国、俄罗斯、印度以及巴西等大国的国有企业在该国的经济发展中所占有举足轻重的地位。

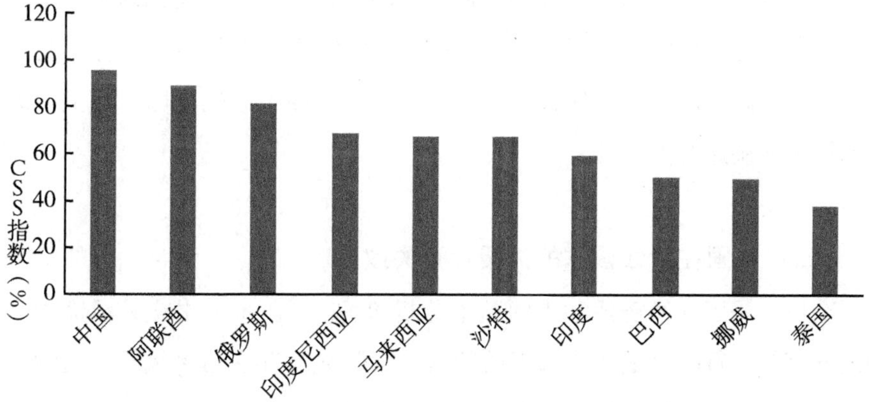

图 4　“一带一路”国家国有企业所占本国经济比重表（前十位）

① 傅宏宇、张秀：“‘一带一路’国家国有企业法律制度的国际构建与完善”，载《中外关系》2017 年第 1 期，第 48 页。

当今时代，“包容性增长”已成为国际投资领域的共识，其以均衡、公平的经济、社会发展，充分、合理的就业、劳动和分配机制为目标，期待每一个社会主体更好地获得发展机会，共享发展成果。在去年举行的G20杭州峰会上，“包容性增长”被纳为G20投资指导原则。在今年举行的G20汉堡峰会上，中国国家主席习近平也发言再次指出了“包容性增长”对世界经济未来发展的重要性。因而，基于沿线国家国有企业的经济活动实践，结合“包容性增长”与可持续发展等愿景的要求，进一步增强沿线国家的黏合度以实现共同的利益诉求，我们有必要构建起与“一带一路”国家自身需要相契合的投资争端解决平台。作为“一带一路”中倡议落实的主要载体，国有企业在发挥积极作用的同时也不免是发生投资争端的“常客”。国有企业的投资常带有国家背景，如若解决不好国有企业的投资争端，难免会影响两国、甚至多国之间的关系。谋求普遍的利益考量和共同的发展需求被视为是“一带一路”实现的重要途径，寻找最大公约数以解决国有企业的争端对形成区域协同并发挥国际示范效力具有深远影响。基于此，“一带一路”国家国有企业应坚持“包容性增长”原则，使各国同等享受公平发展机遇与成果，同时也应肩负起时代赋予的重要使命。① 对于发生的投资争端，国有企业更应诉诸具有协调、广泛适用的解决机制，以期能够在不影响两国、甚至多国关系的情况下快速解决问题。

（三）中国在沿线国家的大量投资失败

交易，是国际经济活动中的基本分析单位。② 在每一次交易活动中，契约的签订与执行一直是无法忽视的问题。国际交易存在诸多风险，履约风险始终伴随。现实中契约的不完全导致了国际经贸活动中的风险增加，也潜在

① 陈涛：“包容性增长中的国有企业社会责任实现机制研究”，载《广西社会科学》2011年第8期，第60～63页。

② 刘文革、周方召、肖园园：“不完全契约与国际贸易：一个评述”，载《经济研究》2016年第11期，第167页。

地造成了国际投资的损失。自 21 世纪以来，中国经济步入了发展的快车道，国外学者也对此展开了大量的实证研究，如 Feenstraetal. 和 Wangetal. 经过研究发现，相比于普通贸易，契约的实施程度对加工贸易的影响最大；相比于其他所有制企业，契约实施制度对外资企业的影响最大。“一带一路”倡议目前的融资主要以亚投行、丝路基金等金融机构为主，但是，各种融资渠道总计提供的融资额不过 3500 亿美元，远远达不到“一带一路”建设对资金的要求。因而，私人资本被寄予厚望。不过，私营企业目前更多的处于观望状态，私人资本在参与海外投资时会着重考虑安全因素。

中国全球投资追踪数据库（以下简称 CGIT）资料显示，2005 ~ 2015 年中国企业在沿线国家中累计有 768 亿美元的 43 个工业投资失败项目，分别占大型工业项目金额与数量总量的 74. 93% 和 88. 37% 。具体到各行业中，能源领域项目失败数量占总量的 40. 54% ，金额占总量的 61. 60% ，平均失败项目规模达 23. 05 亿美元，为所有行业中最高。[①] 由于西亚常年局势混乱，中亚国家本身综合国力较弱、又易受美俄等大国政策影响，这直接导致了十年间中国企业对沿线国家工业类投资的 63. 81% 的失败项目聚集在此。具体到国家层面，伊朗占有 67. 11% 的能源投资失败项目，阿富汗占有 42. 52% 的金属矿产投资失败项目，缅甸占有 41. 5% 的电力生产与供应投资失败项目，印度则占有 43. 86% 的制造业投资失败项目。据统计，所有行业（除制造业外）80% 以上的投资失败项目集中于西亚、东南亚和北非地区。同时也可看出，倡议沿线成功投资的比例不容乐观。

中国工业品出厂价格指数（以下简称 PPI）已经连续 46 个月负增长，降至 49. 6（PPI 中以 50 为经济荣枯线），为历史新低。其中，石化、钢铁、煤炭等原材料 PPI 负增长高达 20% 。因而，在国内工业利润空间被大幅压缩的情况下，企业的域外投资明显增多。面对中国企业对“一带一路”沿线国家

① 方旖旎：“‘一带一路’倡议下中国企业对沿线国家工业投资特征与风险”，载《宁夏社会科学》2016 年第 3 期，第 97 页。

大量投资失败的现状，投资措施的运用就显得异常重要。投资的大量失败必然会引起大量的投资争端，各国政府定然也不会坐以待毙，如若投资争端得不到妥善解决的话，难免会造成“寒蝉效应”①。在涉及“一带一路”项目所产生的争议时，不能将独立的争端视为个案，因为其处理结果可能会影响到相关国家及个体的权益。基于此，一个负责统筹“一带一路”投资争端解决的协调机构呼之欲出，投资争端的妥善解决也能够为成功实施“一带一路”倡议提供重要保障。

四、构建以亚投行为主体设立的投资争端解决机构的初步设想

亚洲的未来发展需要有关各方的积极推动，亚洲地区又素有“和平”的国际合作传统，建立符合“一带一路”色彩的国际投资争端解决机制既有必要性、也有可能性。以历史维度观察，国际关系的发展过程经历了共存、合作、共同体三个阶段，②“一带一路”倡导积极利用现有机制建立“以多边带动双边的”区域合作范式。③ 迫切要求建立的投资争端解决机制应以亚投行为设立基础，具有“一带一路”合作特点。

（一）以亚投行为设立基础，构建新的投资争端解决机制

2016 年 1 月 16 日，亚投行正式启动运行。其以区域内经济发展、互联互融为目标，以带动世界经济增长为宗旨，以提供区域内基础设施建设的融资支持为手段，为世界金融体系注入了新动力。亚投行成员国已发展至 80 个

① 徐树：“国际投资仲裁庭管辖权扩张的路径、成因及应对”，载《清华法学》2017 年第 3 期，第 195 页。

② Wolfgang Friedman, *The Changing Structure of International Law*, Columbia: Columbia University Press, 1964, pp. 60 – 71.

③ 王海运等：“‘丝绸之路经济带’构想的背景、潜在的挑战和未来走势”，载《欧亚研究》2014 年第 4 期，第 4 页。

国家，该机构也经历了由最初的不被看好到现在各国的广泛承认。因此，在亚投行内部建立一个投资争端解决机构，负责统筹解决“一带一路”项目的投资争议未尝不是一个好选择。以国际金融机构为主体设立的争端解决机制在历史上也有先例可循，ICSID 就是由世界银行成立的。同时通过分析也可看出，嵌入实体性合作协定框架内的争端解决机制往往比游离于实体性规则之外的争端解决机制更具活力。

WTO 争端解决机制建立于消除贸易壁垒规则被普遍认同，北美自由贸易区争端解决机制建立于合作规则的创新。ICSID 争端解决机制虽然建立于 20 世纪 60 年代，但也是随着 20 世纪 90 年代末和 21 世纪初双、多边投资协定中对投资者保护理念的发展才得以广泛适用。[①] 亚投行以“推进区域合作和伙伴关系，应对发展挑战”为成立宗旨，协调好“一带一路”区域内的投资争议显然符合宗旨要求。命运共同体作为“一带一路”的合作理念，可以物化地反映到实体规则中，继而体现在投资争端解决的框架内。众所周知，最初设计“投资者—国家争端解决”机制是为了应对在法律制度不完善的国家进行投资而被政府征收的情况。[②]“一带一路”沿线国家法律制度大都不太健全，现在面临的设立情况也与当时颇为相似。同时，在投资争端解决机制内部增加上诉环节也符合时代发展航向。2016 年，欧盟与越南自由贸易协定、欧盟与加拿大自由贸易协定创造了初审仲裁庭与上诉仲裁庭相区分的体制，值得我国新建立的投资争端解决机制所借鉴。

（二）借鉴现有经验，设计符合“一带一路”特点的机制规则

争端的解决是一种文化世界观的体现。[③] 因而，国际习惯通常被运用在

① 陈安：《国际投资争端仲裁——“解决投资争端国际中心”机制研究》，复旦大学出版社 2005 年版，第 42 ~ 50 页。

② 黄世席：“可持续发展视角下国际投资争端解决机制的革新”，载《当代法学》2016 年第 2 期，第 26 页。

③ P. H. Gulliver, *Dispute and Negotiations*, New York: New York Academic Press, 1979, pp. 60 – 65.

国际投资法的实践中。在美国 BIT 范本的第 5 条（b）款中规定，对境外投资要实施“充分保护和安全”，要求缔约国根据习惯国际法提供警察级别的保护，也就是人身和财产的保护。① 同时，例外条款最初在贸易领域的出现也体现出了国际投资在贸易文化中的世界观。该条款作为一项义务豁免规则或责任豁免规则而存在，成员方可以在违反义务时援引该规则，使自己不承担相应的法律责任。② 但是，该项条款的适用时间还不长，目的其实是为了平衡投资者利益与东道国的监管。③ 个案的裁判仅仅属于狭隘的争端解决权能，而突破个案表达对投资争端解决机制的关切则更有意义。④ 在参与“一带一路”建设的 65 个国家中，有 24 个国家与美国签订了约定，当中还有 13 个欧盟成员国和 10 个东盟成员国。不同国家的利益诉求不可能完全一致，这就要求我国在设立以亚投行为主体的投资争端解决机构时坚持循序渐进、宜粗不宜细的设立原则。

《华盛顿公约》之所以在多数投资仲裁案件中作为准据规则被适用，也就是源于它对投资仲裁提供了部分指引。⑤ 基于此，我国应利用作为“一带一路”倡议国的特殊优势，发挥领袖型国家的作用，督促各方完善本国投资保险制度，将投资争端的调解制度化、规范化，避免国家关系产生间隙。在以亚投行为主体设立的投资争端解决机制中，建立仲裁员名录，认真遴选仲裁员，制定统一的裁判标准，建立仲裁裁决复核及上诉制度。并且，力促投

① 杨丽艳、张新新：“再论国际投资仲裁中间接征收的认定及扩大适用”，载《时代法学》2017 年第 1 期，第 120 页。

② 何芳、邓瑞平：“当代国际投资条约中的新型条款与我国未来取向”，载《河北法学》2016 年第 3 期，第 84 页。

③ William W Brukewhite & Andreas Von Staden, *Investment Protection in Extraordinary Times: The implication and Application of Non-preclude Measures provisions in Bilateral Investment Treaties*, Virginia Journal of international law, Vol. 48, 2008, p. 370.

④ Michal Resiman, “*Csae-specific Mandates*” *Versus* “*Systemic Implication*”: *How Should Investment Tribunal Decide*?, Arbitration International, 2013, p. 131.

⑤ 徐树：“国际投资条约‘双轨’执行机制的冲突及协调”，载《法商研究》2017 年第 2 期，第 141 页。

资者母国积极承担应有的协调责任，营造和谐的投资氛围。发展中国家需要马上行动起来，在国际投资领域加强话语权，改变长期以来由发达国家设计和主导的国际投资仲裁体制。

（三）以国有企业为试点，增强合作各方信任感

日前，国际货币基金组织将 2017 年世界经济增长预期上调至 3.5%，[①] 一个重要因素就是预计全球投资将增加 5%。由此可见，投资在国际经贸活动中占有巨大的比重。但是，中国企业的对外投资始于填补发达国家的空白，海外利益制度性保护存在缺失，使对外投资的中国企业大规模地依靠我国政府，也造成了世界上很多国家认为中国企业带有浓重的政治色彩。对外投资的国有企业更是使各方认为，其具有中国政府“护航”的非制度性保护优势。不过，按照国际惯例，投资企业在应对投资风险时应尽可能地穷尽东道国法律与救济手段。投资者及其利益应当受到保护，但这种保护不应以牺牲东道国的可持续发展以及固有社会价值为代价。在国际投资争端解决机制的管辖方面，最务实的做法是充分考虑沿线国家的本国司法体制与环境，将其与国际投资争端解决机制紧密结合起来。

国有企业是“一带一路”项目建设中的重要经济主体，沿线各国也都保有了大量的国有企业。作为投资争端发生的“常客”，有必要将其作为试点，以便进一步完善新建立的机构。依照“一带一路”特点设立的投资争端解决机制前期应做好以下准备：（1）具备对涉及实施“一带一路”倡议项目所发生的争议进行登记、备案的能力；（2）制定出如若发生管辖权竞合时的冲突适用规则；（3）建立仲裁员名录，认真遴选仲裁员，制定出统一的裁判标准；（4）建立起相关国家及其主体的调解、磋商机构；（5）建立起仲裁裁决复核及上诉制度等。“一带一路”国家间应充分发挥政策沟通的优势，构建

---

① 陈海峰：“解读习近平主席在 G20 汉堡峰会发言时的四点主张”，载新华网 2017 年 7 月 8 日发布，http：//www.chinanews.com/kong/2017/07－08/8272630.shtml，2017 年 7 月 13 日访问。

起快速反应通道，避免高成本的仲裁程序，提高争议解决效率，加快“一带一路”倡议实施进程。国有企业往往带有特殊的国家背景，以国有企业发生的投资争端进行试点，能够使各国在重大利益关切问题上率先达成一致，增强各方经济合作的信任感。

五、结　语

以亚投行为主体建立的国际投资争端解决机制必定是一套兼容并包的完整体系，而不仅仅是零散规则，其成功的设计与实施必将为国际合作和国际法治的建设作出重大贡献。亚洲的共同命运也必须从促进经济发展入手，“一带一路”倡议所提出“共建共享”的发展理念必将使亚洲成为世界经济最具活力的地区。发展的经济红利更多地惠及相关国家与人民就需要每个国家把各自的优势和潜能充分发挥出来。原有的国际投资争端解决机制可能会使败诉国拒绝执行裁决、抵制裁决的消极影响，但是，新建立的机制完全能够消除这种不利因素。合作各方的坦诚相待，相关合作的稳步推进可以很好地解决这种“顽疾”。建立以亚投行为主体的国际投资争端解决机制在为该地区提供一系列新的发展机遇的同时，也能促进相关国家的对外投资、提升该地区的国际影响力。因此，早日将设立以亚投行为主体的国际投资争端解决机制付诸行动尤为重要。

对 WTO“必要性”检验中司法权衡方法的否定之否定

范笑迎*

摘要： 近年来，世界范围内涌起了贸易保护主义和反全球化的浪潮，为中国在构建“一带一路”贸易合作机制蒙上了一层阴影。对此，WTO 在应对贸易保护主义、增进其合作机制的理论和实践研究可以为我国构建“一带一路”提供经验借鉴。WTO 一般例外条款中的“必要性”检验对平衡贸易价值与非贸易价值的关系，并避免贸易保护主义和单边行动发挥着重要作用，但其中的司法权衡方法被认为侵犯了成员方的国内管理自主权，同时使得成员方的权利义务的确定性与可预见性遭受威胁，进而主张以 WTO 协定文本为依据，限制司法权衡。但实际上，上述观点会导致裁决机构更大的裁量空间，破坏 WTO 多边体制的稳定性和可预见性，并为潜在的贸易保护主义和单边行动打开了缺口，进而对 WTO 多边体制构成威胁。“必要性”检验对成员方追求的非贸易价值的重要性进行司法权衡建立在案件的具体事实的基础之上，并体现 WTO 法律共同体的普遍利益和基本共识，其对形式原则和显著性原则的适用在整体上成就了 WTO 法的目的，确保了法律解释的确定性和一致性，符合 WTO 法的正当性要求，能够避免成员方以保护非贸易价值

* 范笑迎，天津财经大学法学院，讲师，法学博士，研究方向：国际经济法。

为借口实施的贸易保护主义和单边行动，维护 WTO 多边合作的有效性。WTO 必要性检验的司法权衡所蕴含的国际贸易多边合作的理念与原则为“一带一路”倡议下的贸易合作机制的发展提供了有益的经验。

关键词：WTO 一般例外；必要性检验；管理自主权；多边合作；WTO 法律共同体

引 言

WTO 一般例外条款中涉及的司法权衡受到了诸多批判，主要是其中涉及的对非贸易价值相对重要性的司法权衡被认为侵犯了成员方的国内管理自主权，同时，必要性检验中的司法权衡使得成员方的权利义务的确定性与可预见性遭受威胁。对此，应当以 WTO 协定一般例外条款的文本为依据，将裁决机构的司法权衡限制在争议措施对非贸易价值的政策目标的贡献程度，而不应当包括对非贸易价值的重要性以及争议措施对贸易的限制程度的司法权衡。实际上，上述批判观点会导致裁决机构更大的裁量空间，破坏 WTO 多边体制的稳定性和可预见性，并为潜在的贸易保护主义和单边行动打开了缺口，进而对 WTO 多边体制构成威胁。在必要性检验中引入司法权衡，特别是对成员方设定的国内政策目标的保护水平的评估，能够增进 WTO 法律共同体的多边共识，有助于维护 WTO 多边体制的有效性。进而，对司法权衡可能存在的法律解释的不确定性以及民主正当性的缺失的担忧，一方面不应当夸大这种忧虑，因为 WTO 裁决机构作为 WTO 法的参与者以其一贯的机构目的和基本立场对 WTO 法进行解释时，能够保证法律解释的确定性和融贯性，并体现 WTO 法的正当性基础——维护国际贸易的多边合作机制的稳定与发展本身在国际社会中已经具有了无须证明的民主正当性；另一方面，WTO 裁决机构在对一般例外条款进行解释时所运用的形式原则和“显著性原则”能够有效保障 WTO 法律解释对 WTO 法律共同体的基本共识的体现，确保了 WTO 法律解释的整体性和民主正当性，最终保证了成员方保护国内非贸易价值的权利与其他成员方在 WTO 协定下的自由贸易的权利之间的平衡，能够有效对抗近来频频抬头的贸易保护主义和单边行动。WTO 的这一经验为我国构建“一带一路”中的多边贸易合作机制提供了有益的启发。

一、WTO“必要性”检验中的司法权衡及其批判观点

GATT1994 和 GATS 的一般例外条款（GATT 第 20 条和 GATS 第 14 条）都涉及到对“必要的”这一概念的解释，由此涉及所谓“必要性检验”。WTO 裁决机构最初承继了 GATT 时代的必要性检验方法，即“更小贸易限制”（the lessrestrictive alternative test），即考察对成员方所追求的政策目标能否以具有更小贸易限制的替代措施而获得。而之后，这种检验方法经过上诉机构的改进，又引入了司法权衡的方法（weighing-and-balancing）。[①] 从“韩国—牛肉案”开始，经由“欧共体—石棉案”，“多美尼加共和国—香烟案”，“美国—赌博案”，到“巴西—翻新轮胎案”，WTO 上诉机构已经逐步建立了一个复杂的关于“必要性”解释的权衡检验，将所有有关变量进行权衡，[②] 尤其是对非贸易价值的重要性的权衡。[③] 由此，“更小贸易限制”和权衡的方法共同构成了必要性检验的部分。这种权衡的必要性检验方法使得 WTO 裁决机构在平衡贸易自由化和 WTO 成员国国内管理目标之间的关系上获得了更大的权力。[④] 然而，WTO 裁决机构对非贸易价值重要性的权衡招致了诸多

---

① Piet Eeckhout, *The Scales of Trade-Reflections on The Growth And Functions of The WTO Adjudicative Branch*, Journal of International Economic Law, Vol. 13, No. 1, 2010, p. 13.

② Michael Ming Du, *The Rise of National Regulatory Autonomy in the GATT/WTO Regime*, Journal of Economic Law, Vol. 14, No. 3, 2011, p. 666.

③ 上诉机构对非贸易价值的司法权衡在韩国—牛肉案首次引入，用于解释 GATT 第 20 条（d）项的“必要性”概念。这一解释方法之后又在欧共体—温石棉案中被再次适用于解释 GATT 第 20 条（b）项的“必要性”概念并确立下来。

④ Gisele Kapterian, *A Critique of The WTO Jurisprudence on "Necessity"*, International and Comparative Law Quarterly, Vol. 59, January, 2010, p. 106.

批评，这种对 WTO 协定的解释引发了对 WTO 正当性的批判，即对国家管理自主权（domestic regulatory autonomy）的过分侵入。

在“韩国—牛肉案”中，韩国主张其国内对进口牛肉和国产牛肉实行分离的双重零售体系对避免将进口牛肉充当国产牛肉进行贩卖的欺诈行为，保护消费者的合法权益，执行国内的反不正当竞争法是必要的。上诉机构认可韩国的上述措施可以涵盖于 GATT 第 20 条（d）项下的政策目标，之后，上诉机构开始对这一措施在（d）项下的必要性进行检验。首先，上诉机构认为“必要的”并不总是意味着“必不可少的”或“不可避免的”，而是指“一个必要性的程度区间”。尽管这一连续区间的一端可以将必要性定义为“有助于”，但是上诉机构强调 GATT 协定下的一项必要的措施应当更趋近于“必不可少”的另一端。① 进而，上诉机构主张，属于（d）项下的政策目标的法律法规数量繁多，因此，解释者可以在恰当的情况下考量成员方在该项下所要执行的法律法规旨在保护的公共利益（common interests）或价值的相对重要性。② 借此，上诉机构推理认为，GATT 第 20 条（d）项中的必要性检验内在性地要求一个包含对如下三个要素的权衡过程：成员方措施对执行法律或法规的贡献，法律或法规所要保护的公共利益或价值的重要性，以及所以执行的法律或法规对进口或出口的影响。③ 对这些权衡要素，上诉机构指出，公共利益或价值越重要，并且执行措施对法律法规的目标的实现的贡献性越大，措施就越容易通过必要性检验，同时，如果一项措施对进口产品的影响越小，相对于那些对进口产品的限制性影响较大的措施更易于被认为是“必要的”。④

---

① Appellate Body Report, Korea—Measures Affecting Imports of Fresh, Chilled and Frozen Beef, WT/DS161/AB/R, WT/DS169/AB/R, adopted 11 December 2000, para. 161.

② Ibid, para. 162.

③ Ibid, para. 164.

④ Ibid, para. 163.

这表明，上诉机构对成员方的措施的必要性检验是一个独立自主的过程：上述权衡过程没有包含对较少贸易限制的可替代措施的参照。遵循上述权衡过程，争议措施可以自我证明其是具有适当贸易限制性的保护重要非贸易价值的合理措施，而其他具有较少贸易限制性的替代措施将被自动推定为非合理可得的措施。① 如果争议措施没有通过权衡检验，则下一步将是检验替代措施的合理可得性。② 然而，上述必要性检验步骤存在一个问题，就是争议措施在没有其他合理可得的更小贸易限制的替代措施作为参照物时，如何确定其贸易限制性在多大程度上是必要的。③

对于替代措施的合理可得性的检验，上诉机构隐晦地采取了专家组的观点，即由应诉方承担证明替代措施不是合理可得或构成经济上或技术上不合理的负担的义务。④ 然而，上诉机构没有表明给予成员方对替代措施的评估以多大程度的司法遵从。上诉机构认为韩国能够采取符合 WTO 义务的措施实现其政策目标，“只要韩国对牛肉销售部门的反不正当竞争的执行投入更多的资源”。⑤

与韩国本身的主张不同，上诉机构认为，韩国所选择的保护水平实际上并非旨在完全排除欺诈，而是合理减少欺诈的机会，因为完全排除欺诈将会要求对进口的完全禁止。⑥ 从而，可以考虑的替代措施应当是符合上诉机构推定的这一相对较低的保护水平。最终上诉机构得出结论，认为韩国对牛肉实行的双重零售体系对执行其反不正当竞争法保护消费者权益而言是不

---

① Jan Neumann and Elisabeth Turk, *Necessity Revisited: Proportionality in World Trade Organization Law after Korea-Beef, EC-Asbestos and EC-Sardines*, Journal of World Trade, Vol. 37, 2003, p. 211.

② Appellate Body Report, Korea-Measures Affecting Imports of Fresh, Chilled and Frozen Beef, WT/DS161/AB/R, WT/DS169/AB/R, adopted 11 December 2000, para 173.

③ Gisele Kapterian, *A Critique of The WTO Jurisprudence on "Necessity"*, International and Comparative Law Quarterly, Vol. 59, January 2010, p. 107.

④ Appellate Body Report, Korea-Measures Affecting Imports of Fresh, Chilled and Frozen Beef, WT/DS161/AB/R, WT/DS169/AB/R, adopted 11 December 2000, para. 173.

⑤ Ibid, para. 180.

⑥ Ibid, para. 178.

必要的，同时韩国没有能够证明与 GATT 义务相符合的替代措施并非合理可得。

在“欧共体—石棉案”中，上诉机构继续发展了上述必要性检验中的司法权衡方法。该案涉及法国对生产、销售和进口石棉纤维的禁令对保护人类生命和健康是否符合 GATT 第 20 条（b）项中的必要性的问题。对（b）项的必要性检验的方法，上诉机构认为由美国 337 条款案形成的并经“韩国—牛肉案”修正的方法也适用于本案。[①] 然而，上诉机构在本案中声明，“韩国—牛肉案”的权衡方法是确认成员国政策目标能否由合理可得的更少贸易限制的替代措施加以实现的方法的内在组成部分。[②] 这一观点在之后的“巴西—轮胎案”中被再次重申，上诉机构认为，即便对相关要素的考量能够得出争议措施是必要的这一初步结论，也必须要再次经由可能的替代措施的比较来加以确认，[③] 这实际上就是将贸易价值和非贸易价值放在一起加以权衡。

上诉机构认为，为了考察一项措施是否是 GATT1994 第 20 条（b）项意义上的“必要的”，专家组必须考量如下相关因素：成员方追求的利益或价值的重要性，争议措施对政策目标达成的贡献程度，以及争议措施的贸易限制程度。如果经过对这些因素的考察得出了初步结论认为争议措施是必要的，那么这一结果必须与可能的替代措施（该替代措施具有更小的贸易限制性，并对政策目标的达成具有同等的贡献性）相比较来进一步地加以证实。争议措施和替代措施之间的比较应当根据非贸易利益或价值的重要性进行。[④]

同时，在该案中，上诉机构对“合理可得”这一概念做了阐释，即如果

---

① Appellate Body Report, European Communities—Measures Affecting Asbestos and Asbestos-Containing Products, WT/DS135/AB/R, adopted 5 April 2001, paras. 78 – 79.

② Ibid, para. 172.

③ Appellate Body Report, Brazil-Measures Affecting Imports of Retreaded Tyres, WT/DS332/AB/R, adopted 3 December 2007, para. 156.

④ Appellate Body Report, European Communities-Measures Affecting Asbestos and Asbestos-Containing Products, WT/DS135/AB/R, adopted 5 April 2001, para. 178.

一项对贸易有较少限制的措施不能实现成员方所追求的对非贸易价值的同样程度的保护目标，则该措施不能被认为是合理可得的替代措施。[①] 上诉机构以此来减轻先前案例给人们留下的贸易至上的印象。上诉机构重申，每一个成员方都有无可争议的权利自主选择它们认为在既定条件下的合理的保护水平。[②] 这似乎表明，该案中的上诉机构对成员方的管理自主权赋予的司法遵从的程度较"韩国—牛肉案"的上诉机构更大，该案的上诉机构主张成员方在制定其卫生政策时并不一定自动遵从主流的大多数的科学观点。[③] 进而，上诉机构认可法国选择完全遏止与石棉有关的卫生风险的蔓延而采取能够完全排除风险的措施。上诉机构将法国选择的保护水平作为基准以确定加拿大所建议的替代措施是否是合理可得的。[④]

然而，在该案中的权衡方面，上诉机构没有阐明权衡的各要素之间是如何相互作用的。上诉机构没有参考措施的贸易限制性，而对其他两项要素的考察是相互独立的，没有考虑二者之间的相互影响。[⑤] 上诉机构认为，本案争议措施追求的目标是通过排除或减少广为知晓的威胁健康的石棉纤维的卫生风险以保护人类生命和健康，法国追求的这一目标是至关重要的。从而剩下的问题就是是否存在替代措施也能够达到同样的效果并相比于石棉进口禁令具有较少的贸易限制性。[⑥] 然而，这一表述没有遵循上诉机构先前的观点，即司法权衡不应包含对贸易限制措施的保护水平的权衡，[⑦] 而是强调本案中

---

① Appellate Body Report, European Communities-Measures Affecting Asbestos and Asbestos-Containing Products, WT/DS135/AB/R, adopted April 5, 2001, para. 174.

② Ibid, para. 168.

③ Ibid, para. 178.

④ Ibid, paras. 172 – 174.

⑤ Gisele Kapterian, *A Critique of The WTO Jurisprudence on "Necessity"*, International and Comparative Law Quarterly, Vol. 59, January 2010, pp. 109 – 110.

⑥ Appellate Body Report, European Communities-Measures Affecting Asbestos and Asbestos-Containing Products, WT/DS135/AB/R, adopted 5 April 2001, para 169.

⑦ Jan Neumann and Elisabeth Turk, *Necessity Revisited: Proportionality in World Trade Organization Law after Korea-Beef, EC-Asbestos and EC-Sardines*, Journal of World Trade, Vol. 37, 2003, p. 213.

的非贸易价值的重要性达到最高程度，从而使得法国对石棉进口的禁令具有了必要性。所以，在该案中，权衡的每一个要素在连续数轴上都达到了最大值，即追求价值是普遍认可并至关重要的，争议措施是充分有效的，措施的贸易限制效果是完全的。这引发了在其他情况下诸如某种非贸易价值不是普遍认可的并且相对于保护人类生命健康而言是不那么重要的，各种要素没有达到最大值时司法权衡如何达致一致性和可接受性的问题，如“韩国—牛肉案”。①

“韩国—牛肉案”中的价值判断所体现的对成员方管理自主权的侵入在“美国—赌博案”的裁决中体现的更多。在该案中，美国的申诉理由是依据 GATS 第 14 条（a）项的公共道德例外，与 GATT 第 20 条（a）项的检验标准相同。② 二者之间的不同仅在于，首先是 GATS 第 14 条（a）项不仅涉及了 GATT 第 20 条（a）项中的“保护公共道德”的例外，而且增加了“维护公共秩序”。该案专家组认为，将 GATT 第 20 条的必要性检验方法适用于 GATS 第 14 条是合适的，因为二者具有共同的立法目的。③ 之后，专家组确定美国的措施是否属于保护公共道德，对此，它采取了三个步骤的推理：第一，表明公共道德和公共秩序的概念的灵活性和取决于一系列诸如流行的社会、文化、道德以及宗教价值等因素而随着时间空间的不同的变化性。第二，承认每一个成员方都具有的选择它们认为恰当的非贸易价值的保护水平的权利。第三，避免完全遵从成员方的“公共道德”的内涵，因为尽管成员方应当被给予根据其价值体系和范围定义和适用它们各自领土内的“公共道德”和“公共秩序”的权限范围，专家组仍然保留了确定这两个概念的含义以将其适用于具体事实的职权。④ 这表明，“保护水平”的概念不仅适用于非贸易价值应当在多大程

---

① Gisele Kapterian, *A Critique of The WTO Jurisprudence on "Necessity"*, International and Comparative Law Quarterly, Vol. 59, January 2010, p. 110.

② Panel Report, United States-Measures Affecting the Cross-Border Supply of Gambling and Betting Services, WT/DS285/R, adopted 20 April 2005, paras 3.211, 6.511.

③ Ibid, para 6.448.

④ Ibid, para 6.461.

度上被保护的问题，专家组也依据这一概念确定应当受保护的非贸易价值的范围。①

进而，专家组考察了其他成员方将赌博与道德相关联的实践作为确定赌博确实属于公共道德问题的证据。② 同样地，当该案提交至上诉机构时，上诉机构也认为成员方不能单边地定义公共道德，从而使得某些措施即便在成员方的文化中对保护公共道德非常重要，但也无法引发国际共鸣。③ 诉机构强调，争议措施与可能的替代措施之间比较的结果应当根据所要保护的利益的重要性进行考量。④ “美国—赌博案”中的专家组和上诉机构的裁决报告均表明，成员方在 WTO 中的管理自治权的保留遭受威胁，特别是在必要性检验中的各要素之间关系的不确定性以及司法权衡过程的推理的模糊性和不一致性。⑤

实际上，在“必要性”检验以外，司法权衡在 WTO 法的一般例外条款的序言的解释中亦有迹可循，特别是对不要求“必要性”检验的特定例外款项，如在“美国—虾案”中，上诉机构讨论了关于成员方之间的权利与义务的平衡问题，只不过，此处的司法权衡关注于法律要素的考量，而“必要性”检验中的司法权衡更关注于事实上的考量，但二者之间的区别只是表述上的而非实质上的。⑥

批判观点认为，司法权衡不属于 WTO 裁决机构的职权范围。尤其是 WTO 裁决机构在必要性检验的法律推理中存在一个逻辑上的矛盾。上诉机构不断确认 WTO 成员方拥有确定非贸易价值保护水平的权利，既然如此，司

---

① Nicolas F. Diebold, The Morals and Order Exceptions in WTO Law: Balancing The Toothless Tiger And The Undermining Mole, Journal of International Economic Law, Vol. 11, No. 1, 2007, p. 52.

② Panel Report, United States-Measures Affecting the Cross-Border Supply of Gambling and Betting Services, WT/DS285/R, adopted 20 April 2005, paras. 6. 471 – 6. 474.

③ Jeremy C. Marwell, *Trade and Morality: The WTO Public Morals Exceptions after Gambling*, NYUL Rev, Vol. 81, 2006, pp. 817 – 819.

④ Appellate Body Report, United States-Measures Affecting the Cross-Border Supply of Gambling and Betting Services, WT/DS285/AB/R, adopted 20 April 2005, para. 307.

⑤ Gisele Kapterian, *A Critique of The WTO Jurisprudence on "Necessity"*, International and Comparative Law Quarterly, Vol. 59, January 2010, p. 112.

⑥ Piet Eeckhout, *The Scales of Trade-Reflections on The Growth And Functions of The WTO Adjudicative Branch*, Journal of International Economic Law, Vol. 13, No. 1, 2010, p. 14.

法权衡为何还有存在的余地？更小贸易限制的检验方法虽然完整地保留了成员方的这一权利，但问题是一种更小贸易限制的替代措施能否达致与争议措施相同的保护水平？实际上，如果不干涉成员方的这一权利，也就没有真正的司法权衡存在的余地了。① 基于主权原则或机构职权的原因，成员方必须拥有决定其国内对健康或环境保护等非贸易价值的保护水平。WTO 裁决机构不应当干涉这一权力。国内立法者是比国际性裁决机构更好解决这一问题的主体，其决策拥有更大的正当性。② 同时，上述必要性检验中的司法权衡对成员方和裁决机构之间的权限划分始终是不确定的，从而也对贸易与非贸易价值的争论造成了影响。裁决机构对成员方的司法遵从的程度缺乏一致性和确定性，从而使得成员方的国内政策措施很难通过裁决机构的自由裁量权的检验，裁决机构也通过不断地选择性适用必要性检验的解释工具来扩大其职责权限。③

批判观点认为，WTO 协定文本中明确列举的特定的正当性目标表明贸易价值和非贸易价值之间的权衡过程发生在 WTO 法的立法过程。每一项例外都代表了 WTO 共同体已经认可的不能被追求贸易自由化的目标所妥协的政策目标。因此，如果一项措施属于例外条款中的某项，就意味着该措施所追求的目标的相对价值是不受审查的。上诉机构评估例外条款中的非贸易利益或价值的相对重要性的这一自命权利为其自身赋予了驳回其认为以牺牲自由贸易为代价的不呈比例的非贸易利益的政策措施的裁量权。这种必要性检验方法与其所声称的成员方享有选择其自身非贸易价值保护水平的权利相悖。④ 同时，必要性检验的司法权衡会损害成员方之间权利与义务关系的稳定性和

---

① Piet Eeckhout, *The Scales of Trade-Reflections on The Growth And Functions of The WTO Adjudicative Branch*, Journal of International Economic Law, Vol. 13, No. 1, 2010, p. 14.

② Ibid, p. 18.

③ Gisele Kapterian, *A Critique of The WTO Jurisprudence on "Necessity"*, International and Comparative Law Quarterly, Vol. 59, January 2010, p. 118.

④ Ibid, p. 119.

可预见性，使得法官对于条约的解释不再受条约文本的约束，法律因而变得具有不确定性和不可预见性，难以确保在相同情况下得到相同的适用，国家权力亦不受事先确立的法律规则的约束，① 其结果在每个案件中都会出现不一致甚至矛盾的现象，而作为权衡对象的各种变量也无法在 GATT 文本中找到依据。WTO 专家组和上诉机构对贸易价值和非贸易价值的司法权衡过程充满了不确定性，并缺乏透明度，易于扭曲贸易自由化目标和成员国国内政策目标之间的均衡关系，其后果是对 WTO 争端解决机构的司法权限及其权力正当性的质疑。②

二、WTO“必要性”检验中司法权衡的批判观点存在的问题

WTO 司法权衡之批判观点本质上是将对 WTO 法的认识建立在国家同意的基础之上的，认为国际法的内容来自于国家的同意，③ 其依据是 WTO 的协定文本，对 WTO 法的解释采取文本解释的方法。从而，在对 WTO 法的一般例外条款进行解释时，法官的裁量权的依据只能是 WTO 协定文本的明确授权（如 GATT 第 20 条序言），并受到协定文本的限制，以及遵从先例。④

这种实证主义的观点会导致 WTO 一般例外条款解释面临两种困境：

第一，上述 WTO 司法权衡之批判观点的实证主义路径会导致更大的司法裁量空间。如果说 WTO 法的权利与义务来源于国家的同意，那么就会产生两个问题，首先是国家的范围，是 WTO 的全体成员方，或是争端当事方。

---

① Francisco J. Urbina. *Is It Really That Easy? A Critique of Proportionality and "Balancing as Reasoning"*. Canadian Journal of Law and Jurisprudence, Vol. 27, No. 1, 2014, p. 180.

② Gisele Kapterian. *A Critique of the WTO Jurisprudence on "Necessity"*. The International and Comparative Law Quarterly, Vol. 59, No. 1, 2010, pp. 126 – 127.

③ Jochen Von Bernstorff, *Law Beyond the State: A Reply to Liam Murphy*, The European Journal of International Law, Vol. 28, No. 1, 2017, p. 259.

④ Piet Eeckhout, *The Scales of Trade-Reflections on The Growth And Functions of The WTO Adjudicative Branch*, Journal of International Economic Law, Vol. 13, No. 1, 2010, p. 20.

传统观点认为《维也纳条约法公约》第 31（3）（c）条[①]表明了 WTO 法的渊源，但其中规定的"当事方"的含义存在争议，即对"当事方"究竟是 WTO 全体成员方还是争端当事方存有争议。[②] 其次是同意的内容和表达同意的方式。如果说国家同意所表达的内容反映在 WTO 协定文本中，但协定文本中存在诸多模糊与空白之处，在实践中必须要对其进行解释，[③] 那么条约文本允许的解释的范围限定是什么？这也关联到《维也纳条约法公约》第 31 条规定的条约的解释方法，尤其是第 3 款（c）项，就该解释条款的观点也存在争议，国家同意必须是明示的同意，表现为对条约的加入，还是可以是默示的同意，不以对条约的加入或签署为条件？这些争议在实践中未有定论。这表明，以国家同意为依据，基于 WTO 协定文本对 WTO 法进行解释会陷入无限的争议之中，因为条约中使用的语言本身并不构成决定 WTO 法律内容的明确标准，国家同意难以定义 WTO 法的渊源范围，这些不确定最终都成了裁决机构进行司法裁量的范围。因此，以国家同意为依据的文本解释的方法反而会赋予裁决机构更大的裁量空间。所以，WTO 协定文本本身存在较大的模糊性，对其解释在很多情况下缺乏确定性的标准，反而赋予了裁决机构更大的自由裁量权，所以以此为标准反而陷入相对主义的泥沼难以自拔。同时，将 WTO 法的正当性理解为建立在国家同意的基础上，也存在较大的问题。其主要问题除了"国家同意"概念本身具有模糊性以外，实践中也存在大量的自相矛盾的例子，例如，"美国—虾案"中上诉机构对"可用竭的自然资源"的解释援引了争端当事方都没有加入的条约为依据，并且上诉机构

---

① 第 31 条解释之通则一、条约应依其用语按其上下文并参照条约之目的及宗旨所具有之通常意义，善意解释之。……三、应与上下文一并考虑者尚有：……（c）适用于当事国间关系之任何有关国际法规则。

② Michael Lennard, *Navigating by the Stars: Interpreting the WTO Agreements*, Journal of International Economic Law, Vol. 5, No. 1, 2002, p. 36. Joshua Meltzer, *Interpreting the WTO Agreements-A Commentary on Professor Pauwelyn's Approach*, Michigan Journal of International Law, Vol. 25, No. 4, 2004, pp. 918 – 919. Joost Pauwelyn, *Briding Fragmentation and Unity: International Law as A Universe of Inter-Connected Islands*, Mich. J. Int'l L., Vol. 25, 2003, p. 915.

③ Ronald Dworkin, *A New Philosophy for International Law*, Philosophy & Public Affairs, Vol. 41, No. 1, 2013, pp. 7 – 8.

适用的与时俱进的解释方法也超出了条约文本的“可用竭的自然资源”通常含义。更甚至于 WTO 法律解释中依据的一般法律原则和习惯法难以有确切的得到全部主权国家同意的证据。所以，国家同意不能作为 WTO 法为其成员方设定法律义务的根据。

另外，根据有关批判观点，GATT 第 20 条规定的 10 项具体例外对手段与目标之间规定了不同程度的限定标准，主要有“必要的”“有关的”以及“采取的”，如何区分这些不同概念之间的含义意味着裁决机构需要在这些概念之下对争议措施和相应的政策目标之间的关系做出不同程度的关联性的裁量，正如上诉机构在“美国—汽油案”中给出的不同的程度标准，[①] 这应当成为裁决机构在 GATT 第 20 条具体款项的解释中以文本为依据进行司法权衡的唯一的内容。而 20 条项下的每一个具体款项所要保护的政策目标和价值均构成 GATT 一般义务的正当性例外，因此对这些价值目标进行司法权衡是没有文本依据的。同时，在必要性检验中，对争议措施的贸易限制程度的评估的适用也是不受文本支持的，不仅因为第 20 条的文本含义本来就是指 GATT 义务的例外，而且因为这种评估将不可避免地与对非贸易价值的相对重要性的评估相关联。[②] 对此，本文认为，在必要性检验中，如果没有贸易限制程度和非贸易价值的相对重要性这两项指标为依据，以及可替代措施的比较，那么如何能够表明一项措施对政策目标的贡献程度达致接近于“不可或缺”而非“有贡献”呢？如果必要性检验中缺乏司法权衡，措施的贡献程度的“必要性”就完全依赖于裁决机构的主观判断，从而赋予其更大的裁量空间。一般而言，某一 WTO 成员方对国内非贸易价值的保护水平的设定可以依据当地利益的需要，但是在诸多案件中，当地利益需要难以量化，导致国内的保护水平也没有明确的标准。除了在“欧共体—石棉案”中保护人类健康的

---

① Appellate Body Report, United States-Standards for Reformulated and Conventional Gasoline, WT/DS2/AB/R, adopted 20 May 1996, WT/DS2/AB/R, p. 18.

② Gisele Kapterian, *A Critique of the WTO Jurisprudence on "Necessity"*, The International and Comparative Law Quarterly, Vol. 59, No. 1, 2010, p. 121.

标准明确设定为零风险，这一标准是可以量化的并且具备正当性，[①] 但是在其他案件中，如“巴西—翻新轮胎案”，成员方的目标是尽可能对抗通过废旧轮胎传播的热带疾病；[②] 在“美国—赌博案”中，目标是与有组织犯罪、欺诈和未成年人赌博做斗争；[③] 在“韩国—牛肉案”中，目标则是减少涉及牛肉原产地问题的欺诈。[④] 在这些案件中，成员方的目标没有确切的保护水平，对此，在评估争议措施与政策目标之间的关系时裁决机构不可避免地要对成员方的非贸易价值的保护水平做出评估。[⑤] 如果裁决机构不对非贸易价值保护水平进行评估，会使得成员方可能对事前没有明确的保护水平的国内政策目标在事后依据其所采取的贸易限制措施来恣意地设定保护水平，从而破坏 WTO 规则的确定性和可预见性。

第二，这种解释方法会造成成员方更多的单边主义行为，为实行贸易保护主义打开缺口，危害到 WTO 多边体制的有效性。

WTO 法（乃至国际法和法律）这一概念不是一种标准性概念，WTO 法律的概念不应建立在“国家同意”这种历史性概念之上，而是一种解释性概念：我们共享这一概念不是经由对于规则检验标准（如哈特式的承认规则）的同意，而是经由对于考虑某种规则适用与否所带来的后果的同意。对解释性概念的合理分析应当是规范性的：一种关于在不同情形下“应当是什么”而非“是什么”的价值判断。[⑥] 即便是对司法权衡的批判的观点在本质上涉

① Appellate Body Report, European Communities-Measures Affecting Asbestos and Asbestos-Containing Products, WT/DS135/AB/R, adopted 5 April 2001, para, 168.

② Appellate Body Report, Brazil-Measures Affecting Imports of Retreaded Tyres, WT/DS332/AB/R, adopted 3 December 2007, para 134.

③ Appellate Body Report, United States-Measures Affecting the Cross-Border Supply of Gambling and Betting Services, WT/DS285/AB/R, adopted 20 April 2005, para. 313.

④ Appellate Body Report, Korea-Measures Affecting Imports of Fresh, Chilled and Frozen Beef, WT/DS161/AB/R, WT/DS169/AB/R, adopted 11 December 2000, para 175.

⑤ Piet Eeckhout, *The Scales of Trade-Reflections on The Growth And Functions of The WTO Adjudicative Branch*, Journal of International Economic Law, Vol. 13, No. 1, 2010, p. 19.

⑥ Ronald Dworkin, *A New Philosophy for International Law*, Philosophy & Public Affairs, Vol. 41, No. 1, 2013, p. 11.

及 WTO 法的正当性评价标准的问题，最终仍回归到在 WTO 法律解释中纳入道德这一不可避免的问题。因此，对国际法和 WTO 法的解释应当纳入道德要素，应当考虑 WTO 法如何能够为成员方设定具有正当性的法律义务。更何况，WTO 裁决机构作为 WTO 法的内在参与者①，其对 WTO 法的解释不可避免地涉及 WTO 共同体的普遍的价值取向的道德评价。就本文讨论的主题而言，WTO 法的正当性并不来源于对成员方管理自主权的遵从，而应当来源于成员方和 WTO 之间权限的合理划分，从而，在根本上这种权限划分的标准成为 WTO 正当性的基础。

就国际法的正当性而言，格劳秀斯认为，与国内法追求本国利益不同，国际法的目的在于谋求各国共同的利益，而非任何国家的一国利益。② 国际法作为国际社会治理的最主要的方式，应当是对国际法主体之间利益关系的一种平衡，也就是对国际法主体之间共同利益的一种反映。国际法依赖于国家间的共同利益，有共同的价值观，国家就有可能来认同相似的问题。③ 因此，国际社会共同利益内在地包含了各国的国家利益。而不受约束的主权会使得国家之间难以达成为避免囚徒困境的合作。④ 例如，国家主权缺少约束就会使其不能够与其他国家进行合作以避免潜在的诸如气候变暖等环境灾

① 本文所使用的“参与者视角”就是德沃金在《法律帝国》中所采取的参与者的内在视角，就是参与到特定法律实践中的人们所持有的视角，区别于社会学家、历史学家或经济学家的外在观点，参与者的目的不是预测法律的结果，而是“要为其主张的合理性和为什么提出来进行辩护”。法律实践具有可争议性，尽管“市民、政治家和法学教师们也为法律是什么而感到烦恼并相互争论”，我们仍然“将从法官的观点来研究正式的法律争论……因为关于法律主张的司法争论是探索法律实践的中心和命题方面的一个有用的范例”。可见，德沃金的参与者视角最终演变为法官视角，这种视角下所做的法律的解释既不是描述性的，也不是道德上中立性的，而是诠释性的、评价性的和证立性的。[美] 德沃金:《法律帝国》，李常青译，中国大百科全书出版社 1996 年版，第 12 ~ 14 页。

② 王铁崖等主编:《西方法律思想史资料选编》，北京大学出版社 1983 年版，第 139 页。

③ 李赞:“建设人类命运共同体的国际法原理与路径”，载《国际法研究》2016 年第 6 期，第 51 ~ 52 页。

④ Ronald Dworkin, *A New Philosophy for International Law*, Philosophy & Public Affairs, Vol. 41, No. 1, 2013, p. 18.

难，[①] 又如美国退出《巴黎气候协定》。所以，德沃金认为，国家负有减轻国家主权对其他国家及其国民的负面效应的责任，[②] 国家亦对其本国国民负有减轻国家主权失灵的负面效应的义务。根据德沃金的观点，这种减轻主权负面作用的原则为国际法提供了最为普遍性的结构原理和解释背景。[③] 然而，国内民主的利益偏好有可能与国际法义务之间存在紧张关系，对此，国内政府应当如何选择？[④] 实际上，这一问题反映的是狭隘的国内民主观念。在全球化时代，一国的国内政策不仅影响到国内的民众的利益，也影响到与其进行社会交往的其他国家民众的利益，然而这些民众却不能参与该国的政策制定过程以改变对自身利益有害的政策。[⑤] 所以，国内民主应当考虑到其他受影响的国家民众的利益诉求，应当具有人类命运共同体的理念。中国共产党十八大报告中提到："人类生活在同一个地球村，生活在历史和现实交汇的同一个时空里，越来越成为你中有我、我中有你的命运共同体。"2015 年 9 月 28 日，中国国家主席习近平访问纽约联合国总部，出席纪念联合国成立 70 周年大会，并发表题为《携手构建合作共赢新伙伴　同心打造人类命运共同体》的讲话。习近平主席说："当今世界，各国相互依存、休戚与共。我们要继承和弘扬扬联合国宪章的宗旨和原则，构建以合作共赢为核心的新型国际关系，打造人类命运共同体。"据此，建立在主权国家间关系上的、以调整国家间关系的规则为基础的体系显然不能满足维护国际社会共同利益、保护弱方利益和推动世界可持续发展的这种超越于单个国家间的价值和利益

① Adam S. Chilton, *A Reply to Dworkin's New Theory of International Law*, The University of Chicago Law Review Dialogue, Vol. 80, 2013, p. 109.

② Jochen Von Bernstorff, *Law Beyond the State: A Reply to Liam Murphy*, The European Journal of International Law, Vol. 28, No. 1, 2017, p. 263.

③ Ronald Dworkin, *A New Philosophy for International Law*, Philosophy & Public Affairs, Vol. 41, No. 1, 2013, p. 19.

④ Adam S. Chilton, *A Reply to Dworkin's New Theory of International Law*, The University of Chicago Law Review Dialogue, Vol. 80, 2013, pp. 110 – 111.

⑤ Peter M. Gerhart, *The Two Constitutional Visions of the World Trade Organizaiton*, 24 U. Pa. J. Int'l Econ. L. 1, 2003. p. 74.

之上的价值和利益的需要。① 一种强有力的国际法秩序约束国家以实现国际共同体的利益，如果必要的话哪怕违反国家的意愿。国家受到约束遵守那些即使是违反其利益的国际法，因为他们仍然能够从作为整体的国际体系中获益。② 基于上述理念，WTO 法的解释应当体现这样一种对 WTO 法的效力来源的理解，并将法律解释建立在此基础之上：③ WTO 法的效力来源于 WTO 法律共同体的以共识为基础的普遍利益，这种共识体现为旨在建立一个促进全体成员方经济增长和可持续发展的以原则与规则为基础的多边合作机制，反对贸易保护和单边主义。④

因此，如果给予成员方在价值权衡上以完全的司法遵从就会使得贸易保护主义措施逃避司法审查。例如，在“美国—虾案”中，上诉机构认为在一个特定的争端案件中，它不认为某个成员方有权决定本国的“自然资源”的范围和内容。⑤ 同样地，在“美国—赌博案”中，就 GATT 第 20 条（a）项，GATS 第 14 条（a）项中的公共道德或公共秩序是否应当作国内的或单边的理解的问题，专家组认为，成员方的单边的解释具有这样一种危险即对例外条款的过度的适用或滥用会影响到 WTO 法律体系的稳定性和可预见性，最终可能导致公共道德或秩序例外从例外变为一般规则。⑥ 作为贸易自由化例外的公共道德和公共秩序最终应当由上诉机构在解释和适用例外条款的过程

---

① 李赞：“建设人类命运共同体的国际法原理与路径”，载《国际法研究》2016 年第 6 期，第 50 页。

② Adam S. Chilton, *A Reply to Dworkin's New Theory of International Law*, The University of Chicago Law Review Dialogue, Vol. 80, 2013, p. 113.

③ 德沃金认为，即便所有人都同意“国际法”是法，但也要回答为什么某些文件构成其法律体系的重要问题，因为国际法的规则和原则应当如何被解释依赖于这一问题的回答。Ronald Dworkin, *A New Philosophy for International Law*, Philosophy & Public Affairs, Vol. 41, No. 1, 2013, p. 3.

④ WTO 序言和 GATS 序言。

⑤ Appellate Body Report, United States-Import Prohibition of Certain Shrimp and Shrimp Products, WT/DS58/AB/R, adopted 6 November 1998, para. 128.

⑥ Nicolas F. Diebold, *The Morals and Order Exceptions in WTO Law: Balancing The Toothless Tiger And The Undermining Mole*, Journal of International Economic Law, Vol. 11, No. 1, 2007, p. 51.

中加以定义。[①] 从而，对国际多边条约的解释如果仅仅建立在单个国家的法律秩序的基础上是一种方法论上的错误。[②]

实际上，国内管理自主权的概念需要界定 WTO 成员方在多大程度上享有管理自主以保证同时遵守其在 WTO 协定下的义务。[③] 在“巴西—轮胎案”中，上诉机构指出，某一成员方诉诸 GATT 第20 条下的例外款项的权利与其他成员方在 WTO 1994 的其他实质性条款下享有的权利之间具有一条平衡线。一种权利不能抵消另一种权利，不能破坏成员方之间在 WTO 协定下的权利与义务的平衡关系。而如果允许成员方自行设定的非贸易价值的保护水平不受裁决机构的审查，就有可能导致对贸易的恣意的限制，破坏 WTO 共同体关于非贸易价值保护的共识。在“欧共体—石棉案”中涉及人类健康问题，人类健康相对于贸易价值具有更高性，这一点具有共识性，因此允许成员方为保护人类健康水平设定为零风险。[④] 但是其他价值诸如“巴西—翻新轮胎案”，成员方的目标是尽可能对抗通过废旧轮胎传播的热带疾病；[⑤] 在“美国—赌博案”中，目标是与有组织犯罪、欺诈和未成年人赌博做斗争；[⑥] 在“韩国—牛肉案”中，目标则是减少涉及牛肉原产地问题的欺诈，[⑦] 本身与贸易价值之间的相对重要性缺乏国际共识，而任由成员方单边性地决定，就会出现任意性，例

---

① Nicolas F. Diebold, *The Morals and Order Exceptions in WTO Law: Balancing The Toothless Tiger And The Undermining Mole*, Journal of International Economic Law, Vol. 11, No. 1, 2007, pp. 52 – 53.

② Christoph T. Feddersen, *Focusing on Substantive Law in International Economic Relations: The Public Morals of GATT's Article XX (a) and "Conventional" Rules of Treaty Interpretation*, Minnesota Journal of Global Trade, Vol. 7, 1998, p. 111.

③ Michael Ming Du, *The Rise of National Regulatory Autonomy in the GATT/WTO Regime*, Journal of Economic Law, Vol. 14, No. 3, 2011, p. 647.

④ Appellate Body Report, European Communities-Measures Affecting Asbestos and Asbestos-Containing Products, WT/DS135/AB/R, adopted 5 April 2001, para. 168.

⑤ Appellate Body Report, Brazil-Measures Affecting Imports of Retreaded Tyres, WT/DS332/AB/R, adopted 3 December 2007, para. 134.

⑥ Appellate Body Report, United States-Measures Affecting the Cross-Border Supply of Gambling and Betting Services, WT/DS285/AB/R, adopted 20 April 2005, para. 313.

⑦ Appellate Body Report, *Korea-Measures Affecting Imports of Fresh, Chilled and Frozen Beef*, WT/DS161/AB/R, WT/DS169/AB/R, adopted 11 December 2000, para. 175.

如，在“韩国—牛肉案”中，韩国选择完全排除欺诈，就会导致对牛肉进口的完全禁止，这显然造成了消费者权益保护和贸易自由化价值之间的不成比例，造成 WTO 成员方之间权利和义务的不平衡，不符合 WTO 共同体对两种价值之间的关系的共识。

当然，多元价值间不存在绝对意义上的位阶关系，一般意义上而言，成员方诉诸例外条款的权利与追求贸易自由化具有同等的价值。但司法权衡在个案中对不同价值的权衡确并不意味着对价值的绝对主义的排序。在个案中根据具体的条件下的价值之间却是可以排序的。这不意味着司法权衡会导致缺乏 WTO 协定文本依据的多元价值之间的等级秩序。[①] 在 WTO 协定条款中，无论是贸易原则还是非贸易原则都不能获得事前的、无条件的优势地位，它们之间的关系（相对优势性）只取决于个案中的特定事实。[②] 例如，在“巴西—轮胎案”中，上诉机构指出，成员方诉诸贸易例外条款的权利与其他成员方的贸易自由化的权利之间的平衡线可以随着措施的具体类型和内容的不同以及特定案件中的具体事实的不同而移动。[③] 因此，国家管理自主权的空间与国家遵守 WTO 协定的义务之间的平衡关系没有预设的答案，而只能以实际案例为基础具体问题具体分析。[④] 在必要性检验的司法权衡中，WTO 专家组和上诉机构对贸易价值和非贸易价值的司法权衡取决于个案的特定事实与具体情势，很难创造超越于特定争端解决的具有一般性和普遍性的规范性期待。也因此，WTO 裁决机构进行司法造法的危险性大大降低。毕竟，不同价值之间的关系始终处于变化之中，在一个案件中，司法权衡的结果是价值 A 优先于相竞争的价值 B，但是在另一个案件中，由于具体条件的变

---

① Gisele Kapterian, *A Critiqueof The WTO Jurisprudenceon "Necessity"*, International and Comparative Law Quarterly, vol 59, January 2010, p. 121.

② Mads Andenas and Stefan Zleptnig, *Proportionality: WTO Law: in Comparative Perspective*, Texas International Law Journal, Vol. 42, 2007, p. 377.

③ Appellate Body Report, Brazil-Measures Affecting Imports of Retreaded Tyres, WT/DS332/AB/R, adopted 3 December 2007, para. 224.

④ Michael Ming Du, *The Rise of National Regulatory Autonomy in the GATT/WTO Regime*, Journal of Economic Law, Vol. 14, No. 3, 2011, p. 647.

化，价值 B 则会优于价值 A。可见，司法权衡的适用结果仅仅建立在个案的基础之上，不会预设各种价值之间的等级关系作为具有先例性的一般规范。① 正如 WTO 上诉机构在“海龟海虾案”中所强调的，GATT 第 20 条项下的贸易价值和非贸易价值之间的平衡线是不确定的，随着不同案件的特定事实而不断变化，解释 20 条的任务在于寻求成员国援引第 20 条例外的权利和其他成员国在 GATT 1994 下的各种实质性权利之间的微妙的平衡，确保相互竞争的权利之间不会有一方被抵消，从而确保成员国在协定中的权利与义务的平衡关系不会被扭曲、损害或取消。这种平衡线的划定不是既有的和一成不变的，这条线随着措施的种类和外形的不同而移动，从而使得各个具体案件之间不尽相同。②

这种就两种价值之间的关系在个案中依据具体事实的司法权衡正是保障成员方之间权利和义务关系平衡的一种机制，而不会构成对任何一种价值的武断的歧视，更有助于增进在每一个具体问题上的 WTO 成员方的共同利益的最优化的彰显以及促进以普遍价值为基础的国际共识的形成，而非停留在对一般意义上的多元价值冲突和民主社会分裂的妥协让步，逐渐消弭传统的威斯特伐利亚体系对维系国际贸易多边合作的不足与危害。③

三、WTO“必要性”检验引入司法权衡的必要限制

如上文所述，WTO“必要性”检验中的司法权衡建立在个案解释的基础上，使得人们始终存在着一种担忧，即依照个案情况解释“必要性”的方

---

① Thomas Kleinlein, *Judicial Lawmaking by Judicial Restraint? The Potential of Balancing in International Economic Law. In A. Von Bogdandy and I. Venzke (eds.)*, International Judicial Lawmaking, Volume 236 of the series Beiträe zum auslädischen öfentlichen Recht und Vökerrecht, Springer-Verlag Berlin Heidelberg, 2012, p. 278.

② Appellate Body Report, United States-Import Prohibition of Certain Shrimp and Shrimp Products, WT/DS58/AB/R, adopted 6 November 1998, paras. 159 – 160.

③ Ronald Dworkin, *A New Philosophy for International Law*, Philosophy & Public Affairs, Vol. 41, No. 1, 2013, p. 22.

式，似乎无法避免必要性判断标准的法律不确定性和无法预测性，从而损害成员方权利义务的稳定性和 WTO 多边体制的透明度。[①] 同时，由于涉及价值的司法权衡，又必然引发 WTO 裁决机构的权限是否具有民主正当性的问题。

对此，本文认为，首先，不应当过分夸大上述忧虑。这是因为 WTO 裁决机构作为 WTO 法的解释者，其是以内在的参与者视角看待 WTO 法的，这决定了其解释 WTO 法的目的和基本立场应当是且必须是维护 WTO 多边体制的有效性，也就是维护 WTO 所建立的国际贸易的多边合作体制，这种多边合作原则的内涵体现为 WTO 法律共同体的基本共识，以及对全体成员方的共同利益与价值的体现。这一目的的设定对关于 WTO 法律含义究竟是什么的争论确立了统一的标准，使这种争论的结果具有意义。这种机构目的的确立保障了裁决机构解释 WTO 法的确定性和融贯性。一个机构就需要目的的指导，目的为批判既定的做法设立了标准，从而也就开辟了变化的途径。同时，如果认真地对待目的，就能减轻法律机构的自由裁量权。[②] 这一目的使得裁决机构既不会拘泥于 WTO 协定规则的文字本身和立法者原意，使 WTO 与其他国际法相隔离而陷入僵化，也不会使得法律解释过于灵活而威胁到 WTO 体制的基本价值和原则，以及成员方之间的权利与义务的平衡。在这一目的之下，裁决机构对 WTO 规则的解释是依赖于 WTO 法律共同体的普遍的利益和价值的诠释性解释，既要避免 WTO 法的解释过于保守而陷入对贸易价值的制度偏见的泥潭中去，也要规避贸易保护主义和单边行动的潜在危险。同时，裁决机构在解释 WTO 法时所遵循的一贯的基本立场和机构目的——维护国际贸易的多边合作机制的稳定与发展本身在国际社会中已经具有了无须证明的民主正当性，从联合国体制到国际多边组织乃至区域性组织以及不计其数的国际条约的发展中可见一斑。

---

① 曾炜："论 WTO 法中必要性检验的判断标准"，载《政治与法律》2013 年第 6 期，第 93 页。

② P. 诺内特，P. 塞尔兹尼克：《转变中的法律与社会》，张志铭译，中国政法大学出版社 2004 年版，第 85～86 页。

其次，WTO 裁决机构的目的是维护 WTO 多边体制的有效性，这一根本目的作为 WTO 法的正当性来源，其内涵有待发现，从而把普遍的目的转化为具体的目标，以为裁决提供指导和清晰的评估标准。[①] 对此，这一目的之下可以认为至少包含两种原则，一种是形式原则，另一种是实质原则。

第一，国际司法机制可以在司法权衡中引入形式原则，增进司法程序的正当性。对此，我们从 WTO 争端解决机制的一些裁决中可以发现该机制亦支持这一路径。多边主义原则已经得到适用，尽管并非作为明确的原则得到援引。上诉机构在关于 GATT 第 20 条的裁决中指出，当一个成员方的国内决策影响到其他 WTO 成员方的国内民众的利益时，他们的利益也必须得到考虑，或者通过受影响的成员方之间的磋商的方式，或者如果可能的话，可以通过国内立法程序的“拟制的多边主义”的方式。[②]

第二，当裁决机构对一般例外条款进行解释时，当遇到诸如必要性检验等具有模糊性的概念，面对两种或两种以上的解释方法时，可以诉诸 WTO 法律共同体的基本共识对 WTO 协定条款进行解释，以保证 WTO 法律解释与适用的“整体性”。

当然，这里首先需要解决的问题是如何定义“WTO 法律共同体”。WTO 共同体的范围是指 WTO 成员方组成的共同体，但关于该共同体的权利义务共识是仅仅限于 WTO 协定文本，还是也包括诸如《维也纳条约公约》第 31（3）（c）条所指引的其他国际法中的权利与义务？实际上，WTO 成员方同时也是国际共同体的成员，成员方既要履行 WTO 法的义务，也要履行其他

---

① P. 诺内特，P. 塞尔兹尼克：《转变中的法律与社会》，张志铭译，中国政法大学出版社 2004 年版，第 93 页。

② Armin. Von Bogdandy, *Law and Politics in the WTO-Strategies to Cope with a Deficient Relationship*, Max Planck Yearbook of United Nations Law, Vol. 5, 2001, pp. 613, 666. 证明这一观点的相关案件参见 Appellate Body Report, United States-Standards for Reformulated and Conventional Gasoline, WT/DS2/AB/R, adopted 20 May 1996, WT/DS2/AB/R, p. 27；Appellate Body Report, United States-Import Prohibition of Certain Shrimp and Shrimp Products , WT/DS58/AB/R, adopted 6 November 1998, paras. 166 – 176.

有关的国际法义务，WTO 一般例外条款中所保护的非贸易价值同时也受到其他国际条约和国际组织的保护。所以，WTO 法律共同体的权利义务来源不限于 WTO 协定本身。① 例如，在“美国—虾案”中，对于“可用竭的自然资源”这一概念的解释，上诉机构认为，由于国际共同体经由一系列双边和多边条约对保护有生命的自然资源的重要性的承认，以及 WTO 成员方在 WTO 协定序言中明确承认的促进可持续发展的目标，GATT 1994 第 20 条（g）项所保护的可用竭的自然资源解释为仅仅包括矿产或其他无生命的自然就显得不合时宜。② 但是，并非所有的其他国际法规则都可以纳入 WTO 法律共同体的权利义务范围中来，对此，应当引入“显著性原则”③，根据这一原则，可以纳入 WTO 法律共同体的其他国际法规则仅限于那些反映 WTO 法律共同体的基本共识的国际法规则。在 WTO 法律解释中，如果一项外部国际法规则获得了国际社会的共识，尤其是在这一实践领域中具有显著重要性的国家间达成共识，④ 并且这种共识与 WTO 法的已有共识之间具有相互兼容性，引入这种共识能够促进 WTO 法在保证其整体性的同时向前发展，该规则就可以视为是 WTO 法律渊源中的一部分而得到援引。维护 WTO 多边体制，反对贸易保护主义和单边行动，限制国内政治集团的利益寻租，那么它所引入的外

---

① Piet Eeckhout, *The Scales of Trade-Reflections on The Growth And Functions of The WTO Adjudicative Branch*, Journal of International Economic Law, Vol. 13, No. 1, 2010, pp. 22 - 23.

② Appellate Body Report, United States-Import Prohibition of Certain Shrimp and Shrimp Products, WT/DS58/AB/R, adopted 6 November 1998, para. 131.

③ 本文所提出的“显著性原则”以及对该原则内涵的界定来源于德沃金所提出的作为国际法正当性来源的“显著性原则”。关于德沃金的“显著性原则”参见 Ronald Dworkin, *A New Philosophy for International Law*, Philosophy & Public Affairs, Vol. 41, No. 1, 2013, pp. 19 - 20.

④ 国际共识的形成（可以体现为国际条约的某些规则，也可以体现为国际习惯法规则或者是一般法律原则等）好比是空旷的土地上逐渐形成了一条道路。起初的方向并不确定，之后，大多数人开始循着相同路线，形成了一条道路。尽管不可能指明后一种变化的确切时间，但没用多长时间那条道路就变成了一条公认的唯一正规的道路。然而，正如一些人的脚印比其他人重是因为他们的体重更重些，世界上更有影响力的国家用更多的活力去开辟道路，并往往成为前进道路上的保障者和护卫者。国际共识可能由少数国家创造出来，但条件是这些国家与相关问题联系密切，不是因为它们的财富和权力，而是因为它们与该事件的主题有着特殊关系，例如，海洋国家与海洋法的关系。［英］马尔科姆·N·肖：《国际法（上）》（第六版），白桂梅等译，北京大学出版社 2011 年版，第 63 页。

部国际法必须是符合显著性原则的能够促进国际合作的国际法规范，至少不能是有害于 WTO 多边合作体制的，其最根本的道德基础是增进国际贸易合作。一项国际法规范是否达到显著性原则的门槛标准，关键是看引入该规范是否会使得 WTO 多边合作所基于的共识有分裂的风险。例如，在“欧共体—生物技术产品案”中，欧共体所主张援引的《生物安全议定书》虽然得到了较多国家的批准和加入，但是在转基因技术领域发挥主导作用的大国美国没有加入该公约，并且也不认可该公约中的理念和原则，同时，欧共体主张适用的《生物安全议定书》中的预防原则与 WTO《SPS 协定》中的预防原则的含义和要求不同，二者在就转基因产品的风险防范上存在理念上的冲突，难以兼容。因此，该公约并不能够代表国际社会整体上在转基因领域的基本共识，《生物安全议定书》不符合显著性原则，不能在 WTO 法律解释中加以适用。

以上述显著性原则为标准，我们可以确立 WTO 法律共同体的基本共识的来源依据，并以此指导和限制 WTO 裁决机构在对贸易价值和非贸易价值的权衡中的司法裁量，一般例外条款中的非贸易价值的重要性可以在体现 WTO 法律共同体的普遍共识的多边条约或国际组织决议等其他国际法渊源中的一般标准作为依据，[①] 确保裁决机构在必要性解释中的融贯性和可预见性，并满足 WTO 法的正当性要求。例如，在“美国—虾案”中，上诉机构援引了 WTO 关于贸易与环境的决议，该决议内容参考了《里约环境与发展宣言》和《21 世纪议程》，这两项法律文件中都声明涉及跨界问题的环境措施应当尽可能地建立国际共识的基础上。[②] 在“美国—赌博案”中，专家组考察了其他成员方将赌博与道德相关联的实践作为确定赌博确实属于公共道德问题

---

① Piet Eeckhout, *The Scales of Trade-Reflections on The Growth And Functions of The WTO Adjudicative Branch*, Journal of International Economic Law, Vol. 13, No. 1, 2010, pp. 23, 26.

② Appellate Body Report, United States-Import Prohibition of Certain Shrimp and Shrimp Products, WT/DS58/AB/R, adopted 6 November 1998, para. 168.

的证据。[1] 同样地，当该案提交至上诉机构时，上诉机构也认为成员方不能单边地定义公共道德，从而使得某些措施即便在成员方的文化中对保护公共道德非常重要，但也无法引发国际共鸣。[2]

四、结　语

中国在与“一带一路”国家进行贸易和投资等领域的合作中，中国的出口额相对较高，而进口额相对较低，一年有上千亿美元的贸易顺差。这一方面说明了我国的出口竞争力，另一方面却会引发“一带一路”中许多发展中国家和相对贫穷国家与中国的贸易关系之间的不平衡，进而引发贸易摩擦。加之中国正在进行供给侧结构性改革，制造业产业升级调整，将部分劳动密集型和资源密集型产业转移到“一带一路”参与国，这种对外投资对东道国国内社会问题影响深刻，进而引发“一带一路”合作的正当性问题。近年来，世界范围内涌起了贸易保护主义和反全球化的浪潮，中国成为全球受贸易保护措施影响最严重的国家。对此，中国在构建“一带一路”贸易合作机制的过程中要提前预防潜在的贸易保护主义。在 WTO 法中，贸易保护主义已经从传统的反倾销、反补贴和保障措施升级为非贸易价值的问题，如人权、劳工、环境保护等，这些价值往往被认为高于贸易价值，成员方可以以促进非贸易价值为借口豁免 WTO 法的义务，同时，这些非贸易价值也引发了 WTO 法的正当性问题，进而对 WTO 体制的发展构成了威胁。中国在构建“一带一路”的多边贸易合作机制的过程中也要警惕有关国家以保护国内的非贸易价值的政策目标为借口实行贸易保护主义的单边行动，从而对贸易合作的稳定性造成冲击。因此，对 WTO 在应对贸易保护主义、增进其合作机

---

① Panel Report, United States-Measures Affecting the Cross-Border Supply of Gambling and Betting Services, WT/DS285/R, adopted 20 April 2005, paras 6. 471 - 6. 474.

② Jeremy C. Marwell, *Trade and Morality*: *The WTO Public Morals Exceptions after Gambling*, Vol. 81, NYUL Rev, 2006, pp. 817 - 819.

制的正当性方面的理论和实践研究可以为我国构建“一带一路”提供经验借鉴。WTO 一般例外条款的“必要性”解释对成员方追求的非贸易价值的相对重要性进行司法权衡建立在案件的具体事实的基础之上，并体现 WTO 法律共同体的普遍利益和基本共识，确保了法律解释的确定性和一致性，符合 WTO 法的正当性要求，能够避免成员方以保护非贸易价值为借口实施的贸易保护主义和单边行动，维护 WTO 多边合作的有效性。